Grand Tour

Grand Tour
Il fascino dell'Italia nel XVIII secolo

a cura di
Andrew Wilton e Ilaria Bignamini

SKIRA
EDITORE

Progetto grafico
Marcello Francone

Redazione
Doriana Comerlati

Impaginazione
Evelina Laviano

Coordinamento
Francesca Spranzi

Traduzioni dall'inglese
Doriana Comerlati
Marco Martorelli
Roberto C. Sonaglia

Immagine di copertina
William Marlow,
*Capriccio con la cattedrale
di St Paul e un canale veneziano*,
1795-97 ca, olio su tela.
Tate Gallery, Londra (n. 252).

*Nessuna parte di questo libro può essere
riprodotta o trasmessa in qualsiasi forma
o con qualsiasi mezzo elettronico,
meccanico o altro senza l'autorizzazione
scritta dei proprietari dei diritti.*

L'edizione inglese di questo volume
è stata pubblicata nel 1996
da Tate Gallery Publishing Ltd.
con il titolo "Grand Tour. The Lure
of Italy in the Eighteenth Century"

© 1997 by Skira Editore, Milano
per l'edizione italiana
© 1996 by Tate Gallery, Londra
per l'edizione inglese
Tutti i diritti riservati

Grand Tour
Il fascino dell'Italia nel XVIII secolo

Roma, Palazzo delle Esposizioni,
5 febbraio - 7 aprile 1997

*La mostra è stata prodotta
in collaborazione con*

Comitato d'onore
Sir Brinsley Ford CBE, Hon. FRA, FSA
Alessandro Bettagno
Henning Bock
Marco Chiarini
Cesare de Seta
Francis Haskell
Michael Kitson
Alastair Laing
Paolo Liverani
Duncan Robinson
Pierre Rosenberg
Nicholas Serota
Nicola Spinosa
Maria Elisa Tittoni

Comitato esecutivo
Brian Allen
Ilaria Bignamini
Elizabeth Einberg
Ian Jenkins
Ruth Rattenbury
Maria Grazia Tolomeo
Andrew Wilton

*L'esposizione ha avuto precedentemente
luogo alla Tate Gallery di Londra
dal 10 ottobre 1996 al 5 gennaio 1997*

Comune di Roma
Assessorato alle Politiche Culturali

Assessore
Gianni Borgna

Sovraintendente
Eugenio La Rocca

Palazzo delle Esposizioni

Direttore
Maria Elisa Tittoni

Coordinamento tecnico-scientifico
Maria Grazia Tolomeo

Organizzazione
Marco Fabiano

Progetto allestimento
Enzo Serrani

Coordinamento amministrativo
Gian Luigi Guidi

Realizzazione supporti informatici
Daniele Ogliani

Settore amministrativo
Paola Fornasiero, Nicoletta Spada

*Relazioni esterne e rapporti
con la stampa*
Mara Mariotti

Art director
Raffaella Ottaviani

Coordinamento didattico
Nicoletta Bufacchi

Collaborazione all'allestimento
Simona de Cubellis

Ufficio stampa
Christine Ferry

Allestimento
Daniele Jacorossi S.p.A.

Assicurazione
Progress Insurance Broker

Trasporti
Propileo Transport

Hanno collaborato all'organizzazione
della mostra gli stagiaires
Emanuela Andreoli, Mariachiara Berni,
Greta Burman, Teresa Mulone
e Bartolomeo Pietromarchi.

Autori dei testi
Brian Allen
Hugh Belsey
Ilaria Bignamini
Edward Chaney
Elizabeth Einberg
Jörg Garms
John Ingamells
Ian Jenkins
Petra Lamers
Giorgio Marini
Leonardo Di Mauro
Cesare de Seta
Lindsay Stainton
Maria Elisa Tittoni
Andrew Wilton
John Wilton-Ely

Ringraziamenti
I curatori ringraziano il professore
Cesare de Seta per aver voluto rivedere
il suo saggio alla luce della mostra
tenutasi alla Tate Gallery e
dell'edizione inglese del catalogo,
e sono molto grati a Renzo Zorzi
e Anna Galeazzi.
I curatori e gli autori desiderano
ringraziare per la collaborazione,
i consigli e i suggerimenti:
Peter Barber, Andrea Carignani,
Angela Cipriani, Guido Cornini,
Helen Dorey, Attilia Dorigato, Carlos
Etchenique, Charlotte Hodgson,
Alastair Laing, Emily Lane, Jill Lever,
Paolo Liverani, James Lomax, Jane
Munro, Arnold Nesselrath, Jonathan
Scott, Valerie Scott, David Scrase,
Kim Sloan, Michael Snodin,
Giandomenico Spinola e Alessandra
Uncini. E inoltre: Hermann
Mildenberger, Kunstsammlungen
zu Weimar; Marianne Heinz, Neue
Galerie, Kassel; Kim J. Hartswick;
Tim Knox, The National Trust;
Colin Shrimpton, Northumberland
Estates Office, Jill Lever e colleghi,
RIBA Drawings Collection; Margaret
Richardson, Sir John Soane's Museum
e August Bernhard Rave, Staatsgalerie,
Stoccarda.
Un ringraziamento particolare va a
tutti coloro che hanno segnalato errori
e omissioni nell'edizione inglese del
catalogo, un contributo prezioso per
l'edizione italiana.

Questa mostra sul Grand Tour, frutto di un'importante collaborazione fra la Tate Gallery di Londra e il Comune di Roma, sarà per i visitatori l'occasione di un grande viaggio a ritroso nella formazione dello spirito europeo moderno. Se una visione universale dell'impresa umana era già stata concepita in epoca rinascimentale, è solo congiungendosi con la passione tutta moderna del collezionismo e con il gusto inventariale dell'Encyclopédie che essa viene a incarnare la filosofia di un'intera epoca. E sono proprio le tracce di questa passione a passare sotto i nostri occhi nelle sale del Palazzo delle Esposizioni e a restituirci quel clima fatto di curiosità intellettuale e di intraprendenza nell'agire attraverso cui il Settecento manifestava, ancora integra prima dell'avventura napoleonica, la sua volontà.

La formazione di intere generazioni della classe dirigente poteva passare, secondo lo spirito che si andava affermando, solo attraverso un contatto diretto con tutto ciò che, secondo i canoni di Winckelmann, era bello, giusto, vero, e che aveva l'Italia, e Roma in particolare, come una delle sue sedi privilegiate.

Emblema dell'Antico, luogo di ritorno alle origini, Roma diveniva una tappa ineliminabile di quei viaggi di formazione, attraverso cui l'attitudine cosmopolita delle classi dirigenti si elevava a modo di governare la complessità del mondo nuovo e di pensare gli stessi stati nazionali. È uno dei non rari paradossi della modernità quello di aver concepito la propria legittimazione in contrappunto a un rapporto mimetico con il classico: difficile quadratura di un tempo pensato come circolare, questa ricerca ha animato i sommovimenti dello spirito occidentale fino ai nostri giorni, che sembrano restituircene i termini in modo pressoché inalterato. Se il progresso resta, nell'immaginario, come una irresistibile tendenza interna del tempo, forse una semplice apertura del pensiero, quale quella rappresentata dal viaggio, non è più sufficiente a tenere insieme passato e futuro e a consentire la comprensione degli eventi che ci fronteggiano. Occorrono soluzioni nuove per la formazione di uno spirito europeo di questa fine secolo. Ma ciò nulla toglie allo straordinario interesse degli itinerari percorsi oltre due secoli fa.

Francesco Rutelli
Sindaco di Roma

Per un giovane del XX secolo, almeno in Occidente, il viaggio a New York è diventato ormai una tappa obbligata della sua formazione, a contatto con le fantasmagorie urbane della cultura di massa di fine millennio, con l'enciclopedia vivente di una contemporaneità che ha memoria limitata. Tra Sei e Settecento, invece, momento decisivo della crescita culturale di un giovin signore europeo era il Grand Tour nel nostro paese, sulla scia degli scritti di Winckelmann e delle incisioni di Piranesi.

Questa mostra, organizzata in collaborazione con la prestigiosa Tate Gallery (dove è stata ospitata prima dell'appuntamento romano), non solo ci appare come testimonianza preziosa di quel tipo di esperienza "pedagogica", ma rivela anche, nella grande varietà delle opere esposte (dipinti, disegni, acquarelli, sculture ecc.), una qualità artistica notevolissima. In quei secoli si forma l'immagine dell'Italia come Arcadia e paese felice, tra paesaggi agresti incontaminati, colorate feste popolari e rovine suggestive contemplate nella luce malinconica e spettacolare di un tramonto: un'immagine un po' mitica e un po' reale, che, come ha osservato Federico Zeri a proposito della successiva pittura della Restaurazione, è stata rilanciata a Hollywood nel dopoguerra.

E, soprattutto, in quel periodo comincia a prendere corpo, dentro quei ricordi e quegli schizzi di viaggiatori stranieri, l'idea dell'Italia come nazione, *che soltanto più tardi riceverà compiuta espressione politica. Oggi si discorre molto di identità nazionale e di memoria collettiva. Ma probabilmente alla nostra stessa autoconsapevolezza storica è necessario anche quello "sguardo" straniero sul nostro paese, di viaggiatori incantati e di turisti coltissimi e sognanti.*

Gianni Borgna
Assessore alle Politiche Culturali
del Comune di Roma

Sommario

Questo catalogo è dedicato
con affetto e rispetto al decano
degli studi sul Grand Tour,
Sir Brinsley Ford CBE, Hon. FRA, FSA

Prefazione

L'Italia era meta di viaggi da ogni parte d'Europa assai prima che il Grand Tour diventasse, nel Settecento, un momento educativo importante per i membri dell'aristocrazia e della piccola nobiltà europea, soprattutto (ma non esclusivamente) di quella britannica. Tuttavia, l'elemento distintivo e al contempo paradossale dell'età dell'oro del Grand Tour, celebrata da questa mostra, è che tanto più il viaggio in Italia si istituzionalizzava, tanto più i suoi obiettivi andavano restringendosi.

In epoche precedenti i pellegrini devoti avevano raggiunto Roma per rendere omaggio al capo riconosciuto della Cristianità, e gli eretici per indignarsi degli abusi riscontrati nei suoi domini; i diplomatici e i teorici della politica avevano ritenuto necessario analizzare i regimi assai instabili di quegli stati rivali che costituivano il concetto ancora nozionale dell'Italia e aggiudicarsi il loro appoggio nella complessa rete delle alleanze europee; si dovevano spiare le nuove tecniche di fortificazione; era indispensabile osservare da vicino il nuovo evolversi dei costumi, della musica, della letteratura e delle scienze; e poi le eccitanti innovazioni nel campo della pittura, scultura e architettura dovevano essere assorbite dagli artisti, dai connoisseur e dai potenziali committenti d'oltralpe. Questi e tanti altri motivi per visitare l'Italia non vennero mai meno. Eppure è ugualmente vero che dal 1720 in poi i turisti britannici si recavano a Roma, Firenze, Napoli, Venezia e in altre città della penisola anzitutto per ammirare il passato e disprezzare il presente; salvo quando si offriva loro l'occasione di utilizzare i talenti contemporanei per soddisfare gusti e pregiudizi che si erano portati appresso.

Certo, il fascino particolare esercitato dal passato era sempre stato molto potente, e le primissime "guide turistiche" di Roma (per usare una terminologia abbastanza anacronistica) avevano spesso dato non minore rilievo alle antichità da visitare che ai luoghi sacri da venerare. Per di più, appena una generazione dopo la morte di Raffaello si era consolidato il concetto di "antichi maestri", divenuti in breve la più prestigiosa tra tutte le categorie artistiche. Tuttavia non fu prima del XVIII secolo che i viaggiatori inglesi incominciarono a contenere il fascino esercitato dall'Italia entro confini così ristretti. I motivi non sono mai stati adeguatamente indagati, ma senza dubbio un'accresciuta ricchezza, stabilità e rilevanza politica – per non menzionare l'indiscusso prestigio europeo di sir Isaac Newton – ebbero una parte non secondaria in questo processo. Tra i pensatori italiani, Vico era poco conosciuto persino dai suoi conterranei, ma è forse ancor più sorprendente che un libro come *Dei delitti e delle pene* di Beccaria – che già nel 1763 aveva scosso l'Europa invocando la totale abolizione della pena capitale e che fu ben presto tradotto in inglese (senza peraltro esercitare alcuna influenza su un sistema penale particolarmente disumano, che rimase in vigore ancora per diversi decenni) – non fosse riuscito a mettere sull'avviso i viaggiatori stranieri che in Italia era in corso un risveglio spirituale. E, per rimanere nell'ambito tematico di questa mostra, è bene ricordare che il Grand Tour fiorì in un'Italia la quale poteva ancora vantare molti tra i massimi pittori e architetti d'Europa, quali Tiepolo, Piazzetta, Giaquinto, Solimena, Juvarra, Vanvitelli, Fuga, Vittone, ma che nessuno di essi suscitò un serio interesse in Gran Bretagna.

James Russel, *Connoisseur britannici a Roma*, 1750 ca (particolare del n. 43).

Tre notevoli artisti italiani lavorarono comunque moltissimo (se non esclusivamente) per i *Grand Tourists* britannici, con risultati alterni. Pompeo Batoni era già il miglior "pittore di storia" attivo a Roma quando si trasformò in un ritrattista, celebre per l'eleganza e la finezza tecnica, anche se all'epoca i suoi compatrioti ne deplorarono la crescente indifferenza verso gli scopi più nobili della pittura. Il meraviglioso talento del Canaletto vedutista fu stimolato (anche se non scoperto) dai residenti britannici a Venezia (quali Owen McSwiney e il console Smith), prima di smorzarsi nelle ripetizioni meccaniche richieste dai "turisti" inglesi, mentre Giovanni Battista Piranesi introdusse un tocco di genio nelle sue interpretazioni delle antichità che tanto affascinavano i suoi numerosi amici, mecenati e acquirenti d'oltremanica.

In effetti, il possesso di antichità prestigiose era l'ambizione più ossessiva (ma anche la più frustrante) di tutti i viaggiatori stranieri. Le sculture più importanti erano assolutamente intoccabili, sia perché appartenenti al papato, sia perché la loro rimozione dalle principali collezioni era vietata per legge. Fu dunque inevitabile riporre ogni speranza nei nuovi reperti portati alla luce da scavi spesso finanziati da visitatori britannici, oppure (più comunemente) da intermediari che agivano per conto di essi o per pura speculazione, ma anche in questi casi il controllo papale era inflessibile e di sorprendente efficacia. Molte statue approdarono comunque in Inghilterra (legalmente o meno) e vennero pure allestite magnifiche gallerie per ospitarle, come si può vedere soprattutto a Holkham e Newby, ma quasi nessuna di queste opere veniva allora considerata di qualche importanza a Roma. Ciononostante, la fama del potere d'acquisto apparentemente illimitato degli inglesi li fece apparire come una minaccia all'"eredità nazionale" romana, da cui derivò una serie di misure assai illuminate da parte di un papato deriso e considerato "retrogrado": in primo luogo l'ampliamento dei musei esistenti, quindi la costruzione, in varie fasi, di un grande museo di nuova concezione in Vaticano. Le antichità più importanti provenienti da collezioni vecchie e nuove furono acquistate – con l'entusiastico appoggio del tesoriere papale! – per tale museo, che presto divenne il più bello del suo genere al mondo. E si è tentati di considerarne l'istituzione come la conseguenza più benefica del Grand Tour.

Di sicuro non la pensavano così i frustrati turisti inglesi, che trovarono quasi altrettanto difficile sottrarre all'Italia i grandi capolavori della pittura presenti nelle chiese e nei palazzi di ogni grande città che visitavano. Malgrado una credenza già diffusa nel Settecento (e tuttora viva), fu insignificante il numero di importanti dipinti di "antichi maestri" che lasciarono l'Italia per l'Inghilterra prima della Rivoluzione francese e delle invasioni napoleoniche. Fu piuttosto la notevole qualità dei Lorrain, dei Poussin, dei Rosa e dei Dughet (artisti le cui opere potevano, tranne rare eccezioni, essere esportate senza troppi problemi) a dare il carattere distintivo non solo alle collezioni e al profilo culturale della Gran Bretagna, ma anche a una tradizione della creazione estetica durata fino ai nostri giorni. Perciò l'ossessione tutta concentrata sul passato che caratterizzò la cultura dei *Grand Tourists* e le difficoltà da essi incontrate nel tentativo di soddisfarla, portarono a conseguenze che difficilmente saranno deprecate dai visitatori di questa mostra.

Grand Tour. Il fascino dell'Italia nel XVIII secolo

La pratica del viaggio nell'Europa d'Ancien Régime è dapprima un torrente con esili affluenti, poi in età elisabettiana – tra la seconda metà del Cinquecento e gli esordi del Seicento – il torrente si trasforma in fiume. Diviene infatti un'istituzione per la formazione della classe dirigente inglese e a ingrossarlo contribuiscono viaggiatori francesi già al tempo di Luigi XIII e del Re Sole; con essi fiamminghi, olandesi, tedeschi, svedesi, russi e ancora altri provenienti da ogni paese d'Europa. Nel corso della seconda metà del Cinquecento e per tutto il Seicento il Grand Tour ha una connotazione prevalentemente aristocratica, anche se artisti e intellettuali possono in qualche misura considerarsi l'avanguardia di un'armata volta alla conquista pacifica dell'Europa. La dizione Grand Tour la si trova adottata per la prima volta, in trascrizione francese, nel *Voyage of Italy, or a Compleat Journey through Italy* (1670) del cattolico realista Richard Lassels.

Nel Settecento il Grand Tour è ormai un fiume rigoglioso che attraversa la letteratura e le arti. Un sontuoso corteo di viaggiatori lambisce il monte Parnaso, sede delle nove Muse, luogo ideale e allegorico già dipinto da Nicolas Poussin, mentore Giovan Battista Marino. Anton Raphael Mengs affresca in villa Albani a Roma (1761) il medesimo soggetto: col suo sodale Johannes J. Winckelmann – bibliotecario del cardinale Albani – dà così nuovo vigore a un mito rinascimentale già celebrato da Mantegna e Raffaello. La comunità dei *tourists* è, nel corso del secolo dei Lumi, la più numerosa e libera accademia itinerante che la civiltà occidentale abbia mai conosciuto. Quantunque i dati statistici siano carenti per tutta l'Europa, e quei pochi ora disponibili hanno più che altro valore di indizio[1], è certo che l'esperienza del Tour nel corso del tempo assume una connotazione interclassista già nell'età dell'assolutismo. L'intelligenza, il gusto, il piacere della musica e delle arti sono qualità che prescindono dallo status sociale. Una comunità dedita non solo all'*otium litteratum sive studiosum*, ma volta alla conoscenza dell'altro, alla scoperta dei diversi: ché l'Europa è ancora una terra incognita, non meno del Nuovo Mondo. Montaigne offre una precoce e alta testimonianza di questo sentimento negli *Essais* (1580), quando scrive: "Io stimo tutti gli uomini come miei compatrioti e abbraccio un Polacco come un Francese, posponendo questo legame nazionale a quello universale e comune". A metà del Settecento sarà il Dottor Johnson a confermare il carattere paneuropeo di questo sentimento e difatti scrive: "Tutta la nostra religione, tutte le nostre arti, quasi tutto ciò che ci pone al di sopra dei selvaggi proviene dalle coste mediterranee" che sono "il grande oggetto del viaggiare". Questo programma ideale prende forma malgrado crisi e pause più o meno lunghe, a causa dei conflitti ricorrenti tra le nazioni e del lacerante scontro che oppone la chiesa di Roma al mondo protestante. Ma, con la conclusione della guerra dei Sette anni nell'inverno del 1763, l'Europa conosce una stagione di lunga pace e il Grand Tour vive quella che possiamo definire, senza enfasi, la sua età dell'oro. Essa si conclude con la campagna d'Italia (1796) del giovane Bonaparte, ma un trauma violento l'aveva già subito con lo scoppio della Rivoluzione francese.

La conoscenza di arte e letteratura, storia antica e moderna, musica e teatro, commerci e ragioni diplomatiche, costumi e folclore, città e paesi diversi dalla propria patria sono i motivi che spingono giovani aristocratici, borghesi benestanti della middle class, studenti sovvenzionati con borse di studio a intraprendere il viaggio.

Roma è il baricentro immobile di questo itinerario per molti secoli, ma il *Caput Mundi* e la città santa del cattolicesimo – denso di reliquie pagane e cristiane – si laicizza in età moderna grazie al contributo di viandanti cosmopoliti che attingono a essa senza alcuna inibizione, malgrado permangano prevenzioni confessionali e ideologiche. A intraprendere il viaggio sono certamente più numerosi gli inglesi e per questa ragione sono essi che costruiscono il primo codice del Tour: stabilendo le finalità didattiche di questo *cursus honorum*, tracciando gli itinerari e fissando le mete obbligate. Da parte sua Francis Bacon, in *Of Travel* (1615), dà un contributo essenziale perché il viaggio d'istruzione s'imponga come esperienza indispensabile per un giovane che ambisce ad assumere un ruolo dominante nella società del suo tempo. Thomas Hoby, William Thomas, Fynes Moryson, Thomas Coryat sono gli autentici pionieri di questa avventura.

Sulla loro scia e grazie alle loro pagine, un numero crescente di connazionali attraversano la Manica per visitare i Paesi Bassi e la Francia; essi raggiungono l'Italia via mare da Marsiglia o da Nizza: di qui procedono con una feluca verso Genova, o giungono direttamente a Livorno per fermarsi a Firenze e girare la Toscana; altri sbarcano a Civitavecchia, il porto dello Stato pontificio prossimo a Roma, e di qui si spingono almeno fino a Napoli. Chi proviene dal continente attraversa le Alpi e valica il Moncenisio: se giunge da Lione si ferma a Torino e a Milano; se giunge da Monaco, Dresda, Vienna o Praga passa il Brennero e incontra Verona, per poi raggiungere Padova e Venezia. Le vie d'acqua sono meno usuali, ma spesso è attraverso il Po che si giunge a Ferrara e a Ravenna; di lì si prosegue per Padova e lungo il Brenta si giunge a Venezia. L'itinerario classico prevede che si discenda (o si risalga) la penisola fendendo la dorsale appenninica, da Bologna a Firenze o, sul versante adriatico, passando per Ancona e Loreto, il cui santuario è uno dei luoghi più battuti a causa della devozione mariana. Dopo Radicofani, passo appenninico descritto con enfasi da molti *tourists*, principia la discesa verso Roma. I pericoli non mancano: i banditi sono un imprevisto di cui i viaggiatori sono ben consapevoli. Il soggiorno romano commuove il più flemmatico dei visitatori, la malia di Venezia lo intenerisce, le collezioni artistiche di Firenze lo stordiscono, Napoli lo ubriaca di sole e di mare. Nella seconda metà del Settecento, preceduti da alcuni ardimentosi, molti intraprendono il viaggio in Sicilia: taluni per via di terra attraversando Puglia e Calabria, altri si imbarcano a Napoli e approdano a Palermo. Gli itinerari si sfilacciano, si sovrappongono tra loro, mutano nel tempo a seconda della fortuna che ciascuna città o regione s'è conquistata nella cultura di provenienza del viaggiatore. Sulla via del ritorno si battono le stesse piste. Si risale la penisola fino a Torino per passare in Francia e imbarcarsi a Calais o fino a Milano e Venezia per avviarsi verso le Alpi. Si viaggia su calessi, postali, carrozze o a piedi, ci si ferma in locande o pensioni, si mangia in osterie, si viaggia in compagnia di *bear-leaders*, di camerieri o da soli, ci si serve di passaporti e salvacondotti[2] per attraversare le molte frontiere della penisola frantumata in stati e staterelli[3]. Pier Leone Ghezzi ironizza su questi ciceroni in una graffiante vignetta (n. 54), George Dance sui suoi connazionali al risveglio in una locanda di Tivoli (n. 79).

Non è agevole disegnare le propensioni di ciascun viaggiatore, né sempre la nazionalità è indice significativo. Tuttavia i francesi sin dal tempo di Montaigne, Philibert de l'Orme e Rabelais hanno in Roma una meta fissa e preminente, per tutto quanto di antico essa raccoglie nel suo seno. I tedeschi e in genere i nordici ambiscono al sole del Sud, a una natura incontaminata e allo stesso tempo arcadica. Gli inglesi condividono entrambe queste predilezioni, ma Venezia rimane un *topos* straordinariamente presente nel loro immaginario. Certo è che nel corso del Settecento il baricentro del viaggio si va spostando sempre più verso il Mezzogiorno, perché lì sono le radici della civiltà e lì sopravvivono riti e miti che la *civilisation* ha cancellato: l'ammirato stupore suscitato dalla scoperta di Ercolano e Pompei induce a spingersi oltre, a Paestum e in Sicilia, alla ricerca del dorico e alle fonti della civiltà magno-greca. Questi fili, che ho provato a separare per temi dominanti, in effetti, si aggrovigliano e non c'è viaggiatore – da qualunque angolo d'Europa provenga e quali che siano il suo credo religioso o ideologico, le sue scelte di gusto – che non sia partecipe di interessi comuni; gli stereotipi esistono e sono ben radicati, ma sarebbe azzardato assumerli a rigida guida di una tassonomia per nazione. I viaggiatori hanno connotazioni professionali: gli artisti, i letterati, i filosofi, gli scienziati hanno interessi in qualche misura diversi, ma c'è un nocciolo comune che li induce a visitare quel museo a cielo aperto che è Roma. Città nella quale non possono mancare i Musei Capitolini inaugurati nel 1734 e, dal 1771, il Museo Pio-Clementino[4]. Roma e la sua campagna sono un'area archeologica di incomparabile fascino che si distende fino a Tivoli, Frascati, Albano e Nemi. Alcuni intraprendenti viaggiatori conducono campagne di scavo, i mercanti fanno affari d'oro, i collezionisti di statuaria antica, di reperti di ogni tipo, di dipinti non si contano. Il collezionismo è una vera febbre che contagia un po' tutti a seconda delle possibilità economiche, ma anche chi ha meno risorse acquista un libro, una stampa, una gouache che possa ricordargli la città o l'opera che gli è rimasta nel cuore. Il prosperare delle imprese calcografiche è il frutto di un mercato fiorente capillarmente diffuso nei maggiori centri del Bel Paese. C'è naturalmente un calendario che si cerca di rispettare per non mancare gli appuntamenti più significativi offerti da ciascuna città: dalla festa del Redentore a Venezia a quella di Santa Rosalia a Palermo, da quella dei Santi Pietro e Paolo a Roma a quella di San Gennaro a Napoli. Talune ricorrenze sono particolarmente presenti all'attenzione del viaggiatore: il Natale e la Pasqua assumono nella cornice di San Pietro un fascino particolare. Ma anche le feste popolari, come la corsa dei tori in campo San Polo a Venezia o quella del Palio a Siena trovano i loro cultori, contribuendo a condire il già succulento menu che offre l'Italia.

Il Grand Tour ha un'identità sovranazionale che riluce soprattutto negli spiriti più alti che vivono questa esperienza, e tale carattere cosmopolita è un dato costitutivo fin dalle origini. L'Italia è per tutti costoro un'immagine femminile, è la *Mater Tellus* cantata da Lucrezio e la nutrice di un'esperienza spirituale e sensitiva unica: per questi motivi alla terra di Dante, Petrarca, Machiavelli, di Michelangelo e Raffaello, di Vivaldi e Farinelli, di Galileo e Aldovrandi è riservato un posto del tutto particolare nel Tour. L'Italia è a un tempo Parnaso, Campi Elisi e terra delle Esperidi.

Due sono le coordinate che conviene seguire per darsi conto di questo viaggio iniziatico alla fonte del sapere e della bellezza. Ogni europeo rivive il mito di Ulisse, compone una sua *Odissea* che diviene diario, *journal* o *Tagebuch*: la sconfinata produzione letteraria è una testimonianza, memoria di un'avventura irripetibile che si ricorderà per tutta la vita e che si fa più vera e reale nel momento in cui viene narrata. Dunque, da un lato testi letterari di disuguale valore e di intenzionalità narrative non omogenee, dall'altro l'esperienza visiva e plastica: pittori, architetti, scultori, incisori devono in primo luogo immergersi nel bagno salvifico dell'Antico e poi attingere all'arte e all'architettura contemporanea di quel grande atelier che è l'Italia in età moderna, dove sono attivi architetti come Bernini e Borromini, Juvarra e Vanvitelli, pittori come Salvator Rosa e Caravaggio, Tiepolo e Piranesi. Proprio come si vede nelle celebri tele del Louvre di Giovanni Paolo Panini, c'è da scoprire "Roma antica" e "Roma moderna", e in tal senso i grandi dipinti del pittore piacentino devono considerarsi un'allegoria dell'Italia intera. La religione delle memorie classiche è una costante che accomuna de Brosses a Addison, Berkeley a Goethe, ma pure Claude Lorrain a Hubert Robert, Inigo Jones ai fratelli Adams, Maarten van Heemskerck a J. Philipp Hackert[5]. I mutevoli paesaggi d'Italia e l'Antico, sono – fin dalla metà del Cinquecento e per tutto il Settecento – soggetti privilegiati da una larga parte della pittura europea. Nelle molte conversazioni con Eckermann, il vecchio Goethe ricorda l'effetto affabulatorio che su di lui bambino avevano avuto le incisioni di Piranesi esposte sulle pareti della casa paterna. Edward Gibbon evoca con perseveranza i poeti latini che, adolescente, aveva imparato a recitare a memoria. Un'ideale galleria di "ritratti" di città e di paesaggi è parte, dunque, dell'immaginario collettivo di un'Europa di *savants*. A essi si affiancano da comprimari, con una loro voce originale e persuasiva, alcuni dei maggiori pittori europei. Città gravide di palazzi e chiese, di ville e giardini, di musei e biblioteche, di teatri e gabinetti scientifici vengono visitate e

"conquistate" dagli avidi occhi dei viaggiatori. Dal tempo del Sacco di Roma l'Italia moderna aveva patito a varie riprese il ferro e il fuoco degli eserciti stranieri, ma questa volta viene presa da un esercito composto dalle intelligenze più vivide d'Europa. Mai come in questo caso possiamo dire che i conquistatori si trasformano in conquistati: sentimento antichissimo che ci rimanda alle parole del grande Adriano quando giunse ad Atene. E Roma, Venezia, Firenze, Napoli assumono – in età moderna – il ruolo che ebbe la città di Pericle e di Fidia per il divino Adriano: una molteplicità di fuochi ideali che hanno i loro cultori a volte entusiasti a volte severi e taluni persino sprezzanti, sempre comunque appassionati, capaci di attingere a identità paesistiche e culturali così diverse tra loro. Nel corso di due secoli la turrita e "terrifica" corona delle Alpi, le pianure floride della Padania, l'aspro Appennino, le coste lussureggianti dalla Liguria alla Sicilia, lagune e riviere, cascate e vulcani – tipici soggetti "pittoreschi" – divengono soggetto artistico e oggetto d'attenzione scientifica. Berkeley e Goethe, Evelyn e Lalande sanno che il sapere è uno solo, che arte e scienza sono inseparabili.

Nel Seicento sono gli inglesi a scoprire Venezia e consolideranno questo rapporto privilegiato con la Serenissima nel corso del XVIII secolo, quando Antonio Canal conosce una straordinaria fortuna a Londra; mentre i francesi prediligono la venezianità squillante e rococò di Francesco Guardi. Grazie a Claude Lorrain, Gaspard Dughet e Poussin i sudditi del Re Sole avevano scoperto Roma e dintorni: nel Settecento saranno Hubert Robert e Fragonard – ingaggiati dall'Abbé de Saint-Non per la costruzione del suo *Voyage pittoresque ou description des royaumes de Naples et de Sicile* (1781-86)[6] – a porre al centro dei loro interessi "Napoli la Gentile" e l'intero Mezzogiorno. Da allora brilla alta nel cielo del Grand Tour la stella del Sud. Dominique-Vivant Denon guiderà un manipolo di pittori – da Châtelet a Pâris – alla scoperta di Puglia, Calabria e Sicilia per redigere dal vivo i disegni che saranno tradotti in incisioni per il *Voyage*. Opera che deve considerarsi l'impresa tra le più significative dell'editoria settecentesca: primato d'eccellenza condiviso solo con i quattro tomi in folio della *Collection of Etruscan, Greek and Roman Antiquities from the Cabinet of the Hon.le Wm. Hamilton* (1766-67)[7] che diverranno un tramite essenziale per la diffusione della cultura neoclassica ed ebbero un effetto paragonabile solo alla pubblicazione della *Geschichte der Kunst des Altertums* (1764) di Winckelmann.

Nelle capitali del Grand Tour – Roma, Firenze, Venezia e Napoli – giungono artisti e letterati. Anche se non è sempre agevole distinguere tra viaggio di formazione e viaggio professionale, è certo che nell'ultimo quarto del Settecento molti di loro fanno spola tra Tivoli e i Campi Flegrei, tra Paestum e Siracusa. Lentamente viene a formarsi un arcipelago di città e di interessi sempre più estesi: Genova, Siena e Pisa, Bologna e Parma, Milano e Verona, Palermo e Catania emergono lentamente nelle pagine e nelle tele. Ogni città ha una lista privilegiata di *topoi*, siano essi celebri monumenti o privilegiati punti panoramici. L'Italia – non più luogo mitico e arcadico – assume forma, diviene quel "paese reale" che ho provato a definire nel mio saggio *L'Italia del Grand Tour. Da Montaigne a Goethe*[8]: con le ombre e le luci, con le sue aspre contraddizioni e suoi splendori. Alla consapevolezza di sé contribuisce ogni nazione, anzi, l'idea che l'Italia sia una "nazione" in senso moderno è uno dei contributi più rilevanti dei "forestieri" che vi giungono. "Las Italias" di cui scrisse con perentoria genialità Miguel de Cervantes divengono – nel corso del Settecento – l'Italia, letta come unità spirituale e coscienza comune, vissuta come patria dello spirito, luogo della mente e sorgente della fantasia creatrice.

Visitare questo paese è possibile grazie ai testi letterari, ai dipinti e alle incisioni, ma attraverso questi documenti è possibile altresì scoprire le propensioni di gusto, gli interessi per i costumi e le feste, le inclinazioni religiose e ideologiche di ciascun autore. Il governo dei dogi a Venezia è un modello statuale a cui si guarda con generale ammirazione, ma nei *Remarks* Addison dedica pagine insolite e acute al governo della minuscola Repubblica di San Marino; moltissimi con severità o disprezzo giudicano il governo pontificio e quello dei Borbone nel Regno di Napoli. Ma in questa terra infestata di banditi, deturpata dallo spettacolo della miseria, semenzaio di paganesimo e credu-

William Marlow, *Capriccio con la cattedrale di St Paul e un canale veneziano*, 1795-97 ca (particolare del n. 252).

lità, di immoralità e perversione, è pure dolce "lasciarsi vivere" meglio che altrove, come scriverà Goethe a Napoli. Con severità giudicano l'Italia Swinburne e Lessing, Montesquieu e Sharp, e persino il marchese De Sade che mostra nel suo *Journal*[9] una tempra di inopinato moralista, ma nessuno di loro avrebbe rinunciato al viaggio nella terra delle Esperidi.

In quest'Italia, vituperata e amata, vi sono centri culturali cui fanno capo aristocratici e borghesi. Non v'è dubbio alcuno che l'Académie de France a Roma, con sede in palazzo Mancini al Corso, è un gorgo denso di interessi artistici non solo francesi; un eccezionale posto ha la contigua bottega calcografica del Cavalier Piranesi, che ha in Gran Bretagna alcuni dei suoi maggiori estimatori e committenti e, tra gli artisti francesi, devoti allievi. Un ruolo essenziale assume il cenacolo che si raccoglie attorno alla biblioteca del cardinale Albani che ha in Winckelmann il suo fulcro e che trova in Mengs, Anton von Maron, Angelica Kauffmann, Tischbein, Kniep e Hackert gli interpreti di un nuovo corso.

Gli ambasciatori e i consoli di Sua Maestà britannica a Venezia, Firenze e Napoli – sir Joseph Smith, sir Horace Mann e sir William Hamilton – introducono gli artisti inglesi nella società locale e promuovono il collezionismo di artisti italiani in Inghilterra. Charles Montagu, quarto conte di Manchester, ambasciatore straordinario a Venezia dal 1707 al 1708, al ritorno in patria portò con sé Pellegrini e Marco Ricci. Il console Smith fu un mercante attentissimo e non c'è artista veneziano che non sia giunto in Inghilterra o sia stato proposto al collezionismo inglese senza la sua mediazione. A cominciare da Canaletto che divenne il pupillo dell'aristocrazia, suscitando un interesse pari solo a quello di Rosalba Carriera e di Pompeo Batoni come ritrattisti alla moda, nei cui atelier di Venezia e Roma si fermarono a posare i nomi più in vista della nobiltà europea. Il ministro residente John Strange deve considerarsi l'erede di Smith: fu collezionista di Guardi e soprattutto di pittori del Cinquecento veneziano. Un gusto che influenzò certamente lord Cawdor che acquistò il *Doge Loredan* di Bellini e commissionò a Canova *Amore e Psiche*. Ma il mediatore di questa commessa così rilevante, Henry Tresham, fu tanto intraprendente da farsi ritrarre da Hugh Douglas Hamilton con lo scultore e con il modello del gruppo scultoreo. Il console sir Horace Mann svolse a Firenze un ruolo analogo: anche se la pittura toscana contemporanea non viveva una stagione felice, fu lui a introdurre gli artisti connazionali nella società locale. Per questo è figura centrale nella *Parodia della "Scuola di Atene"* di Joshua Reynolds (n. 40), dove i classici ambienti raffaelleschi vengono trasformati in un tetro ambiente gotico; sir Horace compare con il medesimo ruolo negli *Asini d'oro* dell'amico Thomas Patch (n. 41), che aveva assunto a pretesto un celebre testo del Machiavelli per fare del sarcasmo, più che dell'ironia, su questi suoi compatrioti. Ma Johann Zoffany nella *Tribuna degli Uffizi* (n. 91) – vera e propria icona di questo Tour – ritrae Patch dinanzi alla *Venere* di Tiziano accanto a Mann. Sir William Hamilton tenne nella sua residenza nel cuore di Napoli un salotto sofisticato e cosmopolita: meta obbligata di artisti e letterati quale che fosse la loro provenienza. Goethe, Hackert, Thomas Jones, Wright of Derby, Michael Wutky, Abraham Louis Ducros, Pietro Fabris e cento altri furono affascinati dalla collezione di vasi greci e dai reperti mineralogici del console inglese, non meno che dalle danze in costume greco della bella Emma Hart. La galleria dei ritratti di sir William è davvero non comune: si va da Reynolds, a David Allan, da George Romney a un elegante disegno a matita di Denon.

L'effetto dunque del Grand Tour non si risolve nell'esperienza personale di chi lo vive, ma diviene un fattore essenziale nella trasformazione del gusto dei paesi d'origine. C'è dunque un effetto che potremmo dire "di andata" che agisce sulla personalità di chi lo compie, e un effetto "di ritorno" che si propaga a macchia d'olio grazie ai dipinti, ai libri, alle incisioni, alle monete, alle copie di statuaria antica, ai gioielli, ai reperti archeologici e naturalistici, che sono parte del bagaglio – a volte molto ingombrante – che precede o segue il viaggiatore nel suo ritorno in patria. I resoconti di viaggio fanno vivere questa avventura a chi non l'ha vissuta in prima persona, le collezioni che si mettono assieme divengono una sorta di *status symbol* del mecenate che se n'è assunto l'onere. A Londra la

Society of Dilettanti o la Society of Antiquaries – i cui membri appaiono in due celebri tele di Reynolds – accolgono i reduci di questa avventura. Sir Charles Townley si farà ritrarre da Johann Zoffany nella privata galleria della sua residenza, circondato da reperti greco-romani e dipinti.

Le guide erano divenute un genere di straordinaria fortuna già alla fine del Seicento: il *Voyage d'Italie* (1691) di Maximilien Misson si impone come un autentico best-seller per oltre mezzo secolo, tradotto in inglese e olandese; così come Johann Volkmann firma il testo più diffuso della *Reiseliteratur* e non c'è *Kavalier* che non se ne serva. Così come si impongono testi più specialistici come quello di Charles-Nicolas Cochin, primo repertorio sistematico sulla pittura italiana, di Charles Burney che si dedica alla musica e al bel canto, di Patrick Brydone o del barone von Riedesel che tra i primi scrivono della Sicilia magno-greca. Ogni viaggiatore in questi testi impone i suoi gusti e la propria cultura, ma un carattere li accomuna fino alle soglie dell'Ottocento: sono scritti che guardano il mondo che si disvela ai loro occhi e lo narrano, lo descrivono, lo illustrano col talento di cui ciascun autore è capace. Il viaggiatore ottocentesco guarda entro se stesso e il viaggio, il mondo che attraversa assume un ruolo decisamente subalterno. C'è un'oggettività analitica e descrittiva nei testi settecenteschi, che sfuma lentamente e si trasforma in ricerca al fondo della individuale emotività del viaggiatore. Un sol caso esemplare conviene citare ed è quello del *Reisebilder* (1821-31) di Heinrich Heine. Le "impressioni di viaggio" del poeta tedesco sono lontanissime dall'*Italienische Reise* di Goethe, così come gli acquarelli italiani di William Turner dalle tele di Bernardo Bellotto. Lo *Sturm und Drang* urge alle porte e se ne coglie l'eco già nell'ultimo scorcio del Settecento. Il ritratto di Winckelmann eseguito da Mengs, il suo stesso autoritratto – nella loro sobria e severa misura – sono radicalmente diversi da quelli esornativi e celebrativi di Pompeo Batoni, così come dagli zuccherosi pastelli di Rosalba Carriera.

Il viaggio ottocentesco è qualcosa d'altro, i suoi costumi e le sue modalità rassomigliano più ai viaggi del nostro tempo che a quelli operanti a fine Settecento. Il grande trauma delle guerre napoleoniche segna la fine del Grand Tour come istituzione d'origine aristocratica: non solo si trasforma il genere letterario del diario di viaggio, ma si assiste a una mutazione genetica della cultura materiale e dei mezzi economici che lo connotano. L'apparire della prima locomotiva e l'organizzazione in gruppi del viaggio nel continente sono l'inequivocabile segno di questa trasformazione. I viaggi di principi tedeschi e polacchi, russi e ungheresi, di aristocratici inglesi o svedesi testimoniano che il lusso era stato carattere proprio di questa istituzione. Agli esordi del Seicento il vescovo di Bamberg giunge in Italia con un seguito di centotrenta persone, cui se ne aggiungono durante il viaggio altre cinquanta. Una vera e propria corte itinerante che ci impressiona e ci affascina solo se ci disponiamo a figurarcela con un po' d'immaginazione.

Naturalmente le ambascerie in senso proprio, le spedizioni diplomatiche più o meno mascherate o i viaggi sontuosi di principi regnanti sono l'eccezione in una pratica che investiva turisti di minori pretese e censo. Fynes Moryson e John Evelyn si accontentano di un solo accompagnatore e sono molti coloro i quali viaggiano da soli e con pochi mezzi. Thomas Howard, conte d'Arundel, giunge in Italia una prima volta nel 1612 da solo, ma – nel 1613-14 – con la sua sposa lady Aletheia, circondato da una piccola corte e con un cicerone d'eccezione come Inigo Jones: l'esperienza del viaggio sarà così rilevante da dare nuovo volto all'architettura inglese. Un secolo dopo, nel 1714-15, lord Burlington, che di questa tradizione umanistica può considerarsi il degno erede, ha un seguito che raggiunge le quindici persone; tra questi un pittore francese, Louis Goupy, un medico, vari lacchè, un cocchiere, un palafreniere, un cuoco, un contabile e un *bear-leader*, figura essenziale del Tour su cui ironizzeranno le matite graffianti di Pier Leone Ghezzi e di Louis-Jean Desprez. Il ventunenne Monsieur de Vandières, fratello di Madame de Pompadour e futuro marchese di Marigny, giunge in Italia a metà del Settecento con l'Abbé Le Blanc, l'architetto Soufflot e un connoisseur come Charles-Nicolas Cochin. D'altronde la galleria dei ritratti di alcuni dei protagonisti di questa avventura lo conferma largamente.

Batoni, il più celebre ritrattista d'Europa, viene conteso dall'aristocrazia che giunge a Roma. Thomas Dundas si fa ritrarre avendo alle spalle il *Laocoonte*, l'*Antinoo* e l'*Apollo Belvedere*, e sulla sinistra la *Cleopatra Belvedere* (n. 16). Questa messa in scena così pretenziosa ci dà il segno di quanto possa esser grande la vanità del suo committente. La galleria dei *Grand Tourists* non è composta solo di dipinti di così celebrativa intenzionalità. Lady Webster si fa ritrarre da Robert Fagan avendo sul fondo il Castel dell'Ovo e il Vesuvio, così come altri preferiscono il panorama della laguna. Ma è certamente il Colosseo il monumento che ricorre più frequentemente dalla metà del Cinquecento – è il caso dell'autoritratto di Maarten van Heemskerck – fino a tutto il Settecento. Molti privilegiano Roma e la sua campagna disseminata di Mirabilia: caso eminente il *Goethe* di Johann Heinrich Tischbein[10].

Gli oggetti d'arte, i libri e i souvenir che compaiono in queste tele, così come i panorami sul fondo, sono essenziali per intendere le propensioni di gusto del committente e le sue predilezioni. La sobrietà non si direbbe un costume diffuso, molti preferiscono vere e proprie scenografie. È il caso del vescovo di Derry quando si fa ritrarre da Hugh Douglas Hamilton con lady Caroline Crichton: la giovane nipote, in veste ellenizzante, muove passi di danza dinanzi all'altare delle dodici divinità, avendo sul fondo il tempio di Esculapio appena costruito in villa Borghese dall'architetto romano Mario Asprucci.

Con maggior vigore realistico e sottigliezza analitica, nella seconda metà del secolo dei Lumi, l'Italia viene illustrata in tele dipinte, disegni e fogli incisi come nessuna contrada europea. All'illustrazione del Bel Paese o del Giardino d'Europa – dizioni correnti per indicare l'Italia – contribuiscono Salvator Rosa e Canaletto, Bellotto e Panini, Piranesi e Lusieri, e ancora altri. È grazie a questo specchio mobile che molti letterati e pittori, filosofi, musicisti e scienziati imparano a conoscere e amare l'Italia. La grande svolta nella pittura di paesaggio europeo si ha nella seconda metà del Seicento grazie al contributo essenziale di Gaspar van Wittel: il pittore olandese è la cerniera tra la tradizione nordica e quella mediterranea. D'ora in poi la veduta di ambiti paesistici e urbani diviene un genere di larga fortuna e a essa contribuiscono pittori di ogni parte d'Europa. Il debito di Thomas Patch con van Wittel quando ritrae Firenze è evidente, ma pure vi sono voci assolutamente originali come quella di Thomas Jones che in Italia e a Napoli in specie vive la sua più felice stagione, di Pierre-Jacques Volaire con le sue eruzioni del Vesuvio. Lo spettacolo "pittoresco" di una terra che bolle come i Campi Flegrei e di una montagna che sputa fuoco affascinano Michael Wutky, Pietro Fabris e Wright of Derby che trasforma in un'eruzione vulcanica persino i fuochi a Castel Sant'Angelo. Le marine di Claude-Joseph Vernet così come gli interni di Desprez, i Colossei di Robert e di Cozens, le cascate di Tivoli di Fragonard e di John "Worwick" Smith, i laghi laziali di Jonathan Skelton e di Hackert – soggetti ricorrenti e richiestissimi – divengono "cartoline" del Bel Paese. Non si contano le gouache offerte al turista sulle piazze d'Italia perché orni la casa al rientro in patria, così come le incisioni, le miniature, i modellini di celebri monumenti, i calchi tratti dalla statuaria antica di Cavaceppi o di altri.

Ducros, Houel, Thomas Jones, Desprez, Cozens ottengono risultati molto originali in fogli di piccolo formato. Accanto a essi uno stuolo di pittori anonimi offrono, a modico prezzo e a ogni angolo di strada, le loro "cartoline". E anch'esse contribuiscono alla fortuna del Bel Paese. Sul finire del secolo Philipp Hackert, pittore di corte di Ferdinando IV, e Giovan Battista Lusieri – ingaggiato da lord Elgin per le sue missioni archeologiche a Costantinopoli e Atene – suggellano con straordinario vigore la tradizione analitica del vedutismo europeo. Non è un caso che Dominique-Vivant Denon, al seguito dell'armata di Napoleone, sveli al mondo l'antico Egitto, né che Lusieri concluda i suoi giorni ad Atene: ormai il Sud d'Europa non è più l'Italia, non è più la Sicilia, si è spostato ancora più a Mezzogiorno.

Un'altra generazione andrà alla scoperta dell'Egitto, della Grecia, del Vicino e dell'Estremo Oriente. George Berkeley scriveva all'amico Percival da Londra: "In short where men may find, in fact, whatsoever the most poetical imagination can figure to itself in the golden age, or the Elysian fields" (*Works,* VIII, n. 85, p. 129). Ma i suoi Campi Elisi e la sua *Metropolis of the Summer Islands* l'aveva trovata già in Italia.

[1] Cfr. C. de Seta, *L'Italia nello specchio del "Grand Tour"*, in *Storia d'Italia, Atlante*, V, *Il Paesaggio*, a cura di C. de Seta, Torino 1982, passim. È annunciata la pubblicazione di *A Dictionary of British and Irish Travellers in Italy*, redatto dall'archivio Brinsley Ford, a cura di J. Ingamells, Yale University Press, Londra: opera che comprende voci per seimila viaggiatori, di cui tremila tra pittori, architetti e scultori; c'è da auspicare che oltre alle promesse informazioni sul "dove" e sul "quando", ve ne siano anche di tipo quantitativo. Nel saggio in catalogo, *Alla scoperta dell'Italia: viaggiatori inglesi nel XVIII secolo*, J. Ingamells riferisce che secondo la testimonianza di J.J. Winckelmann, a Parigi nel marzo del 1763 c'erano trecento inglesi in procinto di partire per Roma.

[2] Cfr. A. Maczack, *Viaggi e viaggiatori nell'Europa moderna*, Roma-Bari 1992.

[3] Cfr. la piantina a p. 26.

[4] Cfr. G.P. Consoli, *Il Museo Pio-Clementino. La scena dell'Antico in Vaticano*, Parma 1996.

[5] Cfr. C. de Seta, *J.W. Goethe, Philipp Hackert. Vedute del Regno di Napoli*, Milano 1992.

[6] Cfr. P. Lamers, *Il viaggio nel Sud dell'Abbé de Saint-Non*, Napoli 1995.

[7] Per la straordinaria figura di Sir William – naturalista e collezionista – cfr. Jenkins e Sloan 1996.

[8] Nella premessa alla prima edizione (Napoli 1992) scrivevo: "Una ricca informazione si trae dalle nuove edizioni critiche di molti viaggi celebri o, in taluni casi, di testi per la prima volta editi. Un capitolo a parte è costituito dal contributo offerto dalle mostre dedicate al Grand Tour e all'Italia... Ad una mostra su un tale tema mi sto dedicando da molti anni: essa è stata promossa dalla Società Olivetti e dal-l'appassionato interesse di Renzo Zorzi; grazie al loro sostegno ho potuto arricchire di molto la mia esperienza, visitando musei e biblioteche un po' dappertutto. La mostra si avvale di un comitato scientifico internazionale di cui sono parte Jörg Garms, Francis Haskell e Pierre Rosenberg ai quali sono amichevolmente molto grato; un'analoga riconoscenza debbo a Ilaria Bignamini, Leonardo Di Mauro, Barbara Jatta e Petra Lamers che per diversi aspetti mi sono stati vicini in questo lavoro". Solo alcuni partecipano alla mostra che qui si presenta: agli assenti, alla Società Olivetti e a Renzo Zorzi rinnovo il mio più caldo ringraziamento e i sentimenti della mia gratitudine.

[9] *Viaggio in Italia*, a cura di M. Lever, Torino 1996.

[10] L'originale non disponibile al prestito ha fatto ripiegare su una copia tardo settecentesca (n. 33).

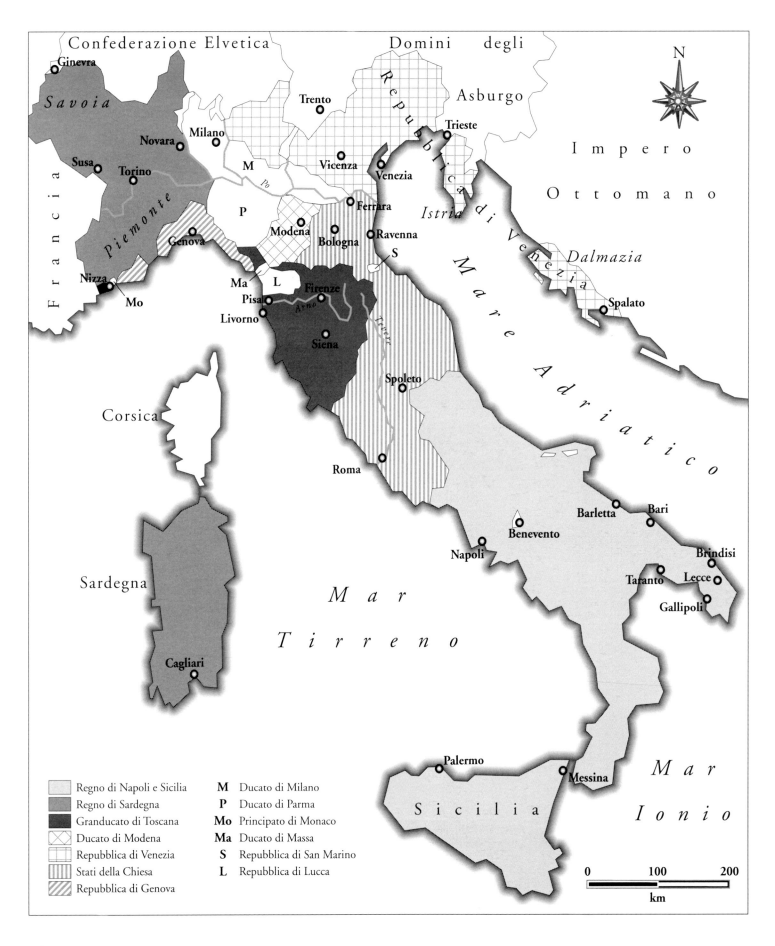

Confederazione Elvetica

Ginevra

Savoia

Novara

Susa

Torino

Piemonte

Milano

M

Trento

Domini degli

Asburgo

Trieste

Venezia

Vicenza

Repubblica di Venezia

Istria

I m p e r o

O t t o m a n o

Dalmazia

P

Ferrara

Modena

Genova

Bologna

Ravenna

Spalato

Ma

L

Firenze

S

Pisa

Livorno

Arno

Siena

Tevere

M a r e   A d r i a t i c o

Nizza

Mo

Corsica

Spoleto

Roma

Barletta

Bari

Benevento

Brindisi

Napoli

Taranto

Lecce

Sardegna

Gallipoli

M a r

T i r r e n o

Cagliari

Palermo

Messina

M a r

I o n i o

S i c i l i a

	Regno di Napoli e Sicilia	**M**	Ducato di Milano
Regno di Sardegna	**P**	Ducato di Parma
Granducato di Toscana	**Mo**	Principato di Monaco
Ducato di Modena	**Ma**	Ducato di Massa
Repubblica di Venezia	**S**	Repubblica di San Marino
Stati della Chiesa	**L**	Repubblica di Lucca
Repubblica di Genova

0   100   200

km

N

Francia

Po

John Ingamells

Alla scoperta dell'Italia:
viaggiatori inglesi nel XVIII secolo[*]

Fig. 1. Giuseppe Vasi,
Il Foro, o Campo Vaccino,
1765, acquaforte.
Metropolitan Museum
of Art, New York.

Nel corso del XVIII secolo gli inglesi invasero pacificamente l'Italia. I viaggi nella penisola erano stati precedentemente ostacolati dalle guerre. Le lotte per la spartizione del potere tra i Borbone e gli Asburgo avevano infatti devastato il vecchio continente per più di un secolo, e l'Inghilterra, oltre a entrare in Europa dopo innumerevoli lotte interne, era riuscita soltanto a istituire una monarchia costituzionale protestante. Ora, i sudditi della Gran Bretagna (divenuta tale nel 1707) iniziavano a pregustare un'età augustea in cui le belle arti avrebbero preso il posto dell'arte della guerra, anche se ogni studente di Eton o di Westminster sapeva che la dea Minerva presiedeva a entrambe. Sapeva inoltre che Augusto aveva raggiunto la pace culturale dopo un secolo di guerre e, per trovare conferma al loro patrimonio culturale, molti di questi studenti avrebbero visitato il Foro Romano dove "Romolo aveva sostato, Tullio aveva parlato e Cesare era caduto"[1].

Suddivisa in vari stati, retti da governi tutt'altro che forti, l'Italia non rappresentava più una minaccia politica ed era un paese essenzialmente amichevole. Il costo della vita era basso e il clima mite e piacevole, anche se queste attrattive erano di gran lunga superate dal fascino dell'antichità. Perfino le meraviglie del rinascimento e del barocco italiano passavano in secondo piano rispetto alla *grandeur* della Roma imperiale. Non era però l'antichità degli archeologi e delle analisi testuali a entusiasmare i viaggiatori, ma una visione che si basava sui familiari testi latini, investiti di un'autorità storica e morale. "Leggendo i classici romani", scriveva il giovane ottavo duca di Hamilton, "è sorto in me il desiderio di visitare il paese che essi descrivono e in cui sono stati scritti"; e lord Mornington sosteneva che "il viaggio in Italia avrebbe perso gran parte del suo divertimento" senza "tutte le vecchie idee che avevano occupato la mia mente a Eton e a Oxford". Non ci sorprende pertanto scoprire che uno dei primi letterati settecenteschi a scrivere sull'Italia, Joseph Addison (*Remarks on Several Parts of Italy*, 1705), fu più tardi accusato di "aver viaggiato attraverso i poeti e non attraverso l'Italia; giacché tutte le sue idee sono attinte dalle descrizioni di questi ultimi e non dalla realtà"[2].

La tendenza a concentrarsi su tali idee era dovuta anche alla durezza delle condizioni di viaggio. Il piccolo calesse a due posti (*caleche, calash*) o la più grande carrozza (*chaise*) offrivano un comfort che variava a seconda delle sospensioni e dello stato delle strade. E poiché molte vetture italiane erano prive di sospensioni, i viaggiatori erano incoraggiati a varcare i confini della penisola con i propri mezzi di trasporto, oppure ad acquistare un veicolo al loro arrivo in Francia; in entrambi i casi, però, la carrozza doveva essere smontata prima di varcare le Alpi. Spesso gli assali si spezzavano sulle strade dissestate, insopportabilmente polverose durante la stagione secca e spesso allagate d'inverno. Inoltre, il noleggio dei cavalli, il comportamento dei vetturini e la qualità delle locande italiane erano oggetto di continue rimostranze. E poi c'erano le frontiere da superare; una notte del 1770 Charles Burney dovette sbrigare le formalità di dogana ai confini della Toscana, di Lucca, poi ancora della

Toscana, di Modena e di Genova. La paura delle epidemie richiedeva infine accurate precauzioni igieniche e, al loro arrivo in una città, i viaggiatori venivano spesso rinchiusi in un lazzaretto per due settimane di quarantena. Nel 1772 Edward Wright raccontò di aver lasciato Ravenna "con una doppia *fede* (o certificato), una per garantire che godevamo di buona salute e l'altra per attestare che eravamo malati; il primo certificato ci avrebbe consentito l'accesso alle città dove si temevano epidemie e il secondo (essendo periodo di quaresima) ci avrebbe assicurato un po' di *grasso* (carne) nelle locande"[3].

La maggior parte dei viaggiatori arrivava in Italia dalla Francia. Attraversavano le Alpi a bordo di una portantina e dal Moncenisio scendevano a Torino, oppure viaggiavano a bordo di una feluca da Marsiglia a Genova. Alcuni, come Joshua Reynolds, salpavano direttamente dall'Inghilterra alla volta di Livorno e poi proseguivano per Firenze. La durata del viaggio variava a seconda dell'itinerario e delle feste tradizionali cui il viaggiatore intendeva assistere: il carnevale, che si teneva a Roma, Napoli o Venezia; la Settimana Santa a Roma e il giorno dell'Ascensione a Venezia. Poiché molti preferivano visitare l'assolato Meridione nei mesi invernali, iniziavano il loro tour in autunno, scendendo lentamente a sud e facendo sosta a Lucca, Firenze, Siena, Roma e Napoli; sulla via del ritorno visitavano ancora Roma per raggiungere quindi Venezia lungo un itinerario che passava per Loreto, Ancona e Ravenna. Lasciavano infine l'Italia dopo aver sostato a Vicenza, Verona, Mantova, Bologna, Modena, Parma, Piacenza e Milano, da dove facevano poi ritorno a Torino per valicare di nuovo il Moncenisio. Le principali attrazioni del tour, nell'ordine in cui venivano generalmente visitate, erano le città di Firenze, Roma, Napoli e Venezia.

La rinascimentale Firenze, nel granducato di Toscana, fu governata dai Medici fino al 1737, quando il casato si esaurì e salirono al potere i figli più giovani degli Asburgo. Firenze era soprattutto famosa per la collezione di antichità dei Medici, ospitata nella Galleria degli Uffizi. Qui ogni mattina venivano ammessi visitatori ansiosi di "conversare con divinità di marmo e imperatori pietrificati"; l'*Arrotino*, i *Lottatori*, il *Fauno danzante* erano circondati dai più suggestivi dipinti del XVI e XVII secolo. Prima fra tutti la *Venere de' Medici*, davanti alla quale tutti i visitatori sostavano estasiati. Padre Butler non consentiva però ai suoi parrocchiani di ammirarla, poiché "la dolcezza e la grazia della vita" erano "troppo pericolose da rimirare", mentre lady Malmesbury rilevava con evidente soddisfazione che la sua altezza era esattamente uguale a quella della dea e che anche lei poteva quindi rivendicare un certo grado di perfezione[4]. La presenza del diplomatico britannico Horace Mann, che visse a Firenze dal 1740 al 1786, costituiva un ulteriore motivo di attrazione. Mann era sempre estremamente premuroso con i viaggiatori suoi connazionali, e la sua corrispondenza privata con Horace Walpole è un'autentica miniera di pettegolezzi, spesso indiscreti, sul loro comportamento.

Roma fu sempre il centro del Grand Tour. Poiché la Grecia, che faceva ancora parte dell'impero ottomano, era difficilmente accessibile, la città santa rappresentava la quintessenza dell'antichità (l'impero romano veniva allora generalmente identificato solo con le sue province occidentali, in quanto Bisanzio e la Grecia erano molto meno conosciute). A Roma era concentrato il maggior numero di siti antichi e avevano sede le imponenti collezioni di sculture classiche del Museo Capitolino (1734) e del Museo Pio-Clementino (1771), che continuavano ad accrescersi grazie agli scavi condotti proprio in quegli anni. La mole e la posizione di San Pietro non mancavano poi di impressionare il visitatore protestante (che spesso riusciva persino a baciare i piedi del papa). I dipinti di Michelangelo e di Raffaello in Vaticano erano infine la meta di molti artisti, ed era a Roma che la maggior parte dei viaggiatori si faceva fare il ritratto. Dal 1740 al 1787, anno della sua morte, Pompeo Batoni ritrasse circa duecento visitatori inglesi; un ritratto dipinto da questo artista, che spesso includeva un chiaro riferimento all'antichità di Roma, divenne parte integrante del Grand Tour.

La presenza a Roma, a partire dal 1717, della corte esiliata degli Stuart, causò non poche preoccupazioni diplomatiche e richiese tutta la discrezione della Casa di Hannover. La Gran Bretagna non aveva alcun rapporto diplomatico formale con il governo pontificio e doveva pertanto affidarsi a rappresentanti non ufficiali. Due di questi furono il cardinale Alessandro Albani (1692-1779) e il barone Philip von Stosch (1691-1757). Albani, grande collezionista di antichità, intratteneva speciali relazioni diplomatiche con Vienna e Londra e riceveva regolarmente i viaggiatori inglesi di passaggio a Roma, facilitando l'accesso alle opere d'arte e la loro esportazione. Stosch, un antiquario prussiano di aspetto repellente, tra il 1722 e il 1732 inviò ogni settimana alla Whitehall rapporti apparentemente esagerati sul comportamento politico dei viaggiatori britannici e sulle attività della corte giacobita. Ma i giacobiti erano poco organizzati e, dopo la sconfitta a Culloden nel 1746, la presenza a Roma degli Stuart destò una crescente curiosità. Il primogenito Carlo trascorse gli ultimi anni della sua vita a Roma (1766-88) in uno stato di inebriata nostalgia, mentre l'ultimogenito Henry, cardinale di York, fu visto talvolta celebrare messa a Frascati.

Da Roma, i visitatori compivano in genere due escursioni. La prima a est, verso Tivoli, dove sorgevano villa d'Este, la cosiddetta villa di Mecenate e le rovine della villa Adriana, i cui scavi iniziarono a partire dal 1724. La casa di campagna di Orazio in Sabina fu localizzata a Licenza dal pittore scozzese Allan Ramsay (poco prima della sua morte nel 1784). La seconda escursione era a sud, lungo la Via Appia, dove sorgevano le antiche tombe dei ricchi romani, fino ai colli Albani e ai laghi di Albano e Nemi, la regione che il pittore gallese Thomas Jones chiamava "Terra Magica".

Napoli, capitale del Regno delle due Sicilie, nel 1734 era passata dall'Austria alla Spagna. Nella città campana era vissuto Virgilio, mentre nella vicina Posillipo c'erano la sua tomba e la Grotta, ovvero il tunnel scavato ai tempi di Augusto che collegava Napoli a Pozzuoli. Non lontano si trovavano i resti del tempio della Sibilla Cumana e il lago d'Averno, da dove Enea era disceso negli inferi. Sempre nella regione di Napoli erano state portate alla luce le rovine di Ercolano e Pompei (scoperte rispettivamente nel 1731 e nel 1748), quest'ultima descritta nelle lettere di Plinio il Giovane. Questi luoghi, dove gli scavi procedevano a rilento, erano strettamente sorvegliati, tanto che il quinto conte di Carlisle, nel 1768, lamentava di non aver potuto acquistare alcuna antichità. La visita e l'ascensione del Vesuvio erano infine esperienze uniche per il viaggiatore. Il paesaggio e il clima erano "incantevoli", come si espresse nel 1772 lord Findlater, ma le strade e gli edifici erano "sporchi e miseri" e la maggior parte dei viaggiatori concordava con lui sul fatto che i napoletani fossero "le creature più miserevoli che si possano immaginare"[5]. A partire dal 1759 Ferdinando IV di Borbone, la sua reale consorte (sorella di Maria Antonietta) e la loro corte destarono l'ammirazione dei visitatori con la loro nuova residenza di Caserta. La caccia era una delle grandi passioni di Ferdinando, e alle battute partecipavano spesso anche molti *Grand Tourists*. Nel 1768 arrivò a Napoli l'inviato britannico William Hamilton (in seguito nominato sir), cultore dell'antichità, connoisseur e geologo, il cui secondo matrimonio con Emma Hart nel 1791 avrebbe infranto le regole dell'etichetta.

Fu soltanto verso la fine del secolo che le regioni a sud di Napoli – Calabria, Puglia e Sicilia – cominciarono a essere conosciute. I viaggi in quelle terre erano disagevoli e gli abitanti sospettosi e superstiziosi. Il crescente interesse per l'arte preromana portò infine all'esplorazione della Magna Grecia e allo studio dei templi dorici di Paestum, Siracusa, Girgenti e Segesta.

Venezia costituiva un caso a parte, sia geograficamente che storicamente. Medievale più che classica, questa antica repubblica marinara, retta dal doge e dal consiglio dei Dieci, da tempo intratteneva relazioni diplomatiche con gli inglesi, che ne rispettavano il governo e la stabilità. Ma nel Settecento la città era ormai in declino e ai viaggiatori illuminati appariva reazionaria ma meravigliosamente dissoluta. "Se licenziosità vuol dire libertà", osservava John Hinchcliffe, "nessuna nazione sulla terra gode altrettanta libertà di Venezia." David Garrick descrisse una regata sul Canal Grande come un "sogno o una favola divenuta realtà", mentre più mondane erano le riflessioni di lady Mary Coke e di lady Malmesbury, alle quali le gondole apparvero, rispettivamente, come carri funebri e forficule capovolte. La città lagunare era per molti versi agli antipodi dell'ideale inglese: "le passeggiate, le cavalcate e gli sport da campo qui non sono praticabili", osservava Charles Burney cercando di spiegare la supremazia della musica veneziana[6]. I grandi pittori veneziani del XVI secolo, le cui opere ornavano chiese ed edifici pubblici, esercitavano un fascino particolare. Tra gli artisti viventi,

Rosalba Carriera era famosa per i suoi ritratti a pastello (che eseguì per quasi quarant'anni, a partire dal 1705) e dal 1730 Canaletto dipinse le sue vedute veneziane quasi esclusivamente per il mercato inglese. Le carriere di entrambi questi artisti erano state spronate dai rappresentanti britannici a Venezia. Christian Cole incoraggiò Rosalba Carriera, procurandole non pochi committenti inglesi, mentre Joseph Smith contribuì al grande successo commerciale di Canaletto. Per tutto il secolo, i rappresentanti britannici in Italia si dedicarono attivamente al mercato dell'arte, soprattutto a Venezia, dove oltre a Cole e Smith operavano collezionisti quali sir James Gray, John Murray, John Strange e John Udny. A una ventina di chilometri a ovest di Venezia sorge l'antica città universitaria di Padova, che un tempo attirava studenti da tutta Europa. L'elenco degli studenti inglesi iscritti all'università patavina fu regolarmente stilato dal 1618 al 1765, quando la firma sul libro dei visitatori veniva ormai apposta dai turisti e non più dagli studenti.

Il flusso di viaggiatori inglesi in queste città aumentò con il trascorrere degli anni. Nel 1729 lord Hope lamentava in una lettera allo zio, lord Annandale: "[Roma] è molto cambiata in peggio da quando tu la vedesti la prima volta [1713] e a mio parere ciò è interamente dovuto agli inglesi, con particolare riferimento agli intenditori d'arte". La passione dei viaggi era aumentata a tal punto che a Venezia, alla festa dell'Ascensione del 1730, i visitatori inglesi erano tre volte più numerosi di dieci anni prima, tanto si era "accresciuto il piacere di viaggiare", e poiché "alla maggior parte dei giovani gentlemen che si reca all'estero il denaro non manca, essi lo spendono liberamente e ciò li rende ovunque ben accetti". Nel marzo 1763, Winckelmann notava che a Parigi risiedevano trecento inglesi che sarebbero tutti scesi a Roma. A Firenze, Roma, Napoli e Venezia c'erano numerose comunità inglesi che frequentavano i rispettivi salotti o facevano del proprio meglio per evitarsi. Il giovane Samuel Crisp, nel 1738, così si lamentava: "[a Firenze] i connazionali sono così numerosi che i miei studi sono ostacolati da questi oziosi ma inevitabili impegni"[7].

Crisp era un membro dell'"armata dei martiri pellegrini" descritti da Laurence Sterne come "giovani gentiluomini, spediti in viaggio dalla crudeltà dei genitori e dei tutori, affidati a *governors* raccomandati da Oxford, Aberdeen e Glasgow"[8]. Questi precettori, *governors* o *bear-leaders*, erano in genere esperti di cose antiche con aspirazioni accademiche o docenti universitari, come Andrew Hay, Walter Bowman, John Breval, Edward Holdsworth o Joseph Spence, che guidarono nel complesso oltre trenta viaggi e per i quali il soggiorno in Italia era certo molto più stimolante che per i loro pupilli. Lady Mary Wortley Montagu osservò che "i ragazzi ricordano soltanto dove hanno bevuto il vino migliore e visto le donne più belle", mentre i loro *governors* "notavano soltanto situazioni e distanze, o al massimo statue ed edifici"[9].

C'erano, naturalmente, numerose altre categorie di viaggiatori più anziani. Molti "martiri pellegrini" tornavano a visitare l'Italia con le famiglie; altri vi si recavano per curarsi gli acciacchi nel clima salutare della penisola. C'erano poi i viaggiatori di professione, come John Howard, cui si deve la riforma delle prigioni inglesi, o Arthur Young, l'agronomo; e tutta la schiera di pittori, architetti e archeologi che venivano ad ammirare i capolavori dell'arte italiana. La famosa duchessa del Devonshire e lady Elizabeth Foster furono tra quelle che partirono per l'estero per nascondere la nascita di figli illegittimi. I motivi della venuta in Italia del quarto conte di Bristol, vescovo di Derry, sono più difficili da definire, ma includevano senz'altro il sollievo dalla noia, l'esercizio del mecenatismo e lo studio dell'antichità e della vulcanologia. E poi c'erano esiliati di varia natura, giacobiti, bancarottieri o omosessuali, che cercavano tranquillità o qualche forma di protezione. Né mancavano i tipi originali, come Thomas Hackman, il camminatore che aveva ripetutamente attraversato l'Europa "senza prestare attenzione a nulla"[10], o George Hutchinson, il tessitore presbiteriano irlandese che venne a Roma "per ordine di Dio" al fine di "predicare contro le statue, i dipinti, gli ombrellini, le

Fig. 2. Pier Leone Ghezzi, *Il dottor Andrew Hay nelle vesti di precettore-cicerone*, 1725 ca, penna e inchiostro bruno (cfr. n. 54). Trustees of the British Museum.

parrucche e le crinoline"[11]. Hutchinson era almeno coerente nel considerare le statue e i dipinti come un pericolo, anche se meno per il loro carattere profano che per la loro novità. La maggior parte dei visitatori britannici conoscevano i testi latini, e alcuni avevano letto Dante, Boccaccio e Tasso; avevano certamente ascoltato la musica italiana e si erano già fatti un'idea dell'architettura barocca italiana attraverso l'opera di Inigo Jones o Christopher Wren, ma non erano abituati a vedere collezioni di opere d'arte. Quando, nel 1737, il gentiluomo scozzese George Langton visitò a Torino la collezione di dipinti del duca di Savoia, annotò: "È la prima collezione di questo tipo che abbia mai visto in vita mia". Tali raccolte costituivano una novità anche per intenditori quali John Talman, che nel 1711 aveva suggerito a lord Cornbury, a Roma, di commissionare un grande dipinto sul tema dell'"apprendimento e delle arti, come primo dovere del nobiluomo al fine di onorare il proprio paese, raffigurante la regina Anna che riceve un gruppo di *Grand Tourists* di ritorno dall'Italia, circondati da opere d'arte e guidati da Minerva"[12]. Sembra che questo dipinto non venisse poi eseguito, ma nel 1717, subito dopo aver visitato il lago d'Averno, il diciannovenne Thomas Coke di Holkham commissionò una grande tela sul tema della "Visione di Enea nei Campi Elisi", con il ritratto di se stesso nei panni di Virgilio che regge una lira (il dipinto di Sebastiano Conca si trova tuttora a Holkham). Si trattava, evidentemente, della scelta di un classicista, ma questi eruditi sarebbero presto diventati connoisseur.

A Roma, nel 1701, il viaggiatore e uomo di lettere Joseph Addison aveva appreso i rudimenti della numismatica dall'antiquario italiano Ficoroni, che più tardi confessò che Addison "non aveva approfondito lo studio delle medaglie" e aveva ricevuto "non più di venti lezioni". Questo gli bastò, tuttavia, per pubblicare più tardi i suoi *Dialogues upon the Usefulness of Ancient Medals*. Parecchi viaggiatori condividevano gli interessi numismatici di Addison. Lord Morphet (il futuro quarto conte di Carlisle), il conte Harrold "e molti altri giovani gentiluomini" spesero "due o trecento sterline per quelle cose (medaglie ecc.), per acquisire il gusto e la conoscenza delle antichità e formare una piccola raccolta con alcune serie di medaglie". L'"utilità" dei loro studi consisteva nell'approfondire il loro apprezzamento dell'antichità. Una generazione più tardi arrivò in Italia Joseph Spence, professore di storia a Oxford e *travelling tutor*, i cui interessi erano limitati ai poeti romani. Molto presto, però, Spence giunse alla conclusione che in Italia, e soprattutto a Roma, "i nobili resti delle statue antiche sono una sorta di commento contemporaneo su Virgilio e Orazio"[13].

La pittura non fu ignorata da questi cultori del passato. Spence stesso acquistò quello che credeva essere un grande cartone di Raffaello, il pittore che più ammirava. Ma nel frattempo, ricchi e sofisticati visitatori avevano già accumulato considerevoli collezioni di dipinti. Il quarto conte di Manchester, nominato nel 1707 ambasciatore straordinario a Venezia, fece dipingere la sua cerimonia d'investitura da Luca Carlevarijs e l'anno successivo rientrò in patria insieme con i pittori veneziani Giovanni Antonio Pellegrini e Marco Ricci; Thomas Coke acquistò numerosi dipinti per la sua residenza di Holkham e il secondo marchese di Annandale rientrò nel 1720 a Hopetoun con oltre trecento quadri. Per i viaggiatori meno esperti, Jonathan Richardson pubblicò nel 1722 l'*Account of Some of the Statues, Bas-Reliefs, Drawings and Pictures in Italy*, scritto a partire dalle note redatte dal figlio nel corso del suo frenetico viaggio in Italia nel 1720-21. Laddove i *Remarks* di Addison davano un resoconto generale dell'Italia, Richardson focalizzava l'attenzione su un argomento particolare. La crescente ammirazione per i maestri italiani del Cinquecento e del Seicento era testimoniata dal numero di copie di celebri dipinti quali l'*Aurora* di Guido Reni (Palazzo Rospigliosi, Roma), *Il giorno* di Correggio (o *Madonna di San Gerolamo*, Galleria Nazionale, Parma), la *Venere di Urbino* di Tiziano e la *Madonna della sedia* di Raffaello (Uffizi, Firenze) e la *Trasfigurazione* (all'epoca nella chiesa di San Pietro in Montorio, Roma). La commissione di queste copie rappresentò una regolare fonte di reddito per gli artisti che nel corso del secolo visitarono l'Italia. Nel 1730 Edward Wright, commentando "il gusto pittorico oggi di moda" e le nuove acquisizioni di dipinti e sculture che "ogni anno arricchiscono le collezioni della nobiltà e dei gentiluomini d'Inghilterra", ricordava un'espressione corrente tra gli intenditori d'arte italiani: "se il nostro anfiteatro fosse trasportabile, gli inglesi se lo porterebbero a casa"[14].

Il generale sviluppo della sensibilità artistica nel corso del XVIII secolo può essere illustrato da due dipinti raffiguranti visitatori britannici nella Tribuna degli Uffizi, uno eseguito nel 1715 da Giulio Pignatta, l'altro nel 1772-77 da Zoffany. Nel primo la Tribuna ci appare come un tempio abitato da divinità. Il diplomatico e connoisseur del Norfolk sir Andrew Fountaine, che sta esaminando un vassoio di medaglie, è quasi adombrato dalla *Venus Victrix*; dietro di essa spiccano la *Venere de' Medici* e la *Venus Cælestis*, mentre alle pareti sono appesi prevalentemente ritratti a mezzo busto, con al centro la *Madonna* di Michelangelo. Il quadro di Zoffany (n. 91) ci dà una visione più grandiosa della Tribuna. La *Madonna della sedia* di Raffaello, la *Venere di Urbino* di Tiziano e dipinti di Guido Reni e di Correggio sono facilmente riconoscibili, insieme con gli antichi marmi della *Venere de' Medici*, dei *Lottatori*, e dell'*Arrotino*. Venti gentiluomini inglesi, elegantemente vestiti, ammirano queste opere d'arte. Tra essi riconosciamo i diplomatici sir Horace Mann e sir John Dick, il cortigiano Felton Hervey, il viaggiatore africano James Bruce e il terzo conte Cowper, che aveva risieduto a lungo a Firenze. In compagnia di questi dignitari vi sono alcuni giovani di vario rango che avevano recentemente visitato Firenze: uno di essi è il nono conte di Winchilsea, all'epoca ventenne ed esperto giocatore di cricket, che aveva confessato alla madre di non avere abbastanza gusto per l'arte quando compì la sua visita di routine agli Uffizi e incontrò Zoffany che dipingeva il quadro. "Mi chiese di entrarci anch'io", esclamò entusiasta Winchilsea, "e alla fine mi ritrasse." Horace Walpole descrisse i personaggi del dipinto come "un gruppo di giovani viaggiatori che non conosciamo e non ci curiamo di identificare"[15]. Il quadro era stato commissionato come una "Veduta della Galleria di Firenze" dalla consorte di Giorgio III, la regina Carlotta, che aveva ricevuto al suo posto una testimonianza del Grand Tour.

Fig. 3. Giulio Pignatta, *Sir Andrew Fountaine con alcuni amici alla Tribuna*, 1715, olio su tela. Collezione privata.

Vi era ovviamente chi non si entusiasmava per i dipinti e le antichità, e per loro non si può non provare un po' di simpatia. A Roma, nel 1764, il quarto duca di Gordon arrivò scortato da Johann Winckelmann, il più illustre archeologo tedesco, prefetto delle Antichità papali. Ma il duca non mostrava alcun segno di entusiasmo mentre, seduto in carrozza, ascoltava Winckelmann descrivergli con espressioni erudite e immagini scelte la bellezza delle antiche opere d'arte. Sua Grazia posò poi per Batoni, che dipinse il suo ritratto a figura intera (oggi alla National Gallery of Scotland), circondato da una profusione di selvaggina morta quale si può trovare soltanto nelle Highlands scozzesi. L'apatia poteva però esprimersi in maniera più spiritosa. Nel 1770 il capitano John Clerk, "un ragazzo sensato e allegro", dichiarò la sua ponderata opinione che dopo l'*Apollo Belvedere* dei Musei Vaticani (n. 202) "la maggior parte delle altre statue sembrano essere state scolpite da Sandy Thompson o da qualche altro artista del suo stampo". Egli rimase a Roma "per vedere le pantomime e ascoltare la musica della Settimana Santa, e poi penso che ne avrò più che abbastanza di funzioni e altre assurdità". Nel 1764 i giovani fratelli John e George Damer visitarono gli Uffizi in compagnia di un certo capitano Howe e all'inizio "accettarono di buon grado di vedere qualche quadro. Ma poi, accorgendosi che la galleria era così immensamente lunga, non riuscirono a trattenere l'impazienza e fecero una scommessa su chi l'avrebbe percorsa per primo saltellando su una gamba sola"[16].

Fig. 4. Johann Zoffany, *La Tribuna degli Uffizi*, 1772-78/79, olio su tela (cfr. n. 91). Sua Maestà la Regina d'Inghilterra Elisabetta II.

Le tentazioni non mancavano per questi viaggiatori disimpegnati, e forse molti quadri e oggetti antichi devono la loro presenza nelle collezioni inglesi al fatto che un antiquario era riuscito ad adescare un turista prima che questi dilapidasse il suo denaro per i piaceri della carne e del tavolo da gioco. Nel 1767 Tobias Smollett invitava i giovani viaggiatori "a guardarsi da una banda di imbroglioni (alcuni del nostro stesso paese) che trafficano in quadri e antichità"[17]. Per circa cinquant'anni, a Roma questo mercato fu in gran parte sotto il controllo di due antiquari britannici, Thomas Jenkins (cfr. n. 156) e James Byres (cfr. n. 157). Dotati di notevole spirito pratico, e sorretti da un grande fiuto commerciale, avevano iniziato entrambi la loro attività a Roma acquistando sottoprezzo dagli artisti. Jenkins si aggiudicò i massimi privilegi sociali, ottenendo persino udienze con il papa per i visitatori britannici. Byres era in qualche modo meno sofisticato: il suo forte accento di Aberdeen e i rigorosi metodi di insegnamento gli procurarono rispetto più che prestigio sociale.

I traffici illegali si esercitavano soprattutto nel campo delle antichità, che continuavano a essere portate alla luce dagli scavi e, per la maggior parte, gelosamente conservate. Poiché i restauri parziali erano accettabili (a Roma gli scultori Bartolomeo Cavaceppi e Vincenzo Pacetti dedicavano a questo lavoro la maggior parte del loro tempo), la definizione di "genuino" era anch'essa sempre negoziabile. Joseph Nollekens dichiarò che Jenkins forniva ai turisti stranieri "intagli e cammei fatti dai suoi artigiani, che lavoravano furtivamente in una parte del Colosseo adibita appositamente per loro", vendendoli via via che venivano prodotti. Alla fine del secolo il "meraviglioso sistema di inganni e infamie qui perpetrati ai danni del povero John Bull a ogni ora del giorno", incominciò a essere smascherato, ed Edward Clarke spiegò come Roma fosse stata fino ad allora "a tal punto spogliata di ogni vestigia di valore che si è reso necessario istituire una manifattura per la fabbricazione della paccottiglia che metà degli inglesi viene qui a cercare ogni anno"[18].

Il numero e la diversità dei viaggiatori inglesi che visitarono l'Italia nel Settecento rende impossibile trarre delle conclusioni generali da questa rapida panoramica. Roma imperiale era per loro una romantica rovina; si sentivano sopraffatti dai monumenti e dai dipinti e incuriositi dai rituali cattolici a Roma, Napoli e Venezia. La maggior parte sembra essere tornata in patria con ricordi confusi e un senso di sollievo, rafforzati nella convinzione che il loro paese era migliore sotto tutti gli aspetti. Una minoranza, che si era estasiata davanti ai tesori della Tribuna, con il suo gusto e la sua passione per il collezionismo ha accresciuto il patrimonio del suo paese. Oggi si può ammirare Raffaello alla National Gallery e un gran numero di buoni (ma non eccellenti) marmi classici romani al British Museum, anche se l'esametro virgiliano è quasi scomparso dal curriculum nazionale.

* Questo rapido excursus si basa in gran parte sul materiale conservato nell'archivio Brinsley Ford al Paul Mellon Centre di Londra. Cfr. DBITI.

1 Everyman (a cura di), *The Autobiography of Edward Gibbon*, Londra 1911, p. 122.

2 Citazioni da: J.D. Campbell (nono duca di Argyll) (a cura di), *Intimate Society Letters of the Eighteenth Century*, Londra 1910, 2:402 (Hamilton, 10 agosto 1775); *HMC Fortescue*, 2:4 (Mornington, 4 gennaio 1791); W.S. Lewis (a cura di), *Horace Walpole's Correspondence*, 13:231 (Walpole su Addison, 2 ottobre 1740).

3 E. Wright, *Some Observations made in travelling through France, Italy, etc in the Years 1720, 1721 and 1722*, 2a ed., Londra 1764, p. 111.

4 Citazioni da: John, conte di Cork e Orrery, *Letters from Italy in the years 1754 and 1755*, Londra 1773, lettera viii (30 ottobre 1754); Alban Butler, *Travels through France and Italy, and part of the Austrian & Dutch Netherlands, during the years 1745 and 1746*, Londra 1803, note di sir Brinsbey Ford; contessa di Minto (a cura di), *Life and Letters of Sir Gilbert Elliot*, Londra 1874, 1:411 (lady Malmesbury, 23 aprile 1792).

5 *Seafield MSS*, GD 248/800/4 (Findlater, 27 dicembre 1772).

6 Citazioni da: Hinchcliffe, lettere, PRO NI, DOD 638/114 (8 dicembre 1761); D.M. Little e G.M. Kahrl (a cura di), *The Letters of David Garrick*, Londra 1963, 1:415 (6 giugno 1764); C. Burney, *The Present State of Music in France and Italy*, Londra 1773, p. 194.

7 Citazioni da: J. Fleming, *Robert Adam & His Circle*, Londra 1962, 14 (lord Hope); PRO SPF 99/63 (E. Burges, rappresentante britannico a Venezia, 20 gennaio 1730); J.J. Winckelmann, *Briefe*, Berlino 1954, 2:295 (5 marzo 1763); A.I. Macnaghten, *Family Roundabout*, Londra 1955, p. 3 (Crisp, 18 aprile 1738).

8 L. Sterne, *A Sentimental Journey*, prefazione.

9 R. Halsband (a cura di), *Complete Letters of Lady Mary Wortley Montagu*, Londra 1965-67, 2:495 (8 dicembre 1751).

10 N. Brooke, *Observations on the Manners and Customs of Italy*, Londra 1798, p. 119.

11 (J. Russel), *Letters from a Young Painter Abroad*, Londra 1750, 1:203.

12 Citazioni da: R.J. Colyer (a cura di), *A Breconshire Gentleman in Europe 1737-38*, in "National Library of Wales Journal", n. 21, 1979-80, 21:281 (Langton 10 ottobre 1737); Talman, lettere, Bodley MS Eng, lett.e.34 (15 agosto 1711).

13 Citazioni da: S. Klima, *Joseph Spence. Letters from the Grand Tour*, Montreal 1975, p. 13; *Wrest Park MSS*, Beds. RO, L30/8/33 (lord Harrold al padre, s.d., dicembre 1715 - febbraio 1716).

14 E. Wright, *op. cit.*, vii.

15 Citazioni da: Winchilsea, lettere, *Finch MSS*, Leics RO (28 dicembre 1772); W.S. Lewis (a cura di), *op. cit.*, 24:527 (Walpole, 12 novembre 1779).

16 Citazioni da: J.J. Winckelmann, *op. cit.*, 2:303 (sul duca di Gordon, 26 marzo 1764); *Clerk of Penichnik MSS*, GD 18/5494/3 (Jn. Clerk, 30 marzo 1770); C. Rogers, *Boswelliana*, Londra 1874, p. 239 (i Damer).

17 T. Smollett, *Travels through France and Italy*, lettera 29.

18 Citazioni da: J.T. Smith, *Nollekens and His Times*, Londra 1829, 1:11, 232; W. Otter, *Life and Remains of Edward Daniel Clarke*, 1825, 1:132.

Ilaria Bignamini

Il Grand Tour: problemi aperti

Nonostante in anni recenti siano stati pubblicati numerosi studi sul Grand Tour settecentesco[1], alcuni importanti aspetti non sono stati ancora adeguatamente esplorati. Questo saggio ne evidenzia alcuni: in primo luogo il carattere di istituzione educativa che il Grand Tour aveva presso i cittadini britannici e il suo rapporto con viaggi istruttivi alternativi o complementari, come il Tour of Britain; e, in secondo luogo, le interazioni tra i principali protagonisti del Grand Tour, soprattutto tra i turisti delle varie nazionalità, e tra questi e gli italiani.

Il Grand Tour settecentesco può essere definito un'"accademia invisibile" o "virtuale" che offriva servizi a vari settori culturali e che aveva importanti conseguenze sulla produzione, il commercio, il collezionismo e l'apprezzamento delle arti. Ciò vale sia per la Gran Bretagna che per la maggior parte dei paesi europei, ma con un'importante differenza: mentre in Inghilterra il Grand Tour era una pratica consolidata presso le classi elevate e colte, i suoi equivalenti europei, cioè il *Voyage d'Italie* e l'*Italienische Reise*, erano molto meno diffusi presso quelle stesse classi sociali in Francia e negli stati tedeschi prima dell'avvento del turismo di massa nell'Ottocento. In Inghilterra, il Grand Tour serviva invece una vasta comunità di artisti e disegnatori, mecenati e collezionisti (sia aristocratici che borghesi), acquirenti occasionali di opere d'arte, operatori del mercato dell'arte e ampi settori del pubblico colto, comprese numerose donne. Quanto vasta fosse tale comunità è dimostrato dal *Dictionary of British and Irish Travellers in Italy 1701-1800*, compilato dal Brinsley Ford Archive ed edito da John Ingamells per il Paul Mellon Centre.

Il "British Grand Tour" fungeva inoltre da formidabile "accademia invisibile" nel promuovere le carriere professionali. Numerosi artisti incontrarono i loro mecenati in Italia e, rientrati in patria, molti di loro acquisirono prestigio professionale e sociale. Sir Joshua Reynolds, per esempio, non sarebbe certo diventato presidente della Royal Academy se prima non avesse visitato l'Italia. Lo stesso vale per numerosi membri del parlamento e per altre categorie di viaggiatori. È vero che la maggior parte di essi avevano studiato nelle scuole e nei college "giusti", ma il Grand Tour, grazie alle amicizie e ai legami personali stretti all'estero, costituiva un'ulteriore qualificazione. Il Grand Tour era un'esperienza comune, condivisa da vasti settori della classe dirigente inglese nel senso più ampio del termine. Il ruolo da esso giocato nel favorire carriere e promozioni è confermato, tra l'altro, dall'ostilità manifestata nei suoi confronti da artisti-patrioti quali William Hogarth e William Blake, e dalla crescente popolarità del Tour of Britain quale esperienza educativa complementare o anche alternativa.

Gli studi sul Grand Tour si sono sviluppati finora in maniera indipendente da quelli sul Tour of Britain. Lo stesso vale, ovviamente, per il *Voyage d'Italie* e l'*Italienische Reise* che non sono stati messi in relazione rispettivamente con il Tour della Francia e il Tour della Germania. La principale conseguenza di questa separazione tra grandi e piccoli viaggi è il mancato riconoscimento del coesistere all'interno della coscienza di ogni cittadino europeo di identità culturali diverse e talora conflittuali: un'identità comune rappresentata dal viaggio in Italia e nell'antica Roma; svariate identità naziona-

William Marlow, *Stazione di posta vicino a Firenze*, 1770 ca (particolare del n. 56).

li, pre e post-romane; e infine, all'interno di ogni nazione – compresa l'Italia – il coesistere di forti identità regionali e locali. La ricerca sulle origini comuni della civiltà occidentale richiedeva viaggi in Italia, in Magna Grecia e in Sicilia (e successivamente in Grecia, Asia Minore, Medio Oriente ed Egitto), mentre la ricerca delle radici autoctone implicava viaggi nazionali, regionali e locali.

Questo non è tuttavia l'unico aspetto del Grand Tour a non essere stato esplorato. A tutt'oggi, per esempio, sono stati identificati solo alcuni dei principali soggetti del viaggio, focalizzando l'attenzione sugli stranieri che osservavano l'Italia e i suoi abitanti, e sugli artisti, restauratori e mercanti italiani che lavoravano per visitatori, diplomatici e committenti stranieri. Anche se i rapporti intrattenuti in Italia tra cittadini di diverse nazionalità non sono stati trascurati, questo è uno degli aspetti del Grand Tour che richiede ulteriori approfondimenti. Al suo arrivo a Roma, nel novembre del 1739, Charles de Brosses osservava: "Les Anglois fourmillent icy... C'est la nation chérie des Romains, en faveur de l'argent qu'ils aportent, car le fond du cœur est pour les Allemands par toute l'Italie. Je m'aperçoit qu'en général il n'y a point de nation moins aimée que la notre... L'argent que les Anglois dépensent à Rome et l'usage d'y venir faire un voyage, qui fait partie de leur éducation, ne profite guères à la pluspart d'entre eux... J'en vois tels qui partiront de Rome sans avoir vu que des Anglois et sans sçavoir où est le Colisée"[2].

Questa citazione illustra quanto attentamente visitatori di diversa nazionalità si osservassero l'un l'altro, come tendessero a isolarsi all'interno delle proprie comunità nazionali e quanto fossero forti i pregiudizi dettati da rivalità politiche e culturali tra le nazioni. È quindi normale che de Brosses, un viaggiatore francese, fosse incline a denigrare i turisti inglesi, ma la sua testimonianza rivela soprattutto quanto il Grand Tour fosse diverso dalle altre esperienze di viaggio. Alla fine del quarto decennio del Settecento, stando a de Brosses, gli inglesi erano già diventati i turisti più numerosi, il Grand Tour era parte integrante della loro educazione ed essi spendevano più di tutti gli altri per acquistare opere d'arte. Nessun'altra testimonianza in lingua inglese offre una definizione così precisa del Gran Tour.

Un altro gruppo importante da prendere in considerazione sono gli abitanti del paese visitato dai turisti: gli italiani erano infatti parte attiva del Grand Tour più di quanto sia stato in genere ammesso. Per le loro ricerche gli studiosi si sono avvalsi di svariate fonti a stampa e manoscritte conservate nelle biblioteche e negli archivi italiani ed esteri, soprattutto documenti diplomatici e di spionaggio[3]. Ciononostante, il ruolo degli italiani non è mai emerso appieno ed essi sono stati raramente considerati protagonisti a pieno titolo sulla scena del Grand Tour. Per dimostrare il loro ruolo attivo, è almeno necessario provare che ci furono degli italiani le cui idee e iniziative contribuirono alla crescita del Grand Tour, che alcuni governi italiani promossero volutamente il turismo e fecero del loro meglio per soddisfare le aspettative dei viaggiatori, che il turismo modificò profondamente l'economia e l'identità di alcune città italiane, e che l'indipendenza di giudizio di alcuni italiani ha permesso di rimettere in discussione il ruolo tradizionalmente assegnato ad alcuni turisti. È possibile trovare esempi per ciascuno di questi punti.

Il primo esempio è rappresentato dal cardinale Alessandro Albani e dal governo pontificio. La crescita del Grand Tour fu notevole per tutto il corso del XVIII secolo, toccando il suo apice tra il 1764 e il 1796: questi tre decenni furono l'età dell'oro del Grand Tour britannico per quanto concerne il numero di viaggiatori, di ritratti commissionati, di licenze di scavo e di esportazione concesse a Roma in favore di cittadini britannici. Questi anni coincisero con un lungo periodo di pace in Europa: il 10 febbraio 1763 il Trattato di Parigi poneva fine alla guerra dei Sette anni e fu solo nella primavera del 1796 che l'esercito di occupazione napoleonico varcò i confini della penisola. L'Inghilterra, che era risultata vincitrice della guerra, era in quegli anni la nazione più potente d'Europa e questo costrinse il governo pontificio a drastici mutamenti della propria politica estera. Fino al 1763 il Pretendente, che viveva a Roma insieme con la sua famiglia, era considerato dal papa il legittimo re d'Inghilterra e suo figlio, il Giovane Pretendente, il principe ereditario del Galles, ma dopo il Trattato di Parigi una simile posizione era difficilmente sostenibile e si rendeva sempre più necessario un riconoscimento, anche informale, della casa di Hannover. L'occasione fu offerta da Edward Augustus, duca di York, la cui imminente partenza per l'Italia fu annunciata dal "London Chronicle" del 18 giugno 1763. L'evento era della massima importanza, giacché nessun membro della famiglia reale inglese aveva mai visitato l'Italia da turista, e iniziò subito una fitta corrispondenza diplomatica tra il cardinale Albani e sir Horace Mann. Mann era dal 1740 il rappresentante del governo britannico a Firenze, mentre Albani, grande collezionista di scultura classica e mecenate di Winckelmann, era l'artefice della nuova politica estera del governo pontificio. La richiesta di opere d'arte da parte dei cittadini britannici svolse un ruolo fondamentale nell'attuazione di questa nuova politica, già preannunciata l'anno precedente: Albani aveva infatti manifestato la propria amicizia verso Giorgio III vendendogli la sua preziosa collezione di disegni e stampe, provenienti per la maggior parte dal Museo Cartaceo di Cassiano dal Pozzo, quando era già chiaro che l'Inghilterra avrebbe vinto la guerra. Ora, nell'autunno del 1763, Albani fece del suo meglio per convincere il duca a visitare Roma, un duro colpo per i cattolici Stuart; il duca di York di casa Hannover (cfr. n. 35) visitò la Città Eterna dal 15 al 28 aprile, costringendo il duca di York, nonché cardinale, di casa Stuart a trasferirsi per qualche settimana nel suo vescovato di Frascati.

La nuova politica ideata da Albani per papa Clemente XIII, e continuata dai suoi successori fino alla tragica fine del papato di Pio VI nel 1799, andava ben al di là degli sfarzosi ricevimenti e delle grandiose accoglienze riservate ai principi-viaggiatori. Anche in questo caso è evidente il collegamento con il Grand Tour, giacché dal 1764, poco dopo la partenza del duca di York da Roma, al 1796 furono numerose le licenze di scavo concesse a cittadini inglesi, come ad esempio Thomas Jenkins, Gavin Hamilton, Colin Morison e Robert Fagan, il quale nel 1793 ottenne una licenza di durata eccezionale grazie all'interessamento del principe Augustus Frederick, poi duca del Sussex (nn. 164, 228). Nulla di simile accadde agli appassionati di scavi di altre nazionalità, in numero molto limitato e per la maggior parte gentiluomini-archeologi, come l'ambasciatore spagnolo José Nicolàs de Azara (n. 173).

L'incredibile incremento di scavi e scoperte moltiplicò in breve tempo le richieste di esportazione verso la Gran Bretagna e, conseguentemente, negli altri paesi europei. Ciò ebbe notevoli ripercussioni sull'esportazione dei dipinti degli antichi maestri e di altre opere d'arte che venivano spesso spedite all'estero insieme con i marmi. Il governo pontificio era seriamente preoccupato da tale tendenza, ma non mutò per questo la propria politica d'impronta liberale. Al contrario, con la fondazione del Museo Pio-Clementino nel 1771 (nn. 193-203) si fece vieppiù attivo quale promotore del Grand Tour. I Musei Vaticani divennero un importante acquirente, ma con il potere di decidere cosa doveva rimanere a Roma e cosa poteva invece essere esportato. La Reverenda Camera Apostolica continuò a rilasciare licenze di esportazione, ma al tempo stesso il museo papale divenne una delle principali attrazioni del Grand Tour, offrendo ai visitatori che potevano permettersi un viaggio in Italia, ma non di acquistare marmi antichi, l'indimenticabile esperienza di "possedere" per alcune ore le più belle opere d'arte del mondo.

Il cardinale Albani fu pertanto tra coloro che maggiormente favorirono il Grand Tour e la Reverenda Camera Apostolica ebbe un ruolo fondamentale nel promuovere il turismo e nel rispondere alle aspettative di ampie fasce di viaggiatori.

Il secondo esempio è fornito da Venezia. L'economia di molte regioni italiane fu influenzata dal turismo, soprattutto a Firenze, Roma e Napoli, ma anche in città meno popolari tra i viaggiatori stranieri, quali Torino, Parma, Bologna e Siena, e in regioni quali la Sicilia e la terraferma veneziana. Ma su nessun'altra città il Grand Tour ebbe un influsso così devastante come a Venezia, un tempo importante repubblica marinara e ora sulla via del declino. Il caso di Venezia solleva importanti interrogativi circa l'economia del turismo moderno e i suoi effetti sull'identità culturale.

Milano, all'epoca sottomessa all'Austria, offre un terzo esempio. Nessun altro *Grand Tourist* aveva una reputazione peggiore del duca di York, sia in patria che all'estero (nn. 35, 140). Secondo Horace Walpole, il suo aspetto era piuttosto repellente: "Un angelo bianco come il latte, persino nelle ciglia, mezzo cieco e racconta un sacco di stupidaggini"[4]. Il duca era "sciocco, frivolo e senza cuore; privo di equilibrio e di principi; un vero libertino" dichiarò lady Louisa Stuart, riferendo l'opinione di suo padre, il conte di Bute, che era in pessimi rapporti con il duca all'epoca della sua partenza da Londra[5]. Walpole, al quale il duca aveva "soffiato" una dama, fece del suo meglio per confermare questo giudizio, e il suo corrispondente sir Horace Mann diffuse tali dicerie, come pure la notizia che il duca era a capo di una "minoranza" politica e che il suo tour rispecchiava il desiderio del re e del governo britannico di sbarazzarsi di lui per qualche tempo. Inoltre, stando a un rapporto inviato da Venezia alla corte di Torino, il duca era "incostante nelle sue determinazioni" – come Don Giovanni – e "alquanto leggiero di cervello"[6]. Tuttavia, nei documenti milanesi relativi all'epoca in cui il duca visitò la città, non vi è alcuna traccia di questi commenti pieni di malizia. Ciò si spiega in parte con il fatto che gli austriaci, che avevano perso la guerra dei Sette anni, volevano impressionare favorevolmente questo membro della famiglia reale inglese, e in parte con la ferrea censura allora in vigore. Ma in una lettera che scrisse da Londra al celebre fratello Pietro, Alessandro Verri rivela che a Milano il duca aveva incontrato Teresa Beccaria, moglie dell'autore di *Dei delitti e delle pene* (che da poco era stato pubblicato clandestinamente a Livorno), che aveva ricevuto in dono una copia del libro, che la "marchesina Beccaria" continuò a intrattenere un rapporto epistolare con il duca dopo il ritorno in patria e che quest'ultimo voleva far tradurre il libro in inglese[7]. Il testo di Cesare Beccaria, uno dei più radicali dell'Illuminismo europeo, auspicava l'abolizione della pena capitale, denunciava le condizioni inumane dei prigionieri e sosteneva la necessità di una riforma della giustizia. Il duca di York, uno dei pochissimi ammiratori inglesi del Beccaria, si trovò coinvolto in seri problemi politici non appena rimise piede in Inghilterra, dove si schierò ufficialmente con l'opposizione e nel 1767, all'epoca dell'American Stamp Act, votò contro il governo. Poco dopo fu costretto a partire per un secondo Tour dell'Italia, ma durante il viaggio verso Genova si ammalò gravemente e morì a Monaco il 17 settembre 1767.

I documenti milanesi contraddicono l'immagine di un duca "sciocco e libertino" e gettano nuova luce su questo viaggiatore tanto diffamato. Lo stesso vale per il fratello, il duca di Cumberland, che visitò l'Italia due volte (nel 1773-74 e nel 1785-86) in compagnia della sposa morganatica Anne e della sorella di lei, lady Elizabeth Luttrell. Il duca di Cumberland era noto in patria e all'estero come "l'idiota di sangue reale"[8] e la sua compagnia era snobbata dalla maggior parte dei turisti inglesi e degli aristocratici italiani. La presenza di lady Elizabeth non fu d'aiuto; secondo Alberico Barbiano di Belgioioso, la nobildonna era una "testina veramente originale e vera inglese, donna e repubblicana"[9]. Compiere il Grand Tour con un'aristocratica che aveva idee originali ed era pure repubblicana non servì certo a migliorare la reputazione del duca.

Queste due storie dimostrano come i documenti italiani, e l'opinione di alcuni spiriti liberi, possono mettere in discussione il modo in cui sono stati considerati certi viaggiatori.

[1] De Leeuw 1984; Jackson-Stops 1985; Moore 1985; Brilli 1987; Hibbert 1987; Hawcroft 1988; Black 1992 (1) e (2); de Seta 1992.
[2] De Brosses 1991, vol. II, lettera XL, pp. 725-726.
[3] Bertolotti 1878-80; Borroni Salvadori 1985-91; Lewis 1961; Black 1992 (1); Jenkins e Sloan 1996; DBITI.
[4] Citato in *Complete Peerage*.
[5] Stuart 1899, p. 95.
[6] AST, sez. 1, *Cerimoniale Inghilterra*, mazzo 1 d'add., ins. 13: 2 giugno 1764.
[7] Verri 1910-23, vol. 1, parte I, p. 128: Londra 15 dicembre 1766.
[8] Walpole 1937-83, vol. 23, p. 230: H. Walpole a H. Mann, 31 agosto 1770.
[9] Citato in Giulini 1926, p. 146.

Catalogo delle opere

Avvertenze per il lettore

Le opere esposte solo a Londra sono contrassegnate da *; se presentate solo a Roma recano **

Misure. L'altezza precede la base. Per le opere di formato irregolare vengono indicate le dimensioni massime.

Supporto. Quando non viene data l'indicazione del supporto significa che l'opera è su carta.

Provenienza. I puntini stanno a indicare la mancanza di informazioni riguardo alla storia dell'opera in esame.

Esposizioni. Si è fatto ricorso a riferimenti abbreviati. Per i dati completi si veda *Esposizioni* a p. 323.

Bibliografia. I cataloghi delle mostre non sono citati sotto questa voce se le mostre relative figurano già sotto *Esposizioni*. Sono stati usati riferimenti abbreviati. Per i dati completi si veda *Bibliografia* a p. 327.

Estensori delle schede

BA	Brian Allen
HB	Hugh Belsey
IB	Ilaria Bignamini
EC	Edward Chaney
LDM	Leonardo Di Mauro
EE	Elizabeth Einberg
MF	Marco Fabiano
JG	Jörg Garms
IJ	Ian Jenkins
PL	Petra Lamers
TM	Teresa Mulone
AM	Anita Margiotta
GM	Giorgio Marini
LPBS	Lucia Pirzio Biroli Stefanelli
ER	Emiliana Ricci
LS	Lindsay Stainton
MET	Maria Elisa Tittoni
AW	Andrew Wilton
JW-E	John Wilton-Ely

Andrew Wilton

Sognando l'Italia

Nell'Europa del XVI secolo la cultura italiana riveste un ruolo dominante: la filosofia, le arti e la letteratura di questo paese, per non parlare della moda nel campo dell'abbigliamento e del vasellame da tavola, si diffondono praticamente ovunque. Nella musica la lingua internazionale è l'italiano. Il teatro di Shakespeare e dei suoi contemporanei è permeato di temi e concetti italiani. Il Sacro Romano Impero, sia in Austria che in Spagna, come anche la corte di Francesco I in Francia, hanno al loro servizio pittori, scultori e architetti italiani. Fin dall'inizio del rinascimento giungono nella penisola artisti provenienti dal Nordeuropa, tra i quali Albrecht Dürer, per studiare l'Antico, che incominciava allora a essere riscoperto.

Alla metà del XVII secolo recarsi in Italia è per gli artisti un'abitudine ormai consolidata e innumerevoli sono le immagini rappresentanti paesaggi, rovine classiche e contadini delle campagne italiane, che prendono la strada dell'Olanda, dell'Inghilterra e della Francia. Gli altri viaggiatori sono generalmente funzionari di alto rango, nobili o diplomatici, accomunati tutti dal fatto di collezionare opere d'arte e di acquistare dipinti quali souvenir del viaggio intrapreso. Il conte di Arundel è il primo a collezionare statuaria classica e Carlo I, sebbene non metta piede nel paese, accumula una delle più imponenti raccolte di pittura italiana mai esistite. Ai primi del XVIII secolo circolano ampiamente pubblicazioni che hanno come tema l'Italia e dipinti che ritraggono le bellezze del paese diffondendo un bagaglio di idee che, per quanto vaghe e inaccurate, risultano irresistibili per la nuova generazione di facoltosi mercanti e di giovani ricchi privi di occupazione – uomini e in minor misura donne – una generazione frutto della pace e sicurezza instaurate da inglesi e olandesi all'indomani della Rivoluzione del 1688. Quantunque privi di un regime altrettanto liberale, anche gli altri paesi europei inviano in Italia i propri ambasciatori, burocrati e artisti, infiammati dalle medesime aspettative create dai pittori e scrittori che li precedono.

Alla metà del XVII secolo un gruppo di artisti olandesi, che avevano soggiornato nella penisola, aveva diffuso nel Nord l'idea di un'Italia popolata da contadini abbigliati in maniera pittoresca che conducono le greggi lungo viottoli fiancheggiati da rovine, immersi in una luce dorata. Si tratta dei Bamboccianti, o pittori di *bambocciate* (scene di vita popolare), artisti quali Pieter van Laer, Nicolas Berchem, Jan Both, Jan Asselijn e Hermann van Swanevelt. Essi traevano ispirazione non solo dal paesaggio italiano ma anche da un filone di pittura internazionale che aveva come tema lo scenario italiano, una tradizione sviluppata da artisti fiamminghi quali Paul Brill e, fra gli italiani, da Agostino Tassi, Annibale Carracci e Domenichino. Il paesaggio viene inoltre acquistando un prestigio mai riconosciutogli prima grazie agli esiti della pittura di altri tre stranieri residenti in Italia: i francesi Claude Gellée, detto Claude Lorrain, Nicolas Poussin e il cognato Gaspard Dughet, noto anche come Gaspard Poussin (nel Settecento i due Poussin vengono spesso confusi). All'epoca, ai nomi di Claude Lorrain e Nicolas Poussin viene sempre associato quello dell'unico italiano che li eguaglia per statura: Salvator Rosa.

Particolare del n. 1. Questo "triunvirato" conferisce al paesaggio tre qualità distinte: Claude Lorrain mette a punto una visione di idilliaca tranquillità, caratterizzata soprattutto da una luce diffusa e da composizioni armonicamente disposte, nelle quali gli elementi tratti dalla campagna romana costituiscono i fondali di episodi pastorali, mitologici o biblici. A tale esemplificazione del Bello, Salvator Rosa contribuisce la visione contrastante di una natura Sublime, contrassegnata da rocce frastagliate, torrenti impetuosi e alberi inceneriti dal fulmine. Nel corso del secolo, con il proliferare delle teorie del Bello e del Sublime, questi due archetipi vengono invocati sempre più frequentemente. Per contro, "Poussin" introduce un approccio intellettuale o "erudito" alla natura, ricorrendo a composizioni geometricamente ordinate e soggetti che favoriscono temi filosofici o metafisici. Nelle mani di questi artisti l'Italia diventa il luogo delle forme ideali e armonicamente disposte, e, nel caso di Salvator Rosa, di una grandiosità emozionante, una visione distante da ciò che oggi si suole associare all'Italia. L'artista svolge comunque un ruolo fondamentale sul viaggiatore che rimane estasiato davanti allo spettacolo delle Alpi, passaggio obbligato per raggiungere le dolci meraviglie del paese.

Presenti in tutte le collezioni europee, e massicciamente in quella di Caterina la Grande di Russia dopo l'acquisto, nel 1799, della raccolta Walpole, le opere dei paesaggisti sono tuttavia apprezzate principalmente dagli inglesi: centinaia di dipinti di Berchem, Both, Lorrain, Rosa, Dughet e dei due Poussin approdano in Inghilterra affollandosi sulle pareti di palazzi di città e residenze di campagna, dove si trovano ancora oggi. Con l'avanzare del XVIII secolo, attraverso le stampe, si assiste alla crescente popolarità di queste e di analoghe composizioni, come anche di tutta l'arte italiana contemporanea. Durante tutto il corso del secolo, quella delle stampe rappresenta in Francia e Inghilterra un'industria di rilievo e Londra, nel sesto decennio, diviene il centro internazionale della loro commercializzazione grazie a John Boydell. La produzione dei maggiori paesaggisti entra nel repertorio di incisori come William Woollett e Thomas Major (cfr. n. 1).

Nella prima metà del XVIII secolo altre visioni dell'Italia si aggiungono a quelle dei maestri del Seicento, diventando ugualmente dei riferimenti imprescindibili. Prima di allora pochi si erano dedicati alla scena urbana, anche se Claude Lorrain aveva realizzato qualche veduta con scorci di Roma e alcuni Bamboccianti, tra cui Jan Miel e Johannes Lingelbach, avevano ambientato scene di vita quotidiana nelle strade di città o nei porti. A Venezia Luca Carlevarijs e, più tardi, Canaletto e il nipote Bernardo Bellotto si specializzano nella raffigurazione delle sontuose celebrazioni cittadine, collocate nel loro contesto architettonico. Con essi le vedute di Venezia e delle città venete acquisiscono una compiutezza paragonabile a quella delle immagini della campagna romana dipinte da Lorrain. Le vedute sature di colore e luce di Canaletto sono talmente apprezzate dai *milordi* che l'artista soggiorna a lungo a Londra: tra il 1746 e il 1755. Il francese Claude-Joseph Vernet soddisfa l'incessante richiesta di scene di porti, sia reali che immaginari, rifacendosi ai famosi esempi precedenti di Lorrain. Furoreggiano anche le vedute fantastiche di Giovanni Paolo Panini in cui i grandi monumenti dell'antichità romana assumono le proporzioni di vasti scenari teatrali, dove l'immaginazione dello spettatore è libera di addentrarsi. Il potere di questi dipinti di sbrigliare l'immaginazione conferiva loro un'importanza fondamentale nel creare quelle aspettative che inducevano i viaggiatori a varcare le Alpi.

1

Claude Gellée, detto Claude Lorrain 1600-1682

1. *Paesaggio con pastori e il Ponte Molle,* 1645
Olio su tela, 73,7 × 96,5 cm
Firmato e datato in basso a destra:
"CLAUDIO ROM ... 164 ..."
Birmingham Museums
and Art Gallery

Provenienza: Dipinto per un collezionista di Parigi, forse M. du Trenblay; Bragge ?, Londra, vendita del 1743 (terzo giorno, 30); Furnese; Robert Dingley dal 1753; Richard Houlditch, vendita, Langford, l5 marzo 1760, acquistato dal secondo conte di Ashburnham; per discendenza fino al 1953; asta Sotheby's, 24 giugno 1953 (62), acquistato da E.E. Cook e da lui devoluto al National Art Collections Fund, 1955; allocato a Birmingham
Esposizioni: RA 1949 (34); Hayward Gallery 1969 (19); Bath 1991 (15, tav. 1)
Bibliografia: Birmingham 1960, p. 31; Roethlisberger 1961 (90); Liverpool 1968 (15)

Di questo dipinto esistono tre disegni preparatori: al Louvre, al Musée Condé di Chantilly e al British Museum. Claude Lorrain stesso registrò l'opera al n. 90 del suo *Liber Veritatis*. Si tratta di un soggetto ricorrente nella produzione del maestro: il Ponte Molle (*Pons Milvius*) sul Tevere, reso con attenta osservazione dei particolari, la torre circolare e le fattorie sono elementi che tornano in numerosi altri suoi dipinti e disegni, ambientati nella tenera luce di un paesaggio che rievoca e sintetizza la campagna romana. Kitson (1969, n. 19) suggerisce come, in maniera del tutto inconsueta, questa scena risulti topograficamente corretta, per quanto idealizzata, e non sia invece una composizione immaginaria integrata di elementi riconoscibili.
Anche l'iter del dipinto è tipico di altre opere di Lorrain: eseguito, sembra, per un collezionista francese il cui nome apparirebbe sul retro della tela, "M. du Trenblay", prima del

43

2

1743 si trovava in Inghilterra e successivamente passò in diverse gallerie private di prestigio. Nel 1753 venne inciso da Thomas Major e la sua composizione entrò nel repertorio degli artisti britannici, come esemplifica il *Lago di Albano e Castel Gandolfo* di J.R. Cozens, che ne riprende lo schema compositivo trasformando la serenità dell'atmosfera in una melanconia di sapore preromantico, tipico della prima produzione dell'inglese.

Una versione precedente, di diversa mano ma basata sul disegno preparatorio ora al Louvre, si trova nella collezione del duca di Wellington ad Apsley House. Inizialmente questa apparteneva alla collezione reale spagnola, che vantava molti altri dipinti dell'artista francese; poi, nel 1813, passò in Inghilterra assieme alle opere d'arte del primo duca di Wellington. Un'ulteriore versione ha fatto la sua comparsa all'asta Christie's della

proprietà William Mellish, del 16 marzo 1839.

Alla fine del XVIII secolo non esisteva famiglia nobile in Inghilterra che non annoverasse almeno un dipinto, anche solo attribuito, di Claude Lorrain. Come scriveva Matthew Pilkington nel 1770, le sue opere "sono oggi considerate di così grande valore che nessun prezzo, quantunque alto, può ritenersi superiore al loro merito".

Ancora oggi in Gran Bretagna esiste una notevole concentrazione di dipinti dell'artista. (AW)

Salvator Rosa 1615-1673
2. *Paesaggio*, 1641 ca
Olio su tela, 94 × 146,1 cm
Firmato
Corsham Court Collection

Provenienza: Casa Niccolini, Firenze; acquistato da John Sandford, 1832 ca

Bibliografia: Salerno 1975, n. 38; Scott 1995, pp. 201-202, tav. 202

Il paesaggio è solo un aspetto della produzione di Salvator Rosa, comprendente anche scene di battaglia e soggetti storici e allegorici. Nel suo "Quinto discorso", Reynolds così descrive la sua produzione paesaggistica: "Egli ci dà una particolare versione della natura che, sebbene priva di grazia, eleganza e semplicità, e sebbene non abbia nulla di quell'elevazione e di quella dignità che sono caratteristiche del grande stile, ha tuttavia quel genere di dignità che appartiene alla natura selvaggia e incolta... Tutto è coerente: rocce, alberi, cielo, perfino la pennellata, hanno lo stesso carattere rude e selvaggio che anima le figure". Il noto commento di Horace Walpole nell'attraversare le Alpi nel 1739 – "Precipizi, montagne, torrenti, lupi, fragori, Salvator Rosa" (lettera a Ri-

3

chard West, 28 settembre 1739) –
esemplifica alla perfezione sia l'a-
scendente di Rosa sull'immaginario
settecentesco sia il modo in cui l'e-
sperienza reale del paesaggio fosse
allora equiparata con la sua rappresentazione pittorica.

La consuetudine dell'artista italiano
di popolare i suoi paesaggi di merce-
nari girovaghi e banditi, in quanto
figure confacenti agli scenari selvaggi, costituì un aspetto della sua pittura che esercitò un notevole influsso. Singolarmente o in gruppo, questi personaggi figuravano anche nelle
sue acqueforti di più larga diffusione. Da ciò scaturì una tradizione pittorica che si avvaleva della tipologia
del "bandito" e che rimase in vigore
per tutto il XVIII secolo. John
Hamilton Mortimer e Joseph Wright
of Derby produssero notevoli esempi
del genere e fino alla metà del secolo
successivo si riscontrano varianti romantiche sullo stesso tema.

La tela in esame è una delle opere
più liriche dipinte da Rosa e testi-
monia l'influsso di Lorrain su uno
stile altrimenti più drammatico, sebbene si riscontrino qui elementi
comuni anche ai Bamboccianti. A
dispetto dell'atmosfera apparentemente idillica, i rami secchi e i fusti
contorti degli alberi tradiscono l'inclinazione del pittore per l'elemento
selvaggio e incolto, e, circa un secolo
più tardi, forniranno un precedente
importante nelle predilezioni dei
teorici inglesi del Pittoresco. La datazione dell'opera si colloca poco dopo
il trasferimento del pittore da Roma,
dove era attivo già da alcuni anni, a
Firenze nel 1640. Fu acquistata da
John Sandford presso la collezione
Niccolini all'inizio del XIX secolo,
presumibilmente nella stessa epoca
(1832) in cui comperò altri due paesaggi dell'artista presso la famiglia
fiorentina dei Capponi (Salerno 41,
42). (AW)

Gaspard Dughet 1615-1675
3. *Veduta di Tivoli*, 1659 ca
Olio su tela, 76 × 126 cm
The Visitors of the Ashmolean
Museum

Provenienza: ...; John D. Chambers,
da cui lasciato in eredità al museo nel
1897
Bibliografia: Ashmolean Museum
1961 (343); Boisclair 1986 (186)

Sulla base di considerazioni stilistiche
e soprattutto della resa spaziale, Boisclair colloca l'opera intorno al 1657-
59, paragonandone la fattura con
quella del *Paesaggio nella campagna
romana* di Berlino (Boisclair, n. 178).
In questa veduta Dughet raffigura
Tivoli con il caratteristico tempio di
Vesta, noto ai viaggiatori settecenteschi come tempio della Sibilla, in
cima a un dirupo scosceso che si
affaccia sulla piana della campagna
romana. Roma è visibile in lonta-

45

nanza sulla destra, dominata dalla cupola di San Pietro. Tivoli sarebbe diventata la meta di regolari pellegrinaggi per coloro che si recavano a Roma nel XVIII secolo. Essi si aspettavano esattamente uno scenario come questo e, qualora fossero anche artisti, lo rappresentavano imitando l'impostazione geometrica con la quale Dughet trattava i massi rocciosi e il piano orizzontale al fine di creare schemi compositivi originali. Varianti del dipinto si trovano in numerose collezioni, e principalmente a Ickworth (Suffolk) e alla Sarah Campbell Blaffer Foundation di Houston. Quest'ultima opera include anche l'episodio della Fuga in Egitto con l'angelo accompagnatore, mentre il dipinto di Oxford attinge più immediatamente alla vita agreste locale, mettendo in scena un pastore e le sue capre.

La reputazione di Dughet, benché confusa con quella del cognato Nicolas Poussin, godette di una notevole popolarità nel tardo XVII e nel XVIII secolo, e le sue opere furono acquistate dai collezionisti di tutta Europa. Come Claude Lorrain (n. 1), anche Dughet era apprezzato soprattutto in Inghilterra, il primo per la visione ideale della bellezza, il secondo per lo stile più "erudito". Anche se chiamato a decorare innumerevoli palazzi e ville a Roma e dintorni, Dughet non era solito lavorare su commissione, preferendo invece dipingere quadri da cavalletto che venivano acquistati dai *cognoscenti*. (AW)

Claude-Joseph Vernet 1714-1789
4. *Il golfo di Napoli da Mergellina*, 1740 ca
5. *Il golfo di Napoli dalla Marinella*, 1740 ca
Olio su tela, ciascuno 76 × 155 cm
His Grace The Duke
of Northumberland

Provenienza: Paul-François de Galluccio, Marquis de l'Hôpital (?); Jean-Nicolas de Boullongne, vendita del 19 novembre 1787 (9); Dubois,

vendita del 18 dicembre 1788 (66); conti di Elgin; Agnew's, Londra
Esposizioni: RA 1949-50 (137, 140); RA 1954-55 (337, 341); Kenwood 1976 (8, 9, ripr.); Napoli 1979-80 (182a, 182b, ripr.)
Bibliografia: Ingersoll-Smouse 1926, 1, pp. 42-43; Rosenberg 1975, XXV, pp. 262-267; Spinosa e Di Mauro 1993, pp. 56, 191 n. 53; Lamers 1995, p. 364

Claude-Joseph Vernet giunse a Roma nel 1743, chiamato a studiare sotto la guida di Giovanni Paolo Panini e Andrea Locatelli. Entrambi questi artisti esercitarono su di lui una profonda influenza: come Panini componeva le sue vedute romane di fantasia o capricci, così Vernet preferì comporre i suoi paesaggi lavorando solo raramente dal vero. La sua reputazione di paesaggista e pittore di marine crebbe rapidamente presso una clientela composta di viaggiatori inglesi e nei circoli diplomatici francesi. L'ammissione nel 1743 all'Accademia di San Luca è un'ulteriore conferma del successo goduto anche in Italia.

Durante il XVIII secolo Napoli era una delle grandi metropoli culturali europee. La posizione, la vegetazione lussureggiante e il clima mite ne facevano una fonte di costante attrazione per i viaggiatori che si recavano in quello che veniva descritto come il Giardino d'Europa. Queste due vedute eseguite da Vernet nei primi anni del quinto decennio, probabilmente per l'ambasciatore francese Paul-François de Galluccio, Marquis de l'Hôpital, sono tra le più note e splendide vedute di Napoli del XVIII secolo e mostrano da nord e da sud la posizione senza eguali della città.

Lo spettacolare panorama visto da Mergellina spazia per tutto il lungomare, con la cupola di San Giuseppe a Chiaia a sinistra e il Castel Sant'Elmo che lo sovrasta. Al centro, la cupola di Santa Maria degli Angeli a Pizzofalcone si erge sopra i profili delle case. A sud la penisola si estende in tutta la sua lunghezza nel golfo, con il Castel dell'Ovo e, alle spalle, la

presenza incombente del Vesuvio.
La veduta meridionale è ripresa dalla Marinella. In primo piano a destra, la fortezza del Carmine, oggi distrutta, forma il punto focale della scena. Da qui l'occhio spazia fino al Vomero, la certosa di San Martino e Castel Sant'Elmo. Da questo punto di vista rialzato si gode un panorama spettacolare, che include il golfo di Napoli, Baia, le isole di Capri, Ischia e Procida, la città stessa e il Vesuvio. Sorprende che le bellezze di questa veduta venissero scoperte dai pittori solo nella seconda metà del Settecento (cfr. n. 121). L'occhio viene poi guidato fino alle torri del Castel Nuovo, al porto con il faro e, in lontananza, al Castel dell'Ovo.

Vernet anima le sue vedute di Napoli con scenette tratte dalla vita quotidiana: figure di pescatori che tirano a riva le reti e donne che attingono acqua dal pozzo. Tra loro si aggirano eleganti viaggiatori attratti da ciò che di pittoresco offre il porto. La presenza delle innumerevoli imbarcazioni indica l'importanza di Napoli quale porto e centro di scambi commerciali; tra le navi mercantili e i pescherecci sono visibili barche che trasportano turisti di ritorno dalle escursioni.

Grazie a queste due vedute la reputazione di Vernet si accrebbe notevolmente e poco dopo, nel 1742, l'artista venne incaricato da Claude-François Rogier de Beaufort Montboissier, Abbé de Canillac, di dipingere due vedute analoghe del golfo di Napoli (cfr. Rosenberg 1975), oggi conservate al Louvre. Più tardi, Jean-Claude Richard, Abbé de Saint-Non, imparentato con Jean-Nicolas de Boullongne, l'allora proprietario dei dipinti, decise di pubblicarle nel suo *Voyage pittoresque à Naples et en Sicile* (cfr. n. 121), probabilmente con l'intento di sollecitare l'attenzione dei lettori e quindi di attrarre un seguito maggiore (Lamers 1995, p. 85). (PL)

4

5

6

Giovanni Paolo Panini 1691-1765
6. *Veduta panoramica di Roma
da Monte Mario*, 1749
Olio su tela, 101,5 × 168 cm
Firmato e datato su una pietra in
primo piano, al centro: "I.P.PANINI
ROMAE 1749"
Stiftung Preußische Schlösser
und Gärten, Berlin-Brandenburg

Provenienza: Presumibilmente commissionato da Federico il Grande di
Prussia e conservato a Sanssouci,
Potsdam, dal 1773; trasferito a Berlino, Gemäldegalerie (GK 5671);
recentemente restituito a Potsdam
Bibliografia: Österreich 1773, p. 92
n. 248; Ozzola 1921, p. 18; Arisi
1961, pp. 192-193; Berlino 1978, p.
316; Arisi 1986, p. 156, tav. 165 e p.
428 n. 395; Arisi 1993, p. 48

Questo dipinto fu probabilmente
commissionato da Federico il Grande di Prussia come pendant della

*Veduta del Foro Romano dal Clivus
Capitolinus* (anch'essa a Potsdam). Il
panorama mostra Roma da un
punto di vista inconsueto, la collina
di Monte Mario, così come appariva
ai pellegrini e viaggiatori che si ap-
prossimavano alla città da nord.
Ugualmente insolita risulta questa
veduta realistica nel contesto della
produzione di Panini, consistente
soprattutto di capricci archeologici
rococò; e altrettanto rare sono in
generale le vedute prese da un punto
di vista così lontano dalla città. Lo
sguardo abbraccia il profilo della città, fitto di cupole e campanili, dalla
collina del Pincio a sinistra, con villa
Medici e Trinità dei Monti, fino al
Vaticano all'estrema destra. Sebbene
il Panini vedutista traesse ispirazione
dalle composizioni di van Wittel,
l'accurata descrizione topografica e
la struttura compositiva di questa
immagine, con Castel Sant'Angelo
nel punto di fuga della prospettiva

centrale, dimostrano che l'artista era
al corrente della recente produzione
di Canaletto nell'ambito del vedutismo veneziano e di quella del Bellotto durante il suo soggiorno romano
(1742).
Non esistono stampe che possano
aver ispirato Panini nella realizzazione di questo dipinto. Viceversa, nel
1779, basandosi su un disegno del
figlio dell'artista, Francesco (1725 ca-
post 1794), dal dipinto venne ri-
cavata una stampa: un grande panorama inciso da Giovanni Volpato.
Pubblicata dalla Calcografia Camerale, la stampa decretò il vasto successo di questa veduta, usata sino alla
fine del secolo per corredare libri illustrati e guide di Roma (cfr. n. 67).
Nato a Piacenza, dove compì il suo
tirocinio nella pittura prospettica,
Panini lavorò a Roma a partire dal
1717. Si specializzò in vedute della
città e capricci dei monumenti classici romani, che godevano di una

7

grande popolarità presso i turisti, e presso i collezionisti francesi e inglesi in particolare. (GM)

Canaletto 1697-1768
* **7.** *Palazzo Ducale e riva degli Schiavoni verso est*, 1746 ca
* **8.** *Il Canal Grande dalla Piazzetta verso ovest*, 1746 ca
Olio su tela,
ciascuno 58,4 × 101,6 cm
Collezione privata

Provenienza: Probabilmente acquistati a Venezia dal secondo conte Fitzwilliam, 1766-68 ca
Bibliografia: Constable 1989, p. 242 n. 114, pp. 233-234 n. 98

La coppia di dipinti appartiene a un gruppo di otto tele, simili per formato e qualità stilistica e tecnica, forse acquistati a Venezia dal secondo conte Fitzwilliam, che fece il Grand Tour tra il 1766 e il 1768; non esiste però una precisa documentazione sulla data del loro arrivo a Milton Park.

Per l'importanza simbolica e il valore architettonico che gli edifici pubblici nella zona del Molo rivestivano nell'offrire l'immagine-tipo di Venezia, Canaletto eseguì innumerevoli varianti prese da questo stesso punto di vista, facendone una veduta standard della città, destinata a restare uno stereotipo visivo trasmesso fino all'odierno turismo di massa.

La veduta della riva degli Schiavoni verso est, con l'angolo in ombra del Palazzo Ducale, il ponte della Paglia e l'edificio delle Prigioni, è quasi sempre accoppiata alla veduta presa nell'opposta direzione, con la Libreria, la Zecca e i Granai, e chiusa prospetticamente sulla sinistra della basilica della Salute. Questo è un soggetto che era stato trattato numerose volte anche da Luca Carlevarijs,

spesso con una più allargata ripresa del bacino, come sfondo a sfarzosi avvenimenti pubblici quali l'ingresso solenne degli ambasciatori stranieri a Palazzo Ducale (n. 143).

Puramente su base stilistica, è stata suggerita per queste due tele una datazione intorno alla metà del quarto decennio (Constable 1989). Due degli otto dipinti di Milton Park figurano fra le incisioni realizzate da Antonio Visentini per l'edizione del 1742 delle vedute del Canal Grande dedicate al console britannico Joseph Smith. Ciò ha fatto pensare che tali dipinti, e forse altri dello stesso gruppo, potessero essere appartenuti a Smith.

Il proficuo legame tra Canaletto e il console era iniziato verso il 1728, forse favorito dalla mediazione dell'impresario irlandese Owen McSwiney, che già aveva offerto a Canaletto i primi contatti con la clientela inglese. Dall'incontro con Smith era

49

8

nata una sorta di società in cui il console, dotato di sorprendenti doti commerciali, gestiva un'incessante sequenza di commissioni, soprattutto destinate a collezionisti inglesi. Le acqueforti di Visentini, riproducenti le vedute di Canaletto relative al Canal Grande, erano destinate a reclamizzare presso un vasto pubblico le vedute possedute dal console Smith, e disponibili per la vendita o la replica. La grande diffusione di queste stampe, e la loro organizzazione secondo un percorso ideale lungo il Canal Grande, contribuirono a fissare l'immagine di Venezia come meta ideale del Grand Tour.

Benché Canaletto sia stato attivo soprattutto per i viaggiatori stranieri di passaggio in città, alcuni dei suoi dipinti sono entrati in collezioni inglesi anche se gli acquirenti non erano mai stati a Venezia. Un caso è quello della commissione di un paio

di vedute dello stesso soggetto di quelle in esame negoziata dal console per il suo amico Samuel Hill, poi ereditate da suo nipote Samuel Egerton, apprendista a Venezia presso Smith, e oggi a Tatton Park (Jackson-Stops 1985, pp. 248-249). Le due tele, databili al 1730, sono le più antiche documentabili della serie che ha per soggetto le vedute del Molo, anche se dipinti simili, a Chatsworth e in collezione privata (Baetjer e Links 1989, nn. 16-19), sembrano precederle cronologicamente. (GM)

Bernardo Bellotto 1722-1780
9. *Veduta dell'Arno dalla Vagaloggia* (detta anche *Veduta dell'Arno dalla cascata di Ognissanti, con il ponte alla Carraia*), 1742 ca
10. *Veduta dell'Arno verso Ponte Vecchio* (detta anche *Veduta dell'Arno dal ponte delle Grazie,*

con il Ponte Vecchio), 1742 ca
Olio su tela, ciascuno 50 × 75 cm
Beit Collection, Russborough

Provenienza: Collezione di M.L. Tabourier, Parigi; acquistati da Boussod e Valadon, 1898; passati nella Beit Collection, 1913, Londra e in seguito Russborough
Esposizioni: Firenze 1994 (92, 93)
Bibliografia: Kozakiewicz 1972, II, pp. 38, 41 nn. 52, 56; Gregori 1983, pp. 242-250; Marinelli 1990, pp. 56-59 nn. 3-4 (ripr. a col.)

Come spesso avviene nella produzione di Bellotto, i due dipinti sono uniti prospetticamente nella presentazione di due opposte vedute prese da un punto di vista centrale, vedute che idealmente si completano in un panorama vastissimo. Mentre nel primo dipinto, che abbraccia il corso del fiume con i mulini della Vaga-

9

10

loggia e le colline circostanti verso il forte del Belvedere, il pittore riprende una veduta già utilizzata all'inizio del secolo da Gaspar van Wittel, nella seconda tela Bellotto sceglie un punto di vista inedito, con un tratto dell'Arno a monte di Ponte Vecchio, che troverà fortuna fino all'inizio dell'Ottocento.

I dipinti furono verosimilmente eseguiti da Bellotto durante un breve soggiorno a Firenze nel corso del suo viaggio verso Roma, dove trascorse i mesi centrali del 1742. Se il viaggio romano costituisce per il giovane pittore, non ancora ventenne, un primo importante passo verso la piena autonomia espressiva dalla pittura dello zio e maestro Canaletto, il soggiorno fiorentino dovette essere, anche se breve, fitto di commissioni per i mecenati locali. A documentare la sua permanenza in città restano sei tele, di cui cinque, aventi a soggetto l'Arno e le sue rive, contribuirono a fissare la veduta standard di Firenze come città fluviale. Due di queste tele, ora al museo di Budapest, risultano dipinte per il marchese Vincenzo Riccardi, e si può ipotizzare che nello stretto ambito dei collezionisti interessati al vedutismo e in rapporto con i Riccardi, come i marchesi Gerini e Gabburri, vadano distribuite le commissioni delle altre quattro vedute oggi al Fitzwilliam Museum di Cambridge e a Russborough House.

Rispetto ai dipinti di Budapest e Cambridge, ancora fedeli alla rigorosa struttura prospettica canalettiana, le due tele qui prese in esame rivelano una nuova apertura spaziale che prelude alle importanti commissioni per la corte di Torino e, lontanamente, ai capolavori realizzati a Dresda, Vienna e Varsavia. Si è ipotizzato che questa maturazione sia stata favorita dall'influsso del fiorentino Giuseppe Zocchi, ed esiste un indubbio rapporto tra la prima di queste due tele e il disegno di Zocchi per la sua serie di stampe di vedute fiorentine che videro la luce nel 1744. Già si rivela comunque in questa coppia di dipinti la grande attenzione al dato reale che caratterizza la

pittura di Bellotto, e quella minuziosa passione descrittiva che rende le sue vedute naturalmente appetibili a un pubblico di viaggiatori e turisti stranieri. Un'importante commissione inglese, di cui però non si hanno i dati identificativi, lo porta a eseguire nel 1745-46 due vaste vedute fluviali di Verona (oggi divise tra Powis Castle e la National Gallery di Dublino, cfr. Laing 1995, pp. 86-87 n. 30); alcune sue vedute giovanili veneziane facevano parte della collezione di Henry Howard, quarto conte di Carlisle.

Nato nel 1722 (ASCP, Parrocchia di Santa Margherita, *Libro battezzati*, n. XI, p. 49, 22 maggio), il geniale nipote di Canaletto raggiungerà giovanissimo l'indipendenza dalla bottega dello zio per diventare lui stesso pittore itinerante. Lascerà Venezia per inseguire i suoi committenti presso le grandi corti dell'Europa centrale, svolgendovi un ruolo fondamentale nella diffusione della pittura di veduta. (GM)

I viaggiatori

Nel suo "Quattordicesimo discorso", rivolgendosi agli studenti della Royal Academy di Londra il 10 dicembre 1788, sir Joshua Reynolds lamentava il declino della pittura italiana contemporanea e pronosticava: "Pompeio Battoni e Raffaelle Mengs, quantunque i loro nomi ci possano sembrare oggi importanti, finiranno molto presto per scadere al livello di Imperiale, Sebastian Concha, Placido Constanza, Masucci e degli altri loro immediati precedessori; i cui nomi, che pure godevano di altrettanta stima al loro tempo, sono oggi piombati nel quasi totale oblio". Il trascorrere di due secoli ha dato ragione alla predizione di Reynolds, poiché è solo di recente che Batoni (1708-1787) e Mengs (1728-1779) sono stati riscattati dall'oscurità nella quale erano caduti con gli altri artisti succitati.

All'inizio del XVIII secolo Parigi aveva eclissato Roma nel campo della ritrattistica, grazie al successo di atelier rinomati come quello di Rigaud o di Largillière, presso i quali facevano occasionalmente tappa i viaggiatori inglesi diretti in Italia. A differenza degli inglesi, gli italiani non erano mai stati ossessionati dal ritratto. Nella sua *View of Society and Manners in Italy* del 1781 l'erudito John Moore (cfr. n. 15) notava che la ritrattistica "è apprezzata pochissimo in Italia. Nei palazzi, dove i quadri sono più numerosi, è raro trovare il ritratto del proprietario o di un membro della famiglia. Talvolta il solo ritratto di persona vivente reperibile in tutto il palazzo è un mezzo busto del papa". Gli italiani, aggiungeva, "raramente si prendono la briga di farsi fare il ritratto. Lo considerano un tipo di dipinto che non suscita l'ammirazione di nessuno all'infuori del soggetto rappresentato e del pittore che l'ha eseguito. Chi può permettersi di pagare gli artisti migliori, generalmente li impiega per dipingere temi di interesse più universale, anziché per raffigurare qualcuno che guarda fuori da un pezzo di tela".

Ciononostante, fin dai primi tempi del Grand Tour, i viaggiatori inglesi scoprirono che i pittori italiani più celebri erano disposti a eseguire il loro ritratto qualora non fossero interessati a commissionare quadri di soggetto religioso in quanto ciò offendeva i loro sentimenti protestanti. Quello di Carlo Maratta conservato ad Althorp, raffigurante Robert Spencer, secondo conte di Sunderland, all'aperto e vestito all'antica, fu dipinto a Roma verso il 1664 ed è uno dei primi esempi giunti fino a noi. Questa moda tuttavia non prese piede che negli anni 1720-30, quando un gruppetto di inglesi si fece ritrarre da artisti come Francesco Trevisani (1656-1746): tra essi ricordiamo sir Edward Gascoigne, raffigurato nell'atto di indicare le rovine del Colosseo (oggi a Temple Newsham, Yorkshire). Ulteriori esempi del genere furono prodotti nel decennio successivo da Antonio David (1680 ca-1738 ca) e Domenico Duprà (1689-1770), entrambi attivi per la corte degli Stuart in esilio, Louis-Gabriel Blanchet (1705-1772) e Andrea Casali (1700 ca-1784), trasferitosi in Inghilterra nel 1741. Quando compare Batoni sulla scena artistica, nel quinto decennio del XVIII secolo, gli ultimi allievi di Maratta – Agostino Masucci (1691 ca-1758), Marco Benefial (1684-1764) e il francese Pierre Subleyras (1699-1747) – erano tutti impegnati a soddisfare le richieste di ritratti da parte dei viaggiatori presenti a Roma.

Uno dei vantaggi più significativi per il turista britannico in Italia che desiderava farsi fare il ritratto erano i prezzi considerevolmente più bassi rispetto a Londra. Se per esempio intorno al 1750 Reynolds chiedeva 25 sterline per un ritratto a mezza figura, Batoni se ne faceva dare dieci di meno e, quindici anni più tardi, il divario si era ulteriormente accentuato in quanto un ritratto a figura intera di un artista inglese poteva arrivare a 150 ghinee, contro le 25 sterline richieste da un italiano per un dipinto delle stesse dimensioni, anche se Batoni si faceva pagare molto di più. I costi più bassi, è ovvio, non giustificano del tutto lo straordinario successo di Pompeo Batoni presso la comunità inglese a Roma: si pensi che circa il settantacinque per cento dei ritratti da lui eseguiti giunti fino a noi sono di committenti inglesi e irlandesi. Ai primi anni dell'ottavo decennio Batoni si trovava sommerso da una valanga di richieste, cui cercava di far fronte a ritmi frenetici di lavoro. La supremazia di cui godeva a Roma non era certo esente da rivalità, rappresentata soprattutto nel sesto e settimo decennio dal tedesco Anton Raphael Mengs, il cui stile più sobrio e austero attirava però nel suo atelier, ai piedi della scalinata di piazza di Spagna, un numero decisamente minore di committenti inglesi (cfr. n. 24).

Batoni doveva il suo successo al fatto che conferiva un'aria di nonchalance ai suoi soggetti che apparivano raffigurati perfettamente a loro agio in luoghi nei dintorni di Roma con cui non avevano nessuna familiarità. Pur affidandosi Batoni a un repertorio circoscritto di atteggiamenti, i giovani da lui effigiati, spesso attorniati dalle più decantate antichità, potevano perlomeno reggere il confronto con i loro predecessori dipinti da van Dyck. Il colore deciso, il disegno accurato e la finitura brillante davano all'immagine esiti di forte sensualità (cfr. n. 16), sebbene proprio queste caratteristiche fossero ritenute addirittura offensive da critici come Reynolds, che patrocinava invece un approccio più generico.

È stato spesso notato come un numero relativamente basso di ritratti del Grand Tour siano stati eseguiti in località diverse da Roma, anche se è vero che all'inizio del secolo Francesco Solimena (1657-1747) ritrasse qualche turista in visita a Napoli e, successivamente, più di un artista inglese raffigurò i propri compatrioti all'ombra del Vesuvio (cfr. nn. 22, 23). Tuttavia, come ha segnalato sir Brinsley Ford (Ford 1981, p. 399), con l'eccezione del *Samuel Egerton* di Nazari, che era tra l'altro un mercante e non un turista (n. 12), i viaggiatori inglesi a Venezia non commissionarono grandi ritratti a olio sullo sfondo della Serenissima, preferendo invece i più modesti pastelli (cfr. n. 13) di Rosalba Carriera (1675-1757). Ciò potrebbe essere spiegato da ragioni di ordine pratico, in quanto la maggior parte dei viaggiatori, che si fermavano a Venezia solo per poche settimane e solitamente sulla via del ritorno, erano forse poco disposti a impegnarsi per i lunghi tempi richiesti dal ritratto. Paragonata alla pittura a olio, la tecnica più semplice del pastello presentava l'indubbio vantaggio della rapidità d'esecuzione e i risultati erano visibili nel giro di pochi giorni. Quando George Lucy chiese a Batoni quanto avrebbe dovuto attendere per il suo ritratto, gli fu risposto che ci sarebbero voluti un mese o cinque settimane. Ma i ritardi di quest'ultimo erano talmente noti che il 22 settembre 1764 Horace Mann si lamentava con Horace Walpole del fatto che "[Batoni] non mantiene mai le sue promesse". Sir Watkin Williams-Wynn attese tre anni prima di ricevere il grande ritratto di gruppo ora a Cardiff e persino Pio VI dovette aspettare sette mesi per il suo ritratto ufficiale.

Bibliografia: Clark 1963; Ford 1981; Bowron 1982; Clark e Bowron 1985; Röttgen 1993

11

Attr. Andrea Soldi
1703 ca-1771
* **11.** *Henry Somerset, terzo duca di Beaufort*, 1738-40?
Olio su tela, 99 × 150 cm
Duke of Beaufort

Provenienza: Eseguito probabilmente per l'effigiato e quindi per discendenza
Bibliografia: Ingamells 1978-80, p. 5 n. 5

Il giovane duca qui ritratto (1707-1745) compì il suo Grand Tour nel 1725-27 assieme al suo intendente Dominique du Four e all'amico William Philips (Brinsley Ford Archive, PMC), con cui condivideva le simpatie giacobite. A Roma non si fece scrupolo di nascondere queste sue convinzioni politiche, recandosi regolarmente in visita dal pretendente al trono James Edward Stuart. A casa Guarnieri, dove era ospite, il duca organizzava lussuose feste, come quelle per celebrare la restaurazione degli Stuart il 9 giugno 1726 e il compleanno della moglie del pretendente, Maria Clementina Sobieska, il 27 luglio. Forte della consulenza del pittore scozzese Patrick Cockburn, dell'antiquario Francesco Ficoroni e di Francesco Guarnieri, il duca divenne un fine intenditore e i suoi acquisti annoverarono dipinti allora attribuiti a Claude Lorrain, Leonardo da Vinci e Palma il Vecchio, tutti provenienti dalla collezione del cardinale Albani. Nell'aprile del 1727, a Firenze, aveva commissionato lo straordinario *Scrigno Bad-minton* (venduto da Christie's, luglio 1990), certamente fra le più alte opere decorative volute da un committente inglese.

A Roma si fece ritrarre da Francesco Trevisani, cui il dipinto in questione è stato precedentemente ricondotto ma, a dispetto di quanto possano fare credere le rovine del Colosseo sullo sfondo, l'opera non può essere stata eseguita in Italia. Il suo stile aderisce perfettamente a quello di Andrea Soldi, autore di almeno altri tre ritratti del duca. Ma l'artista non era ancora attivo all'epoca del soggiorno del duca a Roma e approdò in Inghilterra soltanto nel 1735. A giudicare dallo stile, dall'abito e dalla presumibile età del soggetto, la datazione può collocarsi a poco prima del 1740. Considerato il contesto

55

giacobita, la presenza sullo sfondo del Colosseo potrebbe avere un qualche significato negli anni che immediatamente precedono la ribellione del 1745. (BA)

Bartolomeo Nazari 1699-1758
12. *Samuel Egerton*, 1732
Olio su tela, 218,4 × 157,4 cm
Firmato a sinistra su uno dei volumi: "Bortolo Nazari Fece / In Venezia"
Tatton Park, The Egerton Collection (The National Trust e per gentile concessione del Cheshire County Council)

Provenienza: Eseguito per l'effigiato; per discendenza al quarto lord Egerton e dallo stesso donato al National Trust nel 1958
Esposizioni: RA 1960 (207); Wildenstein 1982 (36); Washington 1985 (177)
Bibliografia: Watson 1949, pp. 75-79; Chaloner 1950, pp. 157-170; Watson 1959-60, pp. 265-268; Pignatti 1960, pp. 38-43; Ford 1981, p. 400, fig. 19; Noris 1982, p. 231

Samuel Egerton (1711-1780) giunse a Venezia nel 1729 e, tramite i contatti dello zio Samuel Hill, divenne assistente del console Joseph Smith. Soggiornò a Venezia per cinque anni prima di tornare in Inghilterra, dove entrò in possesso del patrimonio di famiglia ereditato dal fratello maggiore nel 1738.
Quantunque godesse di una posizione favorevole presso Smith, non sembra che Egerton diventasse mai un attivo collezionista, anche se svolse un ruolo d'intermediario nella committenza dei due notevoli dipinti giovanili del Canaletto acquistati dallo zio Samuel Hill e che si conservano ancor oggi a Tatton.
Egerton è qui rappresentato in un'ambientazione che obbedisce alle convenzioni del ritratto ufficiale, se non fosse per quegli scalini immaginari che conducono in riva al Canal Grande, verso cui il soggetto sembra

indicare. In lontananza si intravede la Dogana e, sull'isola della Giudecca, la chiesa palladiana del Redentore. A Venezia erano rari i visitatori che sceglievano di posare per un ritratto a figura intera dipinto a olio – e in effetti Egerton non era un turista, bensì un mercante – e non sono noti altri esempi di effigiati inglesi. Molto più richiesti erano invece i ritratti a pastello di Rosalba Carriera (cfr. n. 13), di esecuzione molto più rapida. Un piccolo schizzo preparatorio dell'opera in esame, identificato da Terisio Pignatti nel 1960, si

trova al Museo Correr di Venezia. (BA)

Rosalba Carriera 1675-1757
13. *Lord Boyne*?, 1730 ca
Pastello, 59,7 × 47,6 cm
Collezione privata

Provenienza: Si ritiene tradizionalmente che sia stato donato da Horace Walpole all'attrice Kitty Clive e quindi conservato a Little Strawberry Hill, il cottage messole a disposizione da Walpole dopo il suo ritiro

12

13

ma. A questo proposito è opportuno ricordare che l'altro candidato, l'irlandese Boyne, in seguito ai suoi viaggi entrò entusiasticamente a far parte della Society of Dilettanti, cui Walpole invece non aderì mai, reputandola una congrega probabilmente troppo chiassosa per i suoi gusti. In una lettera da Firenze a Horace Mann, rappresentante diplomatico britannico nella città toscana, il 14 aprile 1743 Walpole così la stigmatizzava: "Il requisito teorico per essere ammessi a questo club è l'essere stati in Italia e quello reale l'essere ubriachi: i due capi sono lord Middlesex e sir Francis Dashwood (entrambi eletti nel 1736), raramente sobri durante tutto il loro soggiorno in Italia".

Prima di Angelica Kauffmann, Rosalba Carriera fu la pittrice più famosa d'Europa, all'inizio per le miniature e successivamente per i ritratti a pastello e le teste di fantasia. Per la maggior parte dei visitatori aristocratici, specialmente per quelli inglesi, una visita al suo atelier per farsi fare il ritratto costituiva una tappa fondamentale dell'esperienza veneziana. (EE)

Nathaniel Dance 1735-1811
14. *James Grant, John Mytton, Thomas Robinson e Thomas Wynn di fronte al Colosseo*, 1760
Olio su tela, 98,1 × 123,9 cm
Yale Center for British Art, Paul Mellon Collection

Provenienza: Probabilmente dipinto per Thomas Wynn; H. St G. Gray, 1926; vendita Christie's, giugno 1926 (84), come Batoni, acquistato da Parsons; Julius Weitzner; presso Agnew's, 1959; vendita anonima, Christie's, 20 giugno 1969 (113), acquistato per Paul Mellon e da lui donato allo Yale Center for British Art nel 1976
Esposizioni: Yale 1977 (35); Yale 1981 (54)
Bibliografia: Ford 1955, p. 376; Skinner 1957, p. 238; Skinner 1959, p. 349; Sellin 1961, pp. 61-63; Goo-

dalle scene, e che sia stato poi acquistato presso Colnaghi nel 1820 ca da Thomas Walpole di Stagbury (1755-1840); per discendenza
Esposizioni: RA 1956-57 (75); Walpole Gallery 1990 (10, ripr. a col.)
Bibliografia: Adams e Lewis 1968-70, pp. 27-28 n. C5, tav. 28c

Si tratta della migliore fra le tre versioni conosciute di questo ritratto raffigurante un giovane in abito carnevalesco veneziano. Esistono prove contrastanti circa l'identità del soggetto, se cioè si tratti di Gustavus

Hamilton, secondo visconte Boyne (1710-1746), a Venezia dal 1730 al 1731, oppure di Horace Walpole (1717-1797), che vi soggiornò nel 1741. Qualora fosse possibile comprovare la provenienza tradizionale dell'opera, si propenderebbe per il secondo, poiché Thomas Walpole conobbe l'effigiato e poiché è noto che Rosalba Carriera dipinse più di un ritratto di Horace Walpole. Comunque sia, ci troviamo di fronte a una perfetta rappresentazione del turista inglese all'estero che si cala nello spirito di vita della Serenissi-

14

dreau 1975, pp. 263-265; Goodreau 1977 n. 5

Nathaniel Dance giunse a Roma nel 1754, ma dei primi anni del suo soggiorno romano si hanno poche notizie. Intorno al 1758, si era già fatto una reputazione presso la comunità inglese cittadina e poco dopo si affermò definitivamente come pittore di storia e ritrattista, in uno stile vicino a quello dell'amico Pompeo Batoni.

Dance eseguì quattro versioni diverse di questo ritratto (una per ogni modello raffigurato), tutte identiche salvo che per la posizione dell'urna.

Le figure su quest'ultima sono tratte da un rilievo di età ellenistica noto come le *Danzatrici Borghese* (oggi al Louvre). In una lettera del 17 dicembre 1760 indirizzata al padre, Dance scriveva: "Non mi sono ancora liberato dello sgradevole compito di copiare la *conversation piece*, anche se non credo che mi ci vorrà ancora molto. È stato un lavoro assai lungo, perché ho dovuto farne quattro copie... E comunque non potevo tirarmi indietro, dato che era un'occasione per farmi conoscere da lord Grey e da altri signori che mi hanno commissionato dei dipinti" (Skinner 1959, p. 349).

James Grant (1738-1811), a sinistra nel dipinto, succedette al padre con il titolo di ottavo baronetto nel 1773. Giunse a Roma nel febbraio del 1760 con il compagno di viaggio Thomas Wynn (1736-1807), il futuro primo lord Newborough, raffigurato in piedi a destra. Durante il suo soggiorno a Roma, Grant commissionò un numero considerevole di dipinti – fra cui la *Morte di Patroclo* eseguita da Gavin Hamilton (National Gallery of Scotland) – anche se commentò con Thomas Robinson (1738-1786), futuro secondo barone Grantham (la figura seduta): "Dio solo sa come farò a pagarli" (Skinner 1957, n. 8).

15

Robinson viene mostrato con in mano l'alzato del tempio di Giove a Roma, un disegno tratto dal terzo volume dell'edizione dei *Quattro libri dell'architettura* di Palladio pubblicata da Giacomo Leoni tra il 1715 e il 1720 in cinque volumi, uno dei testi di riferimento del revival palladiano in Inghilterra.

L'ultimo personaggio, raffigurato accanto a Grant con il cappello nella mano sinistra, è John Mytton (1737-1783) di Halston (Shropshire), compagno di viaggio di Robinson, con cui si trattenne a Roma dopo la partenza di Grant e di Wynn nel maggio 1760. (BA)

Gavin Hamilton 1723-1798

15. *L'ottavo duca di Hamilton con il dottor John Moore ed Ensign Moore*, 1775-77

Olio su tela, 178 × 101,5 cm

Hamilton Collection, Lennexlove House, Haddington, East Lothian, Scozia

Provenienza: Per discendenza di famiglia

Esposizioni: RA 1955-56 (365); Montreal 1957 (22); Roma 1959 (293); Kenwood 1974 (90); Madrid 1988 (17)

Bibliografia: Oman 1953, p. 35; Ford 1955, pp. 372-378, fig. 13;

Irwin 1962, p. 98, fig. 19; Irwin 1966, pp. 151-152, tav. 147; Ford 1981, p. 396, fig. 16; Lloyd Williams 1994, p. 11, tav. 5

Pittore di storia, archeologo e mercante d'arte, Gavin Hamilton fu una personalità di spicco nella vita artistica romana della seconda metà del XVIII secolo. Oggi conosciuto soprattutto come pittore di storia, si dedicò anche alla ritrattistica, quantunque l'opera in esame costituisca l'unico esempio noto di un ritratto di gruppo da lui eseguito a Roma. Douglas, ottavo duca di Hamilton (1756-1799), era un lontano parente dell'artista. Nonostante la salute cagionevole, viaggiò in Europa tra il 1772 e il 1776 assieme a John Moore (1730-1802), suo tutore, precettore, amico e medico. I due erano inoltre accompagnati dal figlio di Moore, Ensign John Moore (1761-1809), il futuro eroe di Corunna. Dalla corrispondenza tra Moore e la madre del duca (cfr. Ford 1955) si evince che il dottore aveva qualche difficoltà nel tenere a freno il giovane, sia che si trattasse delle sue avventure amorose che dei suoi acquisti stravaganti. Oltre ad acquistare una grande statua di Venere da Gavin Hamilton, egli commissionò al pittore anche l'ultimo episodio della serie dell'*Iliade*: l'*Addio di Ettore ad Andromaca*. L'erudito dottor Moore pubblicò un resoconto dei loro viaggi nel 1781, *A View of Society and Manners in Italy*, nel quale descriveva le mattinate trascorse in compagnia del duca e dell'antiquario James Byres "ad ammirare antichità e dipinti nei palazzi". I personaggi sono raffigurati con sullo sfondo il Foro Romano, ai tempi noto come Campo Vaccino. Sulla destra, alle spalle di Ensign Moore, è visibile il cosiddetto tempio della Concordia. Dietro la spalla sinistra di suo padre si scorge la Colonna Sola, più tardi nota come la colonna di Foca e, in lontananza, sullo sfondo dei colli Albani, si ergono il Colosseo, Santa Maria Nuova e l'arco di Tito. L'opera venne probabilmente iniziata poco dopo il loro arrivo a Roma nel novembre 1775, ma alla loro partenza nel maggio dell'anno successivo non era ancora completata. Da una lettera di Tom Pelham indirizzata al padre, lord Pelham, e datata 2 agosto 1777, risulta che Hamilton aveva appena portato a termine il lavoro (British Library, Add.MS.33127). Sebbene la posa del duca tragga spunto da Batoni, il nitido realismo dello stile di Hamilton ricorda più da vicino lo stile di Mengs. (BA)

Pompeo Batoni 1708-1787
16. *Thomas Dundas, futuro primo barone Dundas*, 1764
Olio su tela, 298 × 196,8 cm
Firmato e datato in basso al centro (sopra il muso del cane): "P. BATONI PINXIT ROMAE 1764"
The Marquess of Zetland

Provenienza: Dipinto per l'effigiato e poi per discendenza di famiglia
Esposizioni: Barnard Castle 1962-63 (17); Cleveland 1964 (7); Barnard Castle 1964 (60); Kenwood 1982 (21); York 1994 (31)
Bibliografia: Sutton 1967, p. 167, ripr. in copertina; Clark e Bowron 1985, pp. 296-297 n. 278, tav. 259

Nonostante le immense ricchezze del padre, sir Lawrence Dundas, la collezione di Thomas Dundas (1741-1820) poteva dirsi piuttosto modesta. A Roma nel febbraio-marzo del 1763, prima del suo matrimonio con lady Charlotte Fitzwilliam, Dundas commissionò a Batoni il ritratto in questione e acquistò una *Sacra Famiglia* dello stesso artista, oggi perduta. Al suo rientro in Inghilterra divenne membro della Society of Dilettanti e come tale figura in uno dei ritratti di gruppo del club dipinti da Reynolds, che lo mostra mentre esamina un anello (cfr. n. 255). Come osservano Clark e Bowron, la monumentalità di concezione dell'opera può reggere il confronto solo con il *Conte Razumovsky* del medesimo Batoni (collezione privata, Vienna) e, come questo, il ritratto è arricchi-

to da un'ampia scelta di marmi antichi. Da sinistra a destra si scorgono l'*Apollo Belvedere*, il gruppo del *Laocoonte*, l'*Antinoo Belvedere* e l'*Ariadne*, tra i più celebri esemplari di statuaria classica. La fontana col Tritone, visibile nella nicchia di fronte alla gamba destra di Dundas, trae spunto da una delle figure secondarie attorno alla vasca della fontana del Moro di Bernini a piazza Navona, del 1653-55. Il risultato è un audace *tour de force* e una delle creazioni più riuscite di Pompeo Batoni. (BA)

Hugh Douglas Hamilton 1740-1808
17. *Frederick Hervey, quarto conte di Bristol e vescovo di Derry, con la nipote lady Caroline Crichton, poi lady Wharncliffe*, 1790-93 ca
Olio su tela, 230 × 199 cm
The National Gallery of Ireland

Provenienza: Presumibilmente commissionato da Hervey; per discendenza ai Foster di Glyde Court, Co. Louth (Elizabeth, una delle figlie del committente, sposò John Thomas Foster); per discendenza e acquistato da Mrs Dorothy May (nata Foster), dicembre 1981
Esposizioni: Dublino 1873 (259) come Angelica Kauffmann
Bibliografia: *NGI Acquisitions* 1981-82, pp. 16-18 (9); Wynne 1984, p. 45, ripr.; Cullen 1984, p. 182 n. 14, fig. 77; Figgis 1992, pp. 59-60

Frederick Hervey (1790-1803) fu uno dei viaggiatori più inveterati del suo tempo – da cui il gran numero di Hotel Bristol – e tra il 1765 e il 1803 si recò sei volte in Italia, dove morì tra Roma e Albano (archivio Brinsley Ford, PMC). Fu un committente difficile, capriccioso, e per lui lavorarono molti artisti residenti a Roma. Durante il suo quinto soggiorno, nel 1789-90, si fece scolpire il ritratto da Christopher Hewetson, mentre ad Angelica Kauffmann e a Elisabeth Vigée Lebrun commissionò due ritratti dipinti (Ford 1974, pp. 427, 430, 431, figg. 2, 5 , 6). Nel

1790, a Roma, Hamilton realizzò due ritratti per il vescovo conte: l'opera in esame e un pastello conservato a Ickworth che lo raffigura seduto sul Gianicolo (Ford 1974, p. 433, fig. 7).
Qui appare con lady Caroline Crichton (1779-1856), sua nipote, nel Giardino Inglese di villa Borghese che era stato progettato da Jacob More (cfr. n. 26), suo agente a Roma. I dettagli dello sfondo hanno un significato particolare: il tempietto di Esculapio, ideato e portato a termine nel 1787 da Mario Asprucci, l'architetto voluto dal vescovo conte per la progettazione di Ickworth, non solo è ben evidente ma i fogli appoggiati all'*Altare delle dodici divinità* probabilmente alludono, secondo quanto suggerisce Nicola Figgis, ai disegni del progetto stesso. Sul registro superiore dell'altare sfilano Apollo, Diana, Vulcano e Minerva, mentre in quello inferiore sono rappresentate le Ore o le Stagioni, additate da lady Caroline. Il vescovo conte era probabilmente interessato all'acquisto dell'altare, oggi al Louvre, ma il principe Camillo Borghese preferì venderlo successivamente a Napoleone. (BA)

17

18

Agnew; Raphael Cabrera Jr; sua vendita, Sotheby Parke Bernet, 4 aprile 1973 (121), acquistato da Leger; acquistato da Paul Mellon nel 1973 e donato al Yale Center for British Art nel 1974
Esposizioni: Leger Galleries 1973 (14); Kenwood 1982 (10)
Bibliografia: HMC 1891, pp. 218, 222, 225; Sutton 1958, p. 145, fig. 5; Mayer 1972, fig. 25; Sutton 1974, pp. 398-403, tav. 11; Makins e Glin 1976, p. 137, fig. 156; Clark e Bowron 1985, p. 265 (190), tav. 177

James Caulfield, primo conte di Charlemont (1728-1799), lasciò Dublino nel 1746 per intraprendere un lungo Grand Tour che si sarebbe concluso solo nel 1754. Gli interessi negli ambiti culturali più diversi e il ruolo di attivo mecenate delle arti lo portarono a formare nella sua casa dublinese la migliore collezione di dipinti della città. Non viaggiò soltanto in Italia, ma si recò anche in Grecia, nel Levante e in Egitto. A Roma si fece promotore della "Academy of English Professors of the Liberal Arts" presieduta da John Parker e che fu attiva dal 1748 al 1752. Joshua Reynolds lo incluse nella sua celebre parodia della *Scuola di Atene* di Raffaello (n. 40) e ne fece anche il soggetto di alcune caricature dipinte a Roma nel 1751.
Batoni avviò l'opera a Roma nel 1753, ma fu assai lento a portare a termine sia il dipinto in esame che un ritratto a figura intera di Charlemont (ora perduto). In una lettera del 28 febbraio 1756, John Parker informava il conte: "[Ho] appena ricevuto da Pompeo i due ritratti di Vostra Signoria e provvederò a inviarveli con gli altri quadri". Come indicato da Clark e Bowron, questo è il primo ritratto di Batoni concepito nella linea del Gran Tour ed è anche il primo in cui compare il Colosseo. (BA)

Pompeo Batoni 1708-1787
18. *James Caulfield, futuro primo conte di Charlemont*, 1753-55
Olio su tela, 97,7 × 73,7 cm
Già recante l'iscrizione in basso a sinistra: "Jas. 1st Earl of Charlemont / aged 26 yrs / Battoni pin.t Florence 1754"
Yale Center for British Art, Paul Mellon Collection

Provenienza: Anne Lucy, contessa di Charlemont, per discendenza; sua nipote, Olivia, moglie del secondo conte di Ypres; terzo conte di Ypres e visconte French; vendita Sotheby's, 10 aprile 1957 (54), acquistato da

19

20

Studio di Pompeo Batoni
1708-1787
** 19. *Thomas Peter Giffard*, 1768
Olio su tela, 132,7 × 94,4 cm
Iscritto sul verso (prima della ritelatura): "Thomas Giffard Esq. / of Chillington... Poyntz / 1768"
BNL s.p.a., Roma

Provenienza: Per discendenza a Mrs Eyre-Huddleston, Sawston Hall, nei pressi di Cambridge; Sotheby's, 9 dicembre 1981 (162); vendita, Firenze, 29 settembre 1983 (231)
Bibliografia: Clark e Bowron 1985, p. 312 n. 320c

Thomas Giffard (1735-1776) viaggiò in Italia nel 1765 con l'Abbé Hook, ma del suo soggiorno è noto soltanto che posò per un ritratto eseguito da Batoni ancor oggi a Chil-lington Hall. L'opera reca la data del 1768, ma si può ragionevolmente supporre che venne portata a termine, come altri ritratti di Batoni, molto tempo dopo il ritorno in patria dell'effigiato.
Il dipinto qui esposto è la migliore di tre repliche, che furono probabilmente dipinte per altri membri della famiglia, e che Clark e Bowron indicano come "copia di bottega forse ritoccata da Batoni". In tutte le versioni Thomas Giffard indossa lo stesso abito e tiene il gomito appoggiato su un parapetto sormontato da un busto di Minerva. Nel paesaggio alle sue spalle si scorge il tempio della Sibilla a Tivoli.
Batoni realizzò inoltre un ritratto a figura intera del figlio di Giffard durante il soggiorno del giovane a Roma nel 1784, anch'esso conservato a Chillington Hall. (BA)

François-André Vincent
1746-1816
20. *Pierre-Jacques-Onésyme Bergeret de Grancourt*, 1774
Olio su tela, 61,5 × 47,5 cm
Firmato e datato in basso a sinistra: "Vincent f. ROM. 1774"
Musée des Beaux-Arts et d'Archéologie, Besançon

Provenienza: P.-J.-O. Bergeret; Pierre-Adrien Pâris, da cui donato alla Bibliothèque Municipale di Besançon nel 1819; nei depositi del museo nel 1843. Inv. D.843.1.27
Esposizioni: Parigi, Salon 1777 (193); RA 1954-55 (222); Parigi 1957 (109, ripr.); Roma 1959 (654, ripr.); Roma 1961 (383); Roma 1990-91 (169, ripr.)
Bibliografia: Tornézy 1895, p. 250; Wildenstein 1961, pp. 39-84; Cuzin 1983, p. 60

21

Pierre-Jacques-Onésyme Bergeret de Grancourt (1715-1785) era capo esattore delle imposte della ripartizione del Tesoro di Montauban e uno degli uomini più ricchi di Francia. Si recò in Italia tra il novembre del 1773 e il settembre del 1774, accompagnato da Fragonard che gli fece da guida ed eseguì una serie di schizzi del viaggio.

A Roma Bergeret entrò in contatto con i *pensionnaires* dell'Académie e conobbe François-André Vincent, che sarebbe divenuto uno dei suoi artisti preferiti e che il 12 marzo 1774 mise mano all'opera in esame.

"È stato iniziato un mio ritratto e sono rimasto in posa tutta la mattina. Ne vedremo la riuscita a Parigi" (Tornézy 1895, p. 250).

Il risultato è certo tra i più insoliti, ma si tratta anche di uno dei più notevoli dipinti eseguiti da un artista francese a Roma nel XVIII secolo. La qualità informale del ritratto – Bergeret è raffigurato in veste da camera e senza parrucca – è in netto contrasto con la posa maestosa della figura e la magnificenza dell'arredamento. Le statue e gli album da disegno testimoniano della sua passione per il collezionismo e il collare dell'ordi-

ne di San Luigi, negligentemente appoggiato sull'altare antico, è segno di uno status sociale elevato, in quanto Bergeret era membro e tesoriere dell'ordine.

In confronto con i grandi ritratti formali dei viaggiatori britannici eseguiti da Batoni (nn. 16, 18, 19, 35), l'informalità di questa immagine doveva risultare stridente agli occhi dei più; persino oggi, un uomo nella posizione di Bergeret esiterebbe a farsi ritrarre in veste da camera. Quella di mostrarsi in atteggiamento spiritoso, quasi ironico, fu una scelta deliberata, dovuta in parte al desiderio di distaccarsi dal tipico ritratto inglese del Grand Tour, che oltretutto non aveva mai attecchito fra la comunità francese. Anche l'espressione del viso "ci dà l'idea della libertà di tono voluta da Bergeret e del suo desiderio di divertirsi" (Roma 1990-91, p. 232). (PL)

Charles Grignon 1754-1804
21. *Charlotte Clive*, 1787
Olio su tela, 134 × 101,6 cm
Firmato e datato in basso a destra:
"C. Grignon Pinx Rome"
Powis Castle, The Powis Collection
(The National Trust)

Provenienza: Commissionato all'artista dal secondo barone Clive; quindi per discendenza
Bibliografia: Steegman 1957, I, p. 268 n. 65, tav. 44d; *Powis Cat.*, s.d., p. 13 n. 81

Charlotte Clive (1762-1795), secondogenita di Clive of India, nel 1787 intraprese un breve viaggio in Italia con il fratello maggiore, il secondo barone Clive (1754-1839), e sua moglie Henrietta, figlia del primo conte di Powis. A febbraio si trovavano a Roma e in aprile posavano per Angelica Kauffmann (archivio Brinsley Ford, PMC).

Charles Grignon giunse a Roma nel dicembre del 1781 assieme a Robert Fagan (cfr. n. 22), nell'ambito di un viaggio di studio finanziato dalla Royal Academy e destinato a durare tre anni. Si stabilì invece definitivamente a Roma, conquistandosi i favori di lord Clive che gli affidò numerosi incarichi, tra cui un grande dipinto di soggetto storico, il *Prometeo incatenato*, che tuttavia non portò mai a termine. Oltre al ritratto della sorella, Grignon realizzò per lord Clive i disegni *La coltellata* e *Il saltarello* (nn. 83, 84).

Charlotte Clive, così battezzata in onore della sua madrina, la regina Carlotta, era già stata ritratta da Romney nel 1783 (Powis Castle). Qui appare con la mano sinistra posata su una cartella di disegni e con sullo sfondo la campagna romana. (BA)

Robert Fagan 1767-1816

22. *Elizabeth, lady Webster, futura lady Holland*, 1793
Olio su tela, 127 × 98 cm
Firmato e datato: "Robert Fagan Rome 1793"
Collezione privata

Provenienza: Il dipinto, o forse la versione di collezione privata gallese, apparteneva a Italinski (ministro russo a Napoli); principe Gargarin; acquistato presso di lui a Roma nel 1818 da Henry Edward Fox, futuro quarto lord Holland, per il padre; quindi per discendenza
Esposizioni: Dublino 1969 (93)
Bibliografia: Holland House 1904, pp. 23-25 (2); Ilchester 1908, I, p. 138; Trevelyan 1972, pp. 298-311; Ford 1981, p. 392, fig. 5; Figgis 1994, II, pp. 37-45

Elizabeth Vassall (1770-1845) sposò sir Godfrey Webster nel 1786. Nella primavera del 1791 la coppia intraprese un viaggio in Italia con due figli piccoli e, dopo essere passati per Torino, Milano e Venezia, si diressero verso sud. Il viaggio venne puntualmente documentato nel diario di lady Webster.
Alla fine del 1792 si trovavano a Napoli dove, il 10 febbraio 1793, nacque il terzo figlio, Henry (archivio Brinsley Ford, PMC). Poiché la famiglia lasciò Napoli il 23 maggio successivo, questo ritratto venne cominciato almeno entro quella data. Fagan raffigura Elizabeth con il cane Pierot e, sullo sfondo, il golfo di Napoli con il Vesuvio che si erge dietro il Castel dell'Ovo.
Pare che verso la fine del 1795, il vescovo conte di Derry (cfr. n. 17), gravemente ammalato, facesse richiesta a lady Webster di una copia del ritratto ma, come quest'ultima sdegnosamente annotò nel suo diario, il motivo di ciò non stava in un "interesse nei miei confronti, in quanto mi conosce appena e non mi ha mai manifestato alcuna simpatia; probabilmente il ritratto gli rammenta qualche donna da lui un tempo amata e la cui immagine gli occupa la mente in questi ultimi momenti". Nel 1796 lady Webster lasciò il marito per lord Holland, che sposò nel 1797 dopo aver ottenuto il divorzio.
Fagan eseguì molti ritratti di viaggiatori del Grand Tour, anche se è più noto come mercante d'arte e per i suoi scavi archeologici. Documentato per la prima volta in Italia nel 1781, scelse di stabilirvisi; qui si sposò due volte con giovani italiane e morì suicida nel 1816. L'episodio che lo rese noto fu il trafugamento dall'Italia dei celebri Claude Lorrain della collezione Altieri (Fairhaven Collection, Anglesey Abbey) compiuto assieme a Charles Grignon (cfr. nn. 21, 83, 84) nel 1798-99. Seppe inoltre trarre grande profitto dal commercio delle opere d'arte vendute dalle famiglie nobili italiane durante l'occupazione francese di Roma. (BA)

Hugh Douglas Hamilton 1740-1808

23. *Emma, lady Hamilton, nel ruolo delle tre Muse*, 1789-90 ca
Olio su tela, 36,6 × 44,6 cm
Etichetta d'inventario sul verso: "BL 86"
Hamilton Collection, Lennoxlove House, Haddington, East Lothian, Scozia

Provenienza: Probabilmente nella collezione di William Beckford; quindi a sua figlia Susan Beckford, che sposò Alexander, decimo duca di Hamilton; per discendenza all'attuale proprietario
Esposizioni: Bregenz 1968 (281) come Angelica Kauffmann; BM 1996 (162, ripr. a col.)

Emma Hart (1765-1815) era la giovane, esuberante e bellissima seconda moglie di sir William Hamilton (1730-1803), inviato straordinario e ministro plenipotenziario britannico a Napoli (cfr. n. 164). Famosa in tutta Europa, era considerata essa stessa "un'attrazione turistica" per coloro che si recavano a Napoli. Negli inventari manoscritti dei dipinti di palazzo Sessa a Napoli (British Library, Add. MS. 41, 200, f. 122) figura una "Lady H. in tre diverse pose nello stesso quadro – di Hamilton". Sebbene qui si faccia probabilmente riferimento a una versione a pastello della stessa composizione, esistono altre due versioni a olio: la presente e una seconda di collezione privata. In passato erano state tutte erroneamente attribuite ad Angelica Kauffmann, a Gavin Hamilton e persino all'austriaco Ludwig Guttenbrunn. Tuttavia, sulla base di considerazioni stilistiche e dai confronti emersi con il ritratto della contessa Anne Cowper (Firle Place, Sussex), eseguito dallo stesso Hugh Douglas Hamilton, l'attuale attribuzione può essere ampiamente accolta.
Hugh Douglas Hamilton era a Napoli nel 1788 (Cullen 1984, p. 168), ma la datazione dell'opera sarebbe da spostare più avanti in base all'attestazione fornita dal conte della Torre di Rezzonico il quale, trovandosi a Napoli dal 1789 al giugno del 1790, era stato presente alle famose sedute di Emma per il ritratto in questione. Secondo Kim Sloan (Jenkins e Sloan 1996, pp. 262-263), lady Hamilton vuole qui impersonare le tre Muse: Tersicore, che presiede alla danza e al canto, ha il capo posato su una citera; Polimnia, musa della poesia lirica, è raffigurata in atteggiamento pen-

22

23

soso; Calliope, musa della poesia epica, regge in mano un libro. (BA)

Anton Raphael Mengs 1728-1779
24. *Autoritratto*, 1774
Olio su tavola, 73,5 × 56 cm
Iscritto sul verso a caratteri
maiuscoli impressi in oro:
"RITRATTO D'ANTONIO RAFFAELLO
MENGS / FATTO DA LUI MEDESIMO /
PER LORD NASSAU CONTE DI
COWPER / IN FIRENZE L'ANNO 1774"
Board of Trustees of the National
Museums and Galleries on
Merseyside (Walker Art Gallery,
Liverpool)

Provenienza: Dipinto a Firenze nel
1774 per George Nassau, terzo conte
Cowper; figura nell'inventario dei
suoi dipinti a Firenze nel 1779 (28);
presumibilmente passato in Inghilterra alla morte della vedova nel
1826 e documentato nella residenza
di famiglia a Panshanger (Herts) nel
1885, e per discendenza a lady Desborough, Panshanger; vendita Christie's, 16 ottobre 1953 (92), acquistato da Agnew; acquistato dalla
Walker Art Gallery
Esposizioni: Kenwood 1993 (1, ripr.
a col.); Liverpool 1994-95 (26, ripr.)

24

Mengs eseguì questo autoritratto su
commissione di George Nassau, terzo conte Cowper (1738-1789), a Firenze, tra l'autunno del 1773 e il
maggio dell'anno successivo, durante una delle tappe del lungo viaggio
che da Roma lo portò a Madrid.
Lord Cowper, che aveva conosciuto
Mengs nel 1770, nutriva una grande
ammirazione per l'artista e, oltre a
possederne molte opere, ne era anche uno dei principali mecenati inglesi. Dei tanti autoritratti, questo è
l'unico in cui Mengs raffigura una
sua opera, ossia l'abbozzo per il grande *Perseo e Andromeda* oggi all'Ermitage.
Tale dipinto gli era stato commissionato nel novembre 1773 da un altro
Grand Tourist inglese, sir Watkin
Williams-Wynn. La composizione deriva da un famoso rilievo sullo stesso

tema conservato nel Museo Capitolino e riflette il ruolo svolto da Mengs
quale promotore dello stile neoclassico, cui aderì a partire dall'incontro
con Winckelmann nel 1755. Il *Perseo e Andromeda* venne portato a termine e spedito in Inghilterra nel
1777, ma la nave venne catturata da
un corsaro francese e il carico finì in
Russia.
Nel frattempo, abbandonata "la grigia melanconia dell'Inghilterra",
lord Cowper si era trasferito definitivamente a Firenze, e qui aveva ammassato un'imponente collezione di
dipinti e stretto contatti con artisti di
passaggio, stranieri e inglesi. Alla pari di molti altri nobili, aveva l'ambizione di emulare la celebre galleria di
autoritratti di artisti degli Uffizi e a
tal fine nel 1779 incaricò Giuseppe

Macpherson di realizzarne 223 copie
in miniatura. Nel 1786 offrì a Giorgio III di scegliere come dono l'autoritratto di Mengs o le miniature, e il
re preferì le seconde. (EE)

25

John Runciman 1744-1768/69
25. *Autoritratto*, 1767-68
Olio su tela, 68,7 × 55,6 cm
Firmato sul verso
Scottish National Portrait Gallery

Provenienza: Si ritiene sia stato acquisito dalla governante dell'artista dopo la sua morte; probabilmente acquisito da Alexander Runciman; David Laing (1793-1878); Society of Antiquaries of Scotland; in prestito alla SNPG all'atto di fondazione nel 1882
Esposizioni: Edimburgo 1986 (74)
Bibliografia: Pressly 1981, pp. 13, 16

Si tratta dell'unico dipinto giunto fino a noi fra quelli eseguiti da John Runciman durante il soggiorno romano. Lasciata la Scozia con il fra-

tello maggiore Alexander nel febbraio del 1767, l'artista era giunto a Roma nel settembre dello stesso anno. Nel novembre del 1768 gli si diagnosticava "uno stato di consunzione avanzata" e Andrew Lumisden lo riteneva "oltre ogni possibilità di miglioramento". In seguito a un litigio con un suo amico artista, James Nevay, anch'egli scozzese, Runciman abbandonò Roma per Napoli, dove morì nell'inverno del 1768-69, non senza aver distrutto gran parte dei suoi lavori: "le sue cose migliori", secondo il fratello Alexander (archivio Brinsley Ford, PMC).
Argomento ricorrente nella produzione di Runciman è l'ammirazione per Michelangelo e nel presente autoritratto l'artista si è raffigurato assorto nella meditazione sull'opera

del grande maestro. Alle sue spalle è visibile la figura del *Giorno* dalle tombe medicee di Michelangelo, ispirata al *Torso Belvedere*, il quale non a caso è anche il soggetto di uno dei più pregevoli disegni di Runciman.
Non è certo una coincidenza, nel clima di acuta rivalità e gelosia caratteristico dell'ambiente degli artisti inglesi a Roma alla fine del settimo decennio del XVIII secolo, che l'*Autoritratto con James Paine e Dominique Lefèvre* di James Barry del 1767 ca (n. 28) non solo si avvicini all'opera in esame per l'atteggiamento romantico della figura del genio consapevole, ma anche ritragga l'artista nell'atto di dipingere i colleghi artisti che a loro volta dipingono il *Torso Belvedere*. (BA)

Jacob More 1740-1793
** 26. *Autoritratto*, 1783
Olio su tela, 198 × 147,5 cm
Firmato e datato: "Jacob More
Pinx.t Roma 1783"
Galleria degli Uffizi (Collezione
degli Autoritratti), Firenze

Provenienza: Donato dall'artista alla
Galleria degli Uffizi nel maggio
1784. Inv. 1890 n. 2092
Esposizioni: Firenze 1971 (60);
Kenwood 1974 (96)
Bibliografia: Whitley 1928, II, pp.
199-201; Irwin 1972, p. 775, fig.
48; Holloway 1987, frontespizio;
Andrew 1989, pp. 304-307; Andrew
1989-90, p. 133, elenco B34

Jacob More, che un necrologio
apparso nel 1793 sulla rivista edim-
burghese "The Bee" descriveva a
dismisura come "senza dubbio il
miglior paesaggista del mondo", si
stabilì a Roma nel 1773. Nel 1781
fu ammesso nell'Accademia di San
Luca e il presente autoritratto venne
accolto nella galleria dei ritratti di
artisti degli Uffizi. Con ciò More
otteneva, come è stato osservato da
Andrew (1989) i due riconoscimenti
artistici più prestigiosi in Italia. Le
sue opere suscitarono le lodi di Canova e Goethe a Roma e quelle di
Reynolds a Londra.
L'ammissione di un'opera nella collezione dei ritratti degli Uffizi – avviata dal cardinale Leopoldo de' Medici
negli anni 1680-90, ampliata e rior-
ganizzata a metà del XVIII secolo dal
granduca Leopoldo di Lorena –
costituiva per un artista un riconoscimento di importanza internazionale
(tra gli altri artisti inglesi che ebbero
questo onore figurano sir Joshua
Reynolds e James Northcote).
Il fatto è ancora più rilevante se si
pensa che questo è il solo ritratto
noto di More e che, se Giuseppe
Bencivenni Pelli, direttore degli
Uffizi, annotava nel suo diario che
"il dipinto che [More] presenta è
stato elogiato da tutti coloro che
l'hanno visto per l'originalità e il forte effetto", tali commenti non erano

26

condivisi da colleghi come George
Cumberland, il quale riteneva la
figura intera una dimensione del
tutto inappropriata, se non presun-
tuosa, in una galleria "dove Raffaello
si era accontentato di accennare
appena le sue sublimi sembianze".
More si raffigura al lavoro con pennelli, tavolozza e una piccola tela.
Sullo sfondo si vede la grotta di Nettuno a Tivoli, soggetto più di una
volta trattato nei suoi disegni e
dipinti. Il paesaggio, delineato con

una grande cura per i particolari e
per la resa, tradisce l'influenza dell'a-
mico Joseph Wright of Derby. (BA)

27

Angelica Kauffmann 1741-1807
* **27.** *Autoritratto*, 1787
Olio su tela, 128 × 93,5 cm
Iscritto sull'album degli schizzi:
"Angelica Kauffmann / Pinx:
Romae 1787"
Galleria degli Uffizi (Collezione
degli Autoritratti), Firenze

Provenienza: Dipinto per il granduca
di Toscana e da allora nelle collezioni ducali (Uffizi). Inv. 1890 n. 1928
Esposizioni: Bregenz 1968 (6, ripr.);
Firenze 1971 (58, ripr.); Roma 1990
(30, ripr. a col.)
Bibliografia: Manners e Williamson
1924, pp. 73, 153; von Einem 1978,
pp. 29, 216, tav. 7

Fra i tanti autoritratti di Angelica
Kauffmann questo si contraddistin-
gue per la sua monumentalità, intesa
sia a sostenere il confronto con gli
altri ritratti di artisti della celebre
collezione medicea (cfr. n. 26) sia a
confermare il suo ruolo di punta al-
l'interno del movimento neoclassico.
L'artista donò l'opera al granduca di
Toscana nel 1787 in sostituzione di
un precedente autoritratto realizzato
nella sua "prima giovinezza" (1763).
Il duca mostrò di apprezzare il gesto
contraccambiando con un suo ritratto su una medaglia d'oro.
L'artista, autrice nel 1764 di uno dei
migliori ritratti di Winckelmann
(Kunsthaus, Zurigo), poteva considerarsi all'epoca la pittrice più nota
in Europa, ammirata ovunque per la
purezza dello stile e per il classicismo
della sua poetica. Qui appare ringio-
vanita rispetto ai suoi quarantasei
anni e atteggiata secondo una visione
del decoro che fa eco ai dettami di
Reynolds, nella cui opinione (*Di-
scourses*, 1776) un ritratto femminile
per essere veramente nobile dovrebbe presentare la figura vestita
"con qualcosa che suggerisca l'Antico, a beneficio della dignità". Questa
idealizzazione viene sottolineata dal-
l'alta cintura e dalla fibbia con il
cammeo classico, mentre la posa
meditativa riflette la componente di
modestia e dolcezza femminile propria di Angelica. L'opera, probabilmente avviata qualche anno prima,
potrebbe essere stata completata
sotto l'influenza di Goethe, suo
ammiratore, che la stimava una delle
donne più intelligenti di Roma. Grazie ai suoi contatti internazionali ed
essendo una donna di ingenti ricchezze, frutto della sua professione e
di oculati investimenti compiuti
durante il soggiorno in Inghilterra,
Angelica si era posta al centro del-
l'attenzione della comunità artistica
straniera, specialmente tedesca, a
Roma. E così mentre Goethe, suo
assiduo frequentatore, le declamava
versi della sua tragedia *Ifigenia in
Tauride*, per la quale Angelica realizzò alcuni disegni, l'artista ne eseguiva il ritratto (oggi a Weimar).
(EE)

28

James Barry 1741-1806

28. *Autoritratto con James Paine e Dominique Lefèvre*, 1767 ca
Olio su tela, 60,6 × 50,5 cm
National Portrait Gallery, Londra

Provenienza: Vendita postuma dell'artista, Christie's, 10 aprile 1807 (73), acquistato da S.W. Singer; W. Anthony; acquistato dalla National Portrait Gallery nel 1866
Esposizioni: Arts Council 1962 (42); Kenwood 1974 (86); Monaco 1979-80 (140); Tate Gallery 1983 (15)
Bibliografia: Fryer 1809, II, p. 6; Pressly 1981, pp. 12-13, 16, 236-237

In questo autoritratto, dipinto probabilmente subito dopo l'arrivo a Roma nell'ottobre del 1766, Barry inserisce due altre figure oltre alla sua: quella dello scultore James Paine Jr (1745-1829), da poco giunto a Roma e qui ritratto con in mano pennelli e tavolozza, e quella del francese Dominique Lefèvre (1737 ca-1769), allievo di Joseph-Marie Vien – maestro di Jacques-Louis David – membro rispettato dell'Académie de France e vincitore del Prix de Rome nel 1761.
Paine e Lefèvre vengono mostrati mentre dipingono il *Torso Belvedere*, distinguibile appena nell'angolo in alto a destra della tela. Barry considerava questa scultura come l'opera più importante dell'antichità e ai suoi allievi della Royal Academy avrebbe in seguito detto: "Quando parlo dell'intelligenza superiore del disegno nella statuaria antica mi riferisco solo a pochi pezzi. Il *Torso Belvedere* è *unico* in quanto a perfezione. Nulla può stargli alla pari" (Fryer, I, p. 447). Barry stesso poco dopo si sarebbe ispirato al *Torso* per il suo *Filottete sull'isola di Lemno*, opera che inviò all'Accademia Clementina di Bologna nel 1770.
Pressly rileva come Barry si sia trasformato dal "tipo dall'aspetto butterato e dai lineamenti duri" – come lui stesso si descrive in una lettera a Burkes del 1769 (Fryer, I, p. 172) – nel giovane genio romantico dall'aria di sfida.
L'inserimento, del tutto inconsueto, delle tre teste su diversi piani entro una tela di piccole dimensioni dà origine a una tensione e compressione che diventerà tipica del suo stile più maturo. (BA)

29

Louis Gauffier 1762-1801
29. *Autoritratto con la moglie*
e i figli, 1793 ca
Olio su tela, 72,5 × 54,5 cm
Galleria degli Uffizi (Collezione
degli Autoritratti), in prestito alla
Galleria d'Arte Moderna di Palazzo
Pitti, Firenze

Provenienza: Acquistato presso il
patrimonio dell'artista dagli Uffizi
nel 1801; passato all'Accademia nel
1872 e di nuovo agli Uffizi nel 1919,
dove è stato esposto fino al 1972.
Inv. 1890 n. 8404
Esposizioni: Roma 1961 (145, ripr.);
Firenze 1972 (112, ripr.); Firenze
1977 (24, ripr.); Roma 1990 (29,
ripr.)
Bibliografia: Marmottan 1926, I, pp.

281-300; Crozet 1941-44, pp. 100-
113; Méjanès 1974, pp. 425-428;
Pinto 1979, p. 881 n. A390

Louis Gauffier giunse all'Académie
de France nel 1784 come *pensionnaire*. Nove anni dopo, costretto a
lasciare la città in seguito alla Rivoluzione francese, si trasferì a Firenze
con la moglie Pauline Châtillon, sua
ex allieva, e i figli. Visse a Firenze
fino alla morte, avvenuta nel 1801.
Mentre a Roma aveva lavorato principalmente come pittore di soggetti
storici, a Firenze si volse alla ritrattistica e al paesaggio, una scelta in
parte obbligata per questioni finanziarie.
Questo ritratto di famiglia è uno dei
primi eseguiti da Gauffier ed è possibile
che l'artista l'abbia dipinto con l'inten-

zione di cimentarsi nel nuovo genere.
Anziché scegliere una veduta tipica
di Roma, come il Colosseo, il Foro o
San Pietro, Gauffier raffigura il
laghetto di villa Borghese con il tempietto di Esculapio (cfr. n. 17) sullo
sfondo e se stesso nell'atto di disegnare in compagnia della moglie e
dei due figli. Pauline ha accanto a sé
il blocco degli schizzi e rivolge lo
sguardo verso lo spettatore, assorta
nei suoi pensieri. A pochi passi da lei
sono seduti i due bambini, Luigi e
Faustina. Il più piccolo, nato nel
1792, non pare avere più di un
anno, ragione per cui il dipinto
dovrebbe collocarsi intorno al 1793.
Gauffier è seduto su una colonna
spezzata, il blocco degli schizzi sulle
ginocchia, e sta disegnando una scultura. Secondo l'inventario della gal-

leria del 1825, il ritratto dell'artista sarebbe stato dipinto dalla moglie. L'intimità dell'atmosfera è ulteriormente enfatizzata dalla caratterizzazione idilliaca del paesaggio, quasi un'anticipazione della pittura Biedermeier.

Una copia all'acquerello di questo dipinto, attribuita a Gauffier, era già nella collezione Artus di Parigi (Marmottan 1926). Nel Musée Magnin di Digione è conservato un disegno preliminare per una seconda versione del ritratto di famiglia, oggi perduta (Firenze 1977, p. 58). (PL)

Hubert Robert 1733-1808

30. *Lo studio del pittore*, 1763-65
Olio su tela, 37 × 46 cm
Firmato sull'album da disegno
in basso a destra: "H.R. / 17"
Museum Boymans-van Beuningen, Rotterdam

Provenienza: Principessa di Borbone; Jules Féral, Parigi; D.G. van Beuningen; acquistato assieme alla collezione di D.G. van Beuningen nel 1941. Inv. 2586
Esposizioni: Parigi 1933 (197); Digione 1982-83 (106, ripr.); Roma 1990-91 (135, ripr.)
Bibliografia: Straub-Fischer 1965, 4, pp. 9-16

Hubert Robert dipinse numerose variazioni sul tema dello studio dell'artista e dell'artista al lavoro, di cui il disegno raffigurante *L'artista nel Museo Capitolino* (n. 209) costituisce un esempio. Il dipinto in esame è molto probabilmente un autoritratto di Hubert Robert nel suo studio, circondato da statue, schizzi, dipinti e album da disegno.

L'artista osserva un busto di donna che è in procinto di disegnare ed è talmente concentrato sul lavoro da non notare il cane che gioca alle sue spalle. La statua del giovane sulla sinistra è caratterizzata in senso fortemente realistico, tanto che con la sua posa sembra voler attirare l'attenzione dell'artista. Robert ha fatto ricorso a questi elementi umoristici

per infondere vitalità a un genere di pittura tradizionale.

Per molto tempo questo dipinto è stato assegnato al periodo francese di Robert, ma oggi si ritiene che sia stato eseguito a Roma. A questo contesto, Jean de Cayeux riferiva anche il disegno del *Salone del balivo di Breteuil* (Roma 1990-91, 128). In effetti in entrambe le opere compaiono i soffitti a cassettoni, le tende e il tavolino collocato accanto alla finestra. È possibile che Robert, ospite del balivo di Breteuil dal 1763 al 1765, avesse sistemato lì anche il suo atelier. (PL)

Jean-Baptiste Lallemand 1716-1803

31. *Lo studio dell'artista*, 1780 ca
Olio su tela, 33,1 × 41,5 cm
Firmato a sinistra: "Lallemand"
Musée des Beaux-Arts de Dijon

Provenienza: Henri Baudot; acquistato alla sua vendita nel 1894. Inv. 1086
Esposizioni: Bordeaux 1958 (86); Roma 1962 (121); Mainz 1966 (21, ripr.); Francoforte 1989 (6.23, ripr.)
Bibliografia: Chabeuf 1911, p. 267; Magnin 1933, p. 312; Michel 1978, pp. 327-344

La produzione di Jean-Baptiste Lallemand risente fortemente dell'influsso del suo soggiorno romano, durato quattordici anni (1744-1758). L'artista dipinse un gran numero di paesaggi e capricci architettonici influenzati da Panini e da Locatelli, che gli valsero un considerevole successo. A Roma poteva contare su numerosi mecenati, per gran parte viaggiatori inglesi.

Questa tela raffigura l'artista e la sua famiglia in un ampio studio che funge anche da soggiorno. Lallemand è seduto al tavolo da disegno, circondato dagli attrezzi del suo mestiere. La moglie dell'artista ci volge le spalle ed è seduta a un altro tavolo, con accanto la figlioletta che legge. Calchi in gesso di antiche sculture, dipinti, disegni e libri sono

sparsi per tutta la stanza. Il grande capriccio architettonico è chiaramente opera dello stesso artista, che in questo autoritratto si rivela un maestro del genere. L'enfasi sull'atmosfera familiare è insolita per un dipinto che ha come soggetto lo studio di un artista e conferisce a questa tela un fascino particolare. (PL)

30

31

32

Hugh Douglas Hamilton
1740-1808

* **32.** *Antonio Canova nel suo studio
con Henry Tresham e un modello
in gesso per "Cupido e Psiche"*,
1788-89 ca
Pastello, 75 × 100 cm
Francis Farmar

Provenienza: Presumibilmente marchese Wellesley; per discendenza alla
figlia lady Charles Bentinck; poi alla
nipote lady Hyacinthe Dalby; al
nipote di questa, l'attuale proprietario
Esposizioni: Questa o un'altra versione (oggi danneggiata) nella collezione di lord Cawdor, RA 1791 (380);
Dublino 1969 (61); RA 1972 (88)
Bibliografia: Honour 1959, p. 230;
Irwin 1962, p. 87, fig. 1; Cullen
1982, pp. 86-91; Cullen 1984, pp.
31-34; Figgis 1988, pp. 128-133

Antonio Canova (1757-1822), qui
al centro con il mazzuolo in mano,
era arrivato a Roma da Venezia nel
1779 e apparentemente prediligeva i
pittori stranieri. Aveva stretto amicizia con gli scozzesi Gavin Hamilton

e Jacob More, gli irlandesi Christopher Hewetson, Henry Tresham
e Hugh Douglas Hamilton, che
mantenne una fitta corrispondenza con il grande scultore dopo il suo
ritorno in Irlanda nel 1791. Anche
Hamilton potrebbe essere arrivato a
Roma nel 1779, nonostante la sua
presenza vi sia ufficialmente registrata soltanto a partire dal 1782. Fin dal
1760-70 aveva lavorato con la tecnica del pastello e fu durante gli anni
del soggiorno romano che speri-
mentò per la prima volta la pittura a
olio. Il risultato fu che pastelli come
questo sono molto più ambiziosi in
scala e composizione di qualsiasi
altra opera precedente e sono pervasi
da una *gravitas* neoclassica raramente associata a questa tecnica.
Henry Tresham (1751-1814), che
qui compare a destra, in atteggiamento contemplativo, giunse in Italia insieme con il colonnello John
Campbell, futuro primo barone
Cawdor (1755-1821), e il 23 settembre 1775 arrivò a Roma, dove rimase fino al marzo del 1788. Oltre a
dipingere, commerciava in quadri e
antichità, acquistando oggetti d'arte
per conto di viaggiatori quali Camp-

bell e il vescovo conte di Derry. Presumibilmente conobbe Canova tramite Campbell, che aveva commissionato allo scultore un gruppo marmoreo di *Cupido e Psiche*. Canova
portò a termine il modello a grandezza naturale il 3 settembre 1787,
ma nonostante il lavoro sul marmo
definitivo fosse iniziato nel maggio
seguente, l'opera fu completata soltanto nel 1793. La consegna a
Campbell venne dapprima ritardata
perché questi sosteneva che la sua
casa non era pronta a ricevere la scultura e poi perché gli eventi nella
Francia rivoluzionaria fecero pospor-
re la spedizione. Il gruppo marmoreo
fu in seguito sequestrato da Gioacchino Murat, dal quale passò poi al
Louvre. Il modello raffigurato da
Hamilton in questo pastello differi-
sce notevolmente dalla versione finale del Louvre: qui Cupido non ha ali
e il drappeggio di Psiche è diverso.
Giacché Tresham e Campbell lasciarono Roma rispettivamente nel marzo e nell'aprile 1788, e Canova modificò il modello qui raffigurato entro l'ottobre 1789, il pastello è presumibilmente anteriore a quella data. (BA)

Elizabeth Einberg

Il viaggio in Italia di Goethe

Goethe giunse a Roma, la "capitale del Mondo Antico", il 29 ottobre 1786 in uno stato di grande eccitazione, e ne ripartì il 23 aprile 1788, dopo una notte di struggimento nostalgico passata a vagare tra i monumenti al chiaro di luna. In quell'intervallo aveva trasformato l'impostazione tradizionale del *Kavaliersreise*, la versione tedesca del Grand Tour, da sostanziale scuola di perfezionamento sociale infarcito di enciclopedismo antiquario in un'esperienza intensamente emotiva, la concezione moderna del viaggio che un uomo compie, come disse Goethe, "per scoprire se stesso".

Trentaseienne, al suo arrivo a Roma era già lo scrittore e poeta più celebre della Germania, studioso esperto di geologia, botanica, anatomia e teorie del colore, nonché consigliere di stato del principato di Weimar e amico personale del duca Carlo Augusto. Un decennio di attività pubblica a corte e le responsabilità nella gestione delle magre casse dello staterello, la cui corte illuminata era comunque riuscita ad attrarre un buon numero di intellettuali di spicco, avevano ingenerato in Goethe fortissime tensioni tra impegno pubblico e impulso creativo, precipitandolo in una sorta di crisi spirituale. Riluttante, il duca gli concesse un permesso pagato, e Goethe partì per l'Italia, la terra dei suoi sogni, per ritrovare le fonti della sua ispirazione. Viaggiò in incognito sotto il nome di "Philip Möller, uomo d'affari", espediente studiato più per risparmiarsi gli inevitabili obblighi sociali che per celare la propria identità. Trascorse gran parte del tempo con gli artisti e gli scrittori delle consistenti colonie tedesche di Roma e Napoli, si spinse fino in Sicilia, si immerse nell'arte classica, godette dei piaceri sensuali del Sud, divenne assiduo frequentatore del circolo di Angelica Kauffmann e ritrovò la sua vena di poeta e scrittore. Nei primissimi mesi riscrisse la tragedia in prosa *Ifigenia in Tauride* in versi sciolti e la inviò in patria per la pubblicazione. L'opera si colloca all'inizio del periodo noto come classicismo o umanesimo di Weimar, così chiamato perché individuava nella forma e nello stile della Grecia classica, sia in campo artistico che letterario, il miglior veicolo per portare alla luce quanto esisteva di potenzialmente nobile e divino nell'uomo. Questa concezione, introdotta per la prima volta da Winckelmann (cfr. n. 160) e ora vissuta in prima persona al cospetto della grandezza classica, avrebbe improntato l'opera matura di Goethe, così come quella di Schiller, che egli conobbe subito dopo il ritorno a Weimar.

Sebbene Goethe non pubblicasse il resoconto delle sue esperienze italiane che una trentina d'anni dopo, esse ebbero un'influenza immediata attraverso la sua vasta corrispondenza, e la sua potente personalità, sui diversi ambienti sociali con i quali entrò in contatto. Come molti altri, Goethe considerava la permanenza in Italia il periodo più felice della sua vita, ma il suo scopo era stato di cambiare se stesso "fino al midollo" e, una volta ottenuto ciò, non avvertì mai più il desiderio di tornarvi da semplice turista.

Per Goethe e la sua cerchia, cfr. nn. 27, 33, 34, 76-78, 82, 101, 147 e 190.

Bibliografia: Holtzhauer 1969; Goethe 1978; Herder 1989; Biedrzynski 1992; Schulze 1994.

33

**Karl Bennert 1815-1885
da Johann Heinrich Wilhelm
Tischbein 1751-1829**

* **33.** *Goethe nella campagna
romana*, 1848 ca
Olio su tela, 161 × 197,5 cm
Freies Deutsches Hochstift
Frankfurter Goethe-Museum

Provenienza: Frankfurter Bürgerve-
rein fino al 1932; donato dalla
Frankfurter Gesellschaft der Goethe-
freunde nel 1932
Esposizioni: RA 1972 (25, tav. VIII)
Bibliografia: Beutler 1961, pp. 5 segg.;
Beutler 1962, p. 9

J.H.W. Tischbein, il più classicista
ed erudito dell'omonima dinastia di
pittori, studiò a Roma presso l'Accademia Trippel dal 1779 al 1781. Fu
di nuovo in Italia dal 1783 al 1799,
soprattutto a Roma. Qui incontrò
Goethe, con il quale era già stato in
rapporto epistolare. I due, che alloggiavano insieme sul Corso, avevano
molte idee in comune, specialmente
in tema di antichità, e nel 1787

Tischbein accompagnò Goethe a
Napoli. Nel 1798 ottenne la direzione dell'Accademia di Napoli, dove
rimase, inflessibile assertore del classicismo, fino alla presa della città da
parte dei francesi nel 1799.
Il grande ritratto qui preso in esame
era destinato a diventare l'opera più
celebre di Tischbein, monumento
alla loro solida amicizia e al movimento neoclassicista. Iniziato verso
la fine del 1786, fu terminato l'anno
seguente. Malgrado le sue pubbliche
professioni di biasimo per i ritratti di
dimensioni pompose, Goethe accettò di buon grado di posare per
Tischbein; il 29 dicembre 1786
scrisse nel suo diario: "Sono stato ritratto a grandezza naturale, da viaggiatore, avvolto in un mantello e
seduto all'aria aperta su un obelisco
rovesciato, mentre guardo le rovine
della campagna romana in lontananza". Tischbein stesso scrisse a Lavater
che avrebbe dipinto Goethe seduto
tra i ruderi a meditare sui destini del-
l'umanità. La posa si rifà ai letterati
che visitavano Roma nel Seicento e

agli inizi del Settecento, riprendendo
il motivo arcadico dall'incisione di
Berchem con un pastore in posa analoga. Tra i celebri monumenti e i
ruderi sparsi nel paesaggio, spicca un
rilievo con Ifigenia, Oreste e Pilade,
riferimento al dramma in versi *Ifigenia in Tauride* cui Goethe stava lavorando a Roma. Il manto bianco conferisce alla figura una scultoreità
senza tempo ed è insieme un accen-
no alle mentite spoglie sotto cui
stava viaggiando il poeta.
Bennert, che fu allievo di Schadow a
Düsseldorf e lavorò come ritrattista a
Bruxelles, Parigi e Zurigo, dipinse
questa copia mentre risiedeva a
Francoforte (1848-68). L'originale
di questa fondamentale rappresentazione del *Kavaliersreise* è sfortunatamente troppo fragile per viaggiare.
(EE)

Ilaria Bignamini

I principi-viaggiatori

I viaggiatori membri delle famiglie reali europee sono una categoria di turisti cui è stata dedicata scarsa attenzione, malgrado si tratti del gruppo di visitatori meglio documentati negli archivi italiani e più frequentemente rappresentati nella ritrattistica del Grand Tour. Questa mostra propone un'ampia panoramica di ritratti di principi-viaggiatori provenienti da diverse nazioni, tra cui la Gran Bretagna (nn. 35, 36, 37, 140, 164), gli stati tedeschi (nn. 34, 39, 77, 88), la Danimarca (n. 129), la Svezia (n. 38), la Polonia (n. 88) e la Russia (nn. 95, 96, 132, 133, 134, 141, 142), rappresentati sulla scena di Roma (nn. 35, 95), Tivoli (nn. 77, 96) e Pompei (n. 34). Alcuni vengono raffigurati nell'atto di ammirare l'Antico (nn. 34, 35, 38, 39, 95, 164), oppure cascate (n. 96), o ancora mentre presenziano a festeggiamenti organizzati a Venezia in loro onore (nn. 88, 129, 132, 133, 134, 140, 141, 142). Per molti aspetti, i principi-viaggiatori del Settecento non erano molto diversi da altri turisti facoltosi.

Dal rinascimento in poi i maschi delle famiglie reali visitarono spesso l'Italia in occasione di viaggi a scopi politici e diplomatici, così come le principesse promesse spose a regnanti italiani ebbero modo di conoscere il paese durante viaggi che le conducevano alle nozze. Alcuni manoscritti conservati a Venezia (le carte Gradenigo e Memmo alla Biblioteca Correr e alla Marciana) offrono un prezioso resoconto cronologico. Ma questi viaggiatori reali, pur visitando occasionalmente chiese, monumenti e collezioni, non erano turisti. Lo diventarono nell'età del Grand Tour, quando cominciarono a viaggiare in incognito allo scopo di visitare l'Italia per il proprio diletto. Alcuni erano accompagnati da un vasto seguito, ma ciò valeva anche per molti aristocratici e diplomatici; altri avevano, invece, solo qualche attendente e alloggiavano in appartamenti d'affitto e alberghi. Sontuosi spettacoli e ricevimenti venivano organizzati in loro onore, ma si trattava di eventi turistici che attiravano folle di stranieri e italiani più che di cerimonie ufficiali. Il papa incontrava privatamente diversi principi protestanti, e i regnanti italiani offrivano doni a tutti i principi-viaggiatori. Ma anche in questo caso si trattava per lo più di souvenir prodotti in serie, come le stampe di Piranesi (nn. 123-128), arazzi e micromosaici (nn. 200, 242-251).

Ciò che faceva dei viaggiatori reali un gruppo a parte rispetto agli altri turisti è il fatto che, pur viaggiando in incognito e in veste non ufficiale, la loro presenza sul suolo italiano era vista come un segno di amicizia nei confronti sia dei regnanti italiani, sia dei membri di altre famiglie reali europee che si trovavano in Italia in quel momento. Eloquente in tal senso è il caso del duca di York, il quale visitò l'Italia poco dopo la fine della guerra dei Sette anni, nel 1763 (nn. 35, 140). Nessun governante italiano, soprattutto il papa e gli austriaci della Lombardia, si preoccupò se egli fosse uno "sciocco libertino" o il capo dell'opposizione in esilio temporaneo: a loro interessava soltanto offrire segni tangibili di amicizia al re d'Inghilterra. Da quel momento in poi, a Roma vennero generosamente rilasciati ai cittadini britannici un numero decisamente elevato di permessi di scavo e licenze d'esportazione, e fu così che le opere d'arte diventarono parte integrante della politica europea.

L'età dell'oro del Grand Tour non sarebbe mai esistita senza la presenza dei principi-viaggiatori su suolo italiano. Quanto le loro visite fossero frequenti, specie nel caso di principi e principesse inglesi, tedeschi e svedesi, è dimostrato dalle notizie pubblicate dai giornali italiani, in particolare dal "Diario Ordinario" romano. I viaggiatori delle famiglie reali crearono le condizioni per l'esportazione massiccia di opere d'arte, per l'ampliamento delle collezioni e, soprattutto, per la nascita dei musei in tutta Europa.

Johann Heinrich Wilhelm Tischbein 1751-1829

34. *Anna Amalia von Weimar*, 1789
Olio su tela, 72 × 54 cm
Iscritto sul sedile di pietra in basso
a destra: "W. Tischbein 1789"
e sullo schienale, al centro a sinistra:
"MAMIAE PVBLII FILIAE SACERDOTI
PVBLICAE LOCVS SEPVLTVRAE /
DATVS DECVRIONVM DECRETO"
(dedica alla sacerdotessa Mamia)
Stiftung Weimarer Klassik-Museen

Provenienza: Dipinto a Napoli per
l'effigiata e da allora nelle collezioni
di Weimar
Esposizioni: Napoli 1979-80 (177,
ripr.)
Bibliografia: Gerard 1902; Holtzhauer 1969, pp. 198, 218, 219, 257,
347-348, n. 12.32 (ripr. a col.);
Goethe 1978, p. 223; Herder 1989,
pp. 142 segg.

La duchessa madre Anna Amalia von
Sachsen-Weimar-Eisenach (1736-
1807) fu una donna formidabile,
dotata di tutta l'energia e l'intelligenza dello zio Federico il Grande di
Prussia. Sposatasi a sedici anni, portò nel minuscolo e povero principato di Weimar le idee illuministe della
brillante corte di Brunswick. Rimasta vedova a diciannove, si dimostrò
un'abile reggente per sedici anni, in
attesa della maggiore età del figlio
Carlo Augusto. Cedutogli il trono
nel 1775, si dedicò anima e corpo al
suo *Musenhof* (corte delle Muse),
una specie di Parnaso tedesco cui la
vulcanica personalità della duchessa
attrasse alcuni degli studiosi e artisti
più prestigiosi dell'epoca. Goethe era
ovviamente la personalità più in vista
della sua cerchia, e la partenza della
duchessa per l'Italia nell'autunno del
1788 venne ispirata dalle recenti lettere del poeta, oltre che da motivi di
salute. Goethe declinò l'invito ad
accompagnarla, ma l'aiutò a pro-
grammare l'itinerario e la mise in
contatto con gli artisti che conosceva
a Roma e a Napoli. Tra questi l'amico Tischbein (cfr. n. 33), che divenne una delle guide principali della

34

duchessa. Tischbein dipinse questo
ritratto di una classicità senza com-
promessi nel 1789, durante la seconda visita di Anna Amalia a Napoli.
Il profilo severo e la posa rigida
riprendono da vicino un famoso bassorilievo pompeiano, raffigurante
una dea cui è reso omaggio (Museo
Nazionale, Napoli, inv. 126174);
l'ambientazione presso la tomba
della sacerdotessa Mamia, alla porta
Ercolanese di Pompei, riflette l'entusiasmo della duchessa per l'archeologia classica.
Le maschere teatrali romane sullo
sfondo ricordano il suo ruolo di

mecenate delle arti e ritornano nel
più tardo ritratto di Goethe, in veste
di direttore del teatro di Weimar,
dipinto da Bury. La panca su cui
siede la duchessa era stata resa celebre da una grande acquatinta di
Desprez e Piranesi pubblicata quel-
l'anno; ma già due anni prima
Goethe aveva raccomandato nelle
sue lettere il sedile come "un posto
magnifico, degno di meravigliose
riflessioni" dal quale comtemplare il
tramonto sul mare. Al suo ritorno,
Anna Amalia fece installare una
copia del sedile nel parco di Weimar,
tuttora esistente. (EE)

35

Pompeo Batoni 1708-1787

35. *Edward Augustus, duca di York*, 1764

Olio su tela, 137,8 × 100,3 cm

Firmato e datato: "P. BATONI PINXIT ROMAE 1764"

The Royal Collection

Sua Maestà la Regina d'Inghilterra Elisabetta II

Provenienza: Donato dal duca di York a James Duff, secondo conte di Fife; donato dai suoi discendenti a Giorgio V, già a Marlborough House. Windsor inv. 2833

Esposizioni: NMW 1990 (1, ripr.)

Bibliografia: Levey 1964, p. 53 n. 359, anche nn. 358 e 360; Millar 1969, p. 23 n. 723; Kenworthy-Brown 1979, fig. 5; Bowron 1982, pp. 48-49 n. 20; Clark 1985, p. 295 n. 274, anche pp. 294-295 n. 273, tav. 250, e p. 275 n. 275; DBITI

Edward Augustus, duca di York (1739-1767), fratello minore di Giorgio III, fu il primo membro della famiglia reale inglese a visitare l'Italia come turista. Viaggiando in incognito come "conte di Ulster", approdò a Genova il 28 novembre 1763 e riprese il mare dal medesimo porto il 17 agosto 1764. Il suo tour, appena successivo al termine della guerra dei Sette anni, fu oggetto di cronache quotidiane sulla stampa italiana e inglese, e d'infiniti resoconti, ma sollevò anche molte chiacchiere.

L'elenco delle presunte conquiste del duca rivaleggia con quello di Don Giovanni: la genovese Angela Serra Durazzo, che "lo faceva divertire"; la contessa Gambarana, milanese, "bella come un angelo"; Madame Cambiaso e la marchesa Lomellini, che lo intrattennero nella foresta di San Rossore; le sorelle senesi Vittoria e Cecilia Chigi Zondarari, "che impegnarono tutta l'attenzione del duca". E a Venezia fu un vero trionfo (cfr. n. 140), poiché lì egli pretese di far visita a tutte le dame della città, "senza riserve" (AST, sez. I, *Cerimoniale Inghilterra*, mazzo I d'add., ins. 13: Venezia, 2 giugno 1764). L'elenco ci fa sospettare che al tempo vi fosse una forte interazione tra personaggi di fantasia e persone reali. Il duca venne anche descritto come il capo di una minoranza politica; e il libertinaggio vero o presunto, il libero pensiero e l'opposizione politica viaggiavano sovente di pari passo in quei tempi: i tempi di John Wilkes, Casanova e Don Giovanni, un personaggio noto in Italia ben prima di Mozart.

A dispetto della sua pessima reputazione, il cardinale Alessandro Albani fece di tutto per convincere il duca a visitare Roma e lo trattò come il più grande dei principi; mentre il papa, da parte sua, gli fece preparare doni meravigliosi: le *Antichità di Roma* di Piranesi, le stampe dei capolavori di Michelangelo e Raffaello, la *Roma sotterranea* di Fabretti, mosaici e arazzi souvenir. A Roma il duca passò il tempo visitando monumenti e presenziando alle funzioni della Settimana Santa vestito di nero. Albani ordinò a Winckelmann di fargli da cicerone, ma il grande studioso, il quale nutriva forti pregiudizi nei confronti degli inglesi, non ne rimase impressionato: "Costui è la più grossa bestia principesca ch'io conosca, e non fa alcun onore al suo rango e alla sua nazione" (Winckelmann 1952-57, vol. III, pp. 39-40: a Berendis, 15 maggio 1764); non era certo paragonabile a quel "Braunschweigischen Achilles" (Winckelmann, citato da Justi 1932, vol. III, pp. 354-355) del principe Karl Wilhelm Ferdinand di Braunschweig, che visitò Roma due anni dopo (n. 39). I ritratti dei due viaggiatori eseguiti da Batoni rispecchiano da vicino l'opinione di Winckelmann: la "bestia" inglese appare come un qualsiasi turista a Roma con l'immancabile Colosseo sullo sfondo, mentre il germanico "Achille" fu onorato con il più colto e raffinato dei ritratti di Batoni.

La tela in esame è una delle tre identiche versioni autografe donate dall'effigiato ad amici. Le altre due si trovano a Buckingham Palace e a Penn House. Un quarto ritratto con qualche piccola variante relativa alle rovine si trova a St James Palace. Altri ritratti del duca furono eseguiti da Nathaniel Dance e Richard Brompton; un busto fu scolpito da Joseph Nollekens (tutti Royal Collection). (IB)

Christopher Hewetson 1737-1798
36. *William Henry, duca di Gloucester*, 1772
Marmo bianco, 64,5 × 42,5 × 26 cm
Iscritto: "WILLM HENRY DUKE OF GLOUCESTER HEWETSON 1772"
Firmato a sinistra: "Chr. Hewetson Fecit. Romae 1772"
The Royal Collection
Sua Maestà la Regina d'Inghilterra Elisabetta II

Provenienza: Per discendenza nella famiglia reale, Windsor
Esposizioni: RA 1955-56 (404)
Bibliografia: de Breffny 1986, p. 56 n. 8, fig. 8; Russell 1994, pp. 442-443, fig. 48; DBITI

Il duca di Gloucester (1743-1805), fratello minore di Giorgio III e del duca di York (n. 35), visitò quattro volte l'Italia: nel 1771-72, 1775-77,

1786 e 1786-87. Viaggiò in incognito come "conte di Connaught". Dopo il 1775 si fece accompagnare dalla moglie morganatica Maria, poi duchessa di Gloucester (n. 37), e dalla loro figlia principessa Sophia Matilda (1773-1844), mentre il figlio, principe William Frederick (1776-1834), futuro secondo duca di Gloucester e di Edimburgo, nacque a Roma a palazzo Theodoli, sul Corso.

Il duca era mecenate delle arti e collezionista. Commissionò ritratti di sé ad Anton von Maron nel 1772 (Helmingham Hall e Bamburgh Castle) e a Pompeo Batoni (Houghton Hall), che dipinse anche ritratti (ora perduti) della duchessa e dei figli. Dei ritratti su cammeo incisi da J.P. Pickler non si ha traccia, come neppure delle vedute di Thomas Patch (quattro furono vendute per il duca a un'asta anonima di Christie's nel 1781), di James Forrester e di Carlo Labruzzi, né delle copie della *Madonna col Bambino* di Guido Reni a palazzo Colonna e della *Danae* di Tiziano a Capodimonte (copiata da Ozias Humphry nel 1775), né delle mensole e piastre da camino, e di parecchi volumi illustrati e oggetti vari (cfr. n. 200). Il duca si dedicò anche a scavi archeologici con il principe Barberini nel 1776, e nel 1777 commissionò una statua di Azzo, marchese d'Este e fondatore del casato di Brunswick, collocata nel Pra' della Valle a Padova.

Il busto, commissionato al tempo della prima visita del duca a Roma, è basato su un modello in creta eseguito dal vivo ("London Chronicle", 30 aprile 1772). Lo scultore irlandese Christopher Hewetson era a Roma intorno al 1765, e qui morì. Amico di Thomas Jenkins, realizzò busti di viaggiatori quali Charles Townley (1769; British Museum), sir Watkin Williams-Wynn (1769; National Gallery of Ireland, Dublino) e il quarto conte di Bristol e vescovo di Derry (1786 ca; National Portrait Gallery, Londra). Ebbe anche il prestigioso incarico di eseguire un busto di papa Clemente XIV (1771;

Beningborough Hall, York, National Trust) e scolpì il *Cenotafio di Richard Baldwin* (Examination Hall, Trinity College, Dublino), assai lodato dal "Diario Ordinario" (n. 1272, 10 marzo 1787, pp. 2-4). (IB)

Christopher Hewetson 1737-1798
37. *La duchessa Maria di Gloucester*, 1776-77 ca, o 1786-87
Marmo bianco, 70,5 × 42,5 × 23 cm
Iscritto: "MARIA CONSORT OF W.H. DUKE OF GLOUCESTER"
The Royal Collection
Sua Maestà la Regina d'Inghilterra Elisabetta II

Provenienza: Per discendenza nella famiglia reale, Windsor
Bibliografia: Hodgkinson 1952-54, p. 43 n. 2; de Breffny 1986, p. 60 n. attr. I

Il busto della duchessa fu eseguito nel 1776-77 ca o nel 1786-87, periodi in cui il duca e la sua famiglia si trattennero per diversi mesi a Roma, commissionando ritratti agli artisti più in voga. Nel 1776-77 Pompeo Batoni dipinse una coppia di ritratti: uno della duchessa con il piccolo William Frederick e l'altro della principessa Sophia Matilda che mette il giogo a un leone (entrambi perduti), mentre Thomas Banks realizzò busti di terracotta e marmo della duchessa e della principessa, nonché una statua della seconda nelle vesti di Psiche che strappa il vello d'oro (tutti perduti). Nel 1786-87 il duca commissionò ad Angelica Kauffmann un ritratto dei figli (1787; Earl Waldegrave Collection). Il duca visse all'estero con la famiglia per parecchi anni e decise di tornare in patria solo quando gli vennero fornite precise garanzie che la duchessa sarebbe stata trattata secondo il suo rango, il figlio potesse frequentare l'università di Cambridge e la figlia potesse essere educata da un buon precettore. (IB)

36

37

38

Bénigne Gagnereaux 1756-1795
38. *Pio VI accompagna Gustavo III di Svezia durante una visita al Museo Pio-Clementino*, 1786
Olio su tela, 165 × 262 cm
Firmato e datato in basso a sinistra:
"B. Gagnereaux 1786"
Národni Galeri, Praga

Provenienza: Pio VI; sottratto dalle truppe francesi nel 1798 e poi dagli austriaci; depositato nel 1802 presso la Národni Galeri di Praga; nel 1889 e nel 1912 al Rudolphinum; Národni Galeri di Praga dal 1960. Inv. 09025
Esposizioni: Parigi 1958 (14)
Bibliografia: "Diario Ordinario", 26 marzo 1785; Lossky 1936, pp. 236-243; Pietrangeli 1961, 19, pp. 15-21; Quarré 1961, pp. 129-134; Sandström 1981, p. 42; Laveissière 1983, pp. 30, 98-99; Grate 1989, 2, pp. 76-77

Bénigne Gagnereaux, allievo di François Devosge, vinse il Prix de Rome dell'Ecole de Dessin di Digione nel 1776 e giunse a Roma sul finire di quell'anno. Il primo vero successo lo ottenne nel 1784 con il dipinto *Edipo cieco raccomanda la sua famiglia agli dei*, subito acquistato da Gustavo III di Svezia (1746-1792), grande mecenate delle arti figurative, che decretò così la fortuna dell'artista.
Gustavo III, viaggiando in incognito sotto il nome di "conte di Haga", era giunto a Roma il 24 dicembre 1783. Il re era luterano e due momenti fondamentali del suo viaggio consistevano nell'assistere alla messa di Natale in San Pietro e nella visita al Museo Pio-Clementino in compagnia di Pio VI il giorno di capodanno. Incaricò Louis-Jean Desprez di dipingere un grande quadro che lo ritraesse mentre presenziava alla messa di Natale (Nationalmuseum,

Stoccolma). A Gagnereaux fu invece chiesto di raffigurare la visita del re al Museo Pio-Clementino.
Pio VI e Gustavo III appaiono circondati dal loro seguito, tra la Sala Rotonda e la sala delle Muse. Per l'identificazione dei presenti, cfr. Laveissière 1983, p. 99; Gallo 1994, p. 84; Pietrangeli 1995 (2), pp. 332-334. L'artista ha usato molta libertà nella disposizione delle sculture e anche le sale risultano leggermente cambiate. La composizione e la struttura architettonica sono influenzate soprattutto dalla *Scuola di Atene* di Raffaello, che egli aveva copiato in precedenza.
Il quadro riscosse subito un immenso successo: prima che fosse spedito a Stoccolma, il papa chiese di vederlo in Vaticano e incaricò Gagnereaux di dipingerne una copia. Tuttavia, la presente versione non riproduce esattamente l'originale. L'artista operò piccole modifiche, la più evi-

dente delle quali è che spostò il proprio ritratto. Se nella prima versione aveva relegato se stesso sullo sfondo insieme con Johan Tobias Sergel e Piranesi, qui, sull'onda del successo, si pose vicinissimo al papa. È la seconda figura a sinistra del pontefice e guarda verso l'osservatore.

Al suo ritorno a Stoccolma, re Gustavo collocò nel castello la propria collezione di sculture, comprendente tra l'altro opere di Piranesi, il quale fornì anche le strutture decorative per i camini. (PL)

Pompeo Batoni 1708-1787
39. *Il principe Karl Wilhelm Ferdinand, futuro duca di Braunschweig e Lüneburg*, 1767
Olio su tela, 133 × 96 cm
Iscritto sul tavolo in basso a destra:
"POMPEIUS BATONI / PINXIT ROMAE / MDCCLXVII"
S.K.H. Ernst August Prinz von Hannover Herzog zu Braunschweig und Lüneburg

Provenienza: Dipinto per l'effigiato; per discendenza nella dimora di famiglia Schloss Herrenhausen presso Hannover
Esposizioni: V&A 1952 (23)
Bibliografia: Clark e Bowron 1985, pp. 308-309; Jenkins e Sloan 1996, p. 52, fig. 21

Karl Wilhelm Ferdinand (1735-1806), tipico principe dell'età illuministica, alternava cimenti militari nelle guerre tra Russia e Francia a irrefrenabili entusiasmi per l'antichità. Quest'ultima passione era condivisa dalla vivace sorella, la duchessa Anna Amalia von Weimar (cfr. n. 34). Nel 1764 egli sposò a Londra la principessa Augusta, sorella di Giorgio III, e nel 1766 intraprese il Grand Tour. Probabilmente posò per Batoni tra l'ottobre e il dicembre di quell'anno, quando risiedeva a Roma in piazza di Spagna. Assunse come guida Winckelmann, il quale rimase così impressionato dall'entusiasmo e dalla passione del principe per le bellezze della città che lo soprannominò l'"Achille di Braunschweig".

Il principe, che porta la stella e il nastro della Giarrettiera, è effigiato in una posa già utilizzata da Batoni nel 1764 per il ritratto dell'inglese John Wodehouse, con una differenza però: il vaso su cui il principe poggia il braccio sinistro. Si tratta di un importante cratere greco che nel 1766 apparteneva alla collezione di Mengs, all'epoca residente in Spagna, e che venne pubblicato da Winckelmann, insieme con l'anfora attica al fianco del modello, nel suo *Monumenti antichi inediti* (Roma 1767, I, tavv. 159 e 200). Questi elementi indicano che fu Winckelmann a ideare il programma iconografico del ritratto e che esisteva un rapporto amichevole tra Batoni e Mengs, tale da consentire al primo di usare oggetti della collezione del secondo come arredi di studio. Nella ritrattistica settecentesca, questo è uno dei primi esempi dell'impiego di vasellame greco in sostituzione delle più consuete architetture e sculture romane, esempio seguito da Copley, Reynolds, West e altri.

Il principe ordinò una copia a Batoni (identica, a parte il colore verde e non rosso dell'abito del modello) per la sua amante Maria Antonia Pessina von Branconi, attualmente allo Herzog Anton Ulrich-Museum di Braunschweig. Un'altra copia, ora perduta, fu ordinata da sir William Hamilton per palazzo Sessa. (EE)

Hugh Belsey

La caricatura

Il classicista John Hughes descrisse i "dipinti burleschi che gli italiani chiamano caricature" come quell'arte che "sta nel mantenere... una certa somiglianza delle persone, ma in maniera tale da trasformare la più gradevole bellezza nel più odioso dei mostri" ("Spectator", n. 537, 15 novembre 1712). A quell'epoca la caricatura non era altro che una raffigurazione umoristica di carattere privato, tipo quelle prodotte da Marco Ricci per l'aristocratico e conoscitore veneziano Antonio Maria Zanetti, il quale mandò copie del suo lavoro all'amico fiorentino Francesco Maria Gaburri. Il mondo sopra le righe dell'opera lirica fornì l'opportunità di sfruttare il genere (nn. 45, 46).

A Roma, Pier Leone Ghezzi (n. 54) condivideva gli interessi antiquari di Zanetti. In qualità di artista professionista, Ghezzi eseguì numerose caricature di membri della corte pontificia e visitatori della città. Arthur Pond conobbe Ghezzi durante la sua visita del 1725 e, dopo il suo ritorno a Londra, tra il 1736 e il 1742, produsse due serie d'incisioni da caricature di Carracci, Guercino, Mola e Ghezzi. Benché stroncate da William Hogarth, ottennero un immediato successo e indussero amateur come William Fauquier e George Townsend a sperimentare le loro doti di caricaturisti (Lippincott 1983).

Ghezzi generalmente ritraeva le sue vittime a figura intera e di profilo, isolate o inserite in piccoli gruppi, talvolta con figure tagliate a metà dal margine del foglio. I suoi gruppi non sono dissimili dalle caricature dipinte a Roma nel 1751 da sir Joshua Reynolds, che più tardi le raccolse in una singola composizione, la *Parodia della "Scuola di Atene"* (n. 40), originariamente appartenuta a Joseph Henry, anch'egli ritratto da Ghezzi (Godfrey 1984). Un dipinto con numerosi personaggi probabilmente sollecitava lo scambio di idee tra i modelli, e ciò contribuisce a spiegare gli elementi umoristici nel coevo gruppo dei visitatori in posa davanti al Colosseo (n. 43).

Thomas Patch, nativo del Devonshire come Reynolds, non sembra avere eseguito caricature prima di lasciare Roma. Dopo l'espulsione nel 1755 per presunta omosessualità, si stabilì a Firenze e si dedicò allo studio della fisiognomica. I pochi disegni conosciuti di Patch e le due serie d'incisioni caricaturali – il gruppo che ne comprende venticinque è particolarmente vicino all'opera di Ghezzi – sono forse legati allo studio di questa disciplina. Le serie di caricature dipinte rappresentano un'estensione umoristica e redditizia di tale attività e, come nel caso di Ghezzi, sembra che i soggetti non si sentissero insultati dai ritratti; anzi, alcuni furono commissionati proprio dal personaggio principale (n. 42). *Gli asini d'oro* (n. 41), di gran lunga il più elaborato dei venti gruppi caricaturali conosciuti, ritrae tutte le figure di profilo, sparpagliate su un ampio scenario, in posa come in una foto di gruppo disordinatamente formale.

La levità dei dipinti di Patch, così come le stampe di Henry William Bunbury e singoli disegni come quello di Dance (n. 79), riflettono lo spirito vacanziero del Grand Tour. Come la *Tribuna* di Zoffany (n. 91), anch'essi irridono i *Grand Tourists*, i quali spesso non coglievano le opportunità didattiche che venivano loro offerte.

Le qualità parodistiche della caricatura non sempre incontravano il gusto dei *Grand Tourists*. Gli artisti, in particolare Nathaniel Dance (n. 14), Richard Brompton e Philip Wickstead (n. 151), ritrassero comitive in visita alle rovine italiane o, come Franciszek Smuglewicz (n. 157), Johann Zoffany (n. 47) e Louis Gauffier (n. 29), riunioni familiari con vedute di Roma e di Firenze sullo sfondo. Molto di rado, come nell'unica opera firmata di James Russel (n. 44), ritrassero viaggiatori in interni.

40

Joshua Reynolds 1723-1792
40. *Parodia della "Scuola di Atene"*,
1751
Olio su tela, 97 × 135 cm
Iscritto sul verso della tela originale:
"Joseph Henry (Reynolds Pinx)
Romae 1751"
The National Gallery of Ireland

Provenienza: Joseph Henry di Straffan; ...; istituzione di carità non i-
dentificata; asta della stessa, Foster's,
25 maggio 1870 (114), invenduto;
acquisito dalla contessa Barbara di
Milltown, 1870; donato dalla contessa Geraldine Evelyn di Milltown
alla National Gallery of Ireland,
1902
Esposizioni: Milano 1975 (60, ripr.)
Bibliografia: Waterhouse 1941, p.
38, tav. 14; Wind 1949, pp. 294-

297 (ripr.); Sutton 1956, pp. 113-
116 (ripr.); Wynne 1974, p. 110;
O'Connor 1983, pp. 6-22 (ripr.);
Penny 1986, p. 20 (ripr.)

Si tratta della caricatura di gruppo
più elaborata di una serie dipinta da
Reynolds nel 1751. È la parodia della *Scuola di Atene* di Raffaello nelle
Stanze Vaticane, la cui prima visita
era risultata assai deludente per Reynolds, il quale però, dopo aver copiato gli affreschi, "fu pervaso da nuove
percezioni" e finì per apprezzarne i
meriti.
La *Parodia* è un modo insolito per
esprimere tale ammirazione.
Reynolds adatta l'architettura del-
l'affresco di Raffaello, raffigurante la
basilica di San Pietro incompiuta, a
una barbarica struttura gotica che ai

suoi occhi esprimeva l'ignoranza
architettonica dei suoi connazionali.
L'identità di numerose figure è
deducibile da un approssimativo
elenco dei modelli presente in uno
degli album di schizzi romani di
Reynolds. Molti di essi sono artisti,
come Matthew Brettingham, Simon
Vierpyl e Thomas Patch (cfr. n. 42),
o *milordi* irlandesi assai attivi nel
commissionare opere a pittori come
Richard Wilson (cfr. n. 97) e Pompeo Batoni (cfr. n. 18).
Dalla descrizione dell'affresco di
Bellori, Reynolds apprese che Raffaello aveva inserito in primo piano a
sinistra le teorie pitagoriche della
musica, e sfruttò l'informazione do-
tando tre dei suoi effigiati, sir Thomas Kennedy, lord Charlemont e
Richard Phelps, di flauti e violoncel-

41

lo. Al centro, Joseph Leeson, di profilo, veste i panni di Aristotele (Leonardo nell'affresco), ma rimane non identificata la figura di Platone (Michelangelo nell'affresco), con il quale discute il contenuto del libro che regge in mano. (HB)

Thomas Patch 1725-1782
41. *Gli asini d'oro*, 1761
Olio su tela, 198,1 × 363,2 cm
Iscritto sul davanti del piedistallo: "EREXIT / ANNO / [M]DCCLXI"; sul lato dello stesso: "Dunque non sie verun che S'avicini / A questa rozza e capitosa gregge / Per non Sentir degli Scerzi Asinini / Ch'ognun ben sa ch'è sua Natural legge / Ch'un de più destri Giochi che far Sappi / È trarre un par di colei, due Corregge / E ognuno à Suo modo ciarli e frappi / E habbia quanto voglia e fumo e Fasto / Ch'omai convien che questo Asin ci cappi / E sentirassi come il mondo è guasto / Perch'io vorrò che tutto un vel' Dipinga / Avanti che si mangi il Freno e il Basto / E chi Lo vuol' hauer per Mal si Scinga. / Macchiavelli, Dell'Asino d'Oro Cap."
The Lewis Walpole Library

Provenienza: ...; acquistato da Edward Davies Davenport o da suo padre Davies Davenport prima del 1837; per discendenza al generale di brigata sir William Bromley-Davenport; asta dello stesso, Sotheby's, 11 giugno 1947 (8), compratore Agnew; acquistato da Wilmarth Sheldon Lewis nel novembre 1948 e lasciato in eredità dallo stesso alla Yale University Library
Esposizioni: V&A 1984 (10, ripr. parziale a col.)
Bibliografia: Watson 1940, p. 49 n. 77

Il dipinto è descritto in una lettera di lady Holland al figlio Henry Edward Fox (il futuro quarto lord Holland) nell'aprile 1837 come "una curiosa collezione di ritratti in uno splendido salone, forse un club: lord Bessboro' padre, lord Sandwich, sir Horace Mann e molti notabili dell'epoca vi sono raffigurati". Se Bessborough e Sandwich sono di difficile identificazione, Mann è invece ben visibile al centro con le mani in tasca, dodicesimo da sinistra. Tra gli altri notabili ci sono lord Cowper (cfr. n. 47), il duca di Roxburgh e sir Charles Boothby. L'artista, stabilitosi a Firenze nel 1755 dopo l'espulsione

da Roma, è in groppa a un asino posto su un piedistallo dove si leggono delle iscrizioni, posando a mo' di statua e facendo propria la citazione di Machiavelli. Essa descrive i presenti come sciocchi burloni e vanitosi. Alla pretenziosità della riunione fanno da contraltare le animate figure (molte delle quali sono state identificate) dei quadri appesi tra mensole ornamentali che reggono oggetti d'arte egizia e orientale.
Un'altra versione del dipinto si trova a Chatsworth. (HB)

42

Thomas Patch 1725-1782
42. *Gruppo nello studio dell'artista
a Firenze,* 1770
Olio su tela, 55,9 × 95,2 cm
Iscritto: "MUSEO FLORE[NTINO] III"
e "CRUS[CA] TOM VI"; sul verso:
"Henry Wm. Bunbury Romae
1770, Aetat suae 20"
The Lewis Walpole Library

Provenienza: Dipinto per Henry
William Bunbury; registrato per la
prima volta a Barton Hall, Suffolk,
nel 1868; per discendenza a sir
Henry Bunbury, decimo baronetto;
asta del suo esecutore testamentario,
Sotheby's, 17 dicembre 1931 (40)
[come H. Bunbury], compratore Fred
Skull; asta, Christie's, 9 maggio 1952
(34), compratore Agnew per Wilmarth Shelton Lewis; lasciato dallo
stesso alla Yale University Library
Esposizioni: Montreal 1957 (46,
ripr.); New Haven 1973 (16); Sudbury 1983 (2, ripr.)
Bibliografia: Watson 1967, p. 349,
tav. 3; Riely 1975, tav. 31

Un disegno a penna e inchiostro
datato 1769, appartenente a una collezione privata inglese, identifica il
giovane seduto al tavolo nel caricatu-
rista dilettante Henry William Bunbury. Lo schizzo occupa la metà
inferiore di un foglio. L'altra metà,
ora a Yale, indica la figura all'estrema
sinistra del dipinto come "Valentino". La stessa figura compare con il
numero venticinque tra le ventotto
acqueforti con disegni di teste realizzate da Patch (e probabilmente mai
pubblicate) tra il 1769 e il 1770
(Watson 1940, n. 58), in cui l'effigiato viene definito "il Dentino".
Altre due acqueforti della serie iden-
tificano la figura alta di un militare
nel capitano Walcot e quella a destra
con il cappello nel capitano Elliot.
Rivolto all'osservatore è Patch, seduto davanti a un cavalletto mentre dipinge personaggi della Commedia
dell'Arte.
La tela era destinata a Bunbury: uno
dei due quadri sulla parete mostra il
giovane che guarda il King's College
di Cambridge (Bunbury in effetti

frequentò il vicino St Catharine per
circa un anno dal gennaio 1768), e
l'altro indica il suo interesse per il
mondo dei cani e dei cavalli. In
basso, un cane è ritto sopra due gros-
si libri: un volume del catalogo delle
collezioni granducali e un volume
del dizionario ufficiale della lingua
italiana. Dipingendo dei pagliacci,
Patch sembra esprimere la sua scarsa
opinione circa la serietà negli studi
dei suoi compagni. (HB)

Particolare del n. 41.

43

James Russel m. 1763
43. *Connoisseur britannici a Roma,*
1750 ca
Olio su tela, 94,5 × 134,5 cm
Yale Center for British Art,
Paul Mellon Collection

Provenienza: Probabilmente sir Charles Turner, primo baronetto; per discendenza alla Kirkleatham Hall, poi
acquistato con la Hall da Mrs Leroy
Lewis; asta della stessa, Sotheby's, 23
marzo 1949 (42) [come Reynolds],
compratore Agnew; The Hon. Nel-
lie Ionides entro il 1955; asta postuma della stessa, Sotheby's, 29 maggio 1963 (93) [come Dance], compratore Agnew per Paul Mellon;
donato allo Yale Center for British
Art nel 1981

Esposizioni: Norwich 1958 (27,
ripr.); RA 1964 (229); Santa Barbara 1982 (13, ripr.); Mount Holyoke
1992
Bibliografia: Sutton 1956, p. 116
(ripr.); Leppert 1988, p. 34 (ripr.)

Sotto molti aspetti questo ritratto di
gruppo è la rappresentazione per
eccellenza del Grand Tour a Roma.
Sei gentiluomini compiono gesti
stravaganti di fronte al Colosseo e
all'arco di Costantino. Lord Charlemont (cfr. n. 18) è stato individuato
nella figura a sinistra che discute con
sir Thomas Kennedy, e Joseph Leeson potrebbe essere il personaggio a
capo scoperto sulla destra che indica
l'arco (per Leeson, cfr. n. 97). Il proprietario originale del dipinto, sir

Charles Turner, è stato messo in
relazione con la piccola figura centrale, appoggiata a un frammento
architettonico. Denys Sutton, il
primo a proporre l'attribuzione a
Russel, riteneva che con ogni probabilità il gruppo comprendesse personaggi presenti anche nella *Parodia
della "Scuola di Atene"* di Reynolds
(n. 40), ma finora non sono state
proposte ulteriori identificazioni.
(HB)

44

James Russel m. 1763
44. *William Drake di Shardeloes*
con il dottor Townson, suo precettore,
e Edward Holdsworth nel suo
appartamento di Roma, 1744
Olio su tela, 45,7 × 61 cm
Iscritto sul supporto della console
a sinistra: "I: RUSSEL ROMAE 1744"
e, sul foglio di carta sul pavimento
in basso a destra: "Maps of FRANCE,
SPAIN GERMANY & ITALY"
Tyrwhitt-Drake Collection

Provenienza: Nella famiglia per discendenza
Esposizioni: Kenwood 1974 (100);
Billingshurst 1986 (23, ripr. a col.)
Bibliografia: Edwards 1951, pp.
126-129 (ripr.); Hibbert 1987, tav.
110 (a col.)

Edward Holdsworth, che sta esaminando un libro mastro, distrae William Drake, seduto al centro in abito
blu, dai suoi studi architettonici. Tra
di loro si trova il precettore di
Drake, il dottor Thomas Townson,
e a sinistra un certo signor Maxwell
che accompagnava i tre gentiluomini
nel loro viaggio in Italia. L'artista,
che scrisse sul ritratto di gruppo in
Letters from a Young Painter Abroad
to His Friends in England, pubblicato anonimo nel 1748, è appoggiato
alla console a sinistra. Indossa un
abito di tessuto scozzese che forse ne
tradisce le simpatie giacobite. Gli
elaborati arredi della stanza includono uno schizzo a penna e inchiostro
raffigurante piazza San Pietro, un
globo, sculture classiche ed egizie, e

molti libri. Tra i primissimi esempi
di *conversation piece*, può paragonar-
si ad altri due dipinti simili, sebbene
più sofisticati, di Pietro Fabris, che
sono conservati alla Scottish National Portrait Gallery e ritraggono l'interno dell'appartamento napoletano
di lord Fortrose, ma venticinque anni dopo. (HB)

93

Marco Ricci 1676-1730

* **45.** *Prova d'opera 1*, 1709 ca
Olio su tela, 48,5 × 58 cm
Iscritto a mano su un'etichetta
sul verso: "Music Party / William
Hogarth / Born 1697, Died 1764"
Yale Center for British Art,
Paul Mellon Collection

Provenienza: Probabilmente acquisito da sir Watkin Williams-Wynn,
quarto baronetto; per discendenza al
tenente colonnello sir Watkin Williams-Wynn, decimo baronetto; asta
dello stesso, Sotheby's, 30 giugno
1965 (10, ripr.), compratore Agnew;
Rosenberg e Stiebel, New York;
acquistato presso gli stessi da Paul
Mellon nel 1966; donato allo Yale
Center for British Art nel 1981
Esposizioni: RA 1954 (295)
Bibliografia: Blunt e Croft-Murray
1957, p. 143, fig. 5; White 1960,
pp. 79-90, tav. 1

Nell'ottobre 1708 Marco Ricci
venne condotto in Inghilterra dal
conte di Manchester. Eseguì degli
affreschi nella casa del conte in
Arlington Street (ora distrutta) e a
Castle Howard nello Yorkshire. Con
Pellegrini dipinse alcune tele per
Burlington House, in seguito trasferite a Narford nel Norfolk, e fu
anche incaricato di creare le scene di
due opere liriche per il Queen's
Theatre a Haymarket. Nell'ambito
di questa importante commissione,
traspose sulla tela tre scene di una
prova dell'opera *Pirro e Demetrio* di
Scarlatti.
Il dipinto ritrae il soprano Katherine
Tofts in abito bianco mentre canta
Caro, caro con il castrato Nicolò Gri-
maldi, detto comunemente Nicolini.
A destra, la cantante nota come la
Baronessa (forse Johanna Maria Lin-
deheim) è seminascosta da un ventaglio, mentre Francesca Margherita
de l'Epine, con il manicotto, con-
versa con il futuro marito dottor
Johann Pepusch. Nell'opera, adatta-
ta per le scene inglesi da Nicola

Haym, Katherine Tofts, che in seguito avrebbe sposato il console
Joseph Smith, e Nicolini interpreta-
vano i ruoli di Climene e Pirro.
Haym dirige la musica dal clavicem-
balo; il suo impresario, John James
Heidegger, esamina la partitura all'e-
strema destra. Cfr. n. 46.
Sono note tre varianti di questo
dipinto: una apparteneva alla collezione di Christopher Turnor e apparve da Sotheby's il 24 giugno 1970; la
seconda sempre da Sotheby's il 6
aprile 1977; la terza, con una finestra
al posto del paesaggio marino, si
trova a Castle Howard. (HB)

Marco Ricci 1676-1730

* **46.** *Prova d'opera 2*, 1709 ca
Olio su tela, 46,3 × 57,8 cm
Yale Center for British Art,
Paul Mellon Collection

Provenienza: ...; Mrs Leonard Messel
entro il 1957; acquistato presso Oliver Messel tramite Colnaghi da Paul
Mellon nel 1966; donato allo Yale
Center for British Art nel 1981
Esposizioni: Columbia 1988 (senza
numero, ripr.)
Bibliografia: Blunt e Croft-Murray
1957, p. 143; White 1960, pp. 79-
90

Questa tela ritrae una prova del
duetto *Kindly Cupid exert thy power*
tra Deidamia (la Baronessa) e Climene (Katherine Tofts) dall'opera *Pirro
e Demetrio*, la stessa descritta nel
dipinto della medesima serie (n. 45).
La Tofts è ritratta frontalmente con
la mano destra posata sul clavicem-
balo. L'alta opinione che il soprano
aveva di sé venne sbeffeggiata in un
epigramma di Alexander Pope:
"Lucente è tua beltà, malìa il tuo
canto, / ch'attirasti le bestie e il loro
Orfeo, / ma tanto avara sei e vanito-
sa / ch'esse languon e morti so' i
poeti".
Un'altra versione di questo dipinto,
proveniente dalla collezione di A.W.

Holliday, fu venduta da Sotheby's il
25 novembre 1970. (HB)

Johann Zoffany 1733-1810
47. *Lord Cowper e la famiglia Gore*,
1775
Olio su tela, 78 × 97,5 cm
Yale Center for British Art,
Paul Mellon Collection

Provenienza: Forse commissionato
da Charles Gore; lady Cowper;
acquistato a Firenze dall'Hon. Spencer Cowper nel 1845; donato al fratello George, sesto conte Cowper;
per discendenza a lady Rosemary
Ravensdale; presso Agnew nel 1977;
acquistato da Paul Mellon per lo
Yale Center for British Art nel 1977
Esposizioni: Milano 1975 (62, ripr.);
NPG 1976 (79, ripr.); New Haven
1980 (61)
Bibliografia: Manners e Williamson
1920, pp. 191-192, tav. 50; Millar
1967, pp. 24-25, tav. 25; Paulson
1975, pp. 141-142, tav. 79; Stumpf
1986, pp. 13-15, tav. 5; Pressly
1987, p. 92

Il 24 giugno 1774, lord Cowper scriveva al cugino, il colonnello Spencer
Cowper, riguardo alla famiglia Gore:
"Sono le persone più rispettabili che
conosca; la più giovane delle figlie
mi piace moltissimo, e dovessi scoprire col tempo che non ha obiezio-
ni su di me, certo io non ne avrei su
di lei. Esse sono... raffinate sotto
ogni rispetto e modeste come bam-
bine di otto anni... Ho inteso dire
che hanno cinquantamila sterline a
testa, il che andrebbe benissimo"
(Cowper and Newton Museum,
Olney MS Box 5 n. 790). La coppia
si sposò in forma privata a Firenze il
2 giugno 1775.
Cowper è ritratto mentre guarda la
futura moglie Hannah, in piedi
davanti a un quadro che illustra una
cerimonia nuziale nel tempio di
Imene (Webster 1976). Nel 1774
Charles Gore compì un viaggio a

45

46

47

Firenze con la moglie Mary Cocke-
rill (seduta all'estrema destra della
composizione), che ereditò una
grande fortuna accumulata con le
costruzioni navali, e le tre figlie. È
ritratto mentre suona il violoncello,
accompagnato al clavicordo dalla
seconda figlia Emily. Alcuni suoi
disegni marinari sono visibili sulla
sedia all'estrema sinistra. Le sue doti
di disegnatore, così come quelle della
figlia maggiore Elizabeth (in abito
blu, seduta accanto alla madre), mi-
gliorarono dopo l'incontro a Roma
con William Pars e Phillipp Hackert
(cfr. nn. 107, 190, 191). (HB)

Il viaggio

Nel Settecento il Grand Tour era un passaggio obbligato per la giovane aristocrazia europea e, in misura sempre più crescente, anche per la facoltosa classe media. Idealmente comprendeva l'Italia e Roma in particolare, ma non era sempre così. Alcuni viaggiatori restavano a nord delle Alpi per ragioni politiche, religiose o d'altro genere, concentrandosi sulla Francia e i Paesi Bassi, mentre altri visitavano soltanto l'Italia settentrionale tra Torino e Venezia. La penisola iberica, i paesi del Nord e dell'Est dell'Europa venivano generalmente trascurati. Il tour di norma comprendeva un'escursione da Roma a Napoli, ma pochi viaggiatori si spingevano più a sud, anche se il loro numero aumentò dopo la metà del XVIII secolo.

L'itinerario verso sud passava per Parigi, le valli della Saône e del Rodano, e poi lungo il corso del Reno, oppure via Monaco o Dresda, Praga e Vienna; dopodiché i viaggiatori dovevano attraversare le Alpi. Il Moncenisio e il Brennero erano i passi più importanti, ma c'era chi valicava più a est o evitava del tutto le Alpi viaggiando per mare verso occidente. La traversata in nave dal Sud della Francia era in genere preferibile al percorso montano che andava da Lione a Ginevra e poi a Milano, o a Torino via Nizza. I turisti potevano imbarcarsi a Marsiglia o a Nizza per raggiungere Genova o Livorno. Giunti in Italia, di solito viaggiavano dalla pianura Padana fino a Roma e ritorno utilizzando due differenti itinerari: uno attraverso gli Appennini e Firenze, l'altro lungo la costa adriatica via Loreto, importante centro di pellegrinaggio alla Santa Casa della Vergine.

Le strade presentavano condizioni diversissime, anche se per la maggior parte erano assai modeste; le migliori erano probabilmente le strade maestre francesi. Ovviamente era un gran lusso viaggiare con carrozza propria; gli inglesi compravano spesso le loro in uno dei porti della Manica per rivenderle poi sulla via del ritorno. In alternativa si poteva affittarne una o servirsi delle diligenze postali. Il tour comprendeva occasionali tragitti in barca, come quello lungo la Saône, o sui battelli trainati da cavalli del Brenta, tra Padova e Venezia. Qualche volta si viaggiava a cavallo o a piedi, per sicurezza o semplicemente per convenienza.

Esistevano possibilità di alloggio per tutte le tasche in ogni principale luogo di sosta lungo la strada: alberghi e foresterie (spesso gestite da connazionali), pensioni e locande o camere in case private. Trovare una sistemazione per la notte al di fuori di questi luoghi poteva essere un problema; persino gli aristocratici talvolta dovevano adattarsi a dormire su della paglia non troppo fresca, ma questo era spesso largamente preferibile al "letto abitato" usato da più di una persona e infestato di cimici. In generale, i viaggiatori tolleravano cibo e bevande cui non erano abituati ed erano disposti ad adattarsi, ma per quanto riguardava trasporti, alloggio e cibo, c'era una sensazione diffusa di essere sfruttati, se non addirittura imbrogliati, e molte lamentele in tal senso erano giustificate. La cosa migliore era concordare in anticipo il prezzo con il cocchiere o il locandiere.

I turisti viaggiavano raramente da soli, e anche in questo caso potevano unirsi facilmente ad altri per tratte di viaggio e adattare di conseguenza il proprio itinerario. I viaggiatori giovani, talvolta appena quindicenni, avevano sempre un accompagnatore. C'era richiesta anche di guide turistiche professioniste per gli adulti, e gli aristocratici si spostavano con un seguito di venti o più persone. Comunque lo si affrontasse, il Grand Tour era un'impresa costosa.

Esistevano anche difficoltà finanziarie pratiche, essendo rischioso e scomodo viaggiare portandosi appresso denaro contante. Nel corso del XVIII secolo si andò gradualmente diffondendo una rete di banche e agenzie specializzate, tuttavia le loro tariffe erano elevate, abbastanza consueti i lunghi ritardi e in molte zone non ne esistevano neppure. Di conseguenza erano spesso essenziali le lettere di presentazione, non solo per motivi finanziari, ma anche per ottenere *entrées* sociali e politiche nel corso del viaggio. Ogni paese aveva il suo funzionario locale ufficiale che si prendeva cura dei viaggiatori, li presentava a corte e li assisteva nelle emergenze. Si poteva fare affidamento anche sull'aiuto di due grandi organizzazioni internazionali, la chiesa e l'aristocrazia, a patto ovviamente di farne parte. Nelle città e nei centri più grandi i viaggiatori potevano contare anche sui gruppi di connazionali che già vi risiedevano. Oltre alle lettere di presentazione e alle lettere di credito erano necessari permessi d'espatrio, lasciapassare e certificati sanitari.

I rigori del viaggio all'epoca prevedevano un certo numero di capi d'abbigliamento, fra i quali l'indumento più importante era un ampio mantello, e di attrezzature. Il bagaglio veniva sistemato in borse e bauli di legno rivestito di cuoio e non esistevano limiti quanto alla sua quantità né quanto alla varietà degli oggetti trasportati, che includevano tra gli altri: articoli da toeletta, stoviglie, posate, medicinali, materiale per scrivere racchiuso in ingegnose scatolette, libri, attrezzatura da disegno, armi, cannocchiali, altimetri, pedometri, guide e album di autografi, dizionari, mappe, tariffari postali e tabelle chilometriche, e persino letti e materassi.

Edward Chaney

Il Grand Tour e l'evoluzione del libro di viaggio

Il primo viaggiatore inglese a lasciarci il resoconto di un'esperienza più affine al Grand Tour che a un pellegrinaggio fu sir Thomas Hoby (1530-1566). Dopo aver studiato a Cambridge, Strasburgo e Padova, nel giugno 1549 Hoby intraprese un viaggio comprendente, oltre a Firenze, Roma e Napoli, anche la Calabria e la Sicilia, e annotò le sue osservazioni su vari aspetti del paese: fortificazioni, politica, costumi, religione, rovine e scultura rinascimentale. Il viaggio fu per Hoby l'occasione di un'altra attività nell'ambito della scrittura, e cioè la traduzione del *Cortegiano* di Castiglione che, pubblicata nel 1561, divenne uno dei testi più autorevoli del rinascimento inglese, aumentando enormemente l'attrazione degli elisabettiani per tutte le cose italiane.

Nello scrivere la bella copia del suo diario, Hoby attinse abbondantemente dalla *Descrittione di tutta Italia* di Leandro Alberti, pubblicata per la prima volta a Bologna nel 1550. La pionieristica *Historie of Italie* di William Thomas, data alle stampe nel 1549 senza l'apporto dell'Alberti, è più una guida di quanto suggerisca il titolo e, per molti aspetti, risulta superiore alla *Descrittione*, che la surclassò a livello internazionale solo perché scritta in una lingua più accessibile. L'*Historie* è divisa in capitoli dedicati alle varie città (Roma, Napoli, Firenze, Genova ecc.) e ciascuno inizia con una "descrizione" del luogo, la cui chiarezza machiavellica ebbe pochi rivali fino al XVIII secolo.

Quattordici anni dopo, il pittore e architetto John Shute pubblicò un trattato illustrato, *The First and Chief Groundes of Architecture*, ispirato da un viaggio compiuto nel 1550 in Francia e Italia. Ma la Riforma e la Controriforma resero sempre più arduo agli "eretici" visitare l'Italia "papista". La scomunica di Elisabetta nel 1570 e la guerra con la Spagna, che dominava la penisola, resero il viaggio decisamente pericoloso. Solo dopo che Giacomo I ebbe firmato un trattato di pace con la Spagna, un viaggio oltre la Repubblica di Venezia divenne nuovamente

un'ipotesi possibile. Ciò significò una rinnovata domanda di libri sull'Italia. Robert Dallington pubblicò la sua *Survey of Tuscany* nel 1605; Thomas Coryate le *Crudities*, sul Veneto, nel 1611; e Fynes Moryson l'*Itinerary*, che copriva quasi tutto il resto della penisola, sei anni dopo.

All'inizio del Seicento, principalmente allo scopo di assistere il gran numero di pellegrini per l'Anno Santo, un sacerdote di Anversa di nome François Schott diede alle stampe l'*Itinerarium Italiae*. Nel giro di un anno, tuttavia, un erudito inquisitore domenicano di Vicenza, Girolamo Giovannini da Capugnano, rielaborò completamente il libro di Schott e lo ripubblicò inserendo nuovo materiale storico, biografico, topografico e, soprattutto, artistico e architettonico. Il motivo per cui le note del 1611 di Coryate su Vicenza risultano così raffinate (e altamente apprezzate dall'amico Inigo Jones e dal conte e dalla contessa di Arundel durante il loro Grand Tour del 1613-14) è che sono un plagio del resoconto di prima mano scritto da Fra Girolamo sulla città palladiana.

Grazie alla revisione del 1601, l'*Itinerarium* di Schott prese il posto della *Descrittione* di Alberti e conobbe oltre trenta edizioni in latino e in italiano. Una traduzione in inglese dell'edizione del 1654 fu pubblicata nel 1660 da Edmund Warcupp con il titolo *Italy, in its Original Glory, Ruine and Revival*. Il libro di Schott continuò a essere pubblicato fino a Settecento avanzato.

Il *Voyage of Italy* di Richard Lassels (Parigi e Londra, 1670; n. 51) può essere considerato la prima guida completa dell'Italia concepita in Inghilterra (e con l'onore senza precedenti di essere tradotta in francese e tedesco), se non si conta l'*Itinerary* o *Mercurio Italico* di John Raymond del 1648 (cfr. n. 49). Dopo la Restaurazione, a parte i problemi creati dalla guerra con la Francia, l'Italia divenne sempre più accessibile ai turisti provenienti dal Nord protestante. *Some Letters* (1686) del liberale Gilbert Burnet e il

New Voyage of Italy (1695) di Maximilien Misson tentarono scientemente di soppiantare il resoconto cattolico di Lassels. Mentre quest'ultimo continuava a influenzare la letteratura di viaggio – soprattutto le *Remarks in the Grande Tour of France and Italy* (1692) di William Bromley (così filocattolico da costargli la presidenza alla Camera dei Comuni) – il tono del nuovo secolo fu impostato dalle *Remarks on Several Parts of Italy* di Joseph Addison, pubblicato per la prima volta nel 1705. "Non esiste certamente un luogo al mondo in cui un uomo possa viaggiare con maggior piacere e vantaggio che in Italia", comincia Addison, ma lui e la maggior parte dei suoi successori settecenteschi tendevano a considerare l'Italia come un museo, in particolare di antichità classiche; la cultura italiana contemporanea veniva sempre più ignorata o trattata con condiscendenza.

Nella prima metà del XVIII secolo i libri di Jonathan Richardson (*An Account of Some of the Statues, Bas-Reliefs, Drawings and Pictures in Italy*, 1722, pubblicato nello stesso anno della *Roma Illustrata* di Robert Samber), di John Breval (2 volumi illustrati di *Remarks*, 1726 e 1738) e dell'amico di Kneller, Edward Wright (*Some Observations*, 1730; n. 53), rispecchiavano le opinioni più illuminate. Il turista tipico veniva senza dubbio rappresentato con maggiore precisione in *Dunciad* di Pope. Nel 1766 i malaticci Samuel Sharp e Tobias Smollett pubblicarono resoconti sull'Italia contemporanea, così critici che Giuseppe Baretti, residente a Londra, si sentì obbligato a difendere il suo paese in *An Account of the Manners and Customs of Italy* (1768). Nel frattempo il conte di Cork, bloccato a Firenze dalla gotta nel 1754, leggeva voracemente per partorire il proprio esemplare di storia-come-dramma-dell'orrore, in cui l'ultimo dei Medici incarnava l'inclinazione nazionale al veleno, allo stupro e all'incesto (*Letters from Italy*, 1773). Persino il frontespizio illustra "l'atroce delitto" di "John" de' Medici da parte del fratello minore Garcia (n. 85). Malgrado il più pacato e documentato esempio della *Decadenza e caduta dell'impero romano* (1776-88) di Edward Gibbon, la scuola sensazionalista e d'impronta giacobita della storia italiana continuò a imperversare fino al tardo XIX secolo, allorché fu appurato che Cosimo I non era un serial killer incestuoso e che i suoi figli Giovanni e Garcia de' Medici erano entrambi morti di malaria.

Anche se il poco avventuroso Gibbon probabilmente non le visitò mai, la scoperta delle città sepolte di Ercolano e Pompei cominciò a spostare il baricentro del Grand Tour meridionale dai Campi Flegrei al territorio vesuviano di Napoli. Che la gita fuori città verso occidente – oltre la tomba di Virgilio, attraverso

Particolare del n. 51.

la Grotta romana di Posillipo, fino alla Solfatara, a
Baia (n. 87), al lago d'Averno e alla grotta della Sibilla
– rimanesse popolare malgrado le nuove attrattive
archeologiche è dimostrato dalle dediche a personalità
inglesi iscritte sulle tavole delle *Antichità di Pozzuoli,
Baja e Cuma* (1769) di Filippo Morghen (cfr. nn.
182-183) e dal successo della *Guida ragionata per le
Antichità e per le Curiosità Naturali di Pozzuoli* (1792)
di Gaetano d'Ancora (n. 87).
Le *Letters from a Young Painter Abroad* di James
Russel, il cui primo tomo splendidamente illustrato
apparve nel 1747, fornivano il resoconto più
aggiornato dei nuovi scavi, ma il libro incontrò subito
numerosi rivali: dalla *Descrizione* di Niccolò Venuti
dell'anno seguente ai sontuosi volumi pubblicati
dall'Accademia Ercolanense (*Le Antichità di Ercolano*,
1757-92), agli scritti di Winckelmann, del suo amico
il barone d'Hancarville e del loro mecenate, sir
William Hamilton. Di quest'ultimo, le *Observations
on Mount Vesuvius, Mount Etna and other Volcanos*
(1773) e il più lussuoso *Campi Phlegraei*, uscito nel
1776 con superbe stampe di Pietro Fabris,
soppiantarono le descrizioni di itinerari standard quali
i *Travels* (1766) di John Northall (n. 52), o di guide
come quella di Carlo Barbieri, *Direzione*, del 1771
(n. 63).
Mentre libri dignitosi come *View of Society and
Manners in Italy* di John Moore (1781) continuarono
a basarsi sul Grand Tour convenzionale, taluni
scrittori di viaggi condividevano sempre più
l'aspirazione di Boswell "a qualcosa di più del
semplice itinerario che si suole chiamare giro
d'Europa" (espressa nell'*Account of Corsica* del 1768).
Nel 1738, ultimo anno della sua vita, John Breval
produsse la seconda parte delle sue *Remarks*, in cui
descriveva e illustrava il suo viaggio attraverso l'Italia
meridionale e la Sicilia. Le sue tavole dei templi dorici
di Agrigento, delle rovine di Selinunte e del teatro di
Taormina (incise da Fourdrinier) meritano una ben
maggiore conoscenza, quantomeno per la loro
importanza nel revival greco. Ma fu la pubblicazione
nel 1773 del *Tour through Sicily and Malta*, di Patrick
Brydone, a incoraggiare un ampliamento del Grand
Tour oltre i templi di Paestum (documentati da John
Berkenhout e Thomas Major nel 1767 e 1768). Certo
la piacevole narrazione di Brydone deve essere stata
letta tanto da viaggiatori in pantofole (compreso
il Dottor Johnson che ne commentò l'irreligiosità)
quanto dai *Grand Tourists*, se è vero che i registri della
Bristol Lending Library lo classificano come il volume
più prestato di fine Settecento.
Pur sprezzandone le "menzogne" e "insulsaggini",
seguì le orme di Brydone il cattolico di Durham
Henry Swinburne, i cui *Travels* vennero anch'essi

tradotti in francese e tedesco. Goethe utilizzò il testo
di Brydone per il suo *Italienische Reise* (1786-88), pur
preferendogli il suo connazionale J.H. von Riedesel,
"quell'uomo eccellente il cui libretto porto vicino al
cuore come un breviario o un talismano". Il *Reise*
(1771) di von Riedesel fu pubblicato in Inghilterra
nel 1773 da J.R. Forster, membro della Royal Society,
con il titolo *Travels through Sicily and that part of Italy
called Magna Grecia*. Sia von Riedesel che Swinburne
fornirono le basi per la storica visita di Goethe al
tempio incompiuto di Segesta, che Breval e Brydone
non erano riusciti a vedere.

Bibliografia: Bargrave 1867; Mead 1914; Manwaring 1925; Schudt
1959; Lightbown 1971; Beal 1984; Chaney 1984; Chaney 1985;
Chaney 1988 (1); Chaney 1988 (2); Stoye 1989; Chaney 1990;
Chaney 1991 (1); Chaney 1991 (2); Black 1992; Chaney 1992;
Chaney 1993; Chaney 1996; Jenkins e Sloan 1996.

48

Nicholas de Fer 1646-1720

48. *"L'Italie divisée en ses Etats; avec les plans des Villes principales à marge par N. de Fer"*, Parigi 1705
Incisione con gouache su carta tesa su lino, 109,5 × 168,5 cm
The British Library Board

Provenienza: Giorgio III; British Museum. K.Top. LXXV.43.2 Tab

Quella di Nicholas de Fer è una tipica mappa da collezione dell'epoca, concepita per essere appesa in studioli e biblioteche private. Si usava porre una carta d'Italia al centro di un grande foglio, quindi l'acquirente sceglieva su un catalogo vedute topografiche e paesaggistiche di varie città italiane, che l'editore o il venditore provvedevano a incollare tutt'intorno, secondo il gusto dell'acquirente. Di conseguenza le mappe da collezio-

ne, sebbene basate sullo stesso materiale geografico e iconografico, variano considerevolmente.

Esistevano anche mappe più piccole usate per viaggiare, contenenti informazioni utili e curiosità poste accanto ai toponimi, come la *New Map of Italy*, 1714, di H. Moll, che includeva vedute del Cesio, del Vesuvio e dell'Etna (BM Map Library, 20570.43) e che segnalava al viaggiatore i luoghi più importanti da visitare, eventi significativi e persino dove acquistare del buon vino (a Montalcino).

Erano poi disponibili carte geograficamente accurate, come per esempio la *New Map of Italy, including the Islands of Sicily, Corsica, Sardinia and Malta, divided into Kingdoms, Republics and States* di J. Andrews del 1792 (BM Map Library, 20570.49). (IB)

49

Matteo Bolognini attivo 1640-50
49. *John Bargrave tra Alexander Chapman e John Raymond mentre osservano una carta dell'Italia*, 1647
Olio su rame, 8,9 × 12,9 cm
Iscritto sul verso: "Alexander Chapman, Jo. Bargrave, Jo Raymond / Cartina Generale / A Siena in Italia / pel mano del Sig.r / Mattio Bolognini / A.no 1647"
Canterbury Dean and Chapter

Provenienza: John Bargrave, da cui lasciato in eredità alla cattedrale di Canterbury con il resto della sua collezione
Esposizioni: BL 1980, pp. 2-3; Canterbury 1980 (ripr.)
Bibliografia: Robertson 1867, p. 139 nn. 67, 68; Sturdy e Henig 1984; Chaney 1985, pp. 296-299; Stoye 1989; Bann 1994, fig. 14

Probabilmente non esiste altra immagine che colga con tanta perfezione l'essenza del Grand Tour, un'impresa da intraprendere con serietà, alla metà del Seicento. Il dottor John Bargrave (1610 ca-1680), il cui stemma è appeso alla parete alle sue spalle, indica un punto su una grande mappa d'Italia ai due giovani che con lui la reggono tra le mani. Membro della Peterhouse di Cam-

bridge – e pertanto prete anglicano – Bargrave era stato cacciato dall'università dai puritani nel 1643 e, recatosi subito dopo in esilio volontario, era diventato precettore itinerante. Benché le sue descrizioni nel *College of Cardinals* e altrove siano ben circostanziate (Robertson 1867), il resoconto più particolareggiato dei suoi spostamenti nel 1647 si trova nell'opera del nipote John Raymond, *Il Mercurio Italico* o *An Itinerary Contayining a Voyage Made Through Italy in the Years 1646 and 1647*, pubblicato nel 1648, uno dei primi libri di viaggio sull'Italia scritti in inglese. Per un lavoro precedente e passato inosservato di Raymond, *Abridgement of the Life of Julius Caesar* (Bodleian Library, Fairfax MS 39), cfr. Chaney 1985, pp. 298-299. L'*Itinerary* di Raymond narra che i tre viaggiatori si trattennero due mesi a Siena per studiare l'italiano, partirono nel periodo di Pasqua e vi tornarono da giugno al 7 settembre, dopo un viaggio a Roma e a Napoli. Sembra probabile che Bolognini, artista poco conosciuto, abbia dipinto questo ritratto di gruppo durante la seconda e più lunga visita, quando Bargrave stava probabilmente pensando con maggiore attenzione ai souvenir e al suo gabinetto di curiosità. In *Rara, Antiqua, et Numismata*

Bargraviana, egli catalogò questo dipinto come articolo 67: "Da appendere nel mio gabinetto. Mio ritratto su rame, di piccolo formato e *in seculo*, tra mio nipote e il mio vicino, eseguito a Siena, nel 1647, dalla mano del sig. Mattio Bolognini, come scritto sul verso". Sempre conservato a Canterbury e destinato in origine a essere appeso nel suo gabinetto di curiosità, l'articolo 68: un ritratto ovale in miniatura su rame "eseguito a Roma da un dipendente del mio buon amico sig. Giovanni Battista Caninij, an.o 1650, l'anno del Giubileo"; cfr. Robertson 1867 (1), p. 139 nn. 67-68. Il pittore Giovanni Angelo Canini era il maestro di Richard Symonds, realista in esilio, conoscitore e artista dilettante, nonché amico di Bargrave e Raymond. Bargrave si autodescriveva anche come "vicino e buon conoscente di Bernini".
Quasi tre settimane dopo aver lasciato Siena, egli e i suoi compagni di viaggio visitarono Padova. Firmarono il registro delle matricole e dei visitatori dell'università il 27 settembre 1647: Alexander Chapman firmò tra Bargrave e Raymond come "Alexander Chapmanus Cantianus Anglus" (Chaney 1985, p. 307). Bargrave ritornò in Italia nel 1650 come precettore di lord Philip Stanhope, futuro secondo conte di Chesterfield. Fu forse durante questo secondo incarico che egli raccolse souvenir più grandi e costosi, tra cui un tavolo di scagliola anch'esso a Canterbury. (EC)

George Keate 1729-1797
50. *"Un modo per passare
il Moncenisio"*, 1755
Da un album, con titolo
ornamentale di Robert Adam,
contenente disegni di G. Keate che
illustrano *Views... of different parts
of France, Italy, Savoy &
Switzerland, taken in a Tour made
thro' those Countries in the years
1754, 1755 and 1756*
Disegno acquarellato,
24,4 × 31,7 cm
Trustees of the British Museum

Provenienza: John Henderson, da
cui donato al British Museum nel
1878
Bibliografia: Binyon 1902, p. 21;
Black 1992, pp. 32-33

Per i viaggiatori nordeuropei che
avevano attraversato la Francia fino a
Lione, il Moncenisio rappresentava
il percorso più diretto per Torino e,
da qui, verso sud per Firenze e
Roma. Il passo era inadatto a veicoli
su ruote e le carrozze dovevano essere smontate e trasportate a dorso di
mulo, mentre i viaggiatori venivano
"portati... su una sedia senza gambe
con pertiche ai lati, trasportata da
due uomini", secondo quanto racconta Richard Pococke nel 1734 e
come illustrato da George Keate in
questo disegno. Nel 1777 Thomas
Pelham la trovò un'esperienza esila-
rante: "È certamente una grande
impresa per quanto riguarda il trasporto delle vetture ecc., ma quanto
alle nostre persone non vi sono né
pericoli né scomodità; c'era un
ghiaccio così duro che quando rag-
giungemmo la cima della montagna
lasciammo le sedie e scendemmo con
le slitte, la qual cosa, benché alquanto snervante, non fu spiacevole. Era
un giorno di eccezionale limpidezza
e il panorama sfidava ogni descrizione". Soltanto nel XIX secolo il valico
divenne carrabile. (LS)

Richard Lassels 1603c.-1668
51. *"The Voyage of Italy, or a
Compleat Journey through Italy.
In two Parts..."*
Ristampato a Parigi e venduto
a Londra da John Starkey al Mitre
di Fleet Street, presso Temple-Barr,
1670. Seconda versione della prima
edizione che riportava
semplicemente: "Printed at Paris, by
Vincent du Moutier, MDCLXX"
Libro, 14,7 × 8 cm (chiuso); parte I
251 pagine, parte II 427 pagine più
indice
Aperto al frontespizio
British School at Rome Library

Provenienza: William L. Layborne;
Thomas Ashby, da cui lasciato alla
British School at Rome Library. BSR
657.67.2
Bibliografia: Pine-Coffin 1974, p. 78
n. 635; Chaney 1985

Richard Lassels, sacerdote cattolico
nativo dello Yorkshire, compì i suoi
studi a Douai e trascorse quasi tutta
la vita in Francia, ma in quattro o
cinque occasioni accompagnò giovani turisti inglesi in Italia. Nel 1650
condusse a Roma lady Catherine
Whetenhall per il pellegrinaggio del-
l'Anno Santo, conclusosi tragica-
mente con la morte della donna nel
dare alla luce un figlio. Lassels scrisse per il marito un resoconto com-
memorativo del viaggio e da questo
materiale, integrato da manoscritti
successivi (almeno tre si sono conservati), prese forma il più corposo
Voyage of Italy. Il libro venne dato
alle stampe due anni dopo la morte
di Lassels dall'amico sacerdote Simon Wilson, che lo dedicò al finan-
ziatore dell'ultimo viaggio di Lassels,
"Richard Lord Lumley Vicount
Waterford & c.". Il *Voyage* era la
descrizione più particolareggiata del-
l'Italia mai apparsa in inglese, la
prima a sfruttare una certa dimesti-
chezza con le opere del Vasari, oltre
che con i più recenti storici dell'arte
come Carlo Ridolfi. Edizioni rivedu-
te apparvero nel 1686 e 1698, e
ancora in pieno XVIII secolo l'opera

era letta e raccomandata, soprattutto
dai giacobiti che ne apprezzavano le
istanze cattoliche e antirepubblicane.
(EC)

John Northall 1723?-1759
52. *"Travels through Italy.
Containing new and curious
Observations on that Country;
particularly the Grand Duchy of
Tuscany; the Ecclesiatical State, or the
Dominions of the Pope; the Kingdom
of Naples; the Republics of Venice and
Genoa; the other Italian States..."*
Stampato per S. Hooper, sullo
Strand, e S. Blandon, in
Pater-noster-row, Londra 1766
Libro, 19,6 × 12 cm (chiuso);
476 pagine, 4 figure compresa
una mappa
Aperto a p. 242: acquaforte,
16,2 × 19,9 cm, con scritta
"Mount Vesuvius with its
Irruption" incisa da R. Bennett
British School at Rome Library

Provenienza: Thomas Ashby, da cui
lasciato alla British School at Rome
Library. BSR 657.76.4
Bibliografia: Pine-Coffin 1974, pp.
113, 114 n. 752 (2); Cusatelli 1986,
II, pp. 472-474. Per Northall, cfr.
DNB

Northall si autodescriveva come
"capitano presso il Royal Regiment
of Artillery di Sua Maestà Britannica". Pare fosse entrato in servizio
molto giovane e avesse fatto rapidamente carriera. Il libro, resoconto di
un viaggio tipico, è dedicato a David
Garrick quale "conoscitore, appassionato e promotore delle belle arti".
L'autore visitò l'Italia nel 1763-64.
(EC)

N.º 197

The manner of passing MOUNT CENIS. August 1755.

50

51

MOUNT VESUVIUS with its Irruption.

52

Edward Wright
1690/1700-post 1758

53. *"Some Observations Made in Travelling through France, Italy, etc. In the Years 1720, 1721 and 1722"*
Due volumi. Stampati per Tho. Ward ed E. Wicksteed, in Inner-Temple Lane, Londra 1730. Prima edizione
Libro, 24,3 × 19 cm (chiuso); 516 pagine (voll. I-II)
Aperto a p. 33 del vol. I: acquaforte, 16,4 × 23 cm, con scritta incisa: "Manner of Passing the Po & c."
British School at Rome Library

Provenienza: Rolle; Thomas Ashby, da cui lasciato alla British School at Rome Library. BSR 657.78 8/1
Bibliografia: Pine-Coffin 1974, pp. 102-103 n. 720 (3); Cusatelli 1986, II, pp. 444-448. Per la descrizione degli Uffizi, cfr. Whitehead 1983, pp. 302-303

Wright era un medico che nel 1758 pubblicò un importante trattato sulle vene. Le sue *Observations*, illustrate principalmente da tavole incise da Gerard van der Gucht su disegni di Wright, offrono un tour standard, ma con particolare riferimento all'arte. Vedi, per esempio, "l'ordine delle statue e dei busti, così come si trovano nella Galleria del Granduca, a Firenze" (II, p. 397). John Durrant Breval, autore delle *Remarks on Several Parts of Europe* (Londra 1726, 1738), ne apprezzò la descrizione degli Uffizi per la precisione e la minuziosità. Lord Cork (n. 85) lo riteneva il miglior autore che avesse mai visitato l'Italia.
Il passaggio del Po è descritto dettagliatamente da Wright nel vol. I, pp. 33-34. (IB)

Pier Leone Ghezzi 1674-1755
54. *Il dottor Andrew Hay in veste di precettore-accompagnatore*, 1725 ca
Penna e inchiostro bruno, 36,3 × 24,3 cm
Iscritto in basso a destra: "Dr Hay Cavr Ghezzi" e, sul retro della

53
Manner of Passing the Po &c.

54

55

to non molto sveglio vestito con eleganza. In tutta Europa giravano ammaestratori di orsi con la museruola che intrattenevano i passanti con piccoli spettacoli per un modesto compenso; questo mestiere divenne sinonimo di accompagnatore di Grand Tour e il termine inglese *bear-leader* (*bear*: orso, *leader*: accompagnatore) fu adottato universalmente. I *bear-leaders* erano responsabili della sicurezza dei loro assistiti e della gestione economica delle spese di viaggio; le loro conoscenze tecniche erano integrate da ciceroni con conoscenze specifiche di determinati luoghi. A Roma i ciceroni più famosi erano James Russel (cfr. n. 43) e James Byres (cfr. n. 157).

Ghezzi eseguì molte caricature di visitatori di Roma, alcune delle quali, compreso questo disegno, furono incise da Arthur Pond nel quarto decennio del Settecento. (HB)

Archibald Skirving 1749-1818
55. *Turisti inglesi a Roma*, 1792
Matita, 35,6 × 49,5 cm
Firmato e datato: "Skirving Rome 1792"
Collezione privata

Provenienza: Edward Barrett; asta Sotheby's, 23 novembre 1920 (197), compratore Paul Oppé; poi per discendenza
Esposizioni: Norwich 1958 (51); Kenwood 1974 (18)
Bibliografia: Skinner 1959, pp. 43-44; Ford 1981, p. 395, fig. 14

Questo incantevole disegno di un turista inglese a Roma con moglie e figlio è una delle poche opere identificate tra quelle eseguite nei sette anni di permanenza dell'artista nella città. Skirving era stato funzionario doganale prima di diventare ritrattista e miniaturista, e aveva trentasette anni quando, finanziato da lord Elcho, partì per l'Italia nel novembre 1786. Nel marzo 1788 lord Gardenstone (di cui sarebbe diventato l'agente) gli commissionò parecchie copie di antichi maestri, ma come

cornice: "A Caricature of Dr Hay, an old Scotch travelling Gouverneur / Engraved by Pond"; marchi del collezionista: Thane e Lawrence Trustees of the British Museum

Provenienza: John Thane; Sir Thomas Lawrence; vendita Samuel Woodburn, 4 giugno 1860 (18, con altri cinque disegni), compratore John Bayley; sir Thomas Phillipps baronetto; per discendenza al nipote T. Fitzroy Fenwick; acquistato dal British Museum tramite Colnaghi nel 1946
Esposizioni: RA 1960 (645); BM 1975 (238)
Bibliografia: Popham 1935, p. 145, tav. LIX

Tra il 1704 e il 1729 il dottor Andrew Hay accompagnò almeno otto viaggiatori del Grand Tour in Italia. Qui è mostrato in una strada di campagna mentre si porta appresso, senza tanti complimenti, un orsacchiot-

56

sottolineò sir William Forbes, sebbene dipingesse "con considerevole merito", ci metteva "così tanto tempo e dedicava tanto impegno alla rifinitura, che non riusciva mai a produrre molto, anzi poteva a malapena vivere della sua arte" (Archivio Brinsley Ford, PMC). In effetti l'alto grado di rifinitura che caratterizza questo disegno fa venire in mente, come osserva Stainton (cfr. Kenwood 1974), gli splendidi disegni di visitatori a Roma eseguiti da Ingres qualche anno più tardi. (BA)

William Marlow 1740-1813
56. *Stazione di posta vicino a Firenze*, 1770 ca
Acquarello su matita, 25,2 × 35,6 cm
Iscritto a sinistra: "W Marlow"
Tate Gallery

Provenienza: ...; J.W. Giles; asta Sotheby's, 11 novembre 1982 (65), compratore Agnew, presso cui acquistato dalla Tate Gallery, 1983
Esposizioni: Agnew 1983 (22)

Che si viaggiasse su una diligenza pubblica, in carrozza privata o con un veicolo a nolo, era necessario affidarsi alle stazioni di posta dove era possibile fare il cambio dei cavalli. Queste erano ubicate a intervalli regolari lungo le principali strade dell'Italia settentrionale (se si esclude la strada principale tra Roma e Napoli, le strade del Sud erano generalmente non attrezzate). La qualità delle stazioni di posta – disponibilità di cavalli, costo e rapidità del cambio, livello del cibo e dell'alloggio – variava enormemente ed era la preoccupazione primaria registrata nei diari e nelle lettere dei viaggiatori.
William Marlow, allievo del paesaggista e pittore di marine Samuel Scott, visitò la Francia e l'Italia nel 1765-66, un'esperienza che gli procurò una miniera di soggetti per dipinti e disegni a volte, come qui, di carattere topografico; in altre occasioni come elementi di composizioni fantasiose o capricci. Secondo Michael Liversidge questo disegno, e un altro simile ora alla Huntington

Library and Art Gallery, fu probabilmente eseguito a Londra dopo il ritorno di Marlow dal suo viaggio. (LS)

Bartolomeo Nazari 1699-1758
57. *Lord Boyne nella cabina della sua nave*, 1730-31 ca
Olio su tela, 67,5 × 81,5 cm
National Maritime Museum, Greenwich

Provenienza: Sir James Caird (1864-1954); acquistato dal National Maritime Museum nel 1934
Bibliografia: Tassi 1793, II, p. 89; Watson 1949, p. 76; NMM 1988, p. 287, ripr.

Gustavus Hamilton, secondo visconte Boyne (1710-1746), partì per l'Italia in compagnia di Edward Walpole, secondo figlio di sir Robert Walpole, e insieme arrivarono a Venezia nel gennaio 1730. Un anno dopo Walpole tornò in Inghilterra, mentre Boyne si trattenne nell'Italia

57

settentrionale. L'asserzione di Tassi secondo cui furono eseguite trenta copie di questo gruppo "per diversi principali Signor" forse non è esagerata, in quanto oltre a questa sono sopravvissute molte altre versioni.

Francis Watson ha giustamente attribuito a Nazari la versione più grande di questo dipinto, nella collezione di lord Boyne, sulla base di una descrizione fornita dal primo biografo dell'artista (cfr. Tassi, sopra).

Pare che lord Boyne avesse particolare predilezione per simili scene di genere e ne commissionò parecchie a Hogarth, al quale l'opera in esame era stata in precedenza attribuita. *Lord George Graham nella sua cabina*, realizzato da Hogarth nel 1745 (anch'esso al National Maritime Museum), è una composizione molto simile e forse l'artista trasse spunto da quest'opera.

L'identità dei personaggi è tutt'altro che certa. Solo lord Boyne, verosimilmente la figura dai capelli rossi seduta in primo piano a destra, può essere individuato. Forse perché versioni del dipinto sono presenti nelle collezioni delle rispettive famiglie, le altre figure sono state identificate – in modo poco convincente – come segue: la figura dai capelli bianchi a sinistra, dietro la quale il capitano sta illustrando l'uso della bussola appesa al soffitto della cabina, si dice sia il quarto conte di Carlisle (1694-1758). Il che in effetti è insostenibile, in quanto egli non si recò in Italia prima del 1738-39, con il figlio lord Morpeth (1719-1741), ben dopo che lord Boyne era rientrato in Inghilterra. Il giovane con la mappa viene in genere identificato in sir Francis Dashwood, futuro lord le Despencer (1708-1781). Per l'altra figura è stato proposto Charles Sackville, conte di Middlesex (1711-1769), che era stato perlomeno a Venezia nel 1731.

58

Si è molto tentati, tuttavia, di mettere in relazione questa immagine con il fatto riferito dal residente inglese a Venezia, Elizaeus Burges (m. 1736), il quale il 13 aprile 1731 scrisse che "lord Boyne, sir James Gray, il sig. [Joseph] Alston e il sig. [Owen] Swiny sono usciti la scorsa notte a bordo di un piccolo veliero allo scopo di visitare Malta, Minorca, Gibilterra, Cadice e Lisbona; donde si propongono di ritornare via terra" (Archivio Brinsley Ford, PMC). Non solo il giovane con la mappa indica il Mediterraneo occidentale, ma la figura dai capelli bianchi a sinistra presenta una forte somiglianza con McSwiney, come risulta dal ritratto di van Loo (già presso Colnaghi). (BA)

Louis Ducros 1748-1810
58. *Sosta a San Vito*, 1778
Acquarello su matita nera,
32,5 × 52,2 cm
Iscritto sul verso: "No 116 Vûe de notre bâtiment Tarentin, & du Port du No précédent, prise de terre"
Rijksprentenkabinet, Rijksmuseum, Amsterdam

Provenienza: Nicolaas ten Hove; passato al fratello Cornelis Michiel dopo la sua morte nel 1782; nel 1805 passato a Van der Bruggen-Dierkens; Ms Hansen-Van der Brugghen; acquistato presso la stessa dal museo nel 1948
Esposizioni: 's-Hertogenbosch 1984, p. 65, ripr.; Amsterdam 1986 (17, ripr.); Losanna 1990 (17, ripr.); Firenze 1994 (32, ripr.)
Bibliografia: Niemeijer e De Booy 1994, II, p. 16 n. 147

Alla fine del 1776, il ventottenne pittore svizzero Abraham-Louis-Rodolphe Ducros realizzò un sogno a lungo accarezzato: visitare Roma. Poco dopo il suo arrivo si mise in società con l'artista danese Nicolaas ten Hove per effettuare un viaggio attraverso l'Italia meridionale e documentarlo con una serie di disegni. Ten Hove, a sua volta, invitò altri amici dell'Aia a unirsi alla comitiva: il ventiquattrenne Willem Carel Dierkens, funzionario degli Stati generali; Willem Hendrik van Nieuwerkerke, diplomatico anch'egli ventiquattrenne; e Nathaniel Thornbury, figlio di un mercante

inglese dell'Aia. Il 10 aprile partirono da Roma con sei domestici e nei quattro mesi successivi visitarono Napoli, la Campania, la Puglia, la Calabria, la Sicilia, Malta e Gozo. Durante il viaggio Ducros produsse centinaia di disegni che ten Hove incollò in tre volumi in folio (giunti fino a noi) insieme con descrizioni particolareggiate dei luoghi raffigurati. Dierkens e Nieuwerkerke fecero a turno per tenere un dettagliato diario di viaggio.
Le pagine qui riprodotte (nn. 58-62) forniscono un eccezionale resoconto della spedizione. Il gruppo partì da San Vito, il porto di Taranto, su una "barca di contadini" il 7 maggio: "Queste imbarcazioni hanno due alberi con vele latine... sono così poco adatte a trasportare esseri umani che non si può camminare sul ponte né sedervisi sotto, cosicché non c'è altra scelta che restare sdraiati. Escluso il capitano, la ciurma è di dieci uomini". A causa dei venti sfavorevoli, dovettero riattraccare a San Vito. Ducros ha ritratto la scena immediatamente dopo il loro arrivo; le figure che discutono in primo piano sono probabilmente tre dei

59

60

lande dall'imbarcarsi in una simile avventura. Fu solo dopo gli scavi di Ercolano e Pompei e la riscoperta del tempio di Paestum che i *Grand Tourists* furono spinti a visitare i monumenti della Magna Grecia e negli anni 1770-78 i viaggiatori fluirono numerosi nell'Italia meridionale. Spedizioni analoghe e contemporanee a quella degli olandesi (cfr. n. 58) furono intraprese dal barone Johann von Riedesel (1765), da Patrick Brydone (1770), da Jean-Pierre-Laurent Hoüel (1776-79), da Richard Payne Knight (1777; cfr. nn. 190-191) e da Dominique-Vivant Denon (1778; cfr. n. 121). Era difficile trovare alloggio data la scarsità di locande, e i viaggiatori dovevano armarsi di lettere di presentazione se volevano sperare di sostare in un convento, o farsi ospitare dal locale sindaco o in case private. Su tali disagi i viaggiatori si diffondono ampiamente nei loro scritti. Gli olandesi sostarono in una piccola locanda di Barletta. Ducros ha ritratto un ambiente di questo *auberge* che veniva chiaramente usato come cucina, soggiorno e *guest room*, e che nel giornale di viaggio viene descritto come segue: "Pranzavamo e cenavamo in uno stanzone che era insieme cucina e ripostiglio, pieno di ogni genere di sporcizia, a fianco dei nostri mulattieri; vento e pioggia passavano attraverso buchi nel tetto prodotti dalle intemperie, e talvolta dall'alto ci cadeva qualcosa nella minestra o nello stufato. Eravamo assolutamente convinti che i letti assegnatici fossero stabile dimora di buona parte delle cimici della città". (PL)

quattro olandesi, appena giunti a riva su una barca a remi. (PL)

Louis Ducros 1748-1810
59. *Una locanda a Barletta*, 1778
Matita nera e acquarello grigio,
20,8 × 27,5 cm
Iscritto sul verso: "No 56 Sale commune de notre auberge à Barletta"
Rijksprentenkabinet, Rijksmuseum, Amsterdam

Provenienza: Cfr. n. 58

Esposizioni: 's-Hertogenbosch 1984, p. 64, ripr.; Amsterdam 1986 (8, ripr.); Losanna 1990 (8, ripr.); Firenze 1994 (14, ripr.)
Bibliografia: Barthélemy 1802, p. 46; Niemeijer e De Booy 1994, II, p. 12 n. 81

Fino a Settecento inoltrato ben pochi viaggiatori si sarebbero sognati di visitare l'Italia meridionale. La paura dei briganti, le strade impraticabili e la mancanza di locande scoraggiarono, verso la metà del secolo, l'Abbé Barthélemy e Joseph-Jérôme de La-

Louis Ducros 1748-1810
60. *Un incidente di viaggio, nella notte, a Brindisi*, 1778
Matita nera e acquarello grigio,
17,2 × 26,1 cm
Iscritto sul verso: "No 81 bis. Passage de la Mer en arrivant à Brindisi"
Rijksprentenkabinet, Rijksmuseum, Amsterdam

61

Provenienza: Cfr. n. 58
Esposizioni: Firenze 1994 (22, ripr.)
Bibliografia: Saint-Non 1781-86, III, p. 52; Niemeijer e De Booy 1994, II, p. 13 n. 106; Lamers 1995, p. 13

Poco prima di arrivare a Brindisi, i viaggiatori olandesi (cfr. n. 58) ebbero la ventura d'incontrare un gruppo di artisti francesi che compivano il tour dell'Italia meridionale con Vivant Denon per conto dell'Abbé de Saint-Non (cfr. n. 121). Era una notte piovosa e le carrozze dei francesi erano rimaste impantanate. Una vettura si era ribaltata e nell'oscurità la situazione sembrava senza via d'uscita. Ma giunse un aiuto inaspettato. Ecco la descrizione che ne dà il diario: "Per nostra fortuna, si potrebbe dire per miracolo (poiché a Brindisi un viaggiatore è una cosa inaudita), c'erano degli altri viaggiatori: un barone olandese aveva infatti deciso di fare il nostro stesso viaggio, era arrivato lo stesso giorno a Brindisi, aveva preso la stessa strada e si trovava nello stesso momento e

nello stesso posto con le sue carrozze. Queste, insieme con le nostre, formavano un grande convoglio di nove calessi, diciotto cavalli e ventisette persone che non si capivano tra loro e non riuscivano a vedersi... Eravamo in una situazione deplorevole, quando finalmente giunsero delle torce a illuminare la scena del disastro, per quanto i nostri pittori commentassero che alla luce delle fiamme la scena non mancava di un'atmosfera eccitante e pittoresca. Ma non c'era il tempo di ritrarla, indaffarati come eravamo a raccogliere le cose cadute nel fango per poi raggiungere Brindisi in qualche modo".
Né Claude-Louis Châtelet né Louis-Jean Desprez, che appartenevano allo sfortunato gruppo di viaggiatori, pare abbiano registrato questo incontro fortuito sotto forma di disegni. Ducros invece produsse un resoconto assai dettagliato della scena notturna: alla luce delle torce, i domestici cercano di trascinare la carrozza ribaltata fuori dell'acqua; altri trasportano i bagagli inzuppati

all'asciutto, mentre più in alto alcuni stanno cercando i bagagli smarriti. (PL)

Louis Ducros 1748-1810
61. *Discussione con le guide su chi avrebbe dovuto condurre il gruppo di viaggiatori sull'Etna*, 1778
Acquarello su matita nera, 33,2 × 42,7 cm
Iscritto sul verso: "No 172 Dispute de notre antiquaire avec les muletiers qui devaient nous conduire à L'Etna"
Rijksprentenkabinet, Rijksmuseum, Amsterdam

Provenienza: Cfr. n. 58
Esposizioni: 's-Hertogenbosch 1984, p. 67, ripr.; Firenze 1994 (44, ripr.)
Bibliografia: Niemeijer e De Booy 1994, II, p. 20 n. 211

L'ascesa all'Etna era uno degli appuntamenti principali di ogni tour in Sicilia, ma l'interesse per i fenomeni vulcanici cominciò a svilupparsi gradualmente solo verso la metà

62

63

del XVIII secolo. Una delle prime trattazioni approfondite sull'argomento si trova in un libro del 1737 scritto dal medico napoletano Francesco Serao, tradotto in francese nel 1741 e in inglese nel 1743.

Molto interesse suscitarono anche gli scritti di Giovanni Maria della Torre e le cinque lettere di sir William Hamilton alla Royal Society di Londra, pubblicate nel 1772 come *Observations on Mount Vesuvius, Mount Etna and other Volcanos*. Qualche anno più tardi, nel 1776, Hamilton pubblicò un'altra opera in due volumi con 54 illustrazioni di Pietro Fabris: *Campi Phlegraei: Observations on the Volcanos of the Two Sicilies* (cfr. Jenkins e Sloan 1996, in particolare pp. 160-175).

Affascinati dalle prime minuziose descrizioni di eruzioni vulcaniche e dalla scoperta di Ercolano e Pompei, sepolte dalla terribile eruzione del Vesuvio nel 79 d.C. e rimaste quasi intatte per la posterità, i viaggiatori desideravano sempre più vedere questi fenomeni di persona. Scalare l'Etna era difficile, in certi periodi dell'anno addirittura pericoloso, perciò era opportuno servirsi di guide locali. Ducros e il suo gruppo di olandesi (cfr. n. 58) cominciarono l'ascesa alle 6 del mattino del 28 maggio 1778, dopo una lunga discussione sul prezzo con le guide, vivacemente registrata da Ducros in questo disegno. (PL)

Louis Ducros 1748-1810

62. *Una fabbrica di maccheroni a Trapani*, 1778
Acquarello su matita nera,
14,6 × 20,4 cm
Iscritto sul verso: "No 285 Fabrique de Macaronie à Trapani"
Rijksprentenkabinet, Rijksmuseum, Amsterdam

Provenienza: Cfr. n. 58
Esposizioni: Firenze 1994 (72, ripr.)
Bibliografia: Niemeijer e De Booy 1994, II, p. 30 n. 348

Alla luce del particolare interesse dei viaggiatori per i costumi e le tradizioni italiane, gastronomia compresa, il disegno di Ducros è di particolare importanza documentaria (cfr. n. 58). Alcune donne siedono a un lungo tavolo confezionando maccheroni, come dice la didascalia. Hanno i capelli avvolti in sciarpe e le maniche rimboccate, e ognuna è occupata in una fase diversa del processo di lavorazione della pasta: a sinistra vengono mescolati gli ingredienti per l'impasto; al centro l'impasto viene tirato; la donna seduta all'estrema destra del tavolo sembra intenta a dar forma alla pasta. In primo piano a sinistra, un gruppo di donne si sta preparando al lavoro. (PL)

Carlo Barbieri attivo 1771

63. *"Direzione pe' viaggiatori in Italia colla notizia di tutte le poste e loro prezzi"*
Gio. Battista Sassi, Bologna 1779.
Quinta edizione, in italiano e francese
Libro, 18 × 11,5 cm (chiuso);
25 pagine numerate con mappe
Aperto alla pagina del frontespizio
British School at Rome Library

Provenienza: Thomas Ashby, da cui lasciato alla British School at Rome. BSR 657.77.8
Bibliografia: Pine-Coffin 1974

Barbieri datò la sua dedica al marchese Giuseppe Zagnoni "Bologna 9 marzo 1771". Una versione aggiornata della prima edizione apparve a Londra nel 1774: *The Roads of Italy, Engraved on Twenty-six Copper Plates, from the Manuscript Drawings of a Nobleman of Distinction. Wherein are found all the Cities, Towns, Villages, Rivers, Remarkable Views & c: to be met with on the road, with proper descriptions; also a Regular Account of the Posts, the prices of Horses, & the Principal Inns*.
Il frontespizio illustra i simboli utilizzati nei venticinque itinerari stradali della *Direzione*, indirizzata particolarmente ai viaggiatori bolognesi ma anche ai *Grand Tourists*. La guida copre l'Italia fino a Napoli.
Per somiglianze tra la *Direzione* e il *Portafoglio*, una pubblicazione dello stesso genere, cfr. Pine-Coffin 1974, pp. 125-126 n. 774. (EC)

Anonimo

64. *"Il Viaggiatore moderno, ossia La vera guida per chi viaggia"*
Francesco Locatelli, San Bartolommeo, Venezia 1780
Libro, 16 × 9 cm (chiuso); 384 pagine
Aperto al frontespizio
British School at Rome Library

Provenienza: Thomas Ashby, da cui lasciato alla British School at Rome.
BSR 657.78.14

Il Viaggiatore moderno era di complemento a una guida vera e propria, fornendo informazioni su itinerari stradali, prezzi dei trasporti e cambi di valuta. Ne era già uscita un'edizione romana intitolata, come menzionato nel titolo, *La vera guida per chi viaggia*, pubblicata dal libraio Niccola Roisecco di piazza Navona nel 1771 (BSR 657.77.11).
Il frontespizio mostra una coppia di viaggiatori che arriva in carrozza a una locanda lungo la strada. (IB)

Francesco Tiroli attivo 1775

65. *"La vera guida per chi viaggia in Italia con la Descrizione di tutti i Viaggi e sue Poste dimostrate con esatte Carte Geografiche... Dedicata all'illustre Signore Tommaso Jenkins"*
Paolo Giunchi, Roma 1775. In italiano e francese
Libro, 13,4 × 9,5 cm (chiuso); 389 pagine con mappe
Aperto a p. 84: acquaforte, 12,5 × 23,3 cm, "Viaggio da Roma a Napoli"
British School at Rome Library

Provenienza: Thomas Ashby, da cui lasciato alla British School at Rome.
BSR 657.77.10

Questa guida comprende una mappa con l'itinerario da Roma a Napoli, un percorso popolare tra i turisti che viaggiarono in Italia negli ultimi tre decenni del XVIII secolo. Il libro è dedicato al mercante d'arte Thomas Jenkins, paladino del Grand Tour inglese (cfr. n. 156). (IB)

64

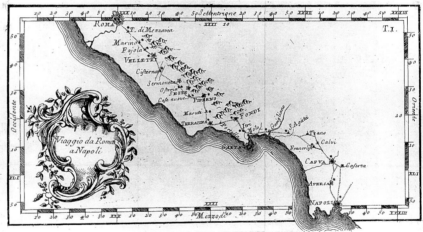

65

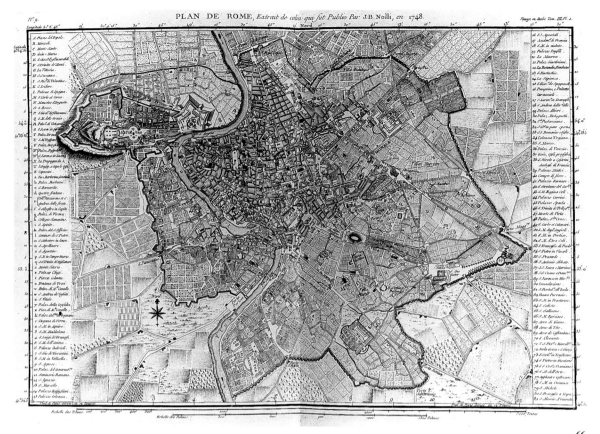

Da Giovanni Battista Nolli 1701-1756

66. *Pianta di Roma*, 1748
Da *Atlas du Voyage en Italie*, 2a ed.
del *Voyage d'Italie* di Joseph-Jérôme
Lefrançais de Lalande, Parigi 1786
Tiratura posteriore, più piccola
dell'originale
Incisione, 26,3 × 38,2 cm
Iscritto: "PLAN DE ROME, Extrait de
celui qui fut Publie Par J.B. Nolli,
en 1748"
British School at Rome Library

Provenienza: Thomas Ashby, da cui
lasciato alla British School at Rome.
BSR 657.75.3
Bibliografia: Den Broeder 1973, p.
165 n. 165; Bettagno 1978, pp. 15-
16 n. 30; Denison 1993, pp. 83-86
n. 52; Buberl 1994, pp. 104-106 n.
4; Wilton-Ely 1994, pp. 1094-1095
n. 1007; Borsi 1993

La pianta di Nolli, *Nuova pianta di
Roma data in luce da Giambattista
Nolli Anno MDCCXLVIII* (incisione

con particolari all'acquaforte, 47 ×
48,8 cm), è la principale testimonianza della struttura topografica e
urbana della capitale del Grand
Tour. Questo notevole palinsesto
mostra l'impatto del sistema barocco
di Sisto IV sulla Roma medievale:
esso rinnova i fasti dell'antichità con
la sua spettacolare rete di arterie che
collegano i luoghi santi di pellegrinaggio della città medievale. La zona
del Vaticano raccolta attorno a San
Pietro appare in alto a sinistra, come
una sorta di città satellite. La pianta
è anche una testimonianza della considerevole quantità di ville, giardini e
terreni agricoli presenti entro le
mura aureliane, spazzati via negli
ultimi centocinquant'anni. Dedicata
al grande mecenate e collezionista
cardinale Alessandro Albani, la pianta di Nolli era la riduzione di una
versione maggiore che includeva una
serie di tavole singole recanti la stessa data e che doveva non solo funge-
re da chiave di lettura di queste ultime, ma anche costituire una guida
più maneggevole per ciceroni e visi-

tatori. Un'altra versione ridotta, incisa dal figlio di Nolli, Carlo, è invece abbellita dalla decorazione e dalle
piccole vedute fornite dal giovane
architetto veneziano Piranesi, il quale si era da poco fatto un nome come
incisore topografico. Le vignette
(che devono molto alle vedute com-
poste di Panini) raffigurano piazza
San Pietro, la fontana dei Quattro
fiumi del Bernini in piazza Navona,
il basamento della colonna Traiana,
Santa Croce in Gerusalemme, la
fontana di Trevi, Santa Maria Maggiore e un angolo del palazzo della
Consulta. (JW-E)

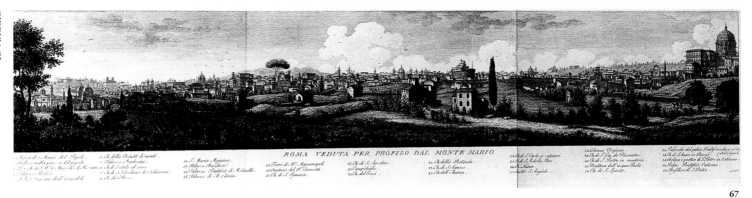

ROMA VEDUTA PER PROFILO DAL MONTE MARIO

67

IL VIAGGIO

**Attr. Giovanni Battista Cipriani
1766-1839
da Giovanni Volpato
1735 ca-1803**
67. *Veduta di Roma da Monte Mario*
Da *Vedute principali e più
interessanti di Roma incise da Gio.
Bat. Cipriani* di G.B. Cipriani,
Roma 1799
Libro, 14,7 × 20 cm (chiuso)
Acquaforte, 10,8 × 47 cm
(impronta del rame)
Iscritto: "ROMA VEDUTA PER
PROFILO DAL MONTE MARIO", cui
seguono i numeri di riferimento
dei trentasette edifici raffigurati
British School at Rome Library

Provenienza: Thomas Ashby, da cui
lasciato alla British School at Rome.
BSR 611 C.1
Bibliografia: Olschki 1955, p. 14 n.
3; Olschki 1990, pp. 60-61 n. 148;
Garms 1995, p. 15. Per l'incisione di
Volpato cfr. Marini 1988, p. 132 n.
206 e pp. 136-137; Denison, Nan
Rosengeld e Wiles 1993, pp. 25-27
n. 14; Cipriani, in DBI

Il libro di Cipriani è più un souvenir
illustrato che una guida vera e propria. Consiste di novanta tavole che
illustrano edifici e monumenti romani, quasi tutti corredati di pro-
spetti, sezioni e piante architettoniche. Vi trovano uguale spazio i monumenti antichi (per esempio la piramide di Caio Cestio e le pitture
murali nella stanza della sepoltura,
tavv. 40-41), i palazzi barocchi e le
ultime novità in fatto di urbanistica
(tra cui il progetto di Valadier per la

nuova sistemazione di piazza del
Popolo, sottoposto a papa Pio VI nel
1794). La veduta di piazza San Pietro è datata 1800, ma la tavola con
l'arco di Costantino mostra la recin-
zione costruita sotto Pio VI nel
1805, il che dimostra che la data
sulla pagina del titolo del libro non è
quella della pubblicazione.
Il volume si apre con l'acquaforte
raffigurante Roma vista da Monte
Mario, un'immagine che riprende,
con differenze minime, una famosa
stampa in tre matrici eseguita da
Volpato da un dipinto di Giovanni
Paolo Panini (n. 6). Questa versione
conferma il successo conosciuto dal
dipinto quale fonte di incisioni sia di
alta qualità sia popolari.
Spesso confuso con l'omonimo pittore fiorentino, dal 1785 circa il se-
nese Giovanni Battista Cipriani fu
attivo a Roma come disegnatore e
incisore della topografia e dell'architettura cittadine. Successivamente si
dedicò alla realizzazione di guide.
(GM)

**Giovanni Battista Piranesi
1720-1778
e altri**
68. *"Varie Vedute di Roma Antica
e Moderna Disegnate e Intagliate
da Celebri Autori"*
Fausto Amidei Libraio al Corso,
Roma 1748
Libro, 33,8 × 23,2 cm (chiuso); 94
fogli
Aperto al folio 54: acquaforte,
13 × 18,3 cm; "Tempio di Venere
appresso il Circo Apollinare
negl'Orti di Salustio vicino

all'antica Porta Salara"; firmato:
"Piranesi inc."
British Scool at Rome Library

Provenienza: Thomas Ashby, da cui
lasciato alla British School at Rome.
BSR 611.A.1
Bibliografia: Zamboni 1964, pp. 68-
69, 81-82; Robinson 1970, *Prolegomena*, pp. 178-179; Bettagno 1978,
pp. 11-12; Wilton-Ely 1978 (1), pp.
25-28; Wilton-Ely 1978 (2), pp. 34-
35; Wilton-Ely 1994, 1, pp. 90, 131
n. 91

L'architetto veneziano Piranesi arrivò a Roma nel 1740. Trovando
poche occasioni per esercitare la sua
professione, per guadagnarsi da vivere imparò rapidamente la tecnica
dell'acquaforte sotto la guida del si-
ciliano Giuseppe Vasi. Prima di mettersi in proprio e diventare un eminente incisore di vedute, produsse
fino al settimo decennio un considerevole numero di piccole tavole per
varie guide di Roma. In questa attività collaborò con un gruppo di studenti *pensionnaires* all'Académie de
France, tra cui Anesi, Duflos e
Legeay. Sebbene difficili da datare,
almeno sei di queste sue prime tavole erano già state realizzate entro il
1741, quando furono usate per *Roma moderna distinta per Rioni*, pubblicato da G.L. Barbielli, e un altro
gruppo, compresa la veduta in esame, fu successivamente incluso nel
libro edito da Amidei, che conobbe
svariate edizioni. Alcune furono
inoltre riutilizzate nel 1748 e nel
1750 dal principale editore di Piranesi, Bouchard, che nel 1752 propo-

116

Tempio di Venere appresso il Circo Apollinare negl' Orti di Sallustio vicino all'ant. Porta Salara.

68

Sepulcrum Ceciliæ Metellæ, nunc dictum = Capo di Bove =   508.

Ecclesia s. Urbani vulgo dicta = alla Cafarella = Fons. Nymphæ Egeriæ, et Camenarum a Numa frequentatus.

69

se tutte e novantatré le immagini nella *Raccolta di Varie Vedute di Roma si antica che moderna intagliate in maggior parte dal celebre Giambattista Piranesi.* Alla fine del 1763 queste piccole tavole venivano di nuovo usate per illustrare la guida di Roma di Ridolfino Venuti, ripubblicata nel 1766.

Malgrado la leziosità rococò, molte di queste prime tavole mostrano già i segni della visione peculiare e della tecnica straordinaria di Piranesi nell'ambito della prospettiva, della luce e delle proporzioni, che verranno messe a punto nelle magistrali *Vedute di Roma* della fine del quinto decennio. Oggi si ritiene che il cosiddetto tempio di Venere qui raffigurato, poi inglobato nella nuova area di via Veneto, fosse un ninfeo dei giardini di Sallustio. (JW-E)

Mariano Vasi att. 1786-1820
69. *"Itinerario istruttivo di Roma, o sia Descrizione generale delle opere più insigni di Pittura, Scultura e Architettura e di tutti i monumenti antichi e moderni di quest'alma città, e parte delle sue adiacenze"*
Luigi Perego Salvioni, due volumi, Roma 1791. Versione della prima edizione
Libro, 16,3 × 9,2 cm (chiuso); 828 pagine (voll. I-II) con illustrazioni
Aperto a p. 508 del II vol.: acquaforte, 12,2 × 6 cm (impronta del rame), "Sepulcrum Ceciliae Metellae, nunc dictum = Capo di Bove" ed "Ecclesia S. Urbani vulgo dicta = alla Cafarella = Fons Nymphae Egeriae, et Camenarum a Numa frequentatus"
British School at Rome Library

Provenienza: Thomas Ashby, da cui lasciato alla British School at Rome. BSR 600.311.2
Bibliografia: Schudt 1930, pp. 78-81, 275-278, 282-284, 287; Schlosser Magnino 1977, pp. 544, 601-602

La guida di Roma di Giuseppe Vasi, *Itinerario istruttivo diviso in otto stazioni o giornate per ritrovare con faci-*

lità tutte le antiche e moderne magnificenze di Roma, fu pubblicata per la prima volta nel 1763. Il figlio Mariano ne fece una revisione pubblicando nel 1791 l'*Itinerario istruttivo di Roma*: fu la più importante guida di Roma del periodo e conobbe diverse edizioni in italiano, francese e inglese. Per le edizioni inglesi, con il titolo *A New Picture of Rome and its Environs in the form of an Itinerary* (1819-24), cfr. Schudt 1930, p. 287 e Pine-Coffin 1974, p. 181. L'*Itinerario* di Vasi restò la principale fonte per parecchie guide pubblicate da vari autori sino alla fine del nono decennio dell'Ottocento. La pagina mostra due famose vedute turistiche. (IB)

**Da Andrea Locatelli
1660/95-1741**

70. *"A Specimen of Sketching
Landscapes, in a Free and Masterly
Manner; Exemplified in Thirty-eight
Etchings, from the Original Drawings
of Lucatelli, after Nature, in and
about Rome"*
T. Simpson, Drawing-Master,
St Paul's Church-Yard, Londra
1781
Libro, 24,1 × 31 cm (chiuso);
31 fogli
Aperto al folio 6: acquaforte,
19,4 × 24,5 cm, "Castel
Sant'Angelo"
British School at Rome Library

Provenienza: Thomas Ashby, da cui
lasciato alla British School at Rome.
BSR 611.L.9

Le vedute di questo album, tratte da
disegni originali di "Lucatelli" – cioè
il pittore Andrea Locatelli – sono
paesaggi idealizzati della campagna
romana. *A Specimen of Sketching
Landscapes* di Simpson era un classico manuale di disegno destinato ai
pittori dilettanti in viaggio in Italia,
con vedute da ricopiare o semplicemente da colorare. (LS)

David Allan 1744-1796

71. *L'arrivo di un giovane viaggiatore
e del suo seguito durante il carnevale
in piazza di Spagna a Roma*, 1775 ca
Penna e acquarello bruno su matita;
una parte consistente è stata
ridisegnata con inchiostro più scuro,
40 × 54 cm
Firmato: "D. Allan del" (quasi
illeggibile)
The Royal Collection
Sua Maestà la Regina d'Inghilterra
Elisabetta II

Provenienza: Paul Sandby; acquisito
presso Colnaghi dal principe reggente, 23 marzo 1812
Esposizioni: Probabilmente RA 1779
(4); Norwich 1958 (2); Edimburgo
1973 (31); Kenwood 1974 (1)
Bibliografia: Oppé 1950, p. 23 n.

70

25; Crouther Gordon 1951, pp. 25-
26, 29; Ford 1974, p. 459, fig. 12;
Ford 1981, p. 393, fig. 7

Pochi mesi dopo il suo arrivo in Italia nel 1767, l'inviato britannico a
Napoli William Hamilton così
descriveva David Allan: "Il piccolo
pittore di lady Cathcart... uno dei
più grandi geni ch'io abbia mai
incontrato; è instancabile" (archivio
Brinsley Ford, PMC). A Roma,
Allan aspirava a diventare pittore di
storia e fu aiutato da Gavin Hamilton. Nel 1773, con la *Partenza di
Ettore*, fu il primo artista britannico
a vincere il concorso Balestra all'Accademia di San Luca. Oggi Allan è
più noto per le sue *conversation pieces*
ambientate all'aperto e per i disegni
di genere come quello qui proposto,
appartenente a una serie menzionata
dall'artista in una lettera a sir William Hamilton del 1780: "Ho fatto a
Roma una serie di otto disegni a
bistro relativi ai divertimenti del carnevale romano, che Sandby mi ha
comprato per Londra, e ne ha tratto
delle acquetinte meravigliosamente
eseguite che vende a una ghinea la
serie".
Il carnevale romano si festeggiava

ogni anno prima della quaresima e
poteva rivelarsi un'esperienza spos-
sante per i partecipanti, come scrisse
a casa Robert Adam nel 1756: "Sono
contento che per martedì della settimana prossima sarà tutto finito, perché è una fatica improba, soprattutto alzarsi dal letto prima dell'una o
delle due del pomeriggio dopo essersi coricati praticamente all'alba, alle
sei o alle sette". In questo disegno,
l'arrivo di un giovane viaggiatore in
piazza di Spagna, che da anni era il
cuore della vita artistico-letteraria
della città e il fulcro del ghetto britannico, è salutato da una varietà di
intrattenimenti. Sulla sinistra è visibile il Caffè degli Inglesi (cfr. nn. 73-
74), mentre dai gradini dell'hotel
Ville de Londres, a destra, balza fuori
un domestico a cacciare a bastonate
un gruppo di indesiderabili (danza-
tori, cantanti, venditori di cibo e di
vino) che circondano la carrozza del
giovane. Ciceroni e imbonitori che
offrono immagini pornografiche e
copie o contraffazioni di antichi
maestri fanno parte della colorita
accozzaglia di personaggi alla ricerca
di denaro facile.
Poiché questo disegno era stato preparato in vista dell'incisione, l'effet-

118

THE ARRIVAL OF A YOUNG TRAVELLER AND HIS SUITE
DURING THE CARNIVAL
in Piazza De' Spagna Rome

71

72

tiva disposizione degli edifici è in controparte; per esempio, il Collegio Propaganda Fide di Borromini si trova all'estremità nord invece che sud della piazza. La fontana della Barcaccia di Pietro Bernini è visibile al centro, di fronte alla scalinata. (BA)

David Allan 1744-1796
72. *Caffè romano*, 1775 ca
Penna, inchiostro e acquarello su matita nera, 29,5 × 26,2 cm
Iscritto: "Coffee House Rome"
National Gallery of Scotland

Provenienza: Acquistato presso Dowells, Edimburgo, nel 1950
Esposizioni: Edimburgo 1973 (16); Kenwood 1974 (3); Monaco 1979-80 (95)
Bibliografia: Andrews e Brotchie 1960 (D.4497m); Skinner 1966, tav. II

Spaccato della bottega ad uso di caffè detta degl'Inglesi situata in piazza di Spagna. Le pareti dipinte di questa bottega rappresentano un Vestibulo adornato di Simboli Geroglifici, e di altre cose allusive alla Religione e politica degli antichi Egiziani. In lontananza vi si vedono le fertili campagne, il Nilo e quelli maestosi sepolcri della medesima nazione.

Disegno ed invenzione del Cavalier Piranesi　　　　　　　　　*Piranesi inc. 46*

73

Anche se non rappresenta il Caffè degli Inglesi (visibile sulla sinistra nel disegno di Allan, n. 71), questa composizione dà un'idea dell'interno dei locali dove, come i loro omologhi londinesi, gli uomini potevano leggere e giocare a biliardo. (BA)

**Giovanni Battista Piranesi
1720-1778**

73. *Decorazione egizia del Caffè degli Inglesi, con sfingi addossate al centro del cornicione*, 1760-65 ca
Da *Diverse maniere d'adornare i cammini ed ogni altra parte degli edifizi...*, Roma 1769
Acquaforte, 24 × 28 cm (impronta del rame)
Iscritto: "Spaccato della bottega ad uso di caffè detta degl'Inglesi situata in piazza di Spagna. Le pareti dipinte di questa bottega

rappresentano un Vestibulo adornato di Simboli Geroglifici, e di altre cose allusive alla Religione e politica degli antichi Egiziani. In lontananza vi si vedono le fertili campagne, il Nilo e quelli maestosi sepolcri della medesima nazione".
Firmato: "Piranesi inc."
Collezione privata, Londra

Esposizioni: Hayward Gallery 1987 (276)
Bibliografia: Pevsner e Lang 1968, I, pp. 215-216; Den Broeder 1973, p. 161 n. 157; Wittkower 1975, pp. 260-273; Wilton-Ely 1978 (1), pp. 107-109; Curl 1983, pp. 79-81; Wilton-Ely 1993, pp. 143-148; Wilton-Ely 1994, II, pp. 886-887, 947-948 nn. 874-875

Il Caffè degli Inglesi di Roma – situato all'angolo di via Due Macel-

li, sul lato meridionale di piazza di Spagna, quasi di fronte alla scalinata – era un punto d'incontro fondamentale per viaggiatori, artisti, mercanti e ciceroni. Verso il 1765 andava famoso per i suoi bizzarri interni, dipinti in gusto egizio da Piranesi, il quale all'epoca aveva cominciato a mettere a punto nuovi criteri decorativi in reazione alle austere teorie dell'emergente revival greco. Ben in anticipo sul maturo revival egizio ottocentesco alimentato dalle esperienze e dalle pubblicazioni delle campagne napoleoniche sul Nilo, la decorazione di Piranesi fu il primo tentativo globale di creare un interno contemporaneo secondo questo gusto, attingendo dalle ricche fonti di materiale egizio proveniente dall'antica Roma (soprattutto dal Vaticano), gran parte del quale aveva rappresentato, esso stesso, un primis-

Altro spaccato per longo della stessa bottega, ove si vedono frà le aperture del vestibolo le immense piramidi, ed altri edifizj sepolcrali ne' deserti dell' Egitto.

Piacono ed invenzione del Cavalier Piranesi

Ca' Piranesi F.

74

simo tentativo di revival. Esisteva già un numero considerevole di fonti iconografiche, tra cui la *Recueil d'antiquités égyptiennes, étrusques, et romaines* (1752-57) del conte de Caylus, oltre a libri illustrati come i *Travels in Egypt and Nubia* (1757) di F.L. Norden. Pare che l'interno di Piranesi sia andato distrutto nel periodo dell'approccio più archeologico del revival ottocentesco: l'unica prova visiva sopravvissuta sono queste due tavole (nn. 73 e 74), relative a una parete lunga e una corta, incluse da Piranesi nella sua pubblicazione polemica sulla decorazione contemporanea, *Diverse maniere d'adornare i cammini ed ogni altra parte degli edifizi desunte dall'architettura Egizia, Etrusca e Greca*, uscita nel 1769. Era dedicata al principale committente di Piranesi, il cardinale Giambattista Rezzonico, nipote di

Clemente XIII e gran maestro dei Cavalieri di Malta, per il quale l'architetto ricostruì la principale chiesa dell'ordine a Roma, Santa Maria del Priorato, nel 1765-66. Questo libro, con testi in italiano, francese e inglese, era destinato a un pubblico internazionale di committenti e decoratori. Come molti esperimenti d'avanguardia, l'interno egizio del caffè ebbe un'influenza meno immediata sul design rispetto ai motivi ricavati dagli undici progetti di camini egizi, anch'essi proposti in *Diverse maniere*. I commenti contemporanei possono essere riassunti dalle parole del giovane pittore gallese Thomas Jones, che nel 1776 così descriveva l'interno: "Un'oscena stanza a volte, le cui pareti erano dipinte con sfingi, obelischi e piramidi secondo il capriccioso disegno di Piranesi, e più adatti ad adornare l'interno di un sepolcro egizio

che una sala di conversazione mondana" (Ford 1946-48, p. 54). (JW-E)

**Giovan Battista Piranesi
1720-1778**

74. *Decorazione egizia del Caffè degli Inglesi, con animali, tra cui un toro, sul cornicione*, 1760-65 ca
Da *Diverse maniere d'adornare i cammini ed ogni altra parte degli edifizi...*, Roma 1769
Acquaforte, 23,7 × 32,5 cm
(impronta del rame)
Iscritto: "Altro spaccato per longo della stessa bottega, ove si vedono fra le aperture del vestibolo le immense piramidi, ed altri edifizi sepolcrali ne' deserti dell'Egitto".
Firmato: "Cav. Piranesi F."
Collezione privata, Londra

Cfr. n. 73. (JW-E)

75

Anonimo

75. *Interno della libreria Bouchard & Gravier a Roma,* 1774 ca
Olio su tela, 125 × 180 cm
Iscritto su un cartiglio, in basso al centro, in nero: "BOUCHARD & GRAVIER"
Collezione privata

Provenienza: Collezione di famiglia
Esposizioni: Roma 1976 (3, ripr.); Roma 1991 (59, ripr.)

La libreria Bouchard & Gravier si trovava in via del Corso, in un edificio appartenente alla famiglia Mellini, immediatamente a sinistra di San Marcello, ed era quindi vicina all'Accademia di Francia a palazzo Mancini. Nella veduta della chiesa di Vasi (*Magnificenze di Roma,* VI, 133) e in un quadro anonimo sul carnevale romano (proprietà della Banca di Roma), è riconoscibile dalle incisioni all'esterno. La libreria è meglio nota come la casa editrice di Piranesi, dalle *Carceri* (1745) alle *Antichità romane* (1756), e negli anni 1760-70 di *Les plus beaux monuments de Rome* di Barbault.

Il dipinto si ispira all'insegna di Watteau per il mercante d'arte Gersaint (Charlottenburg, Berlino) ed è possibile che sia servito allo stesso scopo.

Ancor più del negozio di Gersaint, la libreria era un luogo d'incontro di intellettuali, come indicano le persone in primo piano, occupate a osservare le incisioni, e i monaci immersi in una discussione al centro. I libri sono allineati lungo le pareti in ombra e sono ben visibili nel riquadro centrale illuminato.

La cornice del quadro è dipinta a *trompe-l'œil,* con l'iscrizione che sembra inchiodata sulla cornice stessa. È impossibile riconoscere le incisioni osservate dagli acquirenti; le due sulla sinistra illustrano la piramide di Caio Cestio e una statua seduta su piedistallo, mentre quella di destra mostra una colonna trionfale. Si tratta probabilmente della colonna Traiana di Piranesi, il *Trofeo o sia Magnifica Colonna Coclide...,* e ciò daterebbe il dipinto attorno al 1774; periodo cui si accordano anche gli abiti dei personaggi. L'unica data certa è l'anno 1755, quando i due proprietari della ditta si misero in società.

I colori e lo stile compositivo fanno ritenere che il quadro sia opera di un artista inglese della cerchia di Reynolds. (JG)

76

Friedrich Bury 1763-1823

76. *Goethe e i suoi amici artisti a Roma*, 1786-87 ca
Penna e inchiostro, 16,3 × 21 cm
Goethe Museum, Anton und Katharina Kippenberg Stiftung, Düsseldorf

Provenienza: Per discendenza, dall'artista alla collezione Kippenberg, Lipsia, presso la quale fu acquisita dall'attuale proprietario
Esposizioni: RA 1972 (532); Colonia 1972-73 (1)
Bibliografia: Kippenberg 1925, tav. 113

Bury era un giovane pittore di storia e ritrattista di Hanau, vicino a Francoforte, che studiò con Anton Tischbein (1730-1804) e visse a Roma dal 1782 al 1799, dividendo l'alloggio sul Corso con il nipote del suo maestro, Johann Heinrich Wilhelm Tischbein, e con Goethe. Era un esponente attivo del circolo artistico romano di Goethe, cui diede lezioni di disegno, e più tardi accompagnò a Napoli Anna Amalia, la duchessa madre di Weimar. Goethe ammirava il suo temperamento artistico, ma ne lamentava lo scarso spessore intellettuale.

Difficilmente questo schizzo rappresenta una vera riunione, ma illustra bene la tendenza di Goethe a diventare il centro dell'attenzione di ogni gruppo che frequentava, in questo caso i suoi amici intellettuali e letterati di Roma: circondato da artisti e connoisseur, Goethe, ormai non più in incognito, viene gentilmente costretto a sedersi per posare per un ritratto. I presenti non sono stati identificati, ma Kippenberg ha ipotizzato che l'uomo seduto al cavalletto sia Bury, mentre Tischbein sta lavorando a un disegno appoggiato alla colonna sulla sinistra. L'uomo con il cappello in piedi a destra, che sta prendendo il tabacco da fiuto, potrebbe essere lo storico dell'arte e archeologo Johann Friedrich Reiffenstein, già amico e per molti versi successore di Winckelmann. (EE)

123

77

Johann Georg Schütz 1755-1813
* **77.** *Anna Amalia von Weimar e il
suo seguito a villa d'Este, Tivoli*, 1789
Penna e acquarello, 58,2 × 72 cm
Iscritto in basso a sinistra: "G.
Schütz fec. / Roma 1789"
Stiftung Weimarer Klassik-Museen

Provenienza: Collezioni di Goethe
Esposizioni: Bregenz 1968 (423, fig.
221)
Bibliografia: Helbok 1968, pp. 175,
194-214; Mayer 1972, fig. 14; Herder 1989, pp. 459-475

La duchessa Anna Amalia giunse a
Roma nell'ottobre 1788 e, a parte
qualche puntata a Napoli (cfr. n.
34), vi rimase per due anni. Goethe
l'aveva preparata al viaggio, e la
duchessa frequentò gli stessi ambienti artistici in cui si era mosso il poeta,
sebbene con l'aggiunta delle restri-
zioni e degli obblighi sociali di un

regnante in visita ufficiale. Un'amicizia particolarmente cordiale nacque tra la duchessa e Angelica Kauffmann, subito attratte dalla loro
comune ammirazione per Goethe.
Un cancello speciale fu installato nel
muro che divideva il parco di villa
Malta sul Pincio, residenza della
duchessa, dall'attiguo giardino della
casa di Angelica, e sia Angelica che
l'anziano marito, l'artista Antonio
Zucchi, divennero membri assidui
del seguito ducale durante le escursioni turistiche.
Questo acquarello del paesaggista
Schütz, vivace frequentatore della cerchia romana di Angelica Kauffmann
dal 1784 al 1790, rende bene l'atmosfera colta e rilassata in cui la duchessa amava vivere. Nel maggio 1789
Anna Amalia e il suo seguito trascorsero alcuni giorni idilliaci a Tivoli
dove – come Angelica (qui seduta
sulla sinistra con un cesto di fiori)

ricorda in una lettera a Goethe –
sedevano all'ombra dei grandi cipres-
si di villa d'Este ad ascoltare il poeta
Johann Gottfried Herder che leggeva
il *Tasso* di Goethe. Qui tuttavia l'attenzione è focalizzata sulla pecora vez-
zeggiata dalla briosa dama di compagnia della duchessa, Louise von
Göchhausen, mentre Anna Amalia,
seduta più a destra, guarda divertita.
Gli altri personaggi sono l'artista Herder, l'archeologo Reiffstein, lo scultore Verschaffelt, il ciambellano della
duchessa Einsiedel, con il vecchio e
occhialuto Zucchi sdraiato sul terreno
in primo piano.
Una replica o copia di quest'opera si
trova a Roma nella Biblioteca Hert-
ziana. (EE)

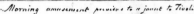

79

78

Johann Heinrich Wilhelm Tischbein 1751-1829
78. *Goethe che legge a Roma*, 1786
Penna, 31 × 21 cm
Stiftung Weimarer Klassik-Museen

Provenienza: Collezioni di Goethe
Esposizioni: Napoli 1979-80 (216, ripr.)
Bibliografia: Holtzhauer 1969, p. 318 n. 11.23, ripr.

Non esposto

Oltre ad avere dipinto uno dei più grandi ritratti di Goethe (cfr. n. 33), Tischbein raffigurò il poeta anche in alcuni disegni piacevolmente informali. Goethe condivideva il modesto quartierino di Tischbein sul Corso (ora Museo di Goethe), mangiando frugalmente e seguendo un severo regime di vita basato su lavoro, studio e visita ai monumenti. Di regola studiava o leggeva fino alle nove del mattino e quindi usciva per andare a visitare musei e gallerie. (EE)

George Dance 1741-1825
79. *Divertimenti mattutini prima di una gita a Tivoli*, 1780-90
Penna e inchiostro con acquarello grigio, 18,7 × 22,9 cm
Iscritto sul bordo: "Morning amusement previous to a jaunt to Tivoli"; entrambe le figure a letto bevono da tazze con la scritta: "PUNCH"; "Will you have any Punch this Morning? because if you will you had better order some" dice una delle figure coricate; "Come its time to set off for Tivoli" risponde l'uomo in piedi
Syndics of the Fitzwilliam Museum, Cambridge

Provenienza: Forse asta anonima, Christie's, 12 febbraio 1912 (127, 128 o 129), tutti acquistati da Parsons; ...; donato da Charles Fairfax Murray nel 1917

Nel 1759 George Dance raggiunse il fratello Nathaniel a Firenze e, poco dopo, i due si trasferirono a Roma per studiare pittura e architettura. George ripartì nell'autunno del 1764. Questo foglio risale probabilmente a qualche tempo dopo il suo arrivo a Roma. Dopo la morte di Nathaniel nel 1818, George Dance ordinò e annotò caricature di mano sua e del fratello in quattro album, che furono venduti nel 1912. Questo disegno può provenire da uno dei tre che sono stati in seguito smembrati.
Le escursioni giornaliere da Roma a Tivoli erano un fatto usuale (cfr. n. 77), così come le discussioni tra i sostenitori dei benefici educativi del viaggio e chi contestava il lassismo di molti *Grand Tourists*. (HB)

Jean-Eric Rehn 1717-1793
80. *Una guida a Tivoli*, 1756
Matita, pennello e inchiostro bruno,
acquarello bruno e grigio,
20,7 × 15,2 cm
Iscritto dall'artista sul bordo
inferiore a inchiostro bruno:
"Cicerone à Tivolij - dessiné d'après
nature - 1756."
Nationalmuseum, Stoccolma

Provenienza: Collezione Huseby,
Småland; asta Bukowski, Stoccolma;
acquistato nel 1982
Esposizioni: Stoccolma 1982 (24)
Bibliografia: Wahlberg 1977, pp.
15-81; Cederlöf 1982, pp. 54-60

L'artista raffigura qui un uomo senza
alcuna pretesa di eleganza o di qualità
intellettuali, ben ritto in piedi, con
una cartella sotto il braccio destro e
un bastone nella mano sinistra. Lo
sfondo non dà indicazioni sul luogo
in cui si trova e la caratterizzazione è
sicura, con qualche tocco caricatura-
le. La cosa risulta particolarmente
evidente se confrontiamo il disegno
con uno eseguito da Antoine Derizet,
architetto francese e membro dell'accademia artistica romana, che ritrae
una guida a Roma: qui la figura si
muove in modo dignitoso, con sullo
sfondo la piramide di Caio Cestio
(Cederlöf 1982, fig. 40). Alla stessa
tematica appartiene un altro disegno
di Rehn, un "capriccio" di più grande formato, dove si vedono la piramide di Cestio e il tempio di Vesta a
Tivoli, oltre a sarcofaghi e ruderi di
colonne, e che include un gruppo di
viaggiatori la cui guida regge un
bastone simile a questo (Cederlöf
1982, fig. 42).
La *Guida* di Rehn segna un punto
intermedio tra due ritratti di figure
ben note agli espatriati a Roma: la
guida svizzera Johann Hoch, di cui
Villamena produsse una monumentale incisione all'inizio del Seicento,
e il nano mendicante, "Baiocco", che
appare in un disegno di David Allan
del 1772 (National Gallery, Edimburgo) e nel dipinto di Philip Wickstead (n. 151).

80

Il versatile artista Jean-Eric Rehn
compì il suo Grand Tour nel 1755-
56 in compagnia del pittore di corte e
artista decorativo Johan Pasch senior
e dell'architetto Georg Fröman, con il
supporto della regina Lovisa Ulrika. Il
loro percorso di viaggio li condusse,
attraverso la Germania e l'Austria,
fino a Napoli; al ritorno passarono
per la Francia. Si trattennero più a
lungo a Roma, dove trascorsero cinque mesi. Centinaia di disegni eseguiti durante il viaggio, molti dei quali
copie di opere di artisti precedenti, si
trovano ora nella collezione Bellinga
del castello di Krageholm a Skåne, in
Svezia. (JG)

81

Giandomenico Tiepolo
1727-1804
81. *Il burchiello*, 1762-70
Olio su tela, 38 × 78,3 cm
Iscritto sul bagaglio a poppa: "D.T."
Kunsthistorisches Museum,
Gemäldegalerie, Vienna

Provenienza: Acquisito dalla Bach-
stitz Gallery, L'Aia, 1923
Esposizioni: Venezia 1951 (122);
Venezia 1995 (100, ripr. a col.)
Bibliografia: Morassi 1941, p. 272;
Pallucchini 1960, p. 261; Mariuz
1971, pp. 70 e 150

Nell'inventario del patrimonio del-
l'artista, questo dipinto è descritto
come "Burchiello di Padova con
gondole attaccatte per ricever gente"
e costituisce il pendant della *Partenza della gondola* nella Wrightsman
Collection di New York. È una delle
scene di vita quotidiana veneziana,
relative in particolare al carnevale,
che hanno svolto un ruolo importante nel consacrare la reputazione
dell'artista. Giandomenico eseguì
molte copie e varianti di queste scene, alcune durante gli anni trascorsi
a Madrid con il padre (1762-70),
periodo a cui questo dipinto è solita-

mente ascritto. Il formato allungato
tipico dei paesaggi fu spesso usato
dall'artista per includere dei particolari realistici. La scena è riconoscibile per la presenza della chiesa di San
Giorgio sull'isola omonima, visibile
sullo sfondo a sinistra; in primo
piano si vedono la ciurma della
barca, in fase di carico, e diversi pas-
seggeri.
Il burchiello, molto popolare sia
presso i veneziani che i viaggiatori
stranieri, a differenza della *barcaccia*
che navigava di notte ed era usata da
gente più povera era un'imbarcazione comoda. Durante il viaggio da
Venezia a Padova o viceversa, si poteva ingannare il tempo in piacevoli
conversazioni, osservando i compagni di viaggio e ammirando le ville
ch scivolavano via lungo le rive. Perlomeno è questa la descrizione fornita da viaggiatori come il Président de
Brosses (*Lettres familières*, XIV, 14
agosto 1739) e Goethe (*Italienische
Reise*, 28 settembre 1786). Il burchiello fu anche lodato da Goldoni
in due lunghe composizioni poetiche
scritte nel 1756 e nel 1760.
Solo in decenni recenti Giandomenico Tiepolo è emerso dall'ombra
del padre Giambattista, con cui

lavorò a Madrid fino alla morte di
quest'ultimo. Le sue scene di vita
veneziana e con personaggi della
Commedia dell'Arte sono proprio il
tipo di opere che ci si aspetterebbe
venissero comprate soprattutto dai
viaggiatori del Grand Tour, ma in
realtà ciò non avvenne. Per quanto
ne sappiamo, non figura nessuno
straniero tra i collezionisti che commissionarono o acquistarono opere
da lui mentre era in vita. (JG)

82

Jacques Sablet 1749-1803
82. *Elegia romana,* 1791
Olio su tela, 62 × 74 cm
Iscritto sulla base della stele:
"J. Sablet Roma f. 1791"
Musée des Beaux-Arts, Brest

Provenienza: Asta Dorotheum, Vienna, 22 settembre 1970 (96)
Esposizioni: RA 1972 (229); Nantes 1985 (22, ripr. a col.); Trento 1993 (114, ripr.)
Bibliografia: Conisbee 1971, pp. 22-30; Menniti Ippolito e Vian 1989, passim

Questa *conversation piece* è venuta alla luce solo poco tempo prima della grande esposizione londinese sul neoclassicismo del 1972, ed è stata subito salutata come l'epitome dell'attrazione settecentesca per la morte. La scena è il famoso Cimitero Protestante situato lungo le mura di Roma, nei pressi della piramide di Caio Cestio.
Le due figure d'identità ignota (si riteneva in precedenza che rappresentassero i fratelli Sablet) meditano su un monumento funerario ispirato a prototipi classici, una tipologia che all'epoca stava prendendo piede. Nessun indizio sull'identità della persona sepolta. Scopo del dipinto è comunicare la malinconia dei due uomini: vestiti di nero (con qualche tocco di bianco), sono pallidi e introspettivi, immersi nella luce irreale e cruda di un violento temporale che si sta addensando oltre il muricciolo (forse un riferimento al più vasto mondo degli anni della Rivoluzione). C'è un'unica oasi di idillio pastorale ai piedi della piramide, quasi coperta dalla vegetazione, e questo mitiga l'idea della morte e

83

dell'immensità, temi che all'epoca erano più importanti che mai per gli artisti.

L'idea della morte ricorre in molti ritratti di Sablet su sfondi paesaggistici. Il riferimento più eloquente è la descrizione di un dipinto perduto contenuta nel *Livret des Salons* del 1798: "Ritratto di C..., scena allegorica, il sole preannuncia l'approssimarsi della calma. L'unica figura presente si sta allontanando dalle tombe, dove ha pianto sul destino di coloro che ha perduto in seguito alla Rivoluzione".

Lo stato d'animo dell'artista è chiaramente rivelato dal titolo del dipinto, *Elegia romana*, tratto dall'opera poetica di Goethe. Nel 1791 Sablet disegnò anche la scena di una sepoltura presso la piramide. Lo stesso Goethe, in un suo disegno, situa la propria tomba in questo luogo (Corpus der Goethe-Zeichnungen II, n.

322; 1788, riveduto dopo il 1810). Sablet arrivò a Roma da Parigi nel 1776 al seguito del suo maestro, Joseph-Marie Vien, e si trattenne fino al 1793. Prese parte con successo ai concorsi indetti nel 1777 e nel 1778 dalle accademie di Roma e di Parma, vendette sue opere a Cacault e a Gustavo III di Svezia e dipinse *conversation pieces* per la nobiltà romana.

Viveva con i compatrioti svizzeri Ducros, Saint-Ours e Gessner, ed ebbe stretti contatti con artisti tedeschi, francesi e svizzeri. (JG)

Charles Grignon 1754-1804
83. *Piazza del Popolo: la coltellata* (*"Una tragedia"*), 1790
Penna, inchiostro e acquarello, 33 × 42,6 cm
Iscritto in basso al centro: "Piazza del Popolo la Coltellata" e, in basso

a destra: "Carolus Grignon delin: Rome 1790"
Trustees of the Powis Castle Estate

Provenienza: Eseguito per il secondo barone Clive; poi per discendenza
Bibliografia: "Monthly Magazine", 1 gennaio 1809

Nella sua nota biografica sulla vita di Grignon, George Cumberland ("Monthly Magazine", 1 gennaio 1809) annota che questo e il n. 84 furono eseguiti per il secondo lord Clive, che commissionò anche il ritratto della sorella (n. 21). Il violento alterco qui raffigurato si è concluso con un accoltellamento davanti ai passanti atterriti.

Piazza del Popolo, alla fine del Corso, rappresentava un pittoresco ingresso alla città dalla via Flaminia e da nord. Molti viaggiatori arrivavano a Roma attraverso la porta del Popo-

84

lo. A sinistra è visibile l'obelisco – che commemora le glorie dei faraoni Ramsete II e Merenptah – portato a Roma da Eliopoli dall'imperatore Augusto dopo la conquista dell'Egitto. Dedicato al sole nel Circo Massimo, venne trasferito nell'attuale ubicazione nel 1589. Dietro l'obelisco, si ergono le chiese gemelle di Santa Maria dei Miracoli e Santa Maria in Monte Santo, con le facciate modificate da Bernini e Carlo Fontana. Cfr. anche n. 123. (BA)

Charles Grignon 1754-1804
84. *Villa Borghese: il saltarello*, 1790
Penna, inchiostro e acquarello,
33 × 42,6 cm
Iscritto in basso al centro: "Villa Borghese il Saltarello" e, a destra, "Carolus Grignon delin: Rome 1790"
Trustees of the Powis Castle Estate

Provenienza: Cfr. n. 83
Bibliografia: Cfr. n. 83

Questo animato gruppo di figure danzanti e di musicisti, ambientato nei giardini di villa Borghese, con il tamburo e la cupola di San Pietro appena visibili nella lontananza, verso sud-ovest, è sovrastato dalla statua di un fauno. Il disegno di Grignon si apparenta alle scene del carnevale romano realizzate anni prima da David Allan (cfr. n. 71). (BA)

John Boyle, quinto conte di Cork e Orrery 1707-1762
85. *"Letters from Italy, in the Years 1754 and 1755, by the late Right Honourable John Earl of Corke and Orrery..."*
Stampato da B. White, Horace's Head, Fleet Street, Londra
1774. Seconda edizione

Libro, 17,5 × 11 cm (chiuso);
268 pagine
Aperto alla pagina del titolo
British School at Rome Library

Provenienza: Blantyre; Thomas Ashby, da cui lasciato alla British School at Rome. BSR 657.77.3
Bibliografia: DNB; Hale 1963, p. 45; Pine-Coffin 1974, pp. 114-115; Acton e Chaney 1986, pp. 148-149

Cork – amico di Swift, Pope e del Dottor Johnson – è autore fra l'altro delle *Remarks on Swift* e di una *Translation of Letters of Pliny the Younger*, entrambi editi nel 1751. Le sue *Letters from Italy* furono pubblicate postume nel 1773. Era interessato all'Italia rinascimentale e, forse a causa di una lunga permanenza forzata a Firenze dovuta alla gotta, ai Medici in particolare.
L'immagine nella pagina del titolo,

Castle of Calatafimi.
Temple of Segesta.   View of the Country near Segesta.   Cape San Vito.

86

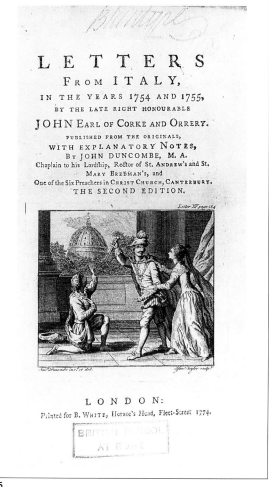

LETTERS
FROM ITALY,
IN THE YEARS 1754 AND 1755,
BY THE LATE RIGHT HONOURABLE
JOHN EARL OF CORKE AND ORRERY.
PUBLISHED FROM THE ORIGINALS,
WITH EXPLANATORY NOTES,
BY JOHN DUNCOMBE, M. A.
Chaplain to his Lordſhip, Rector of St. Andrew's and St.
MARY BREDMAN'S, and
One of the Six Preachers in CHRIST CHURCH, CANTERBURY.
THE SECOND EDITION.

LONDON:
Printed for B. WHITE, Horace's Head, Fleet-Street 1774.

85

di Isaac Taylor su disegno originale di John Duncombe, illustra l'"atroce assassinio" di Giovanni de' Medici per mano del fratello minore Garcia, descritto nella lettera XV. (EC)

Henry Swinburne 1743-1803
86. *"Travels in the Two Sicilies by Henry Swinburne, Esq. in the Years 1777, 1778, 1779 e 1780"*
Due volumi. Stampati da P. Elmsly, Strand, Londra 1783-85. Prima edizione
Libro, 30 × 23 cm (chiuso); 423 pagine (vol. I), 529 pagine (vol. II)
Aperto a p. 236, vol. II: acquaforte, 19 × 26,2 cm (impronta del rame), "Panorama della campagna vicino a Segesta"
British School at Rome Library

Provenienza: Foreign Office; Arthur Hamilton Smith, da cui donato alla British School at Rome. BSR 657.78.16/2
Bibliografia: Pine-Coffin 1974, pp. 128-129; Chaney 1984, pp. 154-155; Chaney 1988, pp. 34-35

Ricevuta un'educazione cattolica in Francia, Swinburne visitò l'Italia da giovane, la Spagna con sua moglie negli anni 1770-80 (*Travels in Spain*, 1779) e poi l'Italia meridionale negli anni riportati dal titolo. Suo figlio divenne paggio di Maria Antonietta e Swinburne stesso fece da intermediario su incarico del governo britannico per lo scambio di prigionieri. Morì a Trinidad nel 1803. Una serie di lettere interessanti, a completamento dei *Travels in the Two Sicilies...*, sono incluse nell'opera postuma *Courts of Europe* (a cura di Charles White, Londra 1841). Le incisioni che corredano i due volumi in oggetto sono basate su disegni dello stesso Swinburne. Il *Panorama della campagna vicino a Segesta* illustra la sua descrizione del tempio che appare in lontananza: "Il tempio di Segesta fa nobile mostra di sé su un'altura verdeggiante racchiusa tra alti colli" (II, p. 238). (EC)

131

Gaetano D'Ancora attivo 1792

87. *"Guida ragionata per le Antichità e per le Curiosità Naturali di Pozzuoli e de' luoghi circonvicini di Gaetano D'Ancora Accademico Etrusco, e di altre Società letterarie"*
Onofrio Zambraia, Napoli 1792.
Prima edizione
Libro, 21,5 × 13,5 cm (chiuso);
152 pagine con figure
Aperto a p. 102, tav. XXXIV
Acquaforte, 18 × 12 cm (impronta del rame)
Iscritto: "Fabbrica rotonda a Baja, creduta Terme, oppure Tempio di Mercurio, oggi detto Truglio / Edifice en rotonde à Baies qu'on Croit avoit été des Thermes ou un Temple de Mercure appellé vulgairement Truglio"
British School at Rome Library

Provenienza: Thomas Ashby, da cui lasciato alla British School at Rome. BSR 689.POZ.9
Bibliografia: Per la stessa incisione di Giovanni Volpato, cfr. Marini, p. 102 n. 126

Questo libro costituisce la più importante guida alle antichità del Napoletano dell'epoca ed era destinato ai turisti colti. Nello stesso anno Zambraia pubblicò anche un'edizione francese, la *Guide du Voyageur pour les Antiquités et Curiosités Naturels de Pouzol*. Le tavole che corredano l'edizione italiana recano titoli sia in italiano che in francese e ogni veduta di un edificio antico è accompagnata da una tavola con la relativa planimetria. La tavola XXXIV fu incisa da G. Morghen nel 1792 e si basa su un'acquaforte di Giovanni Volpato contenuta nel volume in folio di Paolo Antonio Paoli *Avanzi delle Antichità esistenti a Pozzuoli, Cuma e Baja*, del 1768. L'acquaforte di Volpato è tratta a sua volta da un disegno di Giovanbattista Natali, pittore ufficiale del re di Napoli: una testimonianza del fascino inestinguibile di questo tipo di vedute, inizialmente concepite per un pubblico selezionato e in seguito copiate e pubblicate per illustrare le guide più vendute. (IB)

G. Morghen f. 1792

Tav. XXXIV.
Fabbrica rotonda a Baja, creduta Terme, oppure Tempio di Mercurio, oggi detto Truglio
Edifice en rotonde à Baies qu'on Croit avoir été des Thermes ou un Temple de Mercure appellé vulgairement Truglio

87

Machine sur le Canal a l'occasion de la Regate. | Macchina sopra il Canale per la Regata.

Essais d'une des Peotes faites a l'occasion de la Regate de l'anne 1716.
Saggio d'una delle Peote fatte in occasione della Regata del 1716.

88

Francesco Zucchi 1692-1764
88. *Regata in onore di Federico Augusto di Sassonia, futuro re di Polonia*
Da G.B. Albrizzi, *Forestiero illuminato intorno le cose più rare, e curiose, antiche e moderne della Città di Venezia, e dell'Isole circonvicine. Con la descrizione delle Chiese, Monisterj, Ospedali, Tesoro di San Marco, Arsenale, Fabbriche pubbliche, Pitture celebri*, Venezia 1772, p. 422
Libro, 15,5 × 10,5 cm (chiuso)
Acquaforte, 14,5 × 12,7 cm
(impronta del rame)
Iscritto: "Machine sur le Canal a l'occasion de la Regate / Macchina sopra il Canale per la Regata"
e "Essais d'une des Peotes faites a l'occasion de la Regate de l'anne 1716. / Saggio d'una delle Peote fatte in occasione della Regata del 1716."
British School at Rome Library

Provenienza: Thomas Ashby, da cui

lasciato alla British School at Rome. BSR 689.VEN (2).A.12.
Bibliografia: Morazzoni 1943, p. 230; Schlosser Magnino 1977, pp. 549 e 563; Haskell 1980, pp. 334-336. Per Albrizzi cfr. DBI

Il *Forestiero illuminato* (1a ed. 1740, ristampato fino al 1822) è la più importante guida di Venezia per la ricchezza sia delle informazioni che dell'apparato iconografico. Fu ispirata dalla *Guida de' Forestieri* di Coronelli (1699, ristampata fino al 1744). La prima edizione, dedicata a Federico Cristiano, principe elettore di Sassonia, includeva settantadue illustrazioni, alcune delle quali a piena pagina, incise da Giuseppe Filosi e Francesco Zucchi. Dato il suo enorme successo, fecero seguito tre ulteriori edizioni della Tipografia Albrizziana (1765, 1772, 1784) e altre pubblicate da Storti (1792, 1806), Bertazzoni (1795) e Tosi (1796).
Nella presente edizione, l'ultima

edita da Giambattista Albrizzi (1698-1777), le lastre di rame ormai logore per le elevate tirature non recano più la firma di Zucchi; l'aggiunta di iscrizioni in francese indica che l'opera era destinata a un pubblico internazionale. Dopo un itinerario attraverso la città, si passa a una sezione che illustra le principali celebrazioni e feste in occasione del carnevale e delle visite di importanti personaggi.
L'incisione in oggetto mostra, nella porzione superiore, la curva del Canal Grande all'altezza di Ca' Foscari e palazzo Balbi, dove una struttura architettonica galleggiante contrassegnava il punto d'arrivo della regata. Nella parte inferiore Francesco Zucchi riproduce la *bissona* con "la Cina portata in trionfo dall'Asia", una copia dell'incisione eseguita dal fratello Andrea (1679-1740) in occasione della regata tenutasi nel 1716 in onore dell'elettore di Sassonia, Federico Augusto. La guida di Albrizzi è dedicata al figlio di quest'ultimo.
Giambattista Albrizzi, insieme con il fratello Almorò, era una personalità molto attiva nella vita intellettuale veneziana. Vantava una conoscenza approfondita del mondo germanico ed era assai consapevole dell'importanza di mantenere delle relazioni internazionali per avere successo nel tipo di produzione di cui si occupava: le sue edizioni puntavano sempre al mercato internazionale ed erano soprattutto destinate ai ricchi visitatori di Venezia. Ebbe una vasta influenza nel mondo dell'editoria e si avvalse di numerosi artisti, tra cui Piazzetta, Zanetti, Pitteri e Bartolozzi. (GM)

Andrew Wilton

I luoghi

Quando il Grand Tour diventò parte integrante dell'educazione dei ricchi stranieri, l'Italia cessò di essere un luogo di generica bellezza alla Claude Lorrain o alla Poussin, o la "Terra dei Classici" descritta da Addison, per assumere una serie di identità distinte: quelle dei luoghi verso i quali erano attratti i visitatori. Quattro erano i centri principali. Il più importante fu sempre Roma, raggiunta via Firenze, dove sir Horace Mann rappresentò il governo britannico dal 1740 fino alla morte, avvenuta nel 1786. Mann soffriva di ricorrenti febbri locali e trascorreva molto tempo in quella che il suo grande amico Horace Walpole chiamava "*wet-brown-paper-hood*"; ma grazie soprattutto ai buoni uffici di Walpole, Mann fece approdare a Firenze molti viaggiatori inglesi che altrimenti non avrebbero sostato a lungo in quella città così malsana e sovraffollata. I tesori rinascimentali degli Uffizi, e in particolare della Tribuna, costituivano tuttavia un'irresistibile attrattiva per i visitatori con interessi storico-artistici. Sulla strada per Roma, gli artisti facevano sosta anche a Parma e a Bologna, dove il loro interesse quasi esclusivo per le opere del Correggio e dei Carracci tendeva a cancellare ogni vivida sensazione topografica di quei luoghi. Altre due mete turistiche a sé stanti erano il cosiddetto "ponte di Augusto" a Narni, le rovine di un'imponente struttura della Roma imperiale, e le vicine e spettacolari cascate delle Marmore, a pochi chilometri da Terni, soggetto di innumerevoli dipinti, e che secondo la testimonianza di Reynolds, ispirarono a Richard Wilson la memorabile esclamazione: "Ben fatto acqua, per Dio!" (Constable 1953, p. 26).

Il caso di Roma era molto diverso. Il suo ascendente religioso, politico ed estetico (dovuto in larga misura alla presenza del papato) faceva sì che tutti visitassero la Città Eterna, trascorrendovi in genere un lungo periodo. Le sue antichità, stupefacenti sia per numero che per dimensioni, erano costantemente studiate dagli artisti, e infatti sono il soggetto della maggior parte delle vedute settecentesche. Ma anche le chiese, le piazze e le ville della Roma moderna erano spesso raffigurate, soprattutto nelle numerose stampe che costituivano il souvenir preferito dai turisti, e che con Piranesi raggiunsero il più alto grado di perfezione. Era poi inevitabile che chi approdava a Roma facesse anche delle escursioni nei dintorni. La campagna romana, Tivoli e i colli Albani immergevano il visitatore nell'atmosfera dei dipinti di Claude Lorrain e fornivano infiniti soggetti ai pittori, soprattutto agli acquarellisti. Qui trovò ispirazione anche Wilson, la cui conversione dalla ritrattistica alla pittura di paesaggio nella tradizione di Lorrain si compì nel corso del soggiorno italiano. Non soltanto i suoi dipinti di Roma, ma anche le vedute a matita nera della città e dei dintorni, commissionategli intorno al 1754 dal secondo conte di Dartmouth, per il tramite di Thomas Jenkins (fig. 5), testimoniano quanto profondamente questi luoghi l'avessero ispirato.

La seconda città più visitata era Napoli, incastonata nel grandioso scenario pittoresco della baia e dei colli, e dominata dal Vesuvio, che con le sue occasionali eruzioni aggiungeva un tocco di eccitazione al già vivace calendario sociale della città. La maestosa reggia del Vanvitelli a Caserta era una delle moderne meraviglie della regione, e ogni giorno si organizzavano escursioni ai Campi Flegrei, sulle sponde del lago d'Averno, o a Ercolano, Pompei e Paestum, le cui rovine erano state recente-

John Robert Cozens,
*Il lago di Albano e Castel
Gandolfo*, post 1777
(particolare del n. 116).

135

mente portate alla luce. I più intrepidi, tra i quali Goethe e Payne Knight, si spinsero fino in Sicilia, per visitare le rovine dei templi dorici della Magna Grecia. La bellezza di Napoli incoraggiò un fiorente mercato di vedute-ricordo, eseguite da artisti di vario talento, da modesti decoratori di ventagli a raffinati pittori quali "Titta" Lusieri o innovatori come Thomas Jones e Wright of Derby. Il più rappresentativo di questi pittori fu forse il prolifico Pietro Fabris, le cui liriche vedute della baia, desunte da Vernet, esprimono lo spirito di Napoli negli anni d'oro del Grand Tour (fig. 6).

Venezia, per via della sua posizione geografica ai confini nordorientali della penisola, era il primo o l'ultimo scalo, e talvolta entrambi. La città lagunare era stata per molti secoli un importante centro commerciale, e la sua tradizionale indipendenza ne aveva fatto la meta di commercianti e diplomatici. I turisti la visitavano spesso di passaggio, ma molti ne restavano talmente affascinati da prolungare il soggiorno. La sua scuola di vedutisti, inaugurata da Luca Carlevarijs e che aveva raggiunto il massimo prestigio con Canaletto e Guardi, era patrocinata da numerosi collezionisti stranieri. Il console britannico a Venezia, Joseph Smith, aveva contribuito all'enorme popolarità di Canaletto in Inghilterra, e fu grazie a lui se un importante gruppo di opere del maestro veneziano entrò a far parte della Royal Collection (Queens Gallery 1980). Questi artisti misero a punto un nuovo genere: luminose e scintillanti scene di feste e parate che illustravano gli antichi fasti della grande città mercantile ormai al tramonto e che vennero riprodotte in un'infinità di incisioni destinate ai turisti. Alla Serenissima, il quarto dei grandi centri visitati dai viaggiatori stranieri, è dedicato ampio spazio in un'altra sezione della mostra che ha come tema specifico le pubbliche cerimonie e le feste.

Fig. 5. Richard Wilson, *Il monte Palatino*, 1754, matita nera su carta grigia. Cecil Higgins Museum and Art Gallery, Bedford.

Fig. 6. Pietro Fabris, *Il golfo di Napoli*, 1772, olio su tela. Collezione privata. Foto courtesy Sotheby's.

Firenze

La principale attrattiva di Firenze era la Galleria (oggi gli Uffizi). I custodi del museo "riservavano sempre come *buon boccone...* la magnifica sala ottagonale detta Tribuna, che assomiglia a un tempietto abitato dagli dei" (Wright 1730). Qui il visitatore poteva ammirare la *Venere de' Medici*, che i connoisseur identificavano con l'essenza della bellezza. Successivamente, i turisti stranieri presero ad apprezzare anche i dipinti della galleria e ad "accettare" la "famosa Venere di Tiziano, l'opera d'arte più incantevole ch'io abbia mai visto" (sir James Hall, 10 novembre 1784; National Library of Scotland MS 6326). I cambiamenti apportati a questa sala nel corso degli anni sono stati registrati nei dipinti e nei disegni di Giulio Pignatta, sir Roger Newdigate (McCarthy 1991), Benedetto de Greyss (Heikamp 1969), Giuseppe Bianchi (Barocchi e Bertelà 1986) e Zoffany (n. 91).

Anche le personalità erano importanti. Sir Horace Mann, nominato residente britannico a Firenze nel 1740, era il primo contatto per il viaggiatore inglese. Baronetto e Cavaliere del Bagno, tra il 1782 e il 1786, anno della sua morte, Mann ricoprì il ruolo di inviato straordinario e ministro plenipotenziario. Poiché nelle stato pontificio non vi erano rappresentanti del governo britannico, all'inizio della sua carriera Mann aveva seguito gli spostamenti del giovane pretendente al trono d'Inghilterra, esiliato in Italia, attraverso una rete di spie. In seguito, come ricorda Edward Gibbon, "la principale attività [di sir Horace Mann] fu quella di intrattenere gli inglesi alla sua ospitale tavola". Mann era amico di Thomas Patch, i cui interessi comprendevano la fisiognomica e l'arte del Quattrocento (Maser 1972) e che si guadagnava da vivere eseguendo vedute topografiche (n. 89) e spiritose caricature di gruppo (nn. 41-42 e 90) oltre che come mercante d'arte.

La *Tribuna* di Zoffany (n. 91) ci mostra due gruppi di amici: Mann e Patch attorno alle due Veneri e lord Cowper (cfr. n. 47) che ammira altre opere d'arte in compagnia di Johann Zoffany. A Firenze, nel 1760, Cowper (all'epoca lord Fordwich) si innamorò della marchesa Corsi e si rifiutò di tornare in Inghilterra. Cowper era una persona arrogante, che coltivava interessi dilettanteschi per la scienza, la musica e la pittura, e che disponeva di mezzi sufficienti non solo per coltivare queste sue passioni, ma anche per mettersi in vista presso il granduca. Egli commissionò opere ad Anton Raphael Mengs (cfr. n. 24), a Francis Harwood, che realizzò la tomba di suo padre (Belsey 1980), e a Giuseppe Macpherson, autore di copie in miniatura degli autoritratti della collezione fiorentina (Fleming 1959) che Cowper donò in seguito a Giorgio III. Cowper acquistava dipinti dagli artisti in visita a Firenze, procurava loro il permesso di eseguire copie nella Galleria e convinceva le autorità ad acquistare i loro autoritratti (n. 24) per la collezione. Con l'aiuto di Zoffany, raccolse una straordinaria collezione di dipinti, che comprendeva opere di Raffaello, Dolci, Fra Bartolomeo, Puligo e Pontormo (Rousseau 1994).

I viaggiatori inglesi erano soliti risiedere in un albergo gestito da Charles Hadfield in oltrarno, accanto a palazzo Manetti, residenza di Mann, e loro mete favorite erano il duomo, la cappella Medici, palazzo Pitti e l'Opificio delle pietre dure agli Uffizi. Quelli con il gusto del macabro andavano anche a vedere i modelli anatomici di cera al Gabinetto Fisico. Tra Natale e Pasqua, a Firenze non mancavano gli appuntamenti operistici e teatrali, senza contare poi le manifestazioni del carnevale. Nel 1785, la signora Piozzi sottolineava: "Firenze è la più bella città che abbia mai visto... ma forse l'ho già detto prima, continuo a ripeterlo".

89

Thomas Patch 1725-1782
89. *Veduta panoramica di Firenze
da Bellosguardo*, 1775
Olio su tela, 94,6 × 158,2 cm
Iscritto in basso a destra: "T Patch
f. 1775", la T e la P monogrammati
Yale Center for British Art, Paul
Mellon Collection

Provenienza: ?Collezione Mrs Catherine Farwell, Durnham, Buckin-
ghamshire; ...; vendita Norton Simon, Sotheby's, 27 giugno 1973
(25, ripr.), acquistato da John
Baskett; acquistato da Paul Mellon e
donato allo Yale Center for British
Art, dicembre 1973
Esposizioni: Santa Barbara 1982 (4)
Bibliografia: Millar 1969, p. 89

Per guadagnarsi da vivere, Thomas
Patch dipinse vedute topografiche di
Firenze, raffigurando in alcune l'Arno e in altre piazza della Signoria e
scorci panoramici della città. In questa veduta da Bellosguardo (il nome

non potrebbe essere più appropriato)
sono visibili tutti gli edifici più
importanti della città, e cioè, da sinistra a destra: porta San Frediano,
San Lorenzo, il duomo con il campanile, palazzo Gran Duca (oggi
Palazzo Vecchio) e palazzo Pitti.
Sebbene la porzione in primo piano
non sia fedele alla realtà, è evidente
che il muro all'estrema destra cinge il
giardino di villa Fioravanti.
Si tratta della veduta panoramica di
maggior successo fra quelle dipinte
da Patch. Di questa tela, infatti, si
conservano alcune varianti, con
gruppi diversi di figure, presso la
Royal Collection, la Cassa di Rispar-
mio di Firenze e il Royal Albert
Memorial Museum di Exeter.
Le vedute realizzate da Patch sono
giustamente accostate alle ventiqua-
tro acqueforti di Firenze eseguite da
Giuseppe Zocchi e pubblicate per la
prima volta nel 1744. Per quanto
riguarda il dipinto in esame, tuttavia, lo stile paesaggistico è affine a
quello di Claude Lorrain e sostiene

validamente il confronto con il *Paesaggio con Apollo* dell'artista francese
(National Gallery of Scotland, Edimburgo), opera proveniente dal romano palazzo Muti e venduta da Patch
a sir William Lowther nel 1755 (Russell 1975). (HB)

Thomas Patch 1725-1782
90. *Riunione di dilettanti
in una sala di sculture*, 1760-61 ca
Olio su tela, 137,2 × 228,6 cm
Sir Brinsley Ford, CBE

Provenienza: Forse dipinto per Henry Lowther; per discendenza a William, secondo conte di Lonsdale;
vendita del suo esecutore testamentario, Christie's, 18 giugno 1887
(814) [come A. Pond] acquistato da
J. Watson; ...; presso Lyndon Vicars
of Betws-y-coed; sir Clayton Russon;
sir Brinsley Ford 1961
Esposizioni: Monaco 1979 (132,
ripr.); Oxford 1981 (28, ripr.); V&A
1984 (fuori catalogo)

90

Bibliografia: Ford 1963, pp. 172-176 (ripr.); Paulson 1975, p. 142, tav. 80

L'azione ha luogo in una sala-galleria immaginaria, dove sono riunite le più famose sculture esposte a Firenze. Con l'eccezione di *Cupido e Psiche* – sostituito da Patch con *Mercurio* – la tela include tutte le sculture presenti nella *Tribuna* di Zoffany (n. 91). Sfortunatamente, solo alcuni degli astanti sono identificabili.

Patch è raffigurato mentre spiega i pregi della *Venere de' Medici* al centro della tela, assistito dai commenti di sir Horace Mann, che addita la statua dal lato opposto. Un'altra figura, sulla destra, indica la statua dell'*Arrotino*: si tratta di Valentino, la guida che appare in un'altra *conversation piece* di Patch (cfr. n. 42). La stessa statua è ammirata anche da lord Cowper, la seconda figura da destra.

Il solo personaggio che ha un contatto diretto con le sculture è quello appoggiato con noncuranza sul piedistallo dei *Lottatori*; si è tentati di identificarlo come un funzionario della galleria. Nessuna delle altre figure mostra qualche interesse per le opere d'arte. Come negli *Asini d'oro* (n. 41), Patch ridicoleggia i turisti per l'indifferenza dimostrata nei confronti dei capolavori della scultura classica a Firenze. Che nella sala figurino esclusivamente opere di scultura potrebbe voler alludere all'ancora maggiore indifferenza da parte dei turisti per la pittura (Whitehead 1983). (HB)

Johann Zoffany 1733-1810
91. *La Tribuna degli Uffizi*, 1772-78/79
Olio su tela, 123,5 × 155 cm
The Royal Collection
Sua Maestà la Regina d'Inghilterra Elisabetta II

Provenienza: Commissionato dalla regina Carlotta nel 1772 e documentato per la prima volta a Kew nel 1788

Esposizioni: RA 1780 (68); NPG 1976 (76, ripr.); Norwich 1985 (109, ripr.)

Bibliografia: Millar 1967, passim; Millar 1969, pp. 154-155, tavv. 40-42; Paulson 1975, pp. 138-148, tav. 77; Pressly 1987, pp. 88-97, tavv. 2-3

Questo dipinto venne commissionato dalla regina Carlotta nel 1772 ed è diventato una delle più famose evocazioni della connoisseurship settecentesca e del Grand Tour. Alla fine del 1773 la tela era quasi terminata, ma Zoffany l'abbandonò per dedicarsi ad altre commissioni di ritratti per Pietro Leopoldo, granduca di Toscana, suo fratello maggiore Giuseppe II, arciduca d'Austria, e lord Cowper (cfr. n. 47). Di quest'ultimo fu anche consigliere e gli permise di mettere insieme una splendida serie di dipinti fiorentini. Nella *Tribuna* Zoffany registra questa sua nuova attività inserendo tra le

91

altre la propria figura, con sul volto un sorrisetto ossequioso, mentre regge una *Madonna col Bambino* di Raffaello (National Gallery of Art, Washington), acquistato da Cowper per farne dono a re Giorgio III nella speranza di averne in cambio un titolo nobiliare più elevato. Il gruppo di persone intorno a Cowper e a Zoffany sulla sinistra del dipinto appare impegnato in un attento esame del dipinto di Raffaello, del gruppo di *Cupido e Psiche* e del *Satiro con i cembali*.

A destra, sir Horace Mann, raffigurato in primo piano dritto sull'attenti e decorato dell'Ordine del Bagno,

sta ascoltando l'amico Thomas Patch (cfr. n. 41) che confronta i meriti della *Venere di Urbino* di Tiziano con quelli di una delle sculture della galleria, i *Lottatori*. (È stato ipotizzato che la mano sinistra di Patch indichi le sue preferenze sessuali.) A destra, alcuni giovani turisti, tra cui figura l'esploratore dell'Africa sir James Bruce, descritto da Zoffany come "il portento dell'epoca, terrore degli uomini sposati e amante instancabile" (Manners e Williamson 1920), covano con gli occhi la *Venere de' Medici*. Da fonti contemporanee risulta che i due gruppi non comunicassero in società

e i loro diversi approcci alle bellezze di Firenze sono uno dei temi esaminati nel dipinto. (HB)

John Wilton-Ely

Roma

Se il Grand Tour era un pellegrinaggio culturale, Roma rappresentava il sacro traguardo alla fine di un viaggio lungo, arduo e spesso pericoloso. L'impatto quasi mistico della Città Eterna su un giovane di cultura classica è efficacemente descritto da Edward Gibbon, che così ricordava: "A distanza di venticinque anni, non riesco né a scordare né a esprimere le forti emozioni che agitarono la mia mente la prima volta che varcai le mura della Città Eterna. Dopo una notte insonne percorsi con passo orgoglioso le rovine del Foro; ogni luogo memorabile dove Romolo aveva sostato, Tullio aveva parlato o Cesare era caduto si presentava subito al mio sguardo; soltanto dopo aver sprecato, o essermi goduto, parecchi giorni di entusiastica intossicazione, potei osservare quei siti con occhio più freddo e attento" (Gibbon 1923, pp. 158-159).

Come del resto ancora oggi, le vestigia del passato incombevano sulla Roma settecentesca. Nonostante la popolazione all'interno delle mura aureliane fosse scesa a 150.000 abitanti rispetto al milione e più che vi risiedeva sotto Augusto (com'è chiaramente dimostrato dalla pianta di Nolli, n. 66), a partire dal XV secolo i vari papi che si erano succeduti sul trono pontificio avevano cercato di far rivivere un senso di *grandeur* imperiale creando un tracciato urbano di taglio monumentale. Al complesso sistema dei percorsi di pellegrinaggio dell'epoca di papa Sisto V, che collegavano tra loro le sette basiliche, ai monumenti e agli spazi barocchi dell'era berniniana si erano aggiunti all'inizio del XVIII secolo le facciate di Santa Maria Maggiore e del Laterano, la scalinata di Trinità dei Monti, la fontana di Trevi e i grandi edifici amministrativi come il palazzo della Consulta adiacente al Quirinale. Tuttavia, se paragonata a Londra o a Parigi, dal punto di vista sociale Roma era sostanzialmente una città di provincia, dominata dalla corte papale, dalle famiglie principesche dei Colonna, dei Massimo e degli Orsini, e dai discendenti dei "nipoti" papali quali i Chigi, i Pamphilj, i Borghese e i Corsini, le cui vaste collezioni private facevano concorrenza ai Musei Vaticani. Inoltre, dal punto di vista politico, Roma non godeva più della ricchezza e della prosperità del Seicento e il papato si trovò ad attraversare una serie di crisi politiche e spirituali, che culminarono nella soppressione forzata dei gesuiti nel 1773 e nell'umiliazione finale con la proclamazione della Repubblica romana nel 1798 e l'esilio di Pio VI in Francia l'anno successivo.

Con la sua infinita capacità di ripresa, nel corso del XVIII secolo Roma superò le avversità e diventò il principale centro europeo di scambi internazionali e culturali, attirando importanti artisti e architetti, oltre a eruditi e scrittori di prestigio. In questa eccezionale comunità che risiedeva nella capitale dell'illuminismo europeo, sia attraverso il dibattito polemico sia tramite un nuovo approccio visivo all'antichità durante la seconda metà del secolo, sarebbero nate le idee destinate a dare vita al movimento neoclassico. Questa vasta comunità artistica era presieduta dall'Accademia di San Luca, che organizzava concorsi aperti, come ad esempio il Clementino, tenuti in gran conto dagli artisti stranieri in visita alla città, e l'Académie de France, fondata nel 1666, che aveva la sua sede sul Corso. Altrettanto cosmopolita era la schiera di mecenati e collezionisti che aveva dato origine al fenomeno del Grand Tour. I visitatori avevano fatto sorgere una vera e propria industria – alberghi, trasporti, ciceroni, guide e piante della città, ritratti e souvenir di ogni tipo, oltre al mercato dell'arte, la riproduzione dei capolavori più ammirati e il restauro di sculture e antichità – che non solo era strettamente collegata a questo ambiente intellettuale e artistico, ma costituiva per Roma una delle principali fonti di reddito e di impiego, seconda soltanto alla chiesa.

92

Richard Wilson 1713-1782
92. *Roma: San Pietro e il Vaticano visti dal Gianicolo*, 1753-54
Olio su tela, 100,3 × 139 cm
Tate Gallery. Acquistato con il contributo del National Art Collections Fund e di un donatore anonimo, 1974

Provenienza: Dipinto a Roma per il secondo conte di Dartmouth, 1753 ca; per discendenza a lady Templemore e presso di lei acquistato dalla Tate Gallery, Londra, 1974
Esposizioni: Tate 1982 (68, ripr.)

Si tratta di una delle due vedute di Roma commissionate da William Legge, secondo conte di Dartmouth (1731-1801), giunto a Roma nel 1753 durante il suo Grand Tour. Mostra il Vaticano visto dall'alto del Gianicolo, oltre la cinta delle mura, sul far della sera, con Monte Mario in lontananza. Il suo pendant (Yale Center for British Art, New Haven) è firmato e datato 1753 e ritrae una veduta altrettanto famosa della città moderna vista da villa Madama.
Wilson risiedeva a Roma da oltre un anno e aveva deciso di abbandonare la ritrattistica per dedicarsi alla pittura di paesaggi. Lord Dartmouth, tramite la mediazione di Thomas Jenkins, ne divenne il principale committente in Italia. Nella sua collezione, oltre agli oli, figuravano oltre sessanta disegni di Wilson, tra cui una splendida serie di venti vedute di Roma e dintorni. Queste composizioni sarebbero entrate a far parte del repertorio wilsoniano di vedute italiane; con lievi variazioni, dopo il ritorno in Inghilterra l'artista le dipinse ripetutamente.
In questa immagine risulta evidente che Wilson è "catturato" dalla particolare qualità della luce in Italia e che sta tentando di seguire le orme del suo idolo, Claude Lorrain. La veduta equilibra attentamente il panorama topografico della città moderna, dominato dalla cupola di San Pietro, con un'evocazione delle glorie del suo passato classico, ottenuta in questo caso collocando in primo piano un famoso rilievo antico della collezione Medici, raffigurante le Menadi che conducono un toro al sacrificio. (EE)

Gaspar van Wittel 1651-1736
93. *Piazza San Pietro, Roma*, 1715
Olio su tela, 56,5 × 110,5 cm
Firmato e datato su una colonna al centro: "Gaspar van Wittel, Roma 1715"
Courtesy of the Earl of Leicester and the Trustees of the Holkham Estate

Provenienza: Probabilmente acquistato da Thomas Coke (1697-1759), futuro primo conte di Leicester,

93

94

Gaspar van Wittel 1651-1736
94. *Il Colosseo con l'arco
di Costantino*, 1716
Olio su tela, 56 × 108 cm
Firmato e datato su un frammento
marmoreo al centro: "Gasparo
Van Witel, Roma 1716"
Courtesy of the Earl of Leicester
and the Trustees of the Holkham
Estate

Provenienza: Acquistato da Thomas
Coke, futuro primo conte di Leicester, presso lo stesso van Wittel a
Roma, 16 luglio 1716; per discendenza a Holkham
Esposizioni: 's-Hertogenbosch 1984
(82, ripr. a col.); Washington 1985
(184, ripr. a col.)
Bibliografia: Briganti 1996, pp. 153-
154 n. 56

Il Colosseo è stato tra i soggetti preferiti dai pittori che, fin dal Cinquecento, ritraevano le rovine di Roma.
Malgrado l'interesse di Gaspar van
Wittel verso il ritratto della città moderna, sono numerosi i suoi dipinti
che descrivono da diverse angolazio-
ni l'Anfiteatro Flavio. Nella tela presa in esame esso è visto dalle pendici
del terrazzamento su cui sono le rovine del tempio di Venere e Roma.
Allora era l'orto dei frati di Santa
Francesca Romana, corrispondente
oggi al punto in cui sbocca la via dei
Fori Imperiali. A destra si vedono i
resti della Meta Sudante e l'arco di
Costantino; tra questo e il Colosseo
la Vigna Paganica, oltre la quale si
vedono i ruderi della Curia Ostilia
con il giardino del Noviziato dei
Missionari, il campanile e la chiesa
dei Santi Giovanni e Paolo e le tre
cappelle di San Gregorio al Celio.
All'estrema sinistra l'innesto della via
del Colosseo, le pendici del colle
Oppio e le case prospettanti sulla via
Labicana. Briganti segnala oltre questo altri tre dipinti con la stessa
inquadratura. Per nuovi documenti
sulla provenienza, cfr. Briganti
1966. (LDM)

presso lo stesso van Wittel a Firenze,
29 aprile 1717; per discendenza a
Holkham
Esposizioni: Mancester 1988 (24)
Bibliografia: Briganti 1996, pp. 171-
172 n. 108

Giuliano Briganti ha segnalato che,
oltre a questa, esistono almeno altre
sette vedute della piazza realizzate da
Gaspar van Wittel – in Italia noto
anche come Gaspare Vanvitelli – (tra
cui la più importante è quella al
Kunsthistorisches Museum di Vienna), riprese dallo stesso punto di
vista e derivate dallo stesso disegno
preparatorio, utilizzato pure per
un'incisione che illustra il progetto
dell'ingegnere idraulico Cornelis
Meyer per l'utilizzo dell'obelisco
vaticano come meridiana. Potrebbe
trattarsi del disegno (incompleto,
però, in alcuni punti come la cupola
e la testata del colonnato a sinistra)
conservato nella Biblioteca Naziona-

le di Roma e databile al penultimo
decennio del Seicento. È la veduta
presa da piazza Rusticucci – scomparsa con l'apertura di via della Con-
ciliazione nel 1937 – dal solo punto
di vista che permette di vedere insieme i due bracci del portico berninia-
no, le fontane, l'obelisco, la facciata,
la cupola e i palazzi vaticani.
Malgrado sia un punto di vista quasi
obbligato per una visione così totale,
si può ben affermare che anche in
questo caso van Wittel fissa i para-
metri visivi e il punto di vista con cui
nei secoli successivi si guarderà alla
piazza.
Il dipinto in esame fa parte di una
serie di tele di identiche dimensioni,
tutte nella collezione del conte di
Leicester (cfr. n. 94). Per nuovi
documenti sulla provenienza, cfr.
Briganti 1966. (LDM)

143

95

Louis Ducros 1748-1810
95. *Il granduca Paolo Romanov e il suo seguito al Forum Romanum,* 1782
Olio su tela, 99 × 137 cm
Palazzo-Museo Pavlovsk, Russia

Provenienza: Commissionato dal granduca Paolo Romanov; principe Grigorij Aleksandrovič Potëmkin, acquistato da Caterina II nel 1799, trasferito a Gatčina dallo zar Paolo I nel 1799; collezione privata, Mosca; acquistato dal museo nel 1974
Esposizioni: Kenwood 1985-86, fig. P; Miami 1995 (senza catalogo)
Bibliografia: Pavlovsk 1993, ripr. p. 27

Due dei primi oli dipinti da Ducros (cfr. n. 58) vennero commissionati dal granduca Paolo Romanov, figlio di Caterina II e futuro zar Paolo I, durante la sua permanenza in Italia. Il granduca intraprese il suo viaggio attraverso l'Europa, in veste non ufficiale, il 19 settembre 1781 in compagnia della moglie Maria Feodorov-

na sotto il nome di "Comte et Comtesse du Nord".
Venezia fu tra le prime città italiane visitate dalla coppia, che vi ricevette un'accoglienza trionfale: in suo onore vennero organizzati un banchetto dopo l'altro e indette fastose celebrazioni, di alcune delle quali esiste una testimonianza pittorica (cfr. nn. 132-134 e 141-142).
Una delle prime visite compiute a Roma fu quella allo studio di Pompeo Batoni, che avrebbe eseguito i loro ritratti in collaborazione con l'allievo Johann Puhlmann. La loro guida, Johann Friedrich Reiffenstein, direttore dell'Accademia d'arte russa a Roma, li condusse negli studi di Angelica Kauffmann, Philipp Hackert e Giovanni Volpato, e fu certamente tramite quest'ultimo che il granduca entrò in contatto con Ducros, cui commissionò due dipinti che documentassero la sua visita a Roma.
L'illustre coppia ha scelto il Foro Romano (Campo Vaccino) come fondale per uno dei due dipinti (cfr.

pendant, n. 96). I visitatori si sono radunati ai piedi del Campidoglio e un paggio è ancora intento ad aggiustare la sciarpa della giovane duchessa. L'uomo che sta di fronte al gruppo sembra impegnato a organizzare le pose per il ritratto. Le figure sul lato sinistro sono le guardie del granduca, mentre a destra si è riunito un gruppetto di donne e bambini che osservano meravigliati gli eleganti personaggi. L'immagine è incorniciata da un lato dall'imponente facciata colonnata del tempio di Saturno e, a sinistra, da una quercia che cela l'arco di Settimio Severo. Sullo sfondo si vedono le colonne del tempio dei Dioscuri, le arcate monumentali della basilica di Massenzio e l'arco di Tito, con dietro i colli Albani. (PL)

144

Tivoli e la campagna romana

La campagna attorno a Roma, la vasta pianura compresa tra Tivoli e i monti Sabini a est e i colli Albani a sud, esercitò una speciale attrazione sui visitatori stranieri del XVIII secolo. Era il paesaggio solitamente associato alla storia e alla civiltà di Roma, dove si erano svolte le battaglie tra le antiche tribù del Lazio e i sabini, i volsci e gli etruschi. I resti dei templi, delle tombe e delle ville, pittoreschi monumenti dell'età imperiale, costellavano il paesaggio deliziando il viaggiatore non digiuno di storia e letteratura antiche. "In questa campagna, la nostra memoria vede più dei nostri occhi", scrisse nel 1740 Horace Walpole, sottolineando la forte influenza che il passato esercitava sulla sensibilità del visitatore. Ma oltre all'antica Roma e alle sue glorie, il paesaggio della campagna romana evocava anche l'Arcadia pastorale, cantata nelle poesie di Teocrito, Virgilio e Orazio. Nei secoli precedenti, questa tradizione aveva trovato espressione pittorica nei dipinti di Claude Lorrain e Dughet, sempre presenti nei pensieri degli artisti o dei viaggiatori che esploravano la regione.

Tivoli, l'antica Tibur, durante l'età imperiale era stata la residenza estiva preferita dai romani, e la suggestiva bellezza del suo paesaggio era stata celebrata dai poeti, primo fra tutti Orazio. Per il visitatore settecentesco, queste associazioni classiche erano perfettamente espresse nelle nobili rovine della villa Adriana, della cosiddetta villa di Mecenate e del tempio della Sibilla a Tivoli, appollaiato sopra le cascate del fiume Aniene. Come osservò Addison nel 1705: "I pittori sovente vengono da Roma per studiare questo paesaggio". Tivoli continuò ad attrarre visitatori per tutto il corso del secolo. Nel 1758 il pittore Jonathan Skelton annotava: "È evidente che l'antica città di Tivoli è stata l'unica scuola alla quale hanno studiato i nostri due più famosi paesaggisti, Claude Lorrain e Poussin. Hanno entrambi tratto di qui la loro maniera di dipingere... Su un lato, dalla piatta cima di un'alta montagna, si possono contemplare molte delle piacevolissime composizioni di Claude Lorrain ambientate nella campagna romana... Sull'altro lato, la romantica natura selvaggia ci rammenta Gasper Poussin". Vent'anni dopo, Thomas Jones avrebbe rilevato ancora più nettamente i contrasti di questa "località classica": "I caratteri di queste due [zone] sono completamente diversi". Il paesaggio nei dintorni di Albano e Frascati con i "laghi dalle acque calme e trasparenti – che riflettono come specchi la verzura delle sponde ombrose – le dolci colline – dalle cui sommità verdeggianti emergono torrette e cupole – e sullo sfondo l'ampia distesa del mare, la piatta *campagna romana*... o le vette frastagliate degli *Appennini*...", mentre "a Tivoli gli spumeggianti torrenti precipitano negli abissi con lo spaventoso frastuono di un'orrida *grandeur*. Le enormi masse di pietra sorgono improvvise... coronate da antiche torri e templi, e i loro fianchi perpendicolari non consentono la crescita della vegetazione, lasciando esposta la nuda roccia... In breve, Gasper Poussin sembra aver forgiato il suo stile in questa regione, e Claude Lorrain nell'altra" (16 novembre 1777). Il poeta Thomas Gray fu fortemente impressionato dalla potenza e dalla forza manifestate dalla natura nella Grande Cascata: "È la visione più nobile del mondo". Per chi era invece interessato alle antichità, come Allan Ramsay, alla ricerca del sito della casa di campagna di Orazio nella Sabina, o Richard Colt Hoare, sulle tracce della Via Appia, l'estatico piacere delle "scene dorate" e dei "campi poetici" descritti da Addison era mitigato da un approccio al paesaggio e all'antichità più rigorosamente storico.

La più significativa e romantica evocazione di questo paesaggio è forse quella degli acquerelli di J.R. Cozens, nei quali il passato e il presente, l'arte e la natura si fondono producendo un effetto indimenticabile: "Tutta poesia", come scrisse Constable.

96

Louis Ducros 1748-1810
96. *Il granduca Paolo Romanov*
e la granduchessa Maria Feodorovna
a Tivoli, 1782 ca
Olio su tela, 99 × 137 cm
Palazzo-Museo Pavlovsk, Russia

Provenienza: Cfr. n. 95
Esposizioni: Kenwood 1985-86 (56,
ripr.); Miami 1995 (senza catalogo)
Bibliografia: Pavlovsk 1993, ripr. p.
27

Una visita ai luoghi d'interesse di
Tivoli, tra cui il tempio della Sibilla,
la villa di Mecenate, la villa Grego-
riana e la villa d'Este, era la tappa
obbligata di ogni Grand Tour. Ci
andò anche il granduca Paolo Romanov, accompagnato da Ducros, al
quale poi commissionò questa vedu-

ta della cascata e della grotta di Nettuno, come pendant al dipinto del
Foro Romano (n. 95).
La grotta inondata dall'acqua è sca-
vata nella roccia proprio sotto il tempio della Sibilla. Una bizzarra formazione rocciosa crea uno stretto
ingresso, attraverso il quale si ha uno
scorcio della tumultuosa cascata.
Nella sua raffigurazione delle bellezze della natura, Ducros ha prestato
grande attenzione ai particolari e ha
reso brillantemente la potenza del-
l'acqua scrosciante, gli spruzzi vapo-
rosi, i riflessi e la lussureggiante vegetazione. I visitatori, malgrado l'alto
rango, sono trattati come semplici
elementi costitutivi del paesaggio. A
differenza delle consuete vedute pit-
toresche di Tivoli che in genere
ritraggono il tempio della Sibilla

posto sopra la cascata, questa di
Ducros privilegia un punto di vista
originale, con l'obiettivo di dare
risalto al dramma naturale della
scena.
Ducros eseguì numerosi schizzi di
questa veduta (Musée Cantonal des
Beaux-Arts, Losanna). Dal dipinto
finale Raffaello Morghen trasse
un'incisione. (PL)

97

Richard Wilson 1713-1782
97. *Tivoli: il tempio della Sibilla*
e la campagna romana, 1752
Olio su tela, 50 × 66 cm
Iscritto sul parapetto in basso
a sinistra: "RW", e sul verso:
"JOSEPH HENRY / TIVOLI 2 / R:
WILSON PINXIT / 1752 / NO. 2"
in una grafia ignota dell'epoca
The National Gallery of Ireland

Provenienza: Dipinto per Joseph
Henry, di Straffan (Kildare), a Roma
nel 1752; ...; venduto dai "Trustees
of a Charitable Institution", Foster's,
25 maggio 1870 (113, "Richard
Wilson. Veduta a Tivoli; bell'effetto
solare", insieme con 113A, "Dipinto
pendant"), ?acquistato da Arnold e
venduto lo stesso anno a Barbara,
contessa di Milltown; donato, con il
pendant, alla National Gallery of
Ireland nell'ambito della donazione
Milltown, 1902
Esposizioni: Tate 1982 (66, ripr.)
Bibliografia: Wynne 1974, pp. 110-

111, fig. 20; Clark e Bowron 1985,
pp. 233-234, 250-251

Considerato che le iscrizioni coeve
sul verso di questo dipinto e del suo
pendant sono quasi identiche, risulta
assodato che la coppia venne acquistata a Roma nel 1752 da James
Henry, di Straffan (Kildare). James,
figlio del banchiere dublinese Hugh
Henry, visitò l'Italia in compagnia
dello zio Joseph Leeson, il futuro
primo conte di Milltown, tra il 1750
e il 1752. Leeson si era recato per la
prima volta in Italia nel 1744 ed era
stato il primo anglosassone a posare
per Batoni; questa volta toccò a suo
figlio Joseph, il futuro secondo
conte, e a suo nipote farsi ritrarre
dall'artista italiano.
Leeson acquistò per la sua residenza
di Russborough una nutrita serie di
opere italiane per *Grand Tourists* e
sia lui che suo nipote possedevano
gruppi caricaturali dipinti da Reynolds a Roma, nei quali figuravano

essi stessi. Fin dal Seicento, per la sua
superba posizione e le stimolanti
associazioni con Virgilio e Orazio,
Tivoli aveva costituito un polo d'attrazione sia per i viaggiatori che per
gli artisti.
La tecnica insolitamente ricca, gene-
rosa, quasi frenetica, come anche la
presenza dell'artista al lavoro in tutte e due le tele, suggeriscono che esse
siano state dipinte, almeno in parte,
sul posto; forse a una fase successiva
sono assegnabili la composizione e
l'aggiunta della zona in primo
piano.
Subito dopo il suo arrivo in Italia,
dove visse dal 1750 al 1756 o 1757,
Wilson decise di abbandonare la
ritrattistica per il paesaggio, e questi
due dipinti trasmettono l'entusiasmo delle prime esperienze. L'artista
avrebbe ripreso molte volte questi
motivi nel corso della sua vita, ma
mai con la freschezza e immediatez-
za presenti in questi dipinti di paesaggi italiani reali. (EE)

Leonardo Di Mauro

Napoli e il Sud

Negli anni del Grand Tour il regno esteso dell'Italia meridionale prendeva nome dalla capitale, Napoli: un ruolo egemone che la città mantenne anche nel campo del vedutismo. Napoli era il soggetto ricorrente nei dipinti relativi al Sud, o meglio Napoli e i suoi dintorni, perché da sempre l'immagine della città era inseparabile da quella dell'ambiente circostante.

Malgrado la fortuna iconografica presso gli artisti, la raffigurazione appare quasi monotona. Nelle descrizioni scritte emergono tre aspetti: lo splendore dell'ambiente naturale, la ricchezza delle chiese e l'affollamento della città, "paradiso abitato dai diavoli". L'iconografia napoletana registrò solo il primo: la città prospettante sul mare e ritratta da ogni angolazione. Se si eccettuano alcune tele di Joli commissionate da lord Brudenell (cfr. nn. 148-149), la raffigurazione delle strade sembra ancora rifarsi alla tradizione del Seicento, che aveva ritratto i luoghi dove era la sede del potere o che erano stati teatro di eventi memorabili: il largo di Palazzo e quello di Castello, la piazza del Mercato, il Mercatello, il ponte della Maddalena. Nella seconda metà del Settecento iniziò la raffigurazione della città dalle colline, culminante nell'invenzione ottocentesca dello stereotipo ancora dominante: Napoli vista da Posillipo con il pino in primo piano e il Vesuvio sullo sfondo.

Più rispondente alle descrizioni scritte è la raffigurazione dei dintorni. Tutte le tappe del Grand Tour flegreo (cfr. n. 100) e vesuviano trovano corrispondenza nell'iconografia (a eccezione di Pompei ed Ercolano, di cui per decenni fu proibita la raffigurazione, ma che ritroviamo in dipinti di Jakob Philipp Hackert e Pietro Fabris, nonché in illustrazioni commissionate da Saint-Non; cfr. nn. 179-181). *Topoi* ricorrenti: la Grotta di Posillipo e il "Sepolcro di Virgilio", palazzo Donn'Anna – quasi un rudere moderno – e gli autentici ruderi sulla costa di Posillipo, Pozzuoli, la Solfatara, gli Astroni, Baia, il lago d'Averno (cfr. nn. 100, 103, 182-183) e poi il Vesuvio in tutte le ore e le stagioni, e da ogni versante (cfr. nn. 98, 101-102). Tra i centri costieri sembrò concentrarsi su Castellammare, mentre Portici e Torre del Greco (cfr. n. 122), malgrado il fiorire delle ville, non incontrarono il favore dei pittori, che erano poi tutti quelli operanti nell'arco del secolo in città, da Gaspar van Wittel fino a Giovan Battista Lusieri e Louis Ducros.

Con l'Ottocento la situazione muterà e quasi non vi sarà nel golfo di Napoli anfratto, spiaggia, grotta che non appaiano degni di raffigurazione. Il resto del regno appare pressoché ignorato dal Grand Tour; solo Paestum diventerà a un certo momento una tappa quasi obbligata (cfr. nn. 184-185), l'immagine più accessibile e più vicina della Grecia antica diffusa dalle incisioni di Piranesi, dalle tele di Joli, dagli acquarelli di Lusieri e dalle commosse descrizioni dei viaggiatori più intraprendenti. Ma, al di là di Paestum, è il mistero più fitto. È evidente che se tanto poco questi luoghi hanno attratto i viaggiatori ancora più rare sono le raffigurazioni. E quindi sono preziosi i secenteschi disegni di soggetto calabrese di Schellincks, le illustrazioni per il *Voyage pittoresque* dell'Abbé de Saint-Non (cfr. nn. 119, 121), gli acquarelli "pugliesi" del giovane Ducros e, sempre di Ducros, più maturo, la serie rarissima di vedute abruzzesi e molisane. Fanno eccezione, per la singolarità della committenza reale, la serie dei *Porti del Regno* e dei *Siti Reali* dipinti da Hackert, le vedute parziali sullo sfondo della serie dei *Costumi del Regno* di Fabris e il corpus di vedute illustrante il celebre Servizio dell'Oca.

A nord di Napoli, infine, due luoghi hanno avuto un'iconografia più ricca: Gaeta e Mola di Gaeta, tappe obbligate nel viaggio da Roma a Napoli, e Caserta, sede della nuova reggia vanvitelliana.

Particolare del n. 102.

98

Pierre-Jacques Volaire 1729-1792 ca
98. *Eruzione del Vesuvio al chiaro di luna*, 1774
Olio su tela, 248 × 378 cm
Ministère de la Culture, Direction du Patrimoine, Caisse Nationale des Monuments Historiques et des Sites, Parigi

Provenienza: Commissionato da Jacques-Onésyme Bergeret de Grancourt per lo Château de Nègrepelisse, 1774; poi per discendenza fino alla vendita Sotheby's, Monaco, 2 dicembre 1988 (672, ripr. a col.); acquistato dallo stato francese, oggi allo Château de Cabarieu (Tarn-et-Garonne)
Esposizioni: Parigi 1974-75 (203); Napoli 1990, p. 433 (ripr. a col. p. 291)
Bibliografia: Méras 1972, pp. 331-334, fig. 4

Volaire lavorò in Francia con Vernet fino al 1763, quindi si trasferì in Italia dove, nel 1764, divenne membro dell'Accademia di San Luca a Roma, trasferendosi a Napoli dopo il 1769. Si specializzò in dipinti raffiguranti il Vesuvio in eruzione al chiaro di luna, dove i rossi caldi delle colate di lava contrastano con la luce fredda della luna riflessa nelle acque immobili del golfo di Napoli. Non si sforzò di dare grandi interpretazioni artistiche come Wright (n. 102) né di rispettare il rigore scientifico di Hackert (n. 101), ma produsse una sorta di drammatico reportage arricchito di elementi decorativi, apprezzati dai viaggiatori del Grand Tour. Volaire seguì da vicino l'attività del vulcano e compose le sue vedute basandosi su schizzi eseguiti sul posto, spesso includendovi delle figure gesticolanti per l'eccitazione o in fuga verso un riparo. Il soggetto di questa tela venne ripreso innumerevoli volte dall'artista in dipinti di diversi formati, di cui questo risulta essere il più grande. Venne ordinato nel 1774 dal Fermier Général Bergeret de Grancourt (n. 20), uno degli uomini più ricchi di Francia, collezionista e mecenate, durante un viaggio in Italia in compagnia di Fragonard. Alla data del 23 aprile 1774, Bergeret scrive nel suo diario di aver incontrato, durante un'escursione sull'orlo del cratere, "un pittore di nome M. Volaire, di una bravura straordinaria nel rendere l'orrore del Vesuvio", e di essersi procurato una sua tela. Il dipinto era appeso nel salone della residenza di campagna di Bergeret, lo Château de Nègrepelisse, accanto a un dipinto di tutt'altro genere e più tardo, opera di Hubert Robert, rappresentante un paesaggio immaginario con cascate e salti d'acqua ispirato da Tivoli. (EE)

99

Thomas Jones 1742-1803
99. *Il golfo di Napoli*, 1778?
Olio su tela, 103,2 × 156,8 cm
Firmato e datato: "Thomas
Jones Pt Napoli MDCCLXXVII[I]"
National Museum and Gallery,
Cardiff

Provenienza: Probabilmente eredita-
to dal genero dell'artista, Thomas
Thomas; quindi, per discendenza,
entrato nel patrimonio Pencerrig
attraverso la figlia Clara Thomas of
Llwynmadoc; Llewelyn Evan-Tho-
mas; Commander Charles Evan-
Thomas; la sua vedova, signora Jane
Evan-Thomas, dalla quale donato al
National Museum of Wales nel
1952
Esposizioni: RA 1784 (232); Marble
Hill 1970 (44); Manchester 1988
(91)
Bibliografia: Cardiff 1995, p. 52 n.

824; Edwards 1968, pp. 10, 11, 14;
Gowing 1985, p. 56

Figlio cadetto di una famiglia di proprietari terrieri del Galles, Thomas
Jones era stato destinato alla carriera
ecclesiastica, ma, essendo morto
intestato il prozio che lo manteneva
agli studi, dovette lasciare Oxford
prima di conseguire la laurea. Nel
1763, avendo deciso di dedicarsi alla
pittura, studiò per due anni presso il
compatriota Richard Wilson. Questa esperienza avrà un peso determi-
nante sulla successiva decisione di
Jones di recarsi in Italia, sulle orme
sia del maestro che di Claude Lorrain, i cui paesaggi avevano fortemente influenzato lo sviluppo dello
stile di Wilson e, di conseguenza,
anche il suo.
Nel corso del decennio successivo
Jones espose numerosi paesaggi – in

preponderanza imitazioni dello stile
di Wilson – e intraprese a eseguire
studi a olio dal vero, tecnica che
avrebbe ampiamente praticato
durante il suo soggiorno a Napoli
(cfr. nn. 135-136). Fu solo nel 1776,
all'età di trentaquattro anni, che riuscì a recarsi in Italia (dove visse fino
al 1783). Al suo arrivo si sentì subito a suo agio: "Avevo visto e copiato
così tanti studi di quel grand'uomo e
del mio vecchio maestro, Richard
Wilson... che, inconsapevolmente,
mi ero familiarizzato con il paesaggio
italiano e innamorato delle forme
italiane, e, suppongo, provai delizie
sconosciute ai miei compagni". Così
scriveva nelle sue *Memoirs*, incentra-
te in gran parte sulla sua visita in Italia. È stata proprio la loro pubblicazione nel 1951, insieme alla vendita
all'asta nel 1954 di una cinquantina
di studi a olio e acquarelli (che, come

151

il manoscritto delle *Memoirs*, erano passati di generazione in generazione nella sua famiglia) a riscattare dall'oblio il nome di Jones, consacrandolo come uno degli artisti più originali del Settecento.

In Italia, Jones aveva sperato di ottenere commissioni di paesaggi in stile classico da parte dei *Grand Tourists*, ma fu ampiamente deluso e diede la colpa del suo fallimento all'ostilità dei mercanti e ciceroni inglesi Thomas Jenkins e James Byres, che dominavano il mercato dell'arte anglo-romano. Le commissioni da lui ricevute sono state scrupolosamente annotate nelle sue *Memoirs*; questa veduta della baia di Napoli, probabilmente dipinta – a giudicare dall'iscrizione – durante la sua prima visita a Napoli, tra il settembre 1778 e il gennaio 1779, potrebbe essere quella descritta come ripresa "tra il castello di Sant'Elmo e il palazzo di Capo di Monti" e destinata a un "signor Powlet". Sembra però probabile che il dipinto rimanesse a Jones, che l'espose alla Royal Academy nel 1784, l'anno successivo al suo ritorno in Inghilterra, forse nella speranza di subentrare a Wilson, morto nel 1782. Tuttavia, mentre studi a olio di Jones – sconosciuti mentre l'artista era ancora in vita – rivelano ciò che Lawrence Gowing definisce "un genio sporadico", le sue opere "ufficiali" erano concepite secondo canoni molto più convenzionali, che devono essere parsi assai antiquati già alla fine del Settecento. (LS)

Richard Wilson 1713-1782
100. *Il lago d'Averno e l'isola di Capri*, 1760 ca
Olio su tela, 47 × 72,4 cm
Tate Gallery. Dono di Robert Vernon, 1847

Provenienza: ...; Sir John Pringle, Christie's, 20 aprile 1843 (49), acquistato da Norton; da questi presumibilmente venduto a Robert Vernon e quindi donato alla National Gallery nel 1847
Esposizioni: Tate 1982 (90, ripr.);

100

101

Accademia Italiana 1990 (60, ripr.);
Tate 1993 (75, ripr.)

Wilson visitò il lago d'Averno, a nord-ovest di Napoli, sul finire della sua permanenza di sei anni in Italia, tra il 1754 e il 1756. In quell'occasione eseguì un disegno (oggi al British Museum) che gli servì da base per questo dipinto a olio. Il sito, nei Campi Flegrei, un'area vulcanica tra Napoli e Cuma, è particolarmente ricco di testimonianze classiche. Nei tempi antichi, le grotte, le scosse telluriche e i bagliori vulcanici che lo contraddistinguono diedero origine alla credenza che qui si trovasse l'ingresso all'Ade, il regno dell'oltretomba. Nell'*Eneide* di Virgilio si narra che Enea, approdato nei pressi di Averno, chiese alla sibilla Cumana di predirgli il futuro e fu da lei condotto nell'Ade per incontrare lo spirito del padre, il quale gli preannunciò il futuro. Come riporta Robin Hamlyn (Tate 1993, pp. 65-66), ai tempi di Wilson il passaggio sotterraneo attraverso cui Enea sarebbe penetrato nell'Ade sopravviveva ancora: era la cosiddetta grotta della Sibilla. Questa veduta è presa non molto lontano da quel punto e verso un sito che allora era noto come il tempio di Apollo (in realtà un edificio termale romano). Le persone dotate di cultura classica erano in grado di apprezzare l'associazione fra il dio del Sole e il bagliore dorato del tramonto alle spalle del suo tempio, mentre le navi ancorate lungo la spiaggia in lontananza, oltre il lago, evocano lo sbarco della flotta di Enea. (EE)

Jakob Philipp Hackert 1737-1807
101. *Un'eruzione del Vesuvio nel 1774*, 1774-75 ca
Olio su tela, 70 × 90 cm
Iscritto in basso a sinistra: "Eruption du mont-Vesuve le 12m Janvier 1774 / J Ph HACKERT, f."
Staatliche Museen Kassel, Neue Galerie

Provenienza: Documentato per la prima volta come n. 1715 nell'in-

ventario della collezione ducale di dipinti di Hessen stilato da Robert (MS inedito iniziato nel 1816); probabilmente acquistato nel 1820 ca dal principe elettore Guglielmo I di Hessen (1743-1821) e da allora nelle collezioni di stato di Hessen
Esposizioni: Francoforte 1994 (279, ripr. a col.)

Questa notevole veduta ravvicinata non è la classica immagine del Vesuvio in eruzione, ma piuttosto uno studio geologico della lava che sgorga dal fianco del cono principale del vulcano, con a sinistra la valle nota come Atrio del Cavallo. A differenza dalla maggior parte delle molte vedute di questo genere – incluse molte di quelle realizzate dallo stesso Hackert – questa non mira a creare effetti pittoreschi, decorativi o forzatamente drammatici, ma ritrae gruppi realistici di osservatori accompagnati dalle loro guide italiane, sullo sfondo del terribile spettacolo naturale che ha luogo davanti ai loro occhi. È una delle migliori dimostrazioni dell'interesse di Hackert per una precisa rappresentazione della natura e del suo rifiuto di privilegiare la spettacolarità che incontrava il gusto della massa, come secondo lui facevano pittori quali Pierre-Jacques Volaire (n. 98).
La frequentazione di sir William Hamilton, forse il più famoso vulcanologo del tempo, dotò Hackert di una profonda conoscenza dei processi geologici implicati. Inoltre, il suo approccio strettamente scientifico al soggetto doveva in seguito trovare un perfetto accordo con l'inclinazione di Goethe per le scienze naturali. Hackert, infatti, conobbe Goethe nel febbraio 1787 e presto divenne una delle sue principali guide artistiche in Italia, impartendo al poeta lezioni di disegno paesaggistico e facendogli apprezzare i dipinti di Claude Lorrain, Poussin e Salvator Rosa che si trovavano nelle collezioni italiane. Goethe ammirava moltissimo la sua visione della natura e i due mantennero contatti epistolari per il resto della loro vita. (EE)

Joseph Wright of Derby 1734-1797
102. *Il Vesuvio in eruzione, con vista delle isole nel golfo di Napoli*, 1776-80 ca
Olio su tela, 122 × 176,4 cm
Tate Gallery. Acquistato con il contributo del National Heritage Memorial Fund, National Art Collections Fund, Friends of the Tate Gallery, e Mr John Ritblat, 1990

Provenienza: Documentato per la prima volta nelle collezioni dei duchi di Antrim, essendo registrato in un inventario del castello di Glenarm (Antrim), Irlanda del Nord, 1850 (semplicemente come "Vesuvio"); poi per discendenza; acquistato dalla Tate Gallery, Londra, 1990
Esposizioni: Tate 1990 (102, ripr. a col.)

Questa maestosa composizione, basata su una veduta presa alle falde del Vesuvio, con il promontorio di Sorrento a sinistra e l'isola di Capri sulla destra, comprende anche, sull'estrema destra, le isole di Ischia e di Procida, che in realtà non sarebbero visibili da questo punto di osservazione. L'artista obbediva a una convenzione panoramica seguita da molti vedutisti attivi a Napoli, tra cui Bonavia, Antoniani e Volaire (n. 98): essa permetteva di creare un contrasto più spettacolare tra il mare calmo, illuminato dalla luna, e le fiammate del vulcano. Ciò che differenzia l'approccio di Wright è la grandiosità della sua visione, concentrata sugli enormi cumuli di nuvole nere, la luce accecante dell'eruzione e il cupo primo piano, con le tristi figure che portano via le vittime del disastro. Questi personaggi indossano abiti volutamente ambigui (potrebbero essere classici o contemporanei), trasformando così l'immagine da spettacolo turistico all'idea di una "pittura di storia".
Il fatto che la composizione sia attentamente elaborata fa ritenere probabile che il dipinto sia stato realiz-

102

zato in Inghilterra, dopo il ritorno di Wright dall'Italia nel 1775. Come segnala Egerton (Tate 1990), i due soggetti spettacolari in cui s'imbatté durante il suo soggiorno in Italia, i fuochi d'artificio a Roma (n. 147) e il Vesuvio in eruzione (di cui risulta abbia dipinto almeno trenta versioni), divennero parte del suo repertorio, offrendogli infinite possibilità di approfondire il tema che lo affascinò durante l'intera sua vita, e cioè l'effetto di un'unica fonte di luce, sia essa una candela o un'esplosione vulcanica, sull'ambiente circostante. (EE)

Jakob Philipp Hackert 1737-1807
103. *Il lago d'Averno*, 1800
Olio su tela, 116,8 × 167,6 cm
Firmato e datato: "Filippo Hackert. 1800"
Attingham Park, The Berwick Collection (The National Trust)

Provenienza: Commissionato da Thomas Noel Hill, secondo lord Berwick, 1797; vendita dello stesso presso Robins, Warwick House, Regent Street, Londra, 30 luglio 1827, sesta giornata, 6 agosto (56), acquisito dalla casa d'aste, compratore Tennant, su commissione di lord Berwick; trattenuto dall'Hon. William Noel-Hill, futuro terzo lord Berwick, in quanto parte di una coppia, valutata complessivamente 100 sterline; per discendenza a Thomas, ottavo lord Berwick, da cui lasciato in eredità al National Trust, 1947
Esposizioni: Wildenstein 1982 (32)
Bibliografia: Salerno 1991 n. 5; Nordhoff e Reimer 1994, I, p. 183, fig. 145, II, pp. 142-143 n. 292

La solenne bellezza del lago d'Averno, certamente il più suggestivo dei laghi flegrei, è ripresa in molti taccuini di schizzi e da vari vedutisti. Sulle sue rive, dove da tempo immemorabile il viaggiatore si muoveva avendo Virgilio come guida e seguendo le orme di Enea, la tradizione epica collocava la dimora dei Cimmeri, che non vedevano mai il sole. I visitatori credevano di riconoscere la grotta della Sibilla Cumana e cercavano l'entrata degli Inferi.
La solennità e il silenzio che tanto colpiva i viaggiatori settecenteschi sono tangibili in questa tela di

103

Hackert. L'inquadratura non si discosta da quella che ritroviamo in opere di artisti di formazione e provenienza diversa, come Hoüel, Wilson e Lusieri. Vediamo da sinistra le monumentali rovine del cosiddetto tempio di Apollo (in realtà edificio termale romano), poi il caratteristico "tumulo" di Capo Miseno e il castello di Baia, sotto il quale s'intravede la sottile striscia di terra che separa il vicino lago Lucrino dal mare. Nella metà destra del quadro Hackert pone in primo piano una "triade" botanico-arborea: un'agave in fiore, una palma e un pino a ombrello, piante molto belle e frequenti lungo le coste campane, ma qui inserite anche per completare la composizione insieme con il gruppo di pastori e animali in primo piano, e ricorrenti da un certo momento in poi nei dipinti di Hackert, come lui stesso afferma in una lettera al conte Dönhoff, citata da Nordhoff e Reimer 1994 (35): "Dipingo giardini all'inglese. Si tratta di questo: il primo piano e il mezzo fondo dei miei paesaggi si presentano come se io fossi in un giardino all'inglese, ciò che resta è la semplice natura, dunque come se io mi trovassi alla fine del giardino e vedessi la bella natura. Il nostro giardino all'inglese [di Caserta] me ne ha dato l'idea. Io ne ho già dipinti diversi, che sono stati accolti con grande favore, e ho ancora molte ordinazioni in questo genere". Cfr. anche n. 179. (LDM)

Opere su carta

104

John Robert Cozens 1752-1797
104. *Un temporale a Padova*,
post 1782
Acquarello su matita, 26 × 37,2 cm
Tate Gallery. Donato dal National
Art Collections Fund (lascito
Herbert Powell), 1967

Provenienza: William Beckford di
Fonthill (1760-1844); asta, Christie's, 10 aprile 1805 (58), compratore Thomas Hearne; collezione sir
Charles Robinson e Herbert Powell;
donato alla Tate Gallery dal National Art Collections Fund (lascito
Herbert Powell), 1967
Esposizioni: Manchester 1971 (48)
Bibliografia: Sloan 1986, p. 142, tav.
157

Nel maggio 1782 il ventunenne
William Beckford – stravagante,
capriccioso, occasionalmente brillante – lasciò l'Inghilterra per il suo
secondo viaggio in Italia, accompagnato da un seguito di persone comprendente il suo ex precettore, un
cappellano, il suo maestro di musica
e un medico, nonché John Robert
Cozens, figlio del suo caro amico e
corrispondente Alexander Cozens.
Per John Robert si trattava di un terreno in certa misura conosciuto, in
quanto aveva già trascorso oltre due
anni in Italia nel 1776-79 come disegnatore presso Richard Payne Knight. Il viaggio con Beckford attraverso il Tirolo, l'Italia settentrionale,
poi Roma, Napoli e, al ritorno,
Firenze, il lago Maggiore e la Svizzera, fu documentato da Cozens in
una serie di sette album di schizzi
(oggi alla Whitworth Art Gallery di
Manchester), da cui Beckford selezionò parecchi soggetti per la traspo-
sizione in acquarelli; novantaquattro
di questi vennero inclusi nella sua
vendita del 1805.
Il 18 giugno 1782 il gruppo di viaggiatori raggiunse Padova, dove Cozens

eseguì lo schizzo di un violento temporale (Album 1, p. 20), e da esso è
stato tratto l'acquarello qui preso in
esame. Più tardi, nei suoi diari di
viaggio dati alla stampa, Beckford
ricorderà una visita alla chiesa pado-
vana di Santa Giustina (forse nel
1782) durante la celebrazione della
messa: "Un fragore di tuono riecheg-
giò tra le volte e le cupole, così violento che parve scuoterle dalle fonda-
menta. La cupola principale parve
investita da una lamina di fuoco",
una descrizione che trova espressione
visiva nell'acquarello di Cozens. Anni
più tardi Beckford avrebbe tacciato
Cozens di essere un "ingrato mascal-
zone" e si sarebbe rifiutato di contri-
buire al fondo istituito a sostegno del-
l'artista, ma durante quel viaggio pare
aver tenuto in gran conto la sua abilità nell'esprimere con la pittura quei
sentimenti di malinconia poetica e di
introspezione che pervadono le sue
lettere e i suoi diari. (LS)

105

Jonathan Skelton 1735 ca-1759
105. *Veduta di Roma con il Tevere,*
il Castel Sant'Angelo e San Pietro
sullo sfondo, 1758
Acquarello, 37 × 53 cm
Firmato, datato e iscritto sul verso:
"Il Ponte e Castello di Sant'Angelo
con la Chiesa di san Pietro. /
J. Skelton Rome May 1758"
The Board of Trustees of the
Victoria and Albert Museum

Provenienza: T.C. Blofeld; vendita
Hodgson's, 30 aprile 1909, n. 1610;
sir Henry Theobald; vendita Sotheby's, 13 maggio 1925, n. 137; acquisito dal Victoria and Albert Museum nel 1925
Esposizioni: Manchester 1988 (19)
Bibliografia: Pierce 1960, p. 18 n. 41
e tav. XIIIB; Ford 1960, pp. 23-84

Jonathan Skelton fu tra i primissimi
acquarellisti inglesi a lavorare a
Roma, dove fu inviato nel 1757 a
spese del suo mecenate e mentore
William Herring di Croydon, parente di Thomas Herring, arcivescovo
di Canterbury. Si hanno scarse notizie su Skelton prima della sua partenza per l'Italia, ma alcuni acquarelli eseguiti a Blackheath, Croydon,
Rochester e Canterbury tra il 1754 e
il 1757 rivelano uno stile privo di
affettazione, naturalistico, non dissi-
mile da quello all'incirca coevo di
Gainsborough o di Paul Sandby.
Cosa straordinaria per un artista della metà del Settecento, le lettere di
Skelton scritte da Roma al suo mecenate sono sopravvissute. Sono state
pubblicate nel 1960 da Brinsley
Ford e dicono molto sui metodi di
lavoro dell'artista, oltre che descrive-
re le difficoltà quotidiane da lui incontrate nel tentativo di assicurarsi il
sostegno di ricchi giovani inglesi in
visita a Roma. Questi tentativi falli-
rono a causa delle voci, infondate,
che Skelton fosse un simpatizzante
giacobita.
Skelton arrivò a Roma alla fine del
dicembre 1757; questo acquarello,
datato solo cinque mesi dopo, mostra come avesse già assorbito l'influenza dei vedutisti contemporanei,
tra cui Panini, Busiri (n. 106) e Piranesi. Cfr. anche n. 115. (LS)

Particolare del n. 104.

159

106

Giovanni Battista Busiri
1698-1757
* **106.** *Il Campo Vaccino, Roma,*
1740 ca
Gouache, 27 × 49 cm
Sir Brinsley Ford, CBE

Provenienza: Marchese di Sligo; vendita Christie's, 14 ottobre 1958 (4), come "Pietro Bianchi"
Esposizioni: Manchester 1988 (7)
Bibliografia: Busiri Vici 1966, p. 78, fig. 26

Le vedute di Roma e dei suoi dintorni eseguite da Busiri incontrarono un notevole successo presso i viaggiatori inglesi del quarto e quinto decennio del Settecento. L'incanto delle sue piccole gouache e il fatto che fossero facilmente trasportabili spiegano la loro popolarità presso i turisti in cerca di vedute dipinte raffiguranti scorci italiani subito riconoscibili. Durante il suo soggiorno a Roma nel 1739-40, William Wyndham di Felbrigg Hall (Norfolk) raccolse ventisei di queste gouache e una serie di dipinti a olio di Busiri. Il

suo entusiasmo fu condiviso dall'amico Robert Price (padre di Uvedale Price, autore di testi sul Pittoresco), che nel 1741 raccontava come avesse fatto entrare di nascosto in Inghilterra i suoi Busiri (presumibilmente per sfuggire alle tasse d'importazione) nascondendoli nella custodia del suo violino. Il precettore di Wyndham, Benjamin Stillingfleet, descrisse Busiri come "uno dei primi maestri nel disegno a penna di paesaggi".

Il Campo Vaccino nel Foro Romano era, fin dalla metà del XVI secolo, un soggetto assai popolare presso gli artisti, attratti sia dal suo carattere pastorale sia dalle rovine dell'antichità classica. La veduta di Busiri mostra, da sinistra a destra: il colonnato del tempio di Antonino e Faustina, che scherma la facciata di San Lorenzo in Miranda, e il tempio di Romolo di fronte ai Santi Cosma e Damiano, con dietro la basilica di Massenzio; in lontananza, il livello superiore del Colosseo, la chiesa e il campanile di Santa Francesca Romana, l'arco di Tito e, a destra, le tre colonne del tempio di Castore e Pol-

luce, che nasconde parzialmente alla vista la facciata di Santa Maria Antiqua.

Con un'inquadratura simile, il Campo Vaccino è ripreso in una veduta di William Pars (n. 107), dipinta trenta o quarant'anni più tardi. (LS)

107

William Pars 1742-1782
107. *Il Campo Vaccino, Roma*,
1775 ca-1782
Matita e acquarello con tocchi
di penna e inchiostro nero,
40,2 × 58,8 cm
Iscritto: "S. Lorenzo in miranda
de Speciale / Tempio della Pace /
Tempio di Giove Tonante / Sa.
Francesca Romana / Colosseo / Sa
Maria Liberatrice / Tempio de
Antonio e Faustina / vasca antica
di granito / S.S. Cosmo
e Damiano"
Tate Gallery. Dono di Mrs Marion
Adams in memoria del marito
Canon J.H. Adams, 1986

Provenienza: Probabilmente dato
dall'artista a Thomas Jones; per discendenza, attraverso il genero, capitano John Dale, passato alla famiglia
Adams; Canon J.H. Adams; donato
alla Tate Gallery da Mrs Marion
Adams in memoria del marito nel
1986
Esposizioni: Manchester 1988 (45)
Bibliografia: Brilli 1987, pp. 264-
265, ripr.

Formatosi inizialmente come pittore
di ritratti, dall'età di ventidue anni
Pars fu principalmente ingaggiato
come disegnatore itinerante. Nel
1764 accompagnò in Grecia e in
Asia Minore Richard Chandler e
Nicholas Revett; nel 1770 si recò in
Italia con lord Palmerston, passando
per la Svizzera, e i suoi acquarelli di
soggetto alpino esposti nel 1771 alla
Royal Academy anticiparono quelli
di J.R. Cozens e Francis Towne. Nel
1775 la Society of Dilettanti gli offrì
una borsa di studio per un soggiorno
in Italia, dove Pars rimase fino al
1782, anno in cui, benché di costi-
tuzione "robusta e vigorosa", morì di
un'"idropsia di petto" contratta per
essere rimasto troppo tempo immerso nell'acqua della grotta di Nettuno
a Tivoli, intento a disegnare. Per la
maggior parte dei sette anni trascorsi
in Italia, Pars visse a Roma, dove
lavorò a stretto contatto con Towne,
"Warwick" Smith e Jones (suo caro
amico fin dal 1761).
I suoi acquarelli romani abbinano la
chiarezza del topografo professionista a un acuto senso dell'atmosfera

locale. Questa inquadratura del Campo Vaccino è rivolta a ovest ed è
presa da un punto vicino alle falde
del Palatino; la maggior parte degli
edifici principali sono identificati
nell'iscrizione dell'artista. Questo disegno, probabilmente donato da
Pars a Thomas Jones e quindi rimasto nella sua famiglia fino al 1986,
servì da base per innumerevoli
acquarelli. (LS)

161

108

Allan Ramsay 1713-1784
108. *Dentro il Colosseo, Roma*, 1755
Penna, inchiostro grigio, matita
nera e acquarello, 51,9 × 38,5 cm
Iscritto: "Panini"
National Gallery of Scotland

Provenienza: Lascito Laing alla Na-
tional Gallery of Scotland, 1910
Esposizioni: Edimburgo 1984 (15);
Manchester 1988 (37)

Questo acquarello fa parte di una
piccola serie incentrata in particolare
sul Colosseo ed eseguita da Allan
Ramsay durante l'estate del 1755,
quasi sicuramente nel corso di una
"sessione" di schizzi in compagnia
dell'amico e conterraneo Robert
Adam, architetto scozzese, e del disegnatore d'architettura francese Charles-Louis Clérisseau (cfr. nn. 170-
172, 229-231). Benché questo tipo
di disegno non sia in genere associato al Ramsay ritrattista, i suoi rari
studi paesaggistici sono notevoli sia
per la sensibilità alla luce e all'atmosfera sia per come sanno catturare il
senso di *grandeur* suggerito dalle
rovine dell'antica Roma.
Tra il 1736 e il 1738, Ramsay aveva
studiato sotto la guida di Francesco
Imperiali a Roma e di Francesco
Solimena a Napoli – una formazione
del tutto desueta se non unica per un
artista britannico della sua generazione – e avrebbe successivamente
compiuto altre tre visite prolungate
in Italia.
Ramsay fu un assiduo studioso del

109

mondo classico, cui dedicò gran parte della sua vita (Brown 1984). Abbandonata l'attività di ritrattista, nel 1773 scrisse un trattato, *An Enquiry into the Situation and Circumstances of Horace's Sabine Villa*, e fu per eseguire le illustrazioni per questo suo lavoro che compì la sua ultima visita in Italia, tra il 1782 e il 1784.

Nel caso di Ramsay, si può affermare che la sua vita fu dominata dal fascino dell'Italia. (LS)

John Robert Cozens
1752-1797

109. *Il Colosseo visto da nord*, 1780
Matita e acquarello, 36,1 × 52,8 cm
Firmato e datato:
"J. Cozens - 1780"
National Gallery of Scotland

Provenienza: Sir Thomas Barlow; Miss Helen Barlow, da cui donato alla National Gallery of Scotland nel 1975
Esposizioni: Manchester 1971 (18)

Bibliografia: Bell e Girtin 1935, p. 41 n. 116; Sloan 1986, p. 132, tav. 147

Nell'aprile del 1779 J.R. Cozens lasciò Roma per l'Inghilterra: aveva trascorso più di due anni e mezzo all'estero, finanziato in gran parte dal collezionista Richard Payne Knight, e tornava in patria con una serie di schizzi di Roma e dintorni che avrebbe costantemente usato come base per i suoi acquarelli. Fu nuovamente a Roma tra il dicembre 1782 e il settembre 1783, ma a questo secondo soggiorno sembra risalire solo un esiguo gruppo di schizzi.

Nella sua scelta di edifici classici e monumenti romani quali soggetti dei suoi acquarelli, Cozens doveva avere in mente l'esempio di Piranesi, le cui stampe cupe e drammatiche rappresentarono per generazioni di visitatori l'immagine Sublime per eccellenza della città. Tuttavia in questo acquarello, datato nell'anno successivo al suo ritorno in Inghilterra, Cozens abbandona lo stile tetro e

monumentale di altre sue vedute romane e mostra il Colosseo in lontananza, soffuso di una luce tenue, quasi fosse un miraggio, e la sua struttura si staglia contro il cielo come un delicato lavoro d'intaglio. (LS)

163

110

**Jean-Honoré Fragonard
1732-1806**

* **110.** *Il tempio della Sibilla, Tivoli,*
1760
Sanguigna su leggere tracce
di matita nera, 48,7 × 36 cm
Musée des Beaux-Arts et
d'Archéologie, Besançon

Provenienza: Da un gruppo di disegni eseguiti per l'Abbé de Saint-Non
nel 1727-91; in suo possesso dal
1760 al 1765, quando li restituì a
Fragonard, che li vendette (?) a Pierre-Adrien Pâris (1745-1819); lasciati
da Pâris al museo di Besançon nel
1819
Esposizioni: Roma 1990-91 (63)
Bibliografia: Goncourt 1865, p. 340;
Ananoff 1963 n. 867, fig. 228;
Rosenberg e Brejon de Lavergnée
1986, p. 22, fig. D

Mentre la maggior parte degli artisti
inglesi nel Settecento visitavano
Roma in circostanze un po' fortuite

– con l'appoggio di un mecenate, se
avevano fortuna – i francesi potevano contare su una pratica istituita già
nel secolo precedente, grazie alla
quale i vincitori del concorso annua-
le di pittura Prix de Rome erano
inviati a Roma per un periodo di
studio di tre anni, come *pensionnaires* del re presso l'Académie de France. Fragonard, allievo di Boucher,
vinse il premio nel 1752 e frequentò
per due anni, sotto la guida di Carle
van Loo, l'Ecole des Elèves Protégés,
una scuola appositamente creata per
fornire un'istruzione generale ai giovani artisti che sarebbero andati a
Roma. Arrivò in Italia alla fine del
1756. Su consiglio di Natoire, direttore dell'Académie, e influenzato dal
compagno Hubert Robert, iniziò a
dedicarsi al disegno di paesaggio, un
genere normalmente non tenuto in
gran conto dall'istruzione accademi-
ca. Importante in questo senso fu
l'incoraggiamento del suo primo
mecenate, l'Abbé de Saint-Non, che

nell'estate del 1760 lo condusse a
visitare la villa d'Este a Tivoli: un'e-
sperienza destinata ad avere ripercussioni durevoli sulla sua evoluzione
artistica.
I disegni eseguiti da Fragonard a
Tivoli nel 1760, verso la fine della
sua prima permanenza in Italia,
segnano un deciso punto di rottura
con il realismo testuale della veduta
topografica consacrata dalla tradizione. L'equilibrio in essi raggiunto, a
metà strada tra osservazione diretta
della natura e romanticismo pittoresco, fu riconosciuto da Saint-Non
che, commentando questa serie di
disegni, ebbe a scrivere: "Fragonard è
ispirato. Nei suoi disegni c'è qualcosa di magico che mi affascina. Ne
sforna uno dopo l'altro, e io non ve-
do l'ora di vedere il prossimo". (LS)

111

**Jean-Honoré Fragonard
1732-1806**
** **111.** *La fontana di Pomona
e l'ingresso al viale delle Cento
fontane a villa d'Este, Tivoli*, 1760
Sanguigna, 48,8 × 36,1 cm
Musée des Beaux-Arts
et d'Archéologie, Besançon

Provenienza: Cfr. n. 110.
Esposizioni: Parigi 1765 (178); BM
1977 (80); Roma 1990-91 (68)
Bibliografia: Goncourt 1865, p. 340;
Ananoff 1963 n. 908, fig. 716

Villa d'Este fu costruita alla metà del
Cinquecento da Pirro Ligorio e tipi-ci del periodo sono i giardini che si estendono sul pendio rivolto a sud, con fontane e cascate all'interno di un ordinamento architettonico elaborato ed estremamente complesso. Nel 1750 i giardini erano in uno stato di romantico abbandono, ed è questa l'atmosfera che traspare nelle vedute di Fragonard realizzate nell'estate del 1760, nel corso delle molte settimane trascorse a disegnare in compagnia del suo mecenate, l'Abbé de Saint-Non (cfr. n. 110).
Di ritorno a Parigi nel 1761, Fragonard mostrò questi disegni al collezionista Pierre Mariette, il quale scrisse: "Non avevo mai visto dei disegni così belli... sono opere dello spirito, nelle quali domina una grande intelligenza". Questo foglio, esposto al Salon parigino del 1765, mostra la fontana di Pomona con, a sinistra, l'ingresso alla rientranza dove si trova la Fontana Ovale o fontana di Tivoli e, a destra, un'estremità del viale delle Cento fontane. (LS)

165

Francis Towne 1740-1816
112. *Il tempio della Sibilla, Tivoli*, 1781
Acquarello, penna e inchiostro nero su matita, 49,7 × 38,5 cm
Firmato e datato: "Francis Towne delt., 1781"; sul verso: "Italy No. 13 The Sibyl's Temple at Tivoli. Francis Towne delt., 1781"
Trustees of the British Museum

Provenienza: Originariamente parte di un album; lasciato dall'artista al British Museum nel 1816. Inv. 1972.U.647
Esposizioni: BM 1981 (s.n.)
Bibliografia: Bury 1962, p. 127

Towne eseguì questo disegno e *Tivoli vista dalle cascate* (n. 113) nel maggio 1781. La località aveva attratto artisti fin dai tempi di Claude Lorrain e Dughet (cfr. n. 3) e avrebbe continuato a esercitare il suo fascino per tutto il Settecento: Tivoli è stata infatti uno dei luoghi più raffigurati da generazioni di artisti italiani, francesi, tedeschi e inglesi. Uno dei siti più spettacolari era il cosiddetto tempio della Sibilla (oggi noto come Vesta), arroccato sopra il dirupo della Grande Cascata, e Towne lo rese in uno stile che anticipava la grandiosità dei suoi acquarelli alpini, realizzati più tardi in quello stesso anno, sulla via del ritorno in Inghilterra attraverso la Svizzera in compagnia di "Warwick" Smith. In questi ultimi, la concentrazione sulle qualità sublimi dello scenario alpino, espresse tramite il ricorso a un tracciato deciso e a zone nettamente definite di pittura acquarellata, non ebbe rivali fino all'avvento di Turner.
Il fatto che Towne disegnasse sul posto molti dei suoi soggetti e che spesso aggiungesse annotazioni sulla data, l'ora e le prevalenti condizioni di luce, suggerirebbe una certa spontaneità d'esecuzione. Al contrario, Towne operava una selezione spietata sul suo materiale, escludendone tutti i particolari non indispensabili alla riuscita dell'immagine complessiva. (LS)

112

Francis Towne 1740-1816
113. *Tivoli vista dalle cascate*, 1781
Acquarello, penna e inchiostro nero su matita, 50,1 × 38,8 cm
Firmato, datato e iscritto in inchiostro nero: "No. 22 / F. Towne delt / 1781"; sul verso: "Italy / No. 22 / Tivoli F. Towne delt / May 15th. 1781 / from 3 o'clock till 6"
Trustees of the British Museum

Provenienza: Originariamente parte di un album; lasciato dall'artista al British Museum nel 1816. Inv. 1972.U.641
Esposizioni: Manchester 1988 (53)
Bibliografia: Bury 1962, p. 127

Il caratteristico stile di Towne prese a evolversi negli anni settanta del Settecento, ma fu solo con la sua visita in Italia nel 1780-81 – quando l'artista era già quarantenne – che raggiunse la sua piena espressione. Nel corso della sua vita la produzione di Towne passò quasi inosservata, e tuttavia i suoi disegni a penna e inchiostro, arricchiti delle vaste campiture ad acquarello, si pongono oggi come il massimo raggiungimento poetico all'interno della tradizione settecentesca del disegno con tocchi di colore.
Towne arrivò a Roma nell'ottobre 1780. Anche se non tenne un diario scritto come l'amico Thomas Jones,

113

i suoi viaggi sono visivamente documentati dai numerosi acquarelli, tutti datati e ricchi di annotazioni. Compì varie escursioni in compagnia di amici artisti: con "Warwick" Smith e Pars ritrasse scorci di Roma e della campagna circostante, mentre nella primavera del 1781 fu a Napoli con Jones, che ha narrato le loro avventure, compreso un incontro con i briganti, nelle *Memoirs*. Nel maggio 1781 Towne era a Tivoli, dove traspose in una serie di acquarelli sia la grandiosità del luogo sia il fascino delle rovine dell'antichità classica, rivelando uno stile sempre meno convenzionale.

In questo disegno ha messo in rilievo la drammaticità del luogo, scegliendo un punto di vista ai piedi della ripida gola sul lato nord-est di Tivoli; il trattamento volutamente semplificato, stilizzato, del fogliame in verde chiaro e verde scuro e delle rocce illuminate dal sole è tipico del suo senso della composizione, sempre attentamente calcolata. Osservando gli acquarelli incompiuti conservati al British Museum si può tentare di risalire al suo metodo di lavoro: disegnava il soggetto sul posto – nel caso in esame, "dalle 3 alle 6" – forse applicando già in questa fase delle sfumature ad acquarello grige, in seguito aggiungeva il colore e, alla fine, i contorni a penna per far risaltare la composizione. Questa definizione della forma attraverso le linee di contorno si pone nettamente all'opposto della tecnica seguita da J.R. Cozens, ossia la sottile modulazione della composizione mediante minuscoli tocchi di colore. (LS)

John "Warwick" Smith
1749-1831
114. *La villa di Mecenate, Tivoli,*
1776-81 ca
Acquarello, 50, 1 × 35,9 cm
Iscritto sulla cornice originale:
"Cascatelli at Tivoli" e, con un'altra
scrittura, successiva, sulla carta
di rinforzo sul verso: "Villa
of Maecenas"
The Board of Trustees
of the Victoria and Albert Museum

Provenienza: Donato dal Basil S. Long
Memorial Fund al Victoria and Al-
bert Museum nel 1938
Esposizioni: Manchester 1988 (56)
Bibliografia: Lambourne e Hamilton
1980, p. 355, ripr.

Smith, uno dei più ammirati acquarellisti dei suoi tempi, fu soprannome
minato "Warwick" dal nome di uno
dei suoi principali mentori, il secondo conte di Warwick, che finanziò il
suo soggiorno in Italia tra il 1776 e il
1781. Viene spesso citato nelle *Memoirs* di Thomas Jones, sia come suo
amico (per qualche tempo condi-
visero l'alloggio) che come compagno di escursioni insieme con altri
artisti inglesi attivi a Roma, compreso Francis Towne.
La produzione italiana di Smith spazia dai piccoli acquarelli alle composizioni monumentali come questa
veduta della cosiddetta villa di Mecenate a Tivoli, presa da una posizione
vicino alla cascata per rendere con
drammaticità il profilo dell'edificio,
alto contro il cielo, da cui deriva la
grandiosità della scena. L'effetto è
ancora più accentuato dal generoso
trattamento dell'acquarello, soprattutto nell'acqua e negli alberi in
primo piano. Una versione più rifi-
nita si trova a Stourhead (Wiltshire),
residenza di un altro ammiratore e
allievo, Richard Colt Hoare, che
commissionò analoghi soggetti a
Ducros (cfr. nn. 256-257).
Nel 1781 Smith e Francis Towne
tornarono insieme in Inghilterra passando per la Svizzera, dove Towne
dipinse alcuni dei suoi acquarelli più
belli e originali. (LS)

114

115

Jonathan Skelton 1735 ca-1759
115. *Castel Gandolfo e il lago di Albano*, 1758
Acquarello, penna e inchiostro nero su matita, 36,8 × 52,8 cm
Iscritto, firmato e datato con inchiostro bruno sul verso: "A View of Castello Gondolfo J Skelton 1758"
The Visitors of the Ashmolean Museum

Provenienza: T.C. Blofeld; vendita Hodgson's, 30 aprile 1909 (615); sir Harry Theobald; vendita Sotheby's, 13 maggio 1925 (139); acquistato tramite il Magdalen College Fund per l'Ashmolean Museum nel 1925
Esposizioni: Manchester 1988 (63)
Bibliografia: Pierce 1960, p. 17 n. 38; Ford 1960, pp. 23-84; Brown 1982, p. 593 n. 1674 e tav. 473

Skelton (cfr. n. 105) era giunto a Roma nel dicembre 1757 e vi sarebbe morto nel 1759. Trascorse gran parte della primavera e dell'estate del 1758 "disegnando e dipingendo dal vero" a Tivoli e ad Albano, e scrisse al suo mecenate William Herring di "non essersi trovato per anni in uno stato d'animo così felice".
Al suo soggiorno ad Albano durante il mese di giugno risalgono due acquarelli particolarmente riusciti: quello in esame e un altro conservato alla Whitworth Art Gallery.
Nel presente acquarello la veduta è presa dal lato meridionale di Castel Gandolfo, verso il lago e le montagne lontane intorno a Frascati. Il paesaggio boscoso, le rocce e le cascate ricordavano all'artista "la più nobile e romantica natura selvaggia di Gaspard Poussin", la cui influenza su questo acquarello è incontrovertibile.
Le lettere di Skelton descrivono le difficoltà incontrate nel dipingere *en plein air* con la tecnica a olio: "All'aperto, alla luce del giorno [i colori] brillano talmente quando sono bagnati che non si riesce a vedere quel che si sta facendo". Nessuno dei suoi schizzi a olio sembra purtroppo essere sopravvissuto: sarebbero stati di notevole interesse quali precursori della tradizione inaugurata da Jones e Valenciennes (cfr. nn. 135-139) e sviluppata da artisti francesi in Italia nei primi decenni dell'Ottocento. (LS)

169

116

John Robert Cozens 1752-1797
116. *Il lago di Albano e Castel Gandolfo*, post 1777
Acquarello su matita, 48,9 × 67,9 cm
Firmato: "Jno Cozens"
Tate Gallery. Donato da A.E. Anderson in memoria del fratello Frank, tramite il National Art Collections Fund

Provenienza: William Beckford di Fonthill (1760-1844); sua vendita, Christie's, 10 aprile 1805; Thomas Hearne; C.S. Bale Sale, 13 maggio 1881 (34); Mrs Symons; donazione Anderson alla Tate Gallery, 1928
Esposizioni: Manchester 1971 (28 e ripr. p. 50)
Bibliografia: Bell e Girtin 1935, p. 46 n. 147 (11)

La campagna attorno ai laghi di Albano e di Nemi nei colli Albani, a sud-est di Roma, era una delle zone preferite da artisti e visitatori, che vi erano attratti dallo scenario spettacolare e dalle sue associazioni con la storia romana e la poesia classica. Poco dopo essere arrivato a Roma nel 1776, l'amico di Cozens, Thomas Jones, annotò le sue prime impressioni del paesaggio di formazione vulcanica: "Questa passeggiata [intorno al lago], considerata in rapporto alla sua località classica, agli orrendi segni delle più terribili convulsioni della natura nelle età più remote... alle diverse prospettive, vaste e incantevoli, che offre, è, per lo studioso, per il naturalista, per l'amante dell'Antico e per l'artista... la più piacevole e interessante del mondo intero – E qui non posso fare a meno di ricordare quali nuove e inconsuete sensazioni io abbia provato la prima volta che ho attraversato questo paese bello e pittoresco – Ogni scena sembrava anticipata in qualche sogno – Pareva una terra magica".
Cozens era arrivato a Roma prima del novembre 1776, al seguito di Richard Payne Knight, come suo disegnatore. Nell'aprile 1777 si trovava a disegnare nella zona; il volume con *28 Sketches by J. Cozens in Italy. 1776-78*, conservato al Soane Museum, contiene un disegno a matita che ritrae il lago di Albano da un punto di vista più a oriente e l'artista deve certo averne eseguito degli altri presi da punti diversi intorno al lago.
Questo soggetto divenne uno dei preferiti di Cozens, che lo ripeté in almeno dieci versioni all'acquarello, alcune databili alla sua prima visita a Roma, altri a parecchio tempo dopo il suo ritorno in Inghilterra (1779) e fino al nono decennio inoltrato. È arduo stabilirne l'ordine cronologico. Ci sono fra questi disegni delle sottili differenze: qualcuno è di carattere più intenso e meditativo, altri sono più ariosi e quasi decorativi.
Nel presente caso è particolarmente avvertibile l'influenza di Claude Lorrain, tanto nella composizione – e segnatamente l'arretrare del paesaggio in lontananza, immerso nella foschia – quanto nello stato d'ani-

117

mo: le origini della peculiare bellezza malinconica dell'arte di Cozens possono essere rintracciate nell'atmosfera elegiaca di molte tele di Claude Lorrain. La grandezza di Cozens sta nell'aver saputo trasformare questi prototipi classici in opere genuinamente romantiche e nell'aver impartito al soggetto il più alto significato immaginativo, "sacrificandone" il contenuto topografico a favore degli elementi pittorici ed emozionali. (LS)

Hubert Robert 1733-1808
* **117.** *Pellegrini a San Pietro, di fronte alla statua del santo*, 1763
Penna, inchiostro nero e acquarello, 36,8 × 50 cm
Firmato e datato sulla base della statua: "H. ROBERTI D.R. 1763"
Graphische Sammlung Albertina, Vienna

Provenienza: Principe di Sassonia-Teschen. Inv. 15330

Esposizioni: Roma 1990-91 (132, ripr., cfr. anche 9, 16, 40)
Bibliografia: Lossky 1954, 3, pp. 179-184

San Pietro è da sempre una tappa obbligata nelle visite a Roma e per i *pensionnaires* dell'Académie de France costituiva un soggetto imprescindibile. Anche se la maggior parte delle vedute di Hubert Robert giunte fino a noi sono studi architettonici dell'esterno della basilica, l'artista realizzò anche alcuni disegni particolareggiati dell'interno e di eventi che vi hanno avuto luogo, quali il catafalco di Benedetto XIV, la messa celebrata da papa Clemente XIII e la scena qui raffigurata.
La statua di *San Pietro in trono* si erge alla base del transetto nord-est della navata. L'origine della popolarissima figura di bronzo è ancora oggetto di dibattito: è stata attribuita sia a uno scultore di epoca tardoclassica sia ad Arnolfo di Cambio e alla sua cerchia. Hubert Robert ha

posto in rilievo non soltanto la venerazione dei pellegrini ma anche la rispettosa ammirazione dei visitatori. Fra i personaggi raffigurati si nota una ragazzina che chiede alla madre di essere presa in braccio per poter vedere la statua, mentre una mendicante chiede l'elemosina ai fedeli. La figura in primo piano a destra potrebbe essere Madame Lecomte, che fece da guida all'artista durante il suo soggiorno romano (Roma 1990-91, p. 187). Sullo sfondo, tre sacerdoti sono assorti nella conversazione. Robert ha qui inserito una quantità per lui insolita di dati narrativi: è evidente che era affascinato dall'aspetto aneddotico del soggetto. I particolari dell'interno e la sua architettura sono resi con maggiore libertà, probabilmente basandosi sulla memoria. La mano destra di san Pietro sembra indicare qualcosa piuttosto che dare la benedizione e, nella nicchia a destra, c'è la statua di un santo non identificato invece della figura di san Filippo Neri. Anche il trono e le

118

decorazioni delle pareti mostrano delle inaccuratezze. Oltre a ciò, Robert ha considerevolmente ampliato la prospettiva: vediamo infatti sullo sfondo la tomba di Gregorio XIII e persino l'ingresso alla cappella del Santissimo Sacramento, che in realtà non dovevano essere visibili dal punto in cui si trovava l'osservatore. Una variante di questo disegno è conservata al museo di Tours. (PL)

Louis-Jean Desprez 1743-1804
* 118. *Interno della cattedrale di San Gennaro, Napoli, il giorno della festa del santo*, 1777
Penna e inchiostro grigio e nero, acquarello grigio, 23,2 × 33,9 cm
Iscritto a penna: "Cérémonie du sang de Saint Janvier dans la Cathédrale de Naples. Des Prez del.". Iscritto sul verso dall'artista: "Cérémonie du sang de St. Janvier dans la Cathédrale de Naples. Des Préz". Di mano diversa: "N. 55 Desprez"
Städelsches Kunstinstitut, Graphische Sammlung, Francoforte

Provenienza: Johann Friedrich Städel; appartenente alla collezione dalla sua formazione. Inv. 1081
Esposizioni: Francoforte 1986-87 (138, ripr.)
Bibliografia: Lamers 1995, p. 188, n. 154a

Assieme a Claude-Louis Châtelet e Jean-Augustin Renard, Louis-Jean Desprez collaborò con Dominique-Vivant Denon all'esecuzione dei disegni per il *Voyage pittoresque* dell'Abbé de Saint-Non (cfr. n. 121). Poco tempo prima, Desprez si era recato a Roma come *pensionnaire* dell'Académie de France e si unì al gruppetto di artisti in qualità di architetto. Il suo contributo al *Voyage pittoresque* non consistette però in piante e alzati architettonici; egli usò l'architettura in modo funzionale o come sfondo per scene di vita quotidiana, immagini di feste popolari o religiose e avvenimenti storici. Uno dei principali obiettivi dell'Abbé de Saint-Non era infatti informare i lettori sui costumi e le tradizioni italiane.
La liquefazione del sangue di san

Gennaro, patrono di Napoli, è uno degli eventi più importanti della città. Secondo la leggenda, quando il santo fu decapitato nel 305 d.C., un uomo che era stato da lui guarito dalla cecità ne raccolse il sangue in un'ampolla. Allorché la salma fu trasportata da Pozzuoli a Napoli, il sangue si liquefece miracolosamente. E dal 1389 questo fenomeno si è ripetuto tre volte l'anno: ai primi di maggio, il 19 settembre e il 16 dicembre. Che il fatto non si verifichi viene considerato foriero di gravi disgrazie e, in tale eventualità, masse di fedeli accorrono nella cattedrale per pregare affinché il miracolo si compia ancora una volta. Desprez ha catturato in modo superbo l'atmosfera drammatica di questo momento, ambientando però la scena nel coro della cattedrale. All'evidenza, era più attratto dal contrasto fra il coro barocco e la circostante architettura gotica del transetto che dalla cappella barocca del Tesoro, costruita appositamente per il reliquiario e luogo dove di solito avviene il miracolo.

119

Una variante di questo disegno si trova all'Albertina di Vienna. (PL)

Louis-Jean Desprez 1743-1804
* **119.** *Festa di santa Rosalia,*
1780-82 ca
Penna, inchiostro grigio e nero su tracce di matita, acquarello grigio e nero, 20,8 × 34,2 cm
Iscritto sulla cornice originale: "Marche ou Procession du Chair de Sainte Rosalie, et son Entrée dans La grande Rüe du Cassaro, à Palerme Des Prez del.". Firmato dall'artista sul verso: "Marche ou Procession du Chair de Ste. Rosalie, et son entrée dans La Gde. Rüe du Cassaro à Palerme Des Préz"
Nationalmuseum, Stoccolma

Provenienza: M. Gösta Stenmann, Stoccolma
Esposizioni: Stoccolma 1992 (27, ripr.); Parigi 1994 (15, ripr.)
Bibliografia: Saint-Non 1781-86, IV, 1, p. 144; Wollin 1939, p. 355; Lamers 1995, pp. 261-265 nn. 260a-e

La festa di santa Rosalia a Palermo era uno dei grandi eventi che nessun viaggiatore che si recasse in Sicilia poteva permettersi di perdere. Gli artisti ingaggiati da Saint-Non (cfr. n. 121) organizzarono quindi il loro viaggio in modo da arrivare a Palermo qualche giorno prima della festa, che aveva luogo il 15 luglio.
Desprez eseguì numerosi schizzi per questo disegno, che rende magistralmente il carattere di questa festività popolare. L'elaborato carro che trasporta la statua della santa ha lasciato il lungomare e si dirige verso Porta Felice, tutto attorniato da un'imponente folla, che si è assiepata anche davanti all'edificio; qualcuno, per vedere meglio la processione, si è arrampicato sulle basi delle colonne e fino alle nicchie della facciata.
Desprez accentua la tensione e crea un'atmosfera di grandiosità facendo avanzare il carro tra nuvole di fumo. Il *Voyage pittoresque* dedica numerose pagine a un'emozionante descrizione dell'evento: "Questo reliquiario viene trasportato su una specie di carro trionfale, decorato, o meglio sovraccarico, di dorature ed elaborati ornamenti di ogni genere; viene trainato da quaranta muli e ospita altrettanti musicisti i quali, seduti in file ad anfiteatro, fanno tutto il rumore che possono. Annunciano così l'inizio dell'avanzata di questa macchina enorme, la più ricca e splendida che sia mai stata portata in processione, e la cui sommità arriva quasi all'altezza di alcuni dei massimi edifici della città. Parte dalla Marina e percorre traballante il Cassaro, da Porta Felice fino al palazzo del Viceré". (PL)

120

Giovanni Battista Lusieri
1755 ca-1821
120. *Veduta di Palermo*
e della Conca d'Oro da Monreale,
1782-99 ca
Acquarello su matita,
70,4 × 153,8 cm
Collezione privata, Gran Bretagna

Provenienza: Acquisito presso gli eredi dell'artista dal settimo conte di Elgin, 1824, quindi per discendenza; vendita Sotheby's, 30 giugno 1986 (104)
Bibliografia: Williams 1982, pp. 492-496

Le primissime opere di Lusieri furono vedute di Roma e della campagna circostante, dipinte per i viaggiatori del Grand Tour. La sua tecnica preferita era l'acquarello che, per quanto assai diffuso presso gli artisti inglesi e tedeschi in visita in Italia, era pochissimo usato dagli italiani se si escludono Lusieri e Carlo Labruzzi (n. 167). Verso il 1782 Lusieri si trasferì a Napoli. Nella sua stessa strada abitava Thomas Jones (cfr. nn. 99, 135-136), che prese nota del suo primo incontro con il "Sig.re

Giambattista Lusieri, romano, in genere chiamato D. Titta, che ha fatto dei disegni colorati giustamente tenuti in stima per la loro correttezza e aderenza alla natura... Era in quel momento occupato a riprendere vedute di Napoli per la regina" (8 giugno 1782). Il lavoro di cui lo aveva incaricato la regina Maria Carolina si protrasse per un certo numero di anni e incluse una serie di vedute della Sicilia, nonché studi di antichità. Tra i suoi committenti a Napoli figuravano anche degli inglesi, e in particolare lord Bruce e sir Richard Colt Hoare.
La tecnica di Lusieri ha dei punti di contatto con quella di Thomas Jones, di cui divenne amico oltre che regolare compagno di lavoro e di bevute. Iniziava col disegnare a matita l'intero soggetto, fin nei più minuti particolari, e poi aggiungeva con estrema accuratezza il colore, spesso *en plein air*. Molti dei suoi più splendidi acquarelli di grande formato, come quello qui preso in esame, sono rimasti incompiuti, perché il suo desiderio di precisione e la sua tecnica laboriosa richiedevano tempi lunghissimi di esecuzione. Lo stile

intensamente realistico di Lusieri contrasta con il carattere protoromantico di altri vedutisti contemporanei attivi in Italia, quali J.P. Hackert (n. 103) e Louis Ducros (n. 58).
Nel 1799, su consiglio di sir William Hamilton, il settimo conte di Elgin ingaggiò Lusieri per accompagnare la sua ambasciata a Costantinopoli e quindi fare da suo agente ad Atene nei complessi negoziati per l'acquisto dei marmi del Partenone; Lusieri visse ad Atene fino alla sua morte, avvenuta nel 1821. Nel corso di questi anni dipinse una serie di vedute greche per lord Elgin, di cui tutte tranne una andarono perdute in mare nel 1828, durante il viaggio verso l'Inghilterra. Quattro anni prima, tuttavia, lord Elgin aveva acquistato tutti i disegni e gli acquarelli italiani appartenenti agli eredi dell'artista, compresa questa veduta di Palermo. (LS)

121

Claude-Louis Châtelet
1749/50-1795
** 121. *Veduta di Napoli
da Capodimonte*, 1777-78
Penna e inchiostro nero su tracce
di matita, acquarello grigio,
21,3 × 33,6 cm
Iscritto e firmato a inchiostro
a sinistra: "Vue prise de Capo
di Monté... de Chatelet"
Graphische Sammlung Albertina,
Vienna

Provenienza: Appartenente alla collezione dalla sua formazione. Inv.
12661
Esposizioni: Napoli 1990 (370, ripr.)
Bibliografia: Saint-Non 1781-86, p.
65; de Seta 1981, pp. 122-124; Spinosa e Di Mauro 1993, p. 172;
Lamers 1995, p. 112

Il paesaggista Claude-Louis Châtelet
fece parte del gruppo di artisti che
girò l'Italia meridionale dal novembre 1777 alla fine del 1778, sotto la
guida di Dominique-Vivant Denon,
con l'incarico da parte di Jean-Claude Richard, Abbé de Saint-Non, di
disegnare le vedute più belle e i più
importanti monumenti, e di tenere

un dettagliato diario di viaggio. Il
materiale così ottenuto fu pubblicato
da Saint-Non in quattro volumi in
folio, con il titolo *Voyage pittoresque
à Naples et en Sicile*, fra il 1781 e il
1786: si tratta di una delle più belle
relazioni di viaggio illustrate del
XVIII secolo.
Il primo volume è dedicato a Napoli e toccò a Châtelet fornire le vedute della città e dei monumenti. Il
disegno in oggetto è uno dei pochi
che ritraggano la città vista da Capodimonte: la maggior parte delle
vedute, infatti, vennero prese dal
mare o dalla promenade (cfr. nn. 4 e
5), e sembra che quella dalle colline
circostanti non fosse considerata particolarmente attraente. Salvo un
disegno datato 1582 dell'artista
olandese Jan van Stinemolen, la situazione non cambiò fino a Settecento inoltrato. Assieme ad altre di
Joli, Thomas Jones e Lusieri, questa
di Châtelet è una delle primissime
vedute disegnate dal castello reale di
Capodimonte. Il panorama è descritto con grande entusiasmo nel
Voyage pittoresque: "La sua posizione
è poi davvero splendida, perché
domina l'intera città di Napoli, che

da qui è visibile da un'estremità al-
l'altra... Il forte che appare sulla destra... sulla cima del monte è Castel
Sant'Elmo; e in lontananza, all'ingresso nel golfo, è l'isola di Capri e,
ancora più in là, la costa di Sorrento". (PL)

122

John "Warwick" Smith
1749-1831

122. *Napoli vista dalla villa*
di sir William Hamilton a Portici,
1778-98 ca
Acquarello su matita,
19,9 × 31,4 cm
Birmingham Museum and Art
Gallery

Provenienza: Secondo conte di Warwick (1746-1816), quindi per discendenza; Agnew 1938; Norman
Wall, da cui donato al museo di Birmingham nel 1938
Esposizioni: Napoli 1990, p. 423;
Londra 1990, p. 132

Le *Memoirs* di Thomas Jones attesta-
no che Smith lasciò Roma per
Napoli il 22 marzo 1778 e vi rimase
fino al luglio 1779. Quando lo stesso Jones giunse a Napoli, il 15 settembre 1778, il primo compatriota
in cui si imbatté fu Smith, con il
quale in seguito condivise l'alloggio.

Le *Memoirs* descrivono numerose
escursioni compiute insieme allo
scopo di ritrarre il paesaggio, tra cui
quella al cratere del Vesuvio subito
dopo un'eruzione: gli studi eseguiti
durante queste spedizioni serviranno
da base per i successivi acquarelli.
Quello esposto, che in origine apparteneva al committente dell'artista
lord Warwick (da cui il soprannome), faceva probabilmente parte
della sequenza dipinta in preparazione delle *Select Views in Italy* di
Smith, la cui pubblicazione parziale
avvenne tra il 1792 e il 1798 e che
costituirono una delle raccolte di
incisioni topografiche più famose del
periodo. Questa veduta di Napoli fu
pubblicata come tavola 58 nel 1798.
Una versione di più grande formato,
datata 1781, era in precedenza nella
collezione Newall (Christie's, 13-14
dicembre 1979 [69]).
Sir William Hamilton (1730-1815),
diplomatico presso la corte di Ferdinando IV dal 1764 al 1800, era il

cittadino inglese più autorevole residente in Italia e riceveva un flusso
ininterrotto di illustri visitatori nel
napoletano palazzo Sessa e nelle sue
residenze fuori città, in particolare
villa Angelica a Portici (dove nel
1782 soggiornò William Beckford,
con al seguito J.R. Cozens). L'ubicazione di questa villa, alle pendici del
Vesuvio, recitava il testo accompa-
gnatorio dell'incisione, "offre un
panorama completo della città e del
golfo di Napoli, uno scenario giustamente considerato tra i più interessanti e belli del mondo". (LS)

1 Chiesa di S. M. de Miracoli
2 Chiesa di S. M. di Monte Santo
3 Strada del Corso, che conduce al Palazzo di Venezia

Veduta della Piazza del Popolo

4 Strada, che conduce a Piazza di Spagna
5 Strada, che conduce al Porto di Ripetta
6 Guglia Egiziaca inalzata da Sisto V

123

Giovanni Battista Piranesi
1720-1778

123. *Piazza del Popolo*, ante 1751
Acquaforte, 53,5 × 70,8 cm (foglio)
Intitolato: "Veduta della Piazza
del Popolo"
British Architectural Library, Royal
Institute of British Architects

Bibliografia: Hind 1922, p. 41 n. 14;
Wilton-Ely 1978 (1), pp. 29-35;
Robison 1983, pp. 11-33; Campbell
1990, pp. 47-48 n. 6; Wilton-Ely
1994, I, pp. 176, 184 n. 141

Le 135 tavole delle *Vedute di Roma*
di Piranesi, pubblicate singolarmente o a piccoli gruppi dalla fine del
quinto decennio alla sua morte,
avvenuta circa trent'anni più tardi, si
pongono fra le immagini più efficaci
e fra le testimonianze più accurate
fatte circolare dal Grand Tour in
tutto il mondo occidentale. Relativamente poco costose e prodotte in
grandi quantità, queste tavole rispon-

devano agli interessi enciclopedici
dell'Illuminismo e finirono con l'e-
sercitare una notevole influenza sulla
concezione romantica dell'antichità
classica, e possono ancor oggi condi-
zionare fortemente le nostre idee
sulla civiltà romana. Benché prodotte entro la tradizione ormai consacrata delle incisioni-souvenir, le
tavole di Piranesi rivoluzionarono la
veduta convenzionale e riflettono
quasi ogni fase dell'evoluzione artistica e intellettuale di questo innova-
tore, architetto e decoratore, archeologo, polemista ed eccentrico restauratore di antichità.
Nel compiere tale rivoluzione, Piranesi fece confluire nella topografia
una straordinaria combinazione di
esperienze. La sua formazione di
architetto a Venezia, negli anni trenta, fu completata dalla conoscenza
della tecnologia edilizia tramite il padre, costruttore e scalpellino, e del-
l'ingegneria idraulica tramite lo zio
Matteo Lucchesi. Le sue eccezionali

capacità visive furono stimolate dalla
tradizione immaginativa dell'arte
veneziana e dall'esperienza delle leggi
prospettiche in campo scenografico.
Giunto a Roma, Piranesi si dedicò
allo studio dei monumenti, che gli
permise di formarsi una formidabile
conoscenza dell'antichità. Dopo
essersi assicurato i mezzi di sussisten-
za come incisore con le tavole per la
guida *Varie vedute* (cfr. n. 68) e
mentre stava producendo un'altra
serie, in seguito nota come *Archi
trionfali*, era già passato a tavole di
più vasto respiro per la serie che si
sarebbe poi chiamata *Vedute di
Roma*. Entro il 1751 il suo editore,
Giovanni Bouchard, ne aveva pubblicato una raccolta di trentaquattro
con il titolo *Magnificenze di Roma*,
tre delle quali figurano in questa
mostra (nn. 124-126). Utilizzando
ardite prospettive e una scala esagerata desunte dalle tecniche sceni-
che, Piranesi descrive piazza del Popolo
come la prima immagine della Città

1 *Pantheon fabbricato da Marco Agrippa oggi S.Maria ad Martyres*   3 *Pescaria*
2 *Fontana con Guglia Egizia architettura di Filippo Barigioni*   4 *Palazzo Crescenzi*

Veduta della Piazza della Rotonda

Piranesi del. sc.

124

Eterna che si presenta al viaggiatore in arrivo dalla porta più a nord delle mura aureliane, provenendo dalla Via Flaminia. Dal fulcro visivo costituito dall'obelisco egizio, eretto nel 1589 da Sisto IV, si dipartono tre strade, separate dalle chiese di Santa Maria in Monte Santo e di Santa Maria dei Miracoli. (JW-E)

**Giovanni Battista Piranesi
1720-1778**
124. *Piazza della Rotonda
con il Pantheon*, ante 1751
Acquaforte, 53,5 × 75,6 cm (foglio)
Intitolato: "Veduta della Piazza della Rotonda"
Firmato: "Piranesi del. sc."
British Architectural Library, Royal Institute of British Architects

Bibliografia: Hind 1922, pp. 42-43 n. 17; Wilton-Ely 1978 (1), pp. 29-35; Robison 1983, pp. 11-33; Campbell 1990, pp. 50-51 n. 9;

Wilton-Ely 1994, I, pp. 176, 187 n. 144

Questo grande tempio coronato da una cupola, costruito durante il regno di Adriano e restaurato da Settimio Severo e Caracalla, era indiscutibilmente l'edificio più ammirato e imitato dell'intero Grand Tour, e ispirò la creazione di opere così diverse per funzione e dimensioni come le architetture da giardino di Burlington a Chiswick e di Henry Hoare a Stourhead, l'eccentrica dimora del conte vescovo di Bristol a Ickworth nel Suffolk e la galleria di sculture di William Blundell a Ince Blundell nel Lancashire (cfr. n. 253). In questa tavola l'edificio, che nelle *Vedute di Roma* è raffigurato quattro volte, domina la piazza pullulante di gente occupata in varie attività. La vasca della fontana, che costituisce il fulcro della composizione, fu costruita nel 1575 su disegno di Giacomo della Porta. Nel 1711, quando la

piazza fu ampliata, l'architetto papale Filippo Barigioni fece collocare al centro della fontana un obelisco egizio trasportato da piazza Sant'Ignazio (notizia riportata nella didascalia di Piranesi). Questa tavola, la prima della serie di Piranesi a mostrare il Pantheon, fu inclusa da Bouchard fra le trentaquattro *Magnificenze di Roma*, pubblicate nel 1751 ma probabilmente eseguite parecchi anni prima. (JW-E)

VEDUTA DELL'ANFITEATRO FLA-
VIO DETTO IL COLOSSEO

125

**Giovanni Battista Piranesi
1720-1778**
125. *Il Colosseo visto dall'alto,*
ante 1779
Acquaforte, 53,7 × 78 cm (foglio)
Intitolato: "Veduta dell'Anfiteatro
Flavio detto il Colosseo"
Firmato: "Cav. Piranesi F."
British Architectural Library, Royal
Institute of British Architects

Esposizioni: Hayward Gallery 1978
(106)
Bibliografia: Hind 1922, p. 71 n.
126; Wilton-Ely 1978 (1), p. 44;
Campbell 1990, pp. 126-127 n.
126; Wilton-Ely 1994, I, pp. 176,
302 n. 259

Assieme al Pantheon, l'anfiteatro
Flavio o Colosseo era uno dei monumenti sopravvissuti dell'antica Roma
più ammirati in assoluto. Secondo la
memorabile affermazione del *Childe
Harold's Pilgrimage* di Byron, era
diventato un simbolo duraturo della

civiltà. Nelle sue *Vedute* Piranesi gli
dedica tre tavole, compresa la presente, e due illustrazioni accompa-
gnano il testo dell'opera archeologica
innovatrice *Le antichità romane*, del
1756. A quell'epoca le sue attività di
vedutista erano ormai condizionate
dal desiderio di analizzare e documentare i monumenti di Roma per
gli studiosi e gli antiquari, ma soprattutto per offrire ispirazione agli architetti contemporanei. Fra questi ultimi figurava un numero crescente di
studenti provenienti dall'Académie
de France, quali Marie-Joseph Peyre,
Charles de Wailly e Charles-Louis
Clérisseau, e professionisti inglesi
come William Chambers, Robert
Adam e George Dance il Giovane.
Durante la metà del sesto decennio,
in seguito agli attacchi sferrati dai
protagonisti del Greek Revival contro il primato di Roma, Piranesi si
pose sempre più sulla difensiva e ciò
lo spinse a intensificare la drammaticità e l'impatto visivo delle nuove

aggiunte alle *Vedute di Roma*. Le sue
ricerche archeologiche avevano condotto anche a importanti innovazioni nel campo delle tecniche illustra-
tive, quali le vedute aeree di strutture
complesse come il Colosseo. Verso la
metà dell'ottavo decennio, data in
cui si colloca la presente acquaforte,
alla squisitezza rococò delle prime
tavole era già subentrato il dramma
del Sublime: gli effetti tonali si fanno
potenti e le figure umane sono ridot-
te alle dimensioni di formiche. Insi-
gnito dell'ordine dello Sperone d'oro
da Clemente XIII nel 1767, da quella data poté firmare tutte le sue opere
come "Cavaliere". (JW-E)

Veduta di Campo Vaccino

126

Giovanni Battista Piranesi
1720-1778

126. *Il Campo Vaccino*, ante 1751
Acquaforte, 53,5 × 75,5 cm (foglio)
Intitolato: "Veduta di Campo Vaccino"
Firmato: "Piranesi del. scolp."
British Architectural Library, Royal
Institute of British Architects

Bibliografia: Hind 1922, pp. 49-50 n.
40; Wilton-Ely 1978 (1), pp. 29-35;
Robison 1983, pp. 11-33; Campbell
1990, pp. 53-54 n. 13; Wilton-Ely
1994, I, pp. 176, 191 n. 148

In questa tavola che fa parte delle
trentaquattro *Vedute di Roma*, inclusa nella raccolta di Bouchard sulle
Magnificenze di Roma del 1751, Piranesi ha scelto il punto di vista più
utilizzato e spettacolare per raffigurare uno dei siti più suggestivi del
Grand Tour. Gibbon ricorda: "Fu a
Roma, il 15 ottobre 1764, mentre
sedevo a riflettere tra le rovine del

Campidoglio, con i frati scalzi che
cantavano i vespri nel tempio di
Giove, che per la prima volta mi
venne in mente di scrivere sulla
decadenza e la caduta della città"
(Gibbon 1907, p. 159).
Ci sono altre dodici tavole nelle
Vedute di Piranesi dedicate a singoli
elementi del Foro Romano, ma questa è l'unica a raffigurarlo nel suo
insieme. Basandosi sui dati topografici della pianta di Nolli (n. 66) e
sulle vedute di altri artisti contemporanei, risulta chiaro che il sito, qui
visto dal colle del Campidoglio verso
il Colosseo, è stato da Piranesi volutamente alterato: sembra in stato di
abbandono (è ridotto letteralmente,
come dice il titolo, a un campo per
far pascolare le mucche) e vi sono
inclusi un maggior numero di
monumenti (indicati nelle quindici
voci elencate nelle didascalie ai lati
del titolo). Quelli che predominano
in primo piano, da sinistra a destra,
sono l'arco di Settimio Severo, le tre

colonne quasi sotterrate del tempio
di Vespasiano e Tito, e parte del
tempio di Saturno. (JW-E)

127

Veduta della Villa dell'Em.° Sig.r Card.
Alessandro Albani fuori di Porta Salaria

**Giovanni Battista Piranesi
1720-1778**
127. *Villa Albani*, 1771 ca
Acquaforte, 53,8 × 75,5 cm (foglio)
Intitolato: "Veduta della Villa
dell'Elmo. Sigr. Card. Alessandro
Albani fuori di Porta Salaria"
Firmato: "Cavalier Piranesi inc."
British Architectural Library, Royal
Institute of British Architects

Bibliografia: Hind 1922, p. 63, n.
89; Lewis 1961, pp. 199-203; Gruber, 1978, pp. 282-288; Collier
1987, pp. 338-347; Campbell 1990,
p. 105 n. 90; Denison 1993, pp. 8-
9; Wilton-Ely 1994, I, pp. 176, 265
n. 222

Nella seconda metà del XVIII secolo
nessun viaggiatore poteva soggiorna-
re a Roma senza visitare la magnifica
collezione di scultura classica e opere
d'arte ospitata dal cardinale Alessandro Albani (1692-1779) nella sua

villa appena fuori delle mura aureliane, sulla Via Salaria. Albani, nipote
di papa Clemente XI (1649-1721),
aveva messo insieme una delle più
grandi raccolte di antichità dopo
quelle del Vaticano. Poiché gli serviva un posto dove esporre queste
meraviglie, affidò a Carlo Marchion-
ni l'incarico di progettargli una villa,
completa di giardini formali e architetture annesse, sul modello dell'antica *villa suburbana*. Iniziato nel
1746, l'edificio principale consisteva
di una struttura a due piani, con una
loggia al piano terreno prospiciente
il giardino. Le sculture classiche vennero disposte e incorporate nell'ambiente con un gusto destinato a esercitare un forte influsso sull'ideazione
di molte gallerie d'arte private e pubbliche create successivamente in tutta Europa. La villa è stata immor-
talata da numerosi artisti, fra cui
Panini e Pierre-Adrien Pâris.
Il salone principale al piano superio-

re sfoggiava, nel soffitto, la splendida
composizione del *Parnaso* di Mengs
(1761), un'opera che rivela l'influenza del bibliotecario del cardinale,
Johann Winckelmann, che lo consi-
gliava e pubblicava sulla collezione.
Lo studioso tedesco era la figura di
punta del Greek Revival e, inevita-
bilmente, un avversario di Piranesi.
Egli incise questa veduta all'inizio
dell'ottavo decennio, epoca in cui,
sfortunatamente, la grande collezione si era già in gran parte dispersa a
causa dei problemi finanziari del cardinale. Nel 1761 Robert e James
Adam avevano svolto un ruolo
importante nel negoziare la vendita
di disegni di antichi maestri a Giorgio III. Nel 1866 la villa fu acquistata dal principe Alessandro Torlonia,
di cui conserva il nome. (JW-E)

181

128

Giovanni Battista Piranesi
1720-1778
128. *Villa d'Este, Tivoli*, 1773 ca
Acquaforte, 54 × 78 cm (foglio)
Intitolato: "Veduta della Villa
Est[e]nse in Tivoli"
Firmato: "C. Piranesi inc."
British Architectural Library, Royal
Institute of British Architects

Bibliografia: Hind 1922, p. 66, n.
105; Campbell 1990, p. 113 n. 105;
Coffin 1966; Denison 1993, pp. 95-
97 n. 56, pp. 167-169 e 217-218;
Wilton-Ely 1994, I, pp. 176, 281 n.
238; Macdonald e Pinto 1995

Tra i giardini rinascimentali e barocchi visitati nel corso del Grand Tour, i più famosi erano quelli di villa d'Este, costruita nel 1549 per Ippolito d'Este, cardinale di Ferrara e governatore di Tivoli, su progetto di Pirro Ligorio. Con le sue terrazze digradanti sul ripido pendio, le impareggiabili fontane e gli straordinari effetti d'acqua, la villa suscitò costantemente l'ammirazione dei viaggiatori che ne scrissero nelle loro lettere e nei diari. Molti pittori ne celebrarono la bellezza e gli effetti atmosferici, in particolare Fragonard, che vi trascorse oltre due mesi nel 1760 in compagnia dell'Abbé de Saint-Non per preparare il materiale per il celebre *Voyage pittoresque*. A parte le sue qualità squisitamente teatrali, che Piranesi traspone in questa veduta, la villa rivestiva per lui un importante significato come esempio della continuità del talento degli antichi romani per la progettazione, comunicatagli in particolare dalle rovine della vicina villa Adriana, il cui sito complesso e intrigante Piranesi studiò negli anni precedenti la realizzazione di questa tavola, basandosi in parte sull'antica planimetria ricostruita dallo stesso Ligorio. Le *Vedute*, oltre a numerose testimonianze della *grandeur* scenica dell'area di Tivoli, comprendevano anche undici tavole raffiguranti villa Adriana, forse in vista di una pubblicazione archeologica indipendente. (JW-E)

RAPPRESENTAZIONE DELLA REGATTA SOLENNE FATTA IN VENEZIA SOPRA IL CANAL GRANDE NEL DI IIII. MARZO M.D.CCIX. PER DIVERTIMENTO DI SVA MAESTÀ IL RE DI DANIMARCA.

129

**Giuseppe Baroni 1670 ca-1731
da Luca Carlevarijs 1663-1730**
129. *Regata sul Canal Grande
in onore di Federico IV, re di
Danimarca e Norvegia*, 1709
Acquaforte e incisione,
35,8 × 60,2 cm (impronta del rame)
Iscritto in alto: "RAPPRESENTAZIONE
DELLA REGATTA SOLENNE FATTA IN
VENEZIA SOPRA IL CANAL GRANDE
NEL DI IIII. MARZO M.D.CCIX. PER
DIVERTIMENTO DI SVA MAESTÀ IL RE
DI DANIMARCA."; in basso a sinistra:
"Luca Carleuarijs Pinsit"; e in basso
a destra: "Joseph Baronus Incid
Vene.s – 58", seguito da 27 lettere
e numeri di riferimento indicanti
barche e edifici raffigurati
Museo Correr, Venezia

Provenienza: Stampe Molin 1991
Esposizioni: Venezia 1941 (9); Amsterdam 1991 (53)
Bibliografia: Rizzi 1967, p. 103;
Reale e Succi 1994, pp. 110-112;
Reale 1995, pp. 33-35. Per il dipinto cfr. anche Martineau e Robison 1994, pp. 96, 444 n. 22; Nepi Scirè e Romanelli 1995, p. 264 n. 63

Il 4 marzo 1709, alla vigilia della sua partenza da Venezia, venne organiz-zata una spettacolare regata sul Canal Grande in onore di Federico IV, re di Danimarca e Norvegia, un evento che lasciò una profonda impressione sui cittadini e sui cronisti contemporanei. Federico, che viaggiava in incognito sotto il nome di conte di Oldenburg, era giunto a Venezia alla fine dell'ottobre precedente e le celebrazioni allestite in occasione della sua visita sono documentate sia da scritti letterari (cfr. Venezia, Museo Correr, MS Gradenigo 52, ff. 151-154) sia da dipinti di Carlevarijs. Quello donato al re (presumibilmente dai quattro nobili veneziani che avevano ricevuto dal senato l'incarico di preparare i festeggiamenti) entrò a far parte della collezione reale nel 1713 e servì a stabilire la reputazione internazionale dell'artista. Funse anche da modello per il nuovo genere del vedutismo veneziano.
Del dipinto si conoscono due versioni più piccole: una già di collezione privata romana e oggi al Paul Getty Museum; la seconda, con qualche variante, all'Ermitage. Questa acquaforte di Giuseppe Baroni, uno degli incisori più attivi a Venezia ai primi del Settecento, svolse un ruolo fon-damentale nel far conoscere l'opera di Carlevarijs e fu successivamente aggiunta alle tavole del primo volume del *Gran Teatro di Venezia*, pubblicato nel 1717 da Domenico Lovisa. Precedente alla stampa di Baroni è la serie di incisioni sul tema della regata incluse nella *Biblioteca Universale* di Vincenzo Coronelli, anch'essa edita nel 1709. Tra esse si trova la grande acquaforte dedicata a Luigi Foscari, tratta dal dipinto di Carlevarijs da Pietro Ridolfi, incisore attivo a Venezia tra il 1709 e il 1723.
La scena rappresenta l'arrivo della pittoresca *bissona*, l'imbarcazione che trasportava il re e il Cavalier Dolfin, al padiglione galleggiante che segnava il punto d'arrivo della regata. La stessa inquadratura, che mostra gli edifici sul Canal Grande da palazzo Balbi al ponte di Rialto, ricorre in numerosi dipinti di regate del Canaletto, ed è assai probabile che il maestro veneziano attingesse alla stampa di Baroni per alcuni dei caratteri tipici che ne popolano le tele. (GM)

Die Jovis postrema Bacchanaliorum Serenißimus Princeps e ducali Palatio conspicit populares ludos, perantiquae victoriae monumenta

N.° 7   **130**

**Giambattista Brustolon
1712-1796
da Canaletto 1697-1768**

130. *Festa del Giovedì Grasso
nella Piazzetta*, 1766 ca -1775
Dalla serie di dodici stampe *Feste
dogali*, pubblicata da Ludovico
Furlanetto
Acquaforte e incisione,
62 × 81,5 cm (impronta del rame)
Iscritto sul margine inferiore:
"Antonius Canal pinxit / Jo. Bap.
Brustolon inc. / Die Jovis postrema
Bacchanaliorum Serenissimus
Princeps e ducali Palatio
conspicit populares ludos,
perantiquae victoriae monumenta /
N.° 7"
Museo Correr, Venezia

Provenienza: Stampe Molin 1931
Esposizioni: Istanbul 1995 (146)
Bibliografia: Constable 1989, pp.
673-674; Succi 1983, p. 90 n. 63; de
Leeuw 1984, p. 109 n. 20. Per il
disegno cfr. Bettagno 1982, p. 52 n.
70; Baetjer e Links 1989, pp. 347-

350 n. 122; Martineau e Robison
1994, p. 440 n. 151

La presente fa parte di una serie di
acqueforti rappresentanti le *Feste
dogali*, cerimonie e festività cui partecipavano i dogi veneziani. Le stampe furono commissionate a Giambattista Brustolon dal mercante di
stampe ed editore Ludovico Furlanetto, ed erano tratte da disegni originali del Canaletto. Otto delle
stampe vennero poste in vendita per
sottoscrizione nel marzo 1766, ma
da un'offerta di sottoscrizione stam-
pata sappiamo che solo quattro
erano completate nell'agosto 1768, e
l'intera serie non fu probabilmente
terminata fino al 1773-75 (Succi
1983, p. 89). Oggi sono noti soltanto dieci dei disegni del Canaletto, e
in base al loro formato e alla tecnica
è evidente che erano stati eseguiti
espressamente per l'incisore. Acquistati a Venezia da sir Richard Colt
Hoare intorno al 1787, i disegni
sono andati dispersi nel mercato

antiquario alla fine dell'Ottocento;
quello alla base della presente composizione si trova ora in collezione
privata a Vaduz.
La scena rappresenta l'assieparsi della
folla nella Piazzetta, di fronte all'elaborata struttura provvisoria costruita
per i fuochi d'artificio, in occasione
della festa del Giovedì Grasso, celebrata l'ultimo giovedì di carnevale.
Accanto c'è un gruppo di uomini
che si cimentano in una prova acro-
batica veneziana chiamata le Fatiche
di Ercole.
Queste stampe riscossero un grande
successo commerciale come simpati-
ci souvenir; furono ripubblicate varie
volte fino alla metà del XIX secolo e
fornirono motivi d'ispirazione per
una serie di dipinti di Francesco
Guardi. (GM)

Populi frequentia nocturna, et exulatio prope Ecclesiam Ssmi Redemptoris in Judaica, ejusdem contingente pervigilio. 8
Apud Ludovicum Furlanetto supra Pontem vulgo dictum dei Baretteri C.P.E.S.

131

Giambattista Brustolon
1712-1796
da Canaletto 1697-1768
131. *La festa del Redentore di notte,*
1775 ca
Da una serie di quattro stampe
raffiguranti feste notturne
pubblicate da Ludovico Furlanetto
Acquaforte, 36 × 48 cm (impronta
del rame)
Iscritto sul margine inferiore:
"Antonius Canal pinxit / Jo. Bap.
Brustolon inc. / Populi frequentia
nocturna, et exultatio prope
Ecclesiam Ssmi Redemptoris in
Judaica, ejusdem contingente
pervigilio / Apud Ludovicum
Furlanetto supra Pontem vulgo
dictum dei Baretteri C.P.E.S."
Museo Correr, Venezia

Provenienza: Stampe Cicogna 246
Esposizioni: Istanbul 1995 (140)
Bibliografia: Succi 1983, p. 86 n. 56;
Constable 1989, pp. 673-674

La festa del Redentore, indetta per
celebrare la fine di un'epidemia di
peste, si tiene tutt'oggi a Venezia la
seconda domenica di luglio.
La chiesa omonima alla Giudecca,
opera di Andrea Palladio, era visitata
una volta all'anno dal doge e, per
l'occasione, veniva costruito un
ponte di barche per collegare la città
all'isola, usanza che continua ancora
oggi.
L'acquaforte, con la veduta notturna
della festa, è una di quattro stampe
dedicate a feste popolari e celebrazioni
notturne incise da Brustolon. Nel
1779 l'editore Ludovico Furlanetto
inviò una petizione al senato veneziano
perché gli fosse accordato il
privilegio di stamparle; allegata, c'era
una dichiarazione di Brustolon secondo
cui le quattro stampe erano
tratte da disegni originali di Canaletto
e Giambattista Moretti. Anche se
l'iscrizione sulla stampa della Giudecca
afferma che essa deriva da
un'opera del Canaletto, non è stato
rintracciato alcun dipinto o disegno
con questo soggetto e siamo soltanto
a conoscenza di un disegno (di collezione
privata italiana) che potrebbe
essere un abbozzo dell'opera finale su
cui è basata questa stampa.
Come la maggior parte dei lavori di
Furlanetto, le quattro stampe erano
destinate soprattutto ai sempre più
numerosi visitatori di Venezia e,
insieme con altri soggetti, furono
riutilizzate in una serie di trenta incisioni
di feste veneziane e vedute della
città pubblicata da Teodoro Viero
nel 1791 o successivamente a questa
data. Nel 1797 figuravano ancora
nel catalogo di vendita di quest'ultimo:
era l'anno della caduta di Venezia. (GM)

Giacomo Leonardis 1723-1794
e Domenico Fossati 1743-1784
da Antonio Codognato
attivo 1760-90 ca
132. *L'arena in piazza San Marco
in onore dei conti del Nord*, 1782
Acquaforte e incisione,
56,4 × 80,5 cm (impronta del rame)
Iscritto sul margine inferiore:
"Dom.cus de Fossatis del. – Jac.
Leonardis Sculp. Ven.tiis / Imago
Spectaculi, quod in Foro D. Marci
Magnis Russie Ducibus Nicolaus
Michaelius, et Philippus Calbus /
Sapientes AErario Prefecti ex S.C.
exhibuerunt IX Kal. Febr.
MDCCLXXXII / Antonio Codognato
inventore, atque directore / Dessein
du Spectacle que leurs Excellences
Messeurs Nicolas Michieli, et
Philippe Calbo, Sages préposés au
Trésor, ont donné par / Decret du
Senat au Grand Duc, et a la Grand
Duchesse de Russie, Dans la Place
de S.t Marc, le 24 Janvier 1782. /
Sous la Direction d'Antoine
Codognato, qui en etoit l'Inventeur.
/ Gravé avec Privilege du Senat /
On les vends chez Alessandri et
Scattaglia sur le Pont de Rialte
Venise"
Museo Correr, Venezia

Provenienza: Stampe Correr 5962
Esposizioni: Istanbul 1995 (144)
Bibliografia: Venezia 1978, p. 24 n.
22; Venezia 1979 n. 111/11; Succi
1983, pp. 211-212 n. 249; Biadene
1992, p. 103

Nel 1782 ci furono a Venezia due
importanti occasioni per indire
festeggiamenti: la visita degli eredi al
trono di Russia, Paolo Petrovič e la
moglie Maria Feodorovna (cfr. n.
95) che viaggiavano in incognito
come conti del Nord, e quella di
papa Pio VI, di ritorno dal viaggio a
Vienna. Si eressero strutture architettoniche
provvisorie e si allestirono
grandi apparati scenografici. Data

185

I LUOGHI

Imago Spectaculi, quod in Foro D. Marci Maioris Russicis Ducibus Nicolaus Michaelius, et Philippus Calbus Sapientes Ærario Præfecti ex S.C. exhibuerunt IX. Kal. Febr. MDCCLXXXII. / Antonio Codognato inventor, atque director.

Dessein du Spectacle que leurs Excellences Messieurs Nicolas Michiel, et Philipe Calbo, Sages preposés au Trésor, ont donné par Decret du Senat au Grand Duc, et a la Grande Duchesse de Russie, Dans la Place de S.t Marc, le 24. Janvier 1782. / Sous la Direction d'Antoine Codognato, qui en doit l'Inventeur.

132

l'importanza degli ospiti russi, il clou delle celebrazioni si svolse nel centro politico di Venezia: piazza San Marco. Un gruppo di scenografi e architetti teatrali – Alessandro Mauro, Giorgio e Domenico Fossati, Antonio Codognato e Giannantonio Selva – realizzarono un'arena, decorata in stile tardobarocco, per ospitare una sfilata di carri allegorici e una caccia al toro. La documentazione figurativa dell'allestimento, che includeva un arco trionfale sul lato della basilica e, sul lato della chiesa di San Geminiano, una tribuna ideata sul modello di un padiglione in stile russo-palladiano, fu affidata agli incisori Antonio Baratti e Giacomo Leonardis; la serie di stampe che essi eseguirono venne con molta probabilità commissionata da Nicolò Michiel e Filippo Calbo, responsabili delle finanze statali.

Nell'intento di stabilire migliori relazioni diplomatiche e commerciali con l'impero russo, i temi dei carri allegorici si riferiscono alla Pace incoronata dall'Abbondanza, dall'Agricoltura, dalle Arti applicate e dal Commercio. Questi carri furono riprodotti in una serie di stampe da

Giorgio e Domenico Fossati. Nonostante lo scarso successo popolare dell'evento, l'importanza delle stampe è confermata dal fatto che costituirono la fonte di una serie di sei dipinti di Francesco Guardi (cfr. n. 142). (GM)

Antonio Baratti 1724-1787 e Giambattista Moretti attivo 1775 ca da Antonio Codognato attivo 1760-90

133. *Arena in piazza San Marco a Venezia, di notte, in onore dei conti del Nord*, 1782
Acquaforte, 36,5 × 48,5 cm (impronta del rame)
Iscritto sul margine inferiore:
"Desiné par I. Moretti – Gravé par Baratti / Amphiteatre erigé dans la Grande Place de S.t Marc de Venise pour le Soir du 24 Janvier 1782 du Côté des Procuraties neuves à l'occasion de la venüe de leurs Altesses Imp.les Mons.r le Compte et Madame la Comtesse / du Nord avec la Veüe de l'Arc Triomphal, et de l'Eglise Ducale, de tout illuminé de Flambeaux avec des

Lustres, et Lampions de cristal, inventé, et dirigé par M.r Ant.e Codognato / Gravé avec privilege du Senat. / Ont les vends Chez Alessandri, et Scattaglia Graveurs sur le Pont de Rialte à Venise"
Museo Correr, Venezia

Provenienza: Stampe Correr 5495
Esposizioni: Amsterdam 1991 (62); Istanbul 1995 (145)
Bibliografia: Venezia 1979 n. 111/14; Succi 1983, p. 46 n. 10

La stampa, di suggestivo effetto notturno, rappresenta la piazza San Marco con gli apparati scenografici allestiti sotto la direzione dell'impresario e architetto teatrale Antonio Codognato, in occasione della visita a Venezia dei conti del Nord, nel gennaio 1782 (cfr. n. 132). Essa fa coppia con una seconda acquaforte, incisa da Antonio Baratti, che mostra il lato opposto della piazza con le Procuratie illuminate dopo la sfilata dei carri allegorici cui seguì una caccia al toro, un intrattenimento che si teneva in genere durante il periodo del carnevale. Gli allestimenti sulla piazza, così come gli addobbi delle barche per la regata e le scene nel teatro di San Benedetto per i ricevimenti in onore dei granduchi tradiscono un decorativismo tardo-barocco che si rifà a modelli consolidati.

Nell'apparente occasionalità delle cerimonie per gli ospiti russi, Venezia si era accuratamente preparata a celebrare se stessa, con manifestazioni in cui la partecipazione dell'intera città potesse dimostrare la stabilità di un governo basato sul consenso. Le enormi spese sostenute e la scarsa partecipazione dei veneziani rivelarono tuttavia anche ai cronisti del tempo i sintomi del tramonto della Repubblica. (GM)

Amphithéâtre Erecé dans la grande Place de S. Marc de Venise pour le Bal du 19 Janvier 1782 du Coté des Procuraties neuves à l'occasion de la venüe de Leurs Altesses Imp. Mons. le Comte, et Madame la Comtesse Du Nord avec la Vüe de l'Arc Triomphal, et de l'Eglise d'ancds; le tout allumée de Flambeaux, avec des Lustres, et Lampions de cristal inventé, et dirise par M. Ant. Codognato.

133

134

Antonio Baratti 1724-1787
da Giovanni Battista Canal
1745-1825
134. *Ricevimento al teatro di San Benedetto per i conti del Nord*, 1782
Acquaforte e incisione,
57,5 × 77,7 cm
Iscritto sul margine inferiore: "Ioan. Bapt. Canal delin. quo ad figuras – Antonius Baratti sculp. Venetiis"
Museo Correr, Venezia

Provenienza: Stampe Correr gr. 5170
Esposizioni: Amsterdam 1991 (59), p. 78
Bibliografia: Venezia 1978, p. 24 n. 23; Venezia 1979, n. 111/15. Per il dipinto di Guardi cfr. Bettagno 1993 n. 68

La sera del 22 gennaio 1782 fu organizzata in onore dei conti del Nord una cena preceduta da un ballo nel teatro di San Benedetto. Costruito per iniziativa della famiglia Grimani, il teatro era stato da poco riaperto dopo un incendio che lo aveva distrutto nel 1773. L'allestimento per l'occasione fu affidato agli scenografi Antonio e Alessandro Mauro e all'architetto Giannantonio Selva, che ridecorarono il teatro e costruirono una vasta scalinata tra la platea e il palco, ai cui lati si trovavano due orchestre. Una volta terminate le

187

danze, il palco venne adibito a sala da pranzo. La stampa di Baratti, animata dalla folla di figure dei convitati, è tratta da un disegno di Giovanni Battista Canal e nasce dalla stessa volontà di documentazione figurativa dei festeggiamenti per gli ospiti russi che sta alla base della serie di stampe riproducenti le architetture effimere in piazza San Marco (nn. 132-133). Il costante rapporto tra pittura e incisione, pur con un pubblico diverso per dipinti e stampe, è testimoniato dal fatto che su questa stampa sono basati sia una tela di Gabriel Bella (n. 141) sia un dipinto di Francesco Guardi (ripr. Bettagno 1993), probabilmente commissionato dalla Repubblica. (GM)

Thomas Jones 1742-1803
135. *La Cappella Nuova fuori della Porta di Chiaia, Napoli*, 1782
Olio su carta, tagliato irregolarmente su tutti i lati, 20 × 23,2 cm
Firmato, datato e iscritto sul verso: "The Capella nuova fuori della porta di - / Chiaja Napoli / May 1782 / TJ"
Tate Gallery. Dono del Canon J.H. Adams, 1983

Provenienza: Capitano John Dale, genero dell'artista; per discendenza, attraverso sua figlia Rose, alla famiglia Adams; Canon J.H. Adams, da cui donato alla Tate Gallery nel 1983
Esposizioni: Marble Hill 1970 (62); Manchester 1988 (102)
Bibliografia: Oppé 1951, pp. 110-111; Blunt 1973, p. 500, fig. 5; Gowing 1985, pp. 44-47, fig. 39

Fin dal 1770, Jones aveva iniziato a dipingere a olio *en plein air* nel nativo Galles, ma i suoi schizzi dal vero più significativi risalgono al 1780-83, l'epoca del suo secondo soggiorno a Napoli. Essi si pongono tra le opere più straordinarie e originali dipinte nel Settecento e anticipano la tradizione della pittura a olio all'aperto praticata da artisti francesi atti-

135

vi in Italia ai primi dell'Ottocento, in particolare Granet e Corot. È possibile che Jones avesse appreso questa tecnica da Richard Wilson, suo maestro, il quale aveva conosciuto Claude-Joseph Vernet a Roma negli anni cinquanta, ma non è attestato in alcun modo che Wilson seguisse il precetto di Vernet di "dipingere dal vero piuttosto che disegnare", come annotato da sir Joshua Reynolds, ed è probabile che Jones mettesse a punto questa tecnica in tutta autonomia. Praticamente in contemporanea, e cioè quando ritornò a Roma nel 1781 dopo una breve permanenza a Parigi, anche Valenciennes (cfr. nn. 137-139) iniziò a eseguire schizzi a olio. Sono state avanzate delle ipotesi circa la possibilità che i due artisti fossero in contatto, ma nessun elemento concreto indica che essi si conoscessero.
A giudicare da uno studio ora a Yale – che tuttavia è privo della chiarezza e precisione dei suoi schizzi napoletani, l'interesse di Jones per edifici e

profili di tetti apparentemente privi d'interesse si manifestò con ogni probabilità a Roma verso il 1776-78. Da pochi, semplici elementi – muri sgretolati e interrotti qua e là da finestre sbarrate, macchie di vegetazione indefinibile e una striscia di cielo, che l'artista vedeva dalla sua finestra o dal terrazzo sul tetto dei vari studi presi in affitto (cfr. n. 136) – Jones distillava l'essenza della città in cui viveva, ignorando tutti gli espedienti compositivi convenzionali. All'inizio del maggio 1782, l'artista descriveva un nuovo atelier, provvisorio, nel quale deve aver realizzato il presente studio a olio: "Me ne sono trovato uno in un piccolo convento... chiamato la Cappella Vecchia, situato nel borgo della Chaja e molto vicino al palazzo di sir W'm Hamilton... l'unica finestra si affacciava su un piccolo giardino e su uno scorcio dei sobborghi, in particolare sulla Cappella Nuova, un altro convento, [e] sulla Porta di Chaja... tutti elementi di cui non ho mancato di dipingere

136

degli studi a olio su carta mesticata". Santa Maria a Cappella Nuova venne distrutta ai primi dell'Ottocento e questa composizione è una delle rare testimonianze che ne tramandano il ricordo. (LS)

Thomas Jones 1742-1803
136. *Case su una scogliera, Napoli,* 1782
Olio su carta, 28,7 × 38,7 cm
Firmato, datato e iscritto a matita sul verso: "Naples 1782 TJ"
Tate Gallery. Acquistato nel 1986

Provenienza: Capitano John Dale, genero dell'artista; per discendenza, attraverso sua figlia Rose, alla famiglia Adams; Canon J.H. Adams; vendita Phillips, 3 novembre 1986 (18); acquistato da Leggatt Brothers per la Tate Gallery nel 1986
Esposizioni: Marble Hill 1970 (66); Trento 1993 (5)
Bibliografia: Gowing 1985, p. 50, fig. 44; Tate 1988, p. 53, ripr.

A metà del maggio 1782, Jones era stato costretto a lasciare lo spazioso atelier nel convento della Cappella Vecchia (cfr. n. 135) per installarsi in una "stanzetta angusta e scomoda... dove faceva un caldo insopportabile", e dove finì "quasi arrostito". Nel giro di due settimane, tuttavia, poté trasferirsi in un appartamento al terzo piano – "che risultò essere il più raffinato e di conseguenza il più amabile" – di una casa nel vicolo del Canale, sotto Capodimonte, di fronte a una chiesa che egli chiamava Santa Maria della Segola (in realtà Santa Maria Antesecula, distrutta dai bombardamenti nel 1943). Qui aveva l'uso del tetto terrazzato o lastrico, "da dove si godeva la vista di gran parte della città, con il golfo, i monti di Sorrento e l'isola di Caprea [sic] – sull'altro lato le rocce, gli edifici e i vigneti di Capo di Monte" e dove l'artista trascorse "molte ore felici dipingendo dal vero". Quello in esame è probabilmente uno degli studi a olio eseguiti da Jones dal punto di osservazione privilegiato del lastrico da lui descritto.

Dalle sue *Memoirs* si sa che l'artista incominciò a sentirsi scoraggiato dalla relativa mancanza di successo nell'ottenere ordinazioni di dipinti paesaggistici su vasta scala (cfr. n. 99). Si era trasferito a Napoli nel 1780 nella speranza di assicurarsi il patrocinio di sir William Hamilton, l'influente ministro britannico, ma questi andò a trovarlo nel suo studio soltanto nell'agosto del 1782 e, anche se nella primavera del 1783 gli commissionò una veduta dei Campi Flegrei, a quei tempi Jones aveva già deciso di rientrare a Londra. (LS)

**Pierre-Henri De Valenciennes
1750-1819**
137. *La Porta del Popolo, Roma*,
1782-84 ca
Olio su carta, 15,5 × 41,5 cm
Iscritto a penna sulla cornice
originale: "porta del popolo
in Roma no 5"
Musée du Louvre, Département
des Peintures

Provenienza: Vendita Valenciennes,
Parigi 1819; P.Ch. de l'Espine; visconte A.E. de l'Espine; conte M.E.O.
de l'Espine; principessa de Cröy, da
cui donato al Louvre nel 1930
Esposizioni: Parigi 1976 (A22);
MoMA 1981 (34)
Bibliografia: Compin e Roquebert
1986, p. 256; Galassi 1991, p. 31,
tav. 32

In una lettera del 1808 a un ex allievo impossibilitato a uscire di casa,
Valenciennes scriveva: "[La vostra
malattia] non vi impedisce di dipingere dal vero nemmeno in caso di
pioggia: dovete pur vedere qualcosa
dalla finestra, anche solo un muro.
Ricordate che a Roma ho eseguito
degli studi di vecchi comignoli, che
si sono poi rivelati assai interessanti
per i particolari coloristici". Nel caso
in esame, Valenciennes ha scelto di
dipingere uno scorcio totalmente
imprevedibile: la visione dei tetti
verso Porta del Popolo, dove la porzione superiore dell'obelisco che
s'innalza nella piazza bilancia l'enfasi
verticale di un gruppo di pioppi sulle
falde del Pincio.
Sia questo studio che i *Tetti* (nn.
138-139) suggeriscono un confronto
con gli schizzi a olio realizzati da
Jones a Napoli nel 1782 (nn. 135-136). Se Valenciennes è spesso
impreciso nella definizione della
forma, intento com'è a privilegiare le
alternanze di luce e ombra, Jones
lavora con assoluta padronanza e
chiarezza, interessato soprattutto alla
struttura pittorica e al rapporto tra
gli oggetti solidi. Jones resta un artista essenzialmente settecentesco,
mentre Valenciennes anticipa l'ap-
proccio pienamente romantico alla
natura della generazione successiva.
(LS)

**Pierre-Henri De Valenciennes
1750-1819**
138. *Tetto in ombra, Roma*,
1782-84 ca
Olio su carta, montato su cartone,
18,2 × 33,7 cm
139. *Tetto illuminato dal sole, Roma*,
1782-84 ca
Olio su carta, montato su cartone,
18,2 × 36,5 cm
Entrambi iscritti sul retro della
cornice originale: "loggia a Roma"
Musée du Louvre, Département
des Peintures

Provenienza: Vendita Valenciennes,
Parigi 1819; P.Ch. de l'Espine; visconte A.E. de l'Espine; conte M.E.O.
de l'Espine; principessa de Cröy, da
cui donati al Louvre nel 1930
Esposizioni: Parigi 1976 (A27 e
A28); MoMA 1981 (35a e 35b)
Bibliografia: Compin e Roquebert
1986, pp. 252, 256; Galassi 1991, p.
28, tav. 28 e p. 29, tav. 29

Valenciennes ricevette la sua formazione artistica prima a Tolosa e successivamente a Parigi, sotto la guida
del pittore di storia Gabriel-François
Doyen. Nel 1777 partì per Roma,
dove rimase per sette anni, con la
parentesi nel 1780-81 di una visita
in Sicilia e di un breve rientro a Parigi. Nel 1785 era definitivamente tornato a Parigi. Due anni più tardi fu
eletto membro dell'Académie Royale
de Peinture e incominciò a esporre
regolarmente al Salon. Nel 1812 fu
nominato professore di prospettiva
all'Ecole des Beaux-Arts e nel 1816
fu tra i promotori del Prix de Rome
per la pittura di paesaggio. Valenciennes si dedicò alla riforma di questo genere pittorico, con l'aspirazione di innalzarlo al livello della pittura di storia, considerata la forma artistica più alta e nobile. Ma, per quanto le ambiziose composizioni realizzate per il Salon in accordo ai propri
ideali contengano molti brani resi
con grande sensibilità, il suo tentativo deve considerarsi un eroico fallimento. Il suo trattato *Eléments de perspective pratique... suivis de réflexions et
conseils à un élève sur la peinture et particulièrement sur le genre du paysage* del
1799-1800 (seconda edizione ampliata 1820) fu un testo assai diffuso e
autorevole presso i paesaggisti neoclassici. Si potrebbe affermare che
oggi Valenciennes sarebbe ricordato
a malapena, tranne che come teorico,
se non fosse per la sopravvivenza di
centoventicinque studi a olio, quasi
tutti dipinti a Roma probabilmente
tra il 1782 e il 1784. Valenciennes
forse imparò questa tecnica da Claude-Joseph Vernet durante il temporaneo rientro a Parigi nel 1780-81;
non vi sono invece elementi a sostegno dell'ipotesi che abbia mai incontrato Thomas Jones (cfr. nn. 135-136), che esattamente nello stesso
periodo aveva adottato una tecnica
molto simile.
Nell'eseguire i suoi lavori, Valenciennes era soprattutto interessato a
cogliere gli effetti mutevoli della luce
e dell'atmosfera; la cosa lo affascinava
a tal punto che realizzò numerose
coppie di studi raffiguranti la stessa
veduta a diverse ore del giorno, come
per esempio queste due immagini
dello stesso tetto all'ombra e con il
sole. La sezione sugli *Etudes d'après
nature* del suo trattato sottolineava
l'importanza della rapidità quando si
lavora *en plein air*: "[Non] è possibile
restare molto tempo a copiare la natura, perché gli effetti luminosi che si
voleva cogliere cambiano così rapidamente che le condizioni di partenza
non sono più riconoscibili... È assurdo per un artista passare un giorno
intero a ritrarre una singola veduta
dal vero... tutti [questi] studi dovrebbero essere completati entro due ore
al massimo". (LS)

137

138

139

Venezia

Ilaria Bignamini e Giorgio Marini

Nel corso del XVIII secolo Venezia fu visitata da altrettanti turisti che Firenze, Roma e Napoli. Presso l'Archivio di Stato di Venezia (*Inquisitori di Stato*, bb. 758-783) si conservano interminabili elenchi di viaggiatori inglesi, francesi, austriaci, tedeschi, olandesi, scandinavi, polacchi e russi che soggiornarono nelle locande della città lagunare o vi arrivarono in carrozza da Bologna. Il fenomeno è di tale portata che ci si aspetterebbe di trovare numerosi ritratti souvenir dipinti a Venezia e invece sono pochissimi. Il *Samuel Egerton* di Nazari (n. 12), che potrebbe sembrare il tipico ritratto di un *Grand Tourist*, raffigura in realtà un mercante, e i ritratti a pastello di visitatori stranieri eseguiti da Rosalba Carriera (n. 13) suggeriscono raramente che l'effigiato fosse un viaggiatore del Grand Tour. Venezia non fu quindi una città in cui fiorì il tipico ritratto turistico. Dato, poi, il numero dei turisti, si potrebbe ritenere che anche molti artisti stranieri visitassero la città e che Venezia e la sua laguna fossero tra i loro soggetti preferiti. Ma il numero dei pittori stranieri che nel Settecento si recarono a Venezia era sensibilmente inferiore a quello degli artisti che soggiornarono a Firenze, Roma e Napoli, e ben pochi vi si fermarono per più di qualche giorno. Lo svedese Johann Richter, attivo a Venezia dal 1710 circa fino alla morte avvenuta nel 1745, è un'eccezione, e pochissime sono anche le vedute degli imitatori del Canaletto come William James, e rari gli acquarelli topografici. Nel periodo precedente all'arrivo di Turner, Venezia non era una città di paesaggi da Grand Tour, ma di vedute e capricci prodotti da artisti veneziani che lavoravano soprattutto per il mercato estero: Luca Carlevarijs (n. 143), Bernardo Bellotto, Michele Marieschi, Francesco Guardi (n. 142) *e* Canaletto (nn. 7, 8, 144, 145). Molti dipinti di quest'ultimo e di altri artisti contemporanei, insieme con numerosi disegni e stampe, entrarono nelle collezioni inglesi grazie alla mediazione dell'impresario teatrale e mercante d'arte Owen McSwiney, che risiedette a Venezia negli anni venti e trenta; tramite il console Joseph Smith, a Venezia dal 1700 circa fino al 1770, anno della sua morte; tramite John Udny, particolarmente attivo negli anni sessanta; e tramite John Strange, ministro residente britannico nel periodo 1773-88, che patrocinò Francesco Guardi. D'altra parte, i mediatori veneziani, come il disegnatore, incisore e collezionista Anton Maria Zanetti il Vecchio, amico di Marco e Sebastiano Ricci (nn. 45, 46), contribuirono a procurare mecenati stranieri a Canaletto, Giuseppe Nogari, Giambattista Tiepolo, Francesco Zuccarelli e altri. Antonio Guardi e Giambattista Piazzetta furono patrocinati dal maresciallo Johann Matthias von der Schulenburg (morto nel 1747), mentre un altro cittadino tedesco residente a Venezia, Sigmund Streit (morto nel 1775), era un grande estimatore di Jacopo Amigoni. Negli anni d'oro del Grand Tour i dipinti veneziani entrarono nelle collezioni straniere più per il tramite di Zanetti e dei mercanti e diplomatici stranieri che per il fatto di essere acquistati sul luogo dai turisti. *La visita del doge alla Scuola di San Rocco* del Canaletto (National Gallery, Londra) porta l'attenzione sulle mostre d'arte all'aperto, ma poco o nulla si sa circa il loro impatto sulle collezioni formatesi con il Grand Tour.

Questo ci porterebbe a concludere che Venezia si volesse proteggere dal Grand Tour consentendo a pochi agenti di vendere all'estero prodotti di scarso interesse per il mercato interno, mentre invece i nobili veneziani prediligevano pittori narrativi come Pietro Longhi. Il caso del Canaletto è ben noto. Tuttavia, Venezia si identificò con il Grand Tour settecentesco e con il mercato che questo alimentava, ancor più di altre città italiane.

Il mercato dell'arte veneziana contemporanea veniva promosso da un'impressionante quantità di stampe che ne pubblicizzarono i prodotti in tutto il mondo. Le incisioni erano inoltre ampiamente utilizzate dagli artisti quali modelli per i loro dipinti ed erano riprodotte sulle guide (n. 88) e i ventagli (n. 265). Ciò vale sia per artisti di fama internazionale come Canaletto e Francesco Guardi, sia per quelli locali, come Gabriel Bella (nn. 140, 141). Inoltre, molti settori dell'economia veneziana, un tempo potente repubblica marinara ma nel Settecento una città in decadenza, si reggevano sul turismo e sulle spettacolari feste organizzate dalla Repubblica in onore dei principi-viaggiatori e di altri importanti visitatori. Questi eventi attiravano ogni anno, soprattutto nella seconda metà del secolo, una numerosa folla di turisti. Fino a che punto Venezia si identificò con queste feste è dimostrato dallo straordinario numero di immagini e scritti prodotti per quelle occasioni. Essi comprendevano: dipinti (nn. 140-145) e incisioni relativi a feste (nn. 129-134) e altre celebrazioni, alcuni dei quali vennero riprodotti nelle guide turistiche della città (n. 88); una vasta produzione di disegni e incisioni raffiguranti le barche che partecipavano alle regate; e un'infinità di opuscoli, composizioni poetiche, commedie e canzoni, per la maggior parte in dialetto. Un fenomeno, questo, che difficilmente trova riscontro in altre città italiane. Anche la più completa cronaca storica di Venezia, gli *Annali* (Correr, Cod. Gradenigo 191/I-II e 52; Marciana, Cod.It. VII 164 e 707), compilati a partire dal 1745 da Pietro Gradenigo, e la relazione redatta per il doge da Andrea Memmo nel 1768 (Marciana, Cod.It. VII 2202) si concentrarono sui principi-viaggiatori che avevano visitato Venezia a partire dal 1347. Fu soltanto negli anni del Grand Tour, quando la decadente Venezia si identificò con il turismo, che il resoconto storico della città finì col coincidere con la cronaca delle visite di re e principi e delle magnifiche feste organizzate in loro onore. Quanto fosse radicata questa convinzione è dimostrato da una serie di dipinti, originariamente 95 tele raffiguranti le "Funzioni di Venezia", che formavano una sorta di storia visiva della città dipinta da Gabriel Bella, un pittore naïf, su commissione di due nobili veneziani: Girolamo Ascanio Giustinian e Andrea Querini. I dipinti di Bella conservati alla Fondazione Scientifica Querini Stampalia (nn. 140, 141), i manoscritti di Gradenigo e la relazione di Memmo sollevano importanti interrogativi sull'immagine che aveva di se stessa questa capitale del Grand Tour settecentesco. La splendida Repubblica ormai al tramonto si identificò con il turismo, pur conservando uno sprezzante distacco da esso. Gli spettacolari dipinti del Canaletto presero la via dell'esportazione, mentre quelli naïf di Bella rimasero per preservare la memoria dell'epoca del Gran Tour a Venezia e per i veneziani.

Bibliografia: Haskell 1960; Haskell 1963/1991; Haskell 1967; Haskell 1993; Vivian 1971; Vivian 1989; Bettagno 1982; Pomian 1987; Links 1989; Binion 1990; Dorigato 1992; Marini 1994; Martineau e Robison 1994; Reale e Succi 1994; Romanelli e Nepi Scirè 1995; Russell 1996

Feste e folklore

Scopo principale del Grand Tour era conoscere e studiare culture straniere per incorporarne determinati aspetti nella propria. L'apodemica – cioè la letteratura sull'arte del viaggiare – forniva ai viaggiatori dettagliate istruzioni su come comportarsi e che cosa vedere. Tra le altre cose, si raccomandava di non mancare le feste popolari, le funzioni religiose, le assemblee cittadine e le udienze di corte per farsi un'idea dei costumi, delle tradizioni e delle forme di governo locali (cfr. Stagl 1981, p. 83).

La vita quotidiana quale si svolgeva nelle strade e nelle piazze d'Italia era una novità per il visitatore nordeuropeo, che era sorpreso soprattutto dall'abitudine degli italiani di andare a passeggio nelle loro splendide carrozze in luoghi come piazza di Spagna a Roma. "Questo piacere dell'ostentazione sembra essere più tipico degli italiani che dei francesi ed è una novità assoluta per il turista inglese" (Sharp 1767, p. 112, citato in Schudt 1959, p. 214). Anche se in genere il viaggiatore doveva limitarsi a fare da spettatore passivo, vi erano alcuni eventi, quali feste e giochi, cui egli poteva prendere parte. Ogni piccola città italiana aveva le sue feste e manifestazioni, le più famose delle quali erano all'epoca il Calcio in piazza di Santa Croce a Firenze, il Gioco del Ponte a Pisa, il Palio a Siena (uno dei pochi eventi che si svolge ancora oggi), la Cuccagna a Napoli, le corse di cavalli a Firenze, Bologna e Roma, e la battaglia tra Castellani e Nicolotti a Venezia.

Tra le manifestazioni più suggestive si ricordano i carnevali di Roma e Venezia (cfr. nn. 130 e 149), famosi in tutta Europa. I costumi e le decorazioni raggiunsero il massimo sfarzo nel XVIII secolo: carrozze addobbate a mo' di gondole, navi, animali e carri trionfali, con scene mitologiche o allegoriche, sfilavano da piazza del Popolo lungo il Corso fino a piazza Venezia e viceversa. Oltre agli elaborati e sontuosi costumi dei vari personaggi che animavano la sfilata, c'erano anche figure più umili e familiari quali Arlecchini, Pantaloni, dottori, pastori e pastorelle. Il pittoresco scompiglio che invadeva il Corso si concludeva con una corsa equestre, mentre le serate si trascorrevano a teatro o all'opera, cui facevano seguito i balli che continuavano per tutta la notte. Diversamente da Roma, dove il carnevale durava soltanto dodici giorni, la versione veneziana si protraeva da Santo Stefano al Martedì Grasso; il centro dei festeggiamenti era piazza San Marco, che per due mesi era invasa da teatrini di marionette, equilibristi che camminavano sulla fune, bancarellai urlanti e pagliacci, tutti in maschera. I costumi si facevano più sfarzosi e le inibizioni cadevano l'una dopo l'altra con il trascorrere delle settimane; protetti dalle loro maschere, gli abitanti di Venezia, la città degli innamorati, si lanciavano in schermaglie amorose. Le memorie di Casanova sono forse la descrizione più indimenticabile e affascinante di questo genere di vita.

Un'altra importante esperienza per il viaggiatore straniero era rappresentata dalle cerimonie e dalle festività della chiesa cattolica. Per i protestanti dell'Europa del Nord, assistere a questi eventi era quasi "un tentativo individuale di sanare la spaccatura creata dalla Riforma dedicandosi attivamente al perduto retaggio comune" (Stagl 1981, p. 79). Processioni, beatificazioni e canonizzazioni, investiture di suore e funzioni religiose solenni esercitavano un forte richiamo e furono dettagliata-

Particolare del n. 140.

mente descritte da numerosi viaggiatori (cfr. nn. 117-119). A Venezia, la più famosa di queste feste religiose aveva luogo il giorno dell'Ascensione, quando il doge, a bordo del Bucintoro, raggiungeva il mare aperto per celebrare le nozze simboliche di Venezia con il mare (n. 144). "Questo grandioso spettacolo è al tempo stesso nobile e magnifico... il rumore del cannone, delle campane, dei corni e delle trombe... il confuso mormorio della grande folla di spettatori... tutto ciò dà vita a un curioso spettacolo, una dettagliata descrizione del quale potrebbe darcene soltanto una vaga idea" (Richard 1766, II, pp. 473, 475). Feste e giochi si svolgevano anche in onore di ospiti importanti. Una delle più famose regate sul Canal Grande ebbe luogo nel 1740, in occasione della visita del principe Federico Cristiano di Sassonia, e lady Wortley Montagu la definì in una lettera "il migliore spettacolo in tutta Europa (incluse le nostre incoronazioni)" (citata in Schudt 1959, p. 225).

Tradizioni, feste e cerimonie erano tra gli aspetti più importanti dell'esperienza italiana e aiutavano il viaggiatore a conoscere il nostro paese e i suoi abitanti: "Le feste e le cerimonie pubbliche di una nazione, dove tutto si svolge secondo la tradizione consacrata, possono aiutarci a capire quel paese e devono essere considerate parte essenziale della sua storia" (Richard 1766, II, p. 470).

140

Gabriel Bella 1730-1799
140. *Regata delle donne*
sul Canal Grande, post 1764
Olio su tela, 94,5 × 146 cm
Iscritto nel cartiglio dipinto:
"Regatta delle Donne In Canal
Grande"
Fondazione Scientifica Querini
Stampalia, Venezia

Provenienza: Dalle "Funzioni di
Venezia" che Andrea Querini Stampalia conservava nella sua residenza
di campagna a Santi Quaranta, vicino a Treviso. Presumibilmente dipinto su commissione di Girolamo
Ascanio Giustinian e già conservato
nella sua villa a Campo di Pietra, nei
pressi di Oderzo
Esposizioni: Venezia 1995 (88, ripr. a
col.)
Bibliografia: Gambier, Gemin e
Merkel 1978, pp. 14-15 n. 8, fig. 20;
Busetto 1991, pp. 150-151

Le regate di donne sono documentate a Venezia fin da tempi antichi. Il
cronista Nicolò Zeno ne descrive
una tra due donne nel 1064, mentre
vere e proprie regate di questo tipo si
svolsero a partire dal 1502, per
quanto non fossero molto frequenti
e generalmente si svolgessero in onore di viaggiatori di rango. Nel XVIII
secolo ne sono segnalate soltanto sei:
nel 1709 in onore di Federico IV, re
di Danimarca e Norvegia (n. 129);
nel 1716 per Federico Augusto di
Sassonia, poi re di Polonia; nel 1720
per Federico di Assia, poi re di Svezia; nel 1764 per Edward Augustus,
duca di York (n. 35); nel 1767 per
Carlo Eugenio, duca di Württen-
berg; e nel 1784 per Gustavo III di
Svezia (n. 38).
La regata in onore del duca di York,
il 4 giugno 1764, fu la più memorabile. Il duca, che aveva fama di essere un libertino, era il destinatario

ideale di una regata delle donne. La
quantità di libelli, composizioni poetiche, canzoni e commedie che gli
vennero dedicati enfatizzavano tutti
il suo gusto per le donne. Il manoscritto di un sonetto scurrile (Correr,
Cod. Cicogna, 1486, fol. 59) narra
che il fratello del re d'Inghilterra sta
per arrivare in città, i veneziani sono
intenti a preparare intrattenimenti
memorabili e tutti si rallegrano,
tranne gli innamorati: "Solo i moro-
si xe in agitazion / Savendo che ghe
piase assae la Donna / i pensa alle
morose con rason / de metterghe un
Luchetto sulla mona".
Al Museo Correr (Cod. Cicogna
3345, f. 70) è conservata anche una
divertente commedia che si svolge
durante la regata in onore del duca
di York e illustra perfettamente il
dipinto di Gabriel Bella. Un gruppo
di arguti nobili veneziani (uomini e
donne) osserva la regata dal balcone

141

di un palazzo sul Canal Grande. Via via che le imbarcazioni si avvicinano, iniziano a spettegolare sul conto dei vari partecipanti: il duca, uomo molto fortunato, "Hà in cesto tutto"; Pietro Marcello, il "Convitato di Pietra, o sia Don Giovanni"; Francesco Savorgnan, "Il Porco in Trionfo". Nemmeno le nobildonne sono risparmiate: Lodovica Zaguri, "La Favorita"; Lucrezia Pisani, "Commissaria d'Affari"; Cecilia Minotto, "Governatrice de Paesi Bassi". Nel 1764 il duca di York, in difficoltà politiche in patria, era a Venezia; Casanova, in difficoltà a Venezia, era in Inghilterra; Mozart non era ancora arrivato in Italia (la sua prima visita è del 1796) mentre Don Giovanni era già sbarcato a Venezia. Don Giovanni, secondo la commedia, era Pietro Marcello (e molti altri libertini veneziani), ma era anche il duca inglese, il fortunato viaggiatore che

girava l'Italia facendo il pieno di dame.

Girolamo Ascanio Giustinian, committente di Bella, è anche lui un personaggio della commedia, e questo suggerisce che la regata del dipinto sia quella in onore del duca di York, che può essere identificato con l'elegante gentiluomo seduto a prua sull'imbarcazione con sei rematori che dalla Punta della Dogana muove verso la chiesa della Salute. La storia visiva della città dipinta da Bella, cioè le 95 "Funzioni di Venezia", fu iniziata per Giustinian (morto nel 1790) e proseguita per il suo amico Andrea Querini, che nel 1792 ereditò da lui una serie di 67 tele. La *Regata*, che non figura nell'elenco delle scene dipinte per Querini, potrebbe essere una di queste. (IB)

Gabriel Bella 1730-1799
141. *Cena al teatro di San Benedetto per i conti del Nord*, 1782 ca
Olio su tela, 95 × 145,5 cm
Iscritto nel cartiglio dipinto: "Cena Fatta in Teatro A' San Benneto Alli Duchi del Nord"
Fondazione Scientifica Querini Stampalia, Venezia

Provenienza: Dalle "Funzioni di Venezia" dipinte da Gabriel Bella per Andrea Querini Stampalia e conservate nella sua residenza di campagna a Santi Quaranta, nei pressi di Treviso.
Esposizioni: Venezia 1995 (99, ripr. a col.)
Bibliografia: Dazzi e Merkel 1979, pp. 97-102; Biadene 1992

Il granduca di Russia Paolo Petrovič e la moglie Maria Feodorovna (nn. 95-96) visitarono Venezia dal 18 al 25 gennaio 1782 (nn. 132-134). In

142

loro onore si organizzarono grandiosi festeggiamenti, inclusa una regata, che però, a causa delle avverse condizioni climatiche e, apparentemente, dell'indifferenza dei visitatori, si rivelò deludente. La visita degli ospiti russi fu descritta da una donna famosa, Giustiniana Wynne – moglie dell'ambasciatore austriaco conte Rosenberg-Orsini, e vecchia amica del console Smith, di Andrea Memmo e Andrea Querini – nel suo *Soggiorno dei Conti del Nord a Venezia*, pubblicato nel 1782. L'avvenimento è immortalato da Francesco Guardi, al quale la Repubblica di Venezia commissionò sei tele (n. 142). Querini, dal canto suo, incaricò Gabriel Bella di eseguire due dipinti: la *Cena* e il *Concerto per gli orfani* (Fondazione Scientifica Querini Stampalia). La *Cena* del Bella ci rammenta che la Venezia del XVIII secolo, solitamente rappresentata in vedute di esterni, te rappresentata in vedute di esterni,

era una città di interni decorati, di teatri, ridotti e istituzioni di carità, e sottolinea inoltre la stretta relazione esistente tra stampe e dipinti. La *Cena* del Bella e quella del Guardi (collezione privata; ripr. Bettagno 1993, p. 191) si basavano con ogni probabilità su una stampa del Baratti (n. 134). (IB)

Francesco Guardi 1712-1792
142. *Sfilata dei carri allegorici in piazza San Marco*, 1782 ca
Olio su tela, 67 × 91 cm
Collezione privata, Venezia

Provenienza: Collezione Ishenhauser, Londra; acquistato nel 1908 dal conte Dino Barozzi, Venezia; collezione del conte Vittorio Cini, Venezia
Esposizioni: Venezia 1937 (7); Venezia 1993 (69, ripr. a col.)
Bibliografia: Goering 1944, pp. 59 e

75; Morassi 1973, I, pp. 357-358 n. 257, II, fig. 287; Horn 1991, pp. 152-153 n. 32; Bettagno 1993, pp. 180 e 192 n. 68

Questo dipinto fa parte di una serie di sei, presumibilmente commissionati a Francesco Guardi dalle autorità cittadine per documentare le cerimonie svoltesi in onore dei granduchi di Russia, in visita a Venezia nel gennaio 1782. La presente tela raffigura le strutture provvisorie erette in piazza San Marco, trasformata per l'occasione in una grande arena dove ha luogo una sfilata di carri allegorici.
La serie è incompleta e di alcuni dipinti non si ha traccia. Siamo a conoscenza di tre soltanto: *Concerto nella sala del Casino dei Filarmonici nelle Procuratie Nuove* (Alte Pinakothek, Monaco), *Ballo e cena al teatro di San Benedetto* (collezione

143

privata, Svizzera) e il soggetto in esame, poi replicato in una versione più piccola, oggi in collezione privata milanese. Sappiamo anche di due disegni di Guardi collegati alla tela in oggetto: uno al Kupferstichkabinett di Berlino e l'altro al Cleveland Museum of Fine Arts. È probabile che la fonte diretta del dipinto fosse un'incisione di Giacomo Leonardis e Domenico Fossati (n. 132) raffigurante la piazza dallo stesso punto di vista. Guardi si discosta tuttavia dalla stampa di Leonardis nel dare risalto a forti contrasti di luci e ombre, con il sole al tramonto che illumina l'arco trionfale e lascia nell'ombra il resto della piazza. La veduta è stata presa dalle Procuratie Nuove, ma alterando la prospettiva per adattarla al soggetto rappresentato.

Francesco Guardi fu uno degli artisti più attivi nella Venezia di fine Settecento sia nella produzione di dipinti per il mercato attivato dal Grand Tour che per gli stranieri residenti in città. Il figlio Giacomo subentrò nello studio del padre. (GM)

Luca Carlevarijs 1663-1730
143. *Arrivo dell'ambasciatore francese conte de Gergy al Palazzo Ducale*, 1726 ca
Olio su tela, 46 × 92 cm
Musée National du Château de Fontainebleau

Provenienza: Probabilmente commissionato al pittore dal conte de Gergy
Esposizioni: Padova 1994 (64, ripr. a col.)

L'arrivo a Venezia di ambasciatori stranieri nei tardi anni venti del Settecento fu documentato sia dall'anziano Carlevarijs che dalla stella nascente del vedutismo veneziano, Canaletto. L'esigenza di commemorare le visite di dignitari stranieri diede origine alla moda di dipingere vedute di Venezia. La visita ufficiale di Charles Montagu, futuro quarto conte di Manchester (City Art Gallery, Birmingham), il cui ingresso ufficiale in città ebbe luogo il 22 settembre 1707, resta l'episodio più noto di una vasta produzione commemorativa iniziata in realtà da Carlevarijs anni prima, quando aveva ritratto i ricevimenti di stato indetti

in onore di due ambasciatori francesi, il conte di Charmont (1703) e l'Abbé de Pomponne (1706). Queste immagini furono i prototipi di numerose variazioni sullo stesso motivo topografico, la veduta del Molo e del Palazzo Ducale verso ovest, che stava diventando immensamente popolare grazie ai dipinti di Canaletto (cfr. n. 8).

La grande veduta a volo d'uccello, comprendente il Bacino fitto d'imbarcazioni e il corteo di diplomatici che stanno per fare il loro ingresso nel Palazzo Ducale, ha un'impostazione prospettica il cui punto centrale è il limite della riva, dove si trova il Fonteghetto della Farina. Qui Carlevarijs dà prova della sua grande abilità nel delineare il paesaggio urbano, precorrendo i dipinti di committenza straniera dei decenni successivi.

Il soggetto della tela in esame è stato solo di recente identificato: si tratta dell'ingresso solenne di Jacques-Vincent Lanquet, conte de Gergy (ambasciatore francese presso la Repubblica nel 1723-31), il 4 novembre 1726 (Reale e Succi 1994, pp. 68-71, 242-243 n. 66). Lo conferma lo stemma del giglio sulla gon-

144

dola decorata a sinistra, e più decisamente ancora, il confronto con il grande dipinto del Canaletto avente lo stesso soggetto oggi conservato all'Ermitage (cfr. Nepi Scirè e Romanelli 1995, p. 290). Stupisce il fatto che de Gergy abbia commissionato una copia del dipinto di Carlevarijs al Canaletto (già incaricato nel 1725-26 di dipingere alcune tele oggi perdute), ma è possibile che de Gergy desiderasse possedere una versione dell'opera di Carlevarijs e non potesse richiederla personalmente all'artista in quanto questi non era in buona salute e sarebbe morto nel febbraio 1730. (GM)

Canaletto 1697-1768
** **144.** *Il Bucintoro che parte dal Molo nel giorno dell'Ascensione,* 1730-31 ca
Olio su tela, 146,5 × 218 cm
** **145.** *Regata sul Canal Grande,* 1730-31 ca
Olio su tela, 147 × 218 cm
Courtesy of the Marquess of Tavistock and the Trustees of the Bedford Estate

Provenienza: Acquistati da John Russell, quarto duca di Bedford, e conservati a Woburn Abbey
Esposizioni: Londra 1950 (7, 26); Toronto 1964 (17a, 17b)
Bibliografia: Constable 1989, pp. 355-356 nn. 332, 348

Le due grandi vedute appartengono a una serie di ventiquattro dipinti di Canaletto acquistati per 188 sterline da Joseph Smith, console britannico a Venezia, per conto di John Russell,

quarto duca di Bedford, che aveva compiuto il suo Grand Tour nel 1731.
Rappresentano due eventi tipici nella Venezia del Settecento.
Nel n. 144 il bacino è affollato di gondole e di barche da parata che si affollano attorno al Bucintoro. È il momento inziale di una cerimonia intesa a ricordare la supremazia veneziana sul mare Adriatico. Partiti dal Bacino di San Marco, il doge e il suo seguito raggiungevano il mare aperto al largo del Lido e lì venivano celebrate le nozze simboliche tra Venezia e il mare, gettando un anello tra le onde. Il dipinto è il prototipo di una lunga serie di versioni, che testimoniano l'enorme fortuna di questi soggetti presso i collezionisti stranieri.
La regata sul Canal Grande, raffigurata nel n. 145, aveva forse per la società veneziana un valore simbolico ancora maggiore dello Sposalizio

145

del Mar. Le quinte architettoniche dei palazzi lungo il canale fornivano uno splendido scenario. La veduta è presa verso il ponte di Rialto da Volta di Canal, dove su una *macchina* galleggiante i vincitori ricevevano i loro premi.

Sul padiglione è visibile lo stemma del doge Alvise Pisani, eletto nel 1735, elemento che confermerebbe la datazione leggermente più tarda di queste due tele rispetto al resto del gruppo di Woburn Abbey, per il quale si conoscono pagamenti a partire dal 1733. Lo stemma Pisani compare anche sul dipinto dello stesso soggetto conservato alla National Gallery di Londra, che con la versione nella Royal Collection a Windsor costituisce il capostipite di una serie di repliche.

Il precedente visivo per la composizione di Canaletto si può trovare in un dipinto di Carlevarijs raffigurante la regata in onore di Federico IV, re di Danimarca e di Norvegia. La stampa di Baroni tratta da questa tela (n. 129) costituì probabilmente il modello per il n. 145. (GM)

146

Claude-Joseph Vernet 1714-1789
146. *Gara sportiva sul Tevere
a Roma*, 1750
Olio su tela, 99,1 × 135,9 cm
Firmato e datato: "Joseph Vernet,
f. Romae 1750"
The Trustees of the National
Gallery, Londra

Provenienza: Commissionato nel
1749 dal marchese de Villette; venduto a Parigi l'8 aprile 1765 (34);
acquistato da John Trumbull, Parigi
1795; sua vendita del 18 febbraio
1797 (78); donato da lady Simpkin-
son nel 1853
Esposizioni: Parigi, Salon 1750 (124);
Roma 1959 (644, ripr.); in prestito
alla Whitworth Art Gallery, Manchester, 1966-75; Kenwood 1976 (22,
ripr.); in prestito alla Art Gallery,
York, 1978-88; Manchester 1988
(26, ripr.)
Bibliografia: Buchanan 1824, I, pp.
257, 267; Ingersoll-Smouse 1926, I,

p. 56; Davies 1957, p. 217; Garms
1995, I, pp. 92, 93, 203

Questo particolareggiato e topograficamente accurato dipinto di Vernet
raffigura una gara sportiva sul fiume
presso Castel Sant'Angelo. La scena
è vista dalla sponda occidentale del
Tevere e la gara è apparentemente
diretta dal palazzo sulla sinistra.
Sulla terrazza inferiore un'orchestra
ha appena iniziato a suonare e il
padiglione su quella superiore è chiaramente il miglior punto di vista. La
gente si affretta lungo le sponde del
fiume per assistere alla gara, accalcan-
dosi anche sul ponte Sant'Angelo.
Castel Sant'Angelo è decorato di
bandiere e tutto sembra indicare che
si tratti di un evento importante.
Tuttavia non sappiamo ancora nulla
sulle circostanze di questa gara: nessun viaggiatore o scrittore ne fa menzione.
Buchanan ci informa che i due per-

sonaggi eleganti in primo piano sulla
destra sono Claude-Joseph e Virginia Vernet, mentre alle loro spalle è
raffigurato il figlio Livio con la
governante. Davanti a loro c'è il
committente del quadro, Pierre-
Charles de Villette, consigliere e
segretario del re, nonché tesoriere
straordinario di guerra, che presenta
la coppia al fratello, il quale si è tolto
il cappello e accenna un inchino. Il
marchese de Villette era uno dei
maggiori committenti di Vernet e fu
certamente su sua richiesta che è
stato ritratto insieme con l'artista.
Ciò è ancora più significativo se si
considera che, a differenza dei viaggiatori inglesi, i francesi raramente si
facevano ritrarre davanti a una veduta così famosa. (PL)

147

**Joseph Wright of Derby
1734-1797**
147. *La Girandola a Castel
Sant'Angelo, Roma*, 1775 ca
Olio su tela, 42,5 × 70,5 cm
Birmingham Museums and Art
Gallery

Provenienza: ...; Polak, Londra; venduto da Christie's, 4 novembre 1960
(189), acquistato dalle Sabin Galleries; acquistato da The Trustees of
the Feeney Charitable Trust e donato al museo di Birmingham
Esposizioni: NG 1986 (96, ripr);
Lichfield 1986 (16, ripr. a col.);
Manchester 1988 (28, ripr. a col.);
Tate 1990 (104); Accademia Italiana
1990 (non in catalogo)
Bibliografia: Nicolson 1986, I, pp.
76, 80-81, 250 n. 294, Appendix B,
p. 280 n. 5, II, tav. 166 (a col.);
Boime 1987, pp. 244-245, tav. 3.17

I fuochi artificiali a Castel Sant'Angelo si svolgevano ogni anno a Pasqua,

in occasione della festa di San Pietro
e Paolo il 29 giugno e, più raramente, per celebrare l'elezione di un
nuovo papa.
Erano uno degli spettacoli più suggestivi della Roma settecentesca e
sono stati descritti in numerosi resoconti di viaggio. Goethe (*Viaggio in
Italia*, 30 giugno 1787) li considerò
"spettacolari come una scena del
mondo delle favole; si può a stento
credere ai propri occhi... Vedere il
colonnato, la chiesa e soprattutto il
duomo, dapprima delineati dal
fuoco, trasformarsi dopo un'ora in
una massa fiammeggiante, è un'esperienza davvero unica".
I più prosaici inglesi, come William
Beckford (29 giugno 1782) e Thomas Egerton (28 marzo 1785), an-
notarono che per produrre quell'effetto ci volevano cinquemila razzi
sparati simultaneamente. Erano ac-
cesi su una ruota girevole, o girandola, dalla quale lo spettacolo prendeva
il nome.

Wright vide la Girandola in occasione dell'ascesa di Pio VI al soglio pontificio, nel febbraio del 1775, e in
una lettera del 15 gennaio 1776
scrisse che il soggetto era un pendant
ideale per un *Vesuvio*, poiché "il
primo è il più grandioso spettacolo
della Natura e il secondo dell'Arte".
Come osserva Egerton (Tate 1990),
il Vesuvio era un tema molto più
popolare, del quale egli stesso dipinse circa trenta versioni, mentre questo è uno dei soli quattro dipinti noti
della Girandola. Tuttavia, le insolite
dimensioni di questo quadro sono le
stesse di un altro raffigurante il *Vesuvio* in una collezione privata (Nicolson 1968 n. 273, tav. 167) con cui si
presume facesse coppia.
Nicolson rileva in queste due tele
"una spontaneità (scevra da fedeltà
naturalistica) che ci induce a sospettare che siano stati dipinti entrambi
in Italia dopo l'autunno del 1774,
quando Wright andò a Napoli".
(EE)

148

Antonio Joli 1700ca-1777
148. *Napoli: la festa dei Quattro Altari*, 1757 ca
Olio su tela, 52,1 × 78,7 cm
Duke of Buccleuch, KT, Bowhill, Selkirk

Provenienza: Commissionato da lord Brudenell, 1757 ca; per discendenza
Esposizioni: Accademia Italiana 1990
Bibliografia: Bologna, Doria e Pannain 1962; Briganti 1969; Spinosa e Di Mauro 1989; Middione 1995

Questa veduta non raffigura, come è stato erroneamente ritenuto, il Largo di Castello durante il carnevale, ma è un'ampia raffigurazione della festa dei Quattro Altari, manifestazione tra le più solenni e spettacolari. La festa, risalente al tempo della vicereggenza spagnola, era già stata soggetto di uno dei grandi teleri dipinti nel 1732 da Nicola Maria Rossi per il viceré austriaco conte Harrach, oggi a Rohrau (su questi e sulla descrizione della festa cfr. Borrelli 1994). Essa si svolgeva nel Largo di Castello il giovedì che chiude l'ottava del Corpus Domini con una solenne processione patrocinata dalla Congregazione del Santissimo Sacramento, che aveva sede presso la chiesa di San Giacomo degli Spagnoli. La processione percorreva le strade intorno alla chiesa sostando per la benedizione alla testata di ogni strada, dove quattro enormi altari, sontuosamente ornati di argenti, erano stati eretti da quattro ordini religiosi. Nel Settecento, all'originario carattere religioso della festa si aggiunse una componente artistica, in quanto, durante le celebrazioni, nella vicina via Toledo erano presentate al pubblico le novità pittoriche dell'anno. Nella tela di Joli si vede in primo piano a sinistra il retro dell'altare eretto sul Largo in corrispondenza dello sbocco di via Santa Brigida; sullo sfondo è visibile un secondo altare, proprio di fronte alla chiesa di San Giacomo. Tra essi si snoda il corteo processionale, cui partecipavano anche il re e la corte. Al centro si vedono la folla di spettatori e le truppe inquadrate, mentre a destra è raffigurato il Castel Nuovo con i suoi bastioni cinquecenteschi.
La tela fa parte di una serie dipinta per lord Brudenell. (LDM)

149

Antonio Joli 1700 ca-1777
149. *Largo San Ferdinando*
a Napoli durante il carnevale,
1757 ca
Olio su tela, 52,1 × 78,7 cm
Duke of Buccleuch, KT, Bowhill,
Selkirk

Provenienza: Commissionato da lord
Brudenell, 1757 ca; per discendenza
Esposizioni: Accademia Italiana 1990
Bibliografia: Bologna, Doria e Pan-
nain 1962; Briganti 1969; Spinosa e
Di Mauro 1989; Middione 1995

La tela fa parte della serie dipinta da
Joli per John Brudenell che, nel corso
del suo viaggio di istruzione in Italia,
soggiornò a Napoli tra il 1756 e il
1758. A un gruppo di tele, uniche per
i luoghi raffigurati, senza dubbio per
scelta del committente, se ne affiancano altre rappresentanti feste come la
processione alla chiesa di Santa Maria
di Piedigrotta, la festa dei Quattro
Altari (n. 148) e questa che mostra un
corteo con carri nel momento in cui,
provenendo da via Toledo, attraversa
piazza San Ferdinando per sboccare
nel Largo di Palazzo.

A sinistra si vede l'imbocco di via
Chiaia; a destra la facciata e la cupola della chiesa di San Ferdinando e
l'angolo del cinquecentesco Palazzo
Vecchio, costruito come residenza
del viceré Pedro de Toledo. La festa
descritta dev'essere certamente un
carnevale, dato l'aspetto del carro
visibile al centro del dipinto. Mariel-
la Utili (Napoli 1990) ne segnala la
forte somiglianza con quello raffigurato in un disegno di anonimo del
Museo Nazionale di San Martino a
Napoli (Napoli 1979-80, II, p. 335
n. 580a).
Il carnevale che precedeva con la sua
allegria la penitenza della quaresima
era caratterizzato a Napoli, oltre che
dall'uso delle maschere e degli scher-
zi – anche violenti – da carri allegorici, cavalcate e cuccagne, che avevano spesso luogo proprio nel Largo di
Palazzo dove sta per entrare il corteo
raffigurato da Joli. (LDM)

150

Antonio Joli 1700 ca -1770
150. *Veduta panoramica del golfo
di Napoli con la processione reale
a Piedigrotta*, 1760 ca
Olio su tela, 64,8 × 151,1 cm
Lloyds TSB Group plc

Bibliografia: Spinosa e Di Mauro
1989, p. 193

Questo è uno dei numerosi dipinti
oggi attribuiti a Joli che raffigurano
festività pubbliche celebrate a Napoli (cfr. nn. 148-149). Il soggiorno a
Londra negli anni 1744-50 aveva
consentito all'artista di conoscere a
fondo le preferenze artistiche dei britannici e ciò gli assicurò, dopo il
ritorno in Italia, numerose ordinazioni da parte dei viaggiatori inglesi.
Nelle sue scene, Joli seppe rendere
con grande efficacia la complessa
coreografia di grandi eventi popolari
come la processione qui raffigurata.
Il dipinto, il cui committente è ignoto, combina in un unico panorama
due ampie vedute della processione,
che mostrano rispettivamente il lato
sinistro e il lato destro del golfo, conservate nella collezione Buccleuch a

Bowhill e originariamente commissionate da lord Brudenell durante il
suo soggiorno a Napoli nel 1756-58
(cfr. n. 149). Un'altra coppia simile
è conservata al Museo Nazionale di
San Martino a Napoli (55,3 × 97,3
cm; Napoli 1990, p. 129, ripr. a
col.). (EE)

151

Philip Wickstead
attivo 1763-86

151. *Il nano Baiocco,* 1772 ca
Olio su tela, 72,4 × 34,2 cm
Leeds Museum and Galleries,
Burton Constable

Provenienza: Acquistato presso l'arti-
sta nel 1772 a Roma da William
Constable; catalogato da James
Byres nel 1772 tra gli oggetti nel
"Baule n. 6" consegnato a William
Constable; quindi per discendenza
Esposizioni: Hull 1970 (92)
Bibliografia: Ford 1974, p. 411, fig.
6

L'uomo effigiato, il cui nome deriva-
va dal *baiocco*, la più piccola moneta
romana, era un personaggio molto
popolare a Roma, allo stesso modo
in cui a Londra, all'incirca in quegli
anni, il selciatore George White lo
era per Reynolds e altri artisti alla
ricerca di modelli fuori dall'ordinario per le loro *fancy pictures*. Il nano

fu ritratto anche da Carlo Marchion-
ni (Museo di Roma) e in un disegno
di David Allan (National Gallery of
Scotland, Edimburgo; Ford 1974,
fig. 7) con la scritta "Il povero Baiocco, mendicante romano". Appare
inoltre in un piccolo dipinto di Ann
Forbes, già nella collezione Ionides,
firmato e datato 1776.
Philip Wickstead, allievo di Zoffany,
arrivò a Roma nel 1768. Sembra sia
presto diventato un *protégé* dell'antiquario James Byres, il quale persuase
il ricco mecenate William Constable
dello Yorkshire ad acquistare sue
opere. Nonostante nel luglio del
1773 Thomas Banks avesse scritto
da Roma a Nathaniel Smith che "il
piccolo Wickstead la scorsa stagione
ha dipinto molti ritratti, grazie
soprattutto ai signori Norton e
Byres, che hanno portato nel suo
studio tutti i gentiluomini che sono
riusciti ad avvicinare", questa è l'unica opera romana documentata del-
l'artista. Altre due *conversation pieces*

romane, datate 1773 ca e raffiguranti Byres in compagnia di alcuni viaggiatori inglesi, sono state convincen-
temente attribuite a Wickstead (cfr.
Ford 1974, pp. 450-451, figg. 6-7) e
si suppone siano state dipinte poco
prima che l'artista lasciasse Roma per
trasferirsi in Giamaica nel 1773.
(BA)

François-André Vincent
1746-1816

152. *Una donna di Santa Lucia,*
Napoli, 1774
Olio su tela, 81,5 × 50 cm
Firmato e datato in basso a sinistra:
"...nt F. Naple 177"
Emmanuel Moatti, Parigi

Provenienza: P.-J.-O. Bergeret de
Grancourt; sua vendita, 24 aprile
1788 (93); Desmaret; Conte Potocki;
Dora Alderson Curtis; Wildenstein,
New York; J. e M. Friedlander,
Moultrie, Georgia; Sotheby's, New

152

York, 3 giugno 1988 (115); Christie's, Londra, 6 luglio 1990 (99)
Esposizioni: Parigi, Salon 1777 (192); Atlanta 1983-84 (35, ripr.); Roma 1990-91 (173, ripr.)
Bibliografia: Cuzin 1983, pp. 109-110

Il dipinto raffigura una giovane donna napoletana in abito da festa. Vincent dipinge meticolosamente l'abbigliamento, con elaborate rifiniture, fronzoli, gioielli e le trame dei diversi tessuti. La precisione documentaria della rappresentazione pittorica era rara nell'arte francese (Roma 1990-91, p. 246) e riflette il crescente interesse dei viaggiatori per l'arte popolare e il folklore italiani.

Dai diari di Pierre-Jacques-Onésyme Bergeret de Grancourt (cfr. n. 20) sappiamo che nel suo viaggio a Napoli dall'aprile al giugno 1774 questi era accompagnato da *docteurs-peintres*. Uno di questi era Fragonard, e le opere dipinte da Vincent a Napoli durante questo periodo dimostrano che anch'egli faceva parte del gruppo. Il fatto che i due artisti lavorassero così a stretto contatto ha reso a lungo difficile l'attribuzione delle rispettive opere. La donna napoletana qui effigiata, per esempio, posò per entrambi, presumibilmente nello stesso lasso di tempo. Un disegno con la scritta "Naples 1774" è stato a lungo attribuito a Fragonard, ma viene oggi considerato un disegno di Vincent preparatorio a questa tela (Roma, 1990-91, p. 246, ripr. p. 247, ubicazione ignota). Due magnifici acquarelli della donna napoletana firmati Fragonard sono giunti fino a noi (Roma, 1990-91 [168, ripr.]; Ananoff 1961-70 [181, ripr.]). (PL)

Ilaria Bignamini
e Ian Jenkins

L'Antico

In memoria
di Carlo Pietrangeli

Il fascino dell'Antico raggiunse la sua massima intensità all'epoca del Grand Tour. Le principali attrattive per i viaggiatori e gli artisti di tutta Europa erano costituite dai resti dell'antica Roma (nn. 94-95, 106-109, 124-126, 186-188, 189), della Via Appia (nn. 168-169) e della villa Adriana a Tivoli (nn. 170-172), dalle antichità di Napoli e dintorni (nn. 182-183), dalle città di Ercolano e Pompei recentemente portate alla luce (nn. 179-181), dai templi dorici di Paestum (nn. 184-185) e dalle rovine greche e romane in Sicilia (nn. 190-192). Suscitavano grande ammirazione anche i marmi delle spettacolari sale del Museo Pio-Clementino (nn. 193-203) e del Museo Capitolino (nn. 208-209), oltre alle collezioni private di sculture classiche nei palazzi principeschi, nelle ville e nei giardini di Roma (n. 173). I capolavori della pittura, scultura e architettura rinascimentali e barocche non venivano affatto ignorati, anzi, ma erano le antichità a fornire l'ambientazione predominante nei ritratti (nn. 11, 14-19, 34-35, 38-39), nelle caricature e nelle *conversation pieces* (n. 43). Gli artisti stranieri residenti a Roma le privilegiavano nei ritratti dei loro mecenati e anche negli autoritratti (nn. 24, 25, 28, 30, 31).

Questi dipinti indicano che i viaggiatori inglesi, scozzesi e irlandesi erano i principali propugnatori dell'Antico. Nel XVIII secolo la domanda di marmi antichi crebbe proporzionalmente all'espandersi del Grand Tour britannico e alla creazione e ampliamento delle collezioni ospitate in residenze di campagna quali Duncombe Park, Ince Blundell Hall, Marbury Hall, Newby Hall, Petworth e la casa di Lyde Browne a Wimbledon, e nelle dimore londinesi del marchese di Lansdowne, di Charles Townley e Thomas Hope. Sempre in quest'epoca vennero fondati a Roma i musei pubblici di arte classica: il Museo Capitolino nel 1734 e il Museo Pio-Clementino nel 1771. Nel 1771-78 molte statue furono trasferite da villa Medici a Firenze, arricchendo così gli Uffizi di nuovi capolavori (nn. 90-91), mentre negli ultimi vent'anni del Settecento i marmi dei Farnese furono rimossi da palazzo Farnese, dalla Farnesina, dagli Orti Farnesiani e da villa Madama per essere trasferiti a Napoli e Caserta.

Nel corso del XVIII secolo si formarono o ampliarono molte importanti collezioni in tutta Europa, specialmente in Germania, Danimarca, Svezia, Polonia e Russia. Tuttavia è indubbio che i collezionisti inglesi e i Musei Vaticani furono i principali acquirenti di marmi antichi appena rinvenuti o acquistati sul mercato romano. E ciò avvenne in particolare dopo la fine della guerra di successione austriaca nel 1748, allorché in Italia iniziò un lungo periodo di pace, e soprattutto tra la fine della guerra dei Sette anni nel 1763 e l'arrivo in Italia delle armate di occupazione di Napoleone Bonaparte nel 1796, che di fatto mise fine all'età dell'oro del Grand Tour. Alcuni degli affari migliori furono realizzati da mercanti e collezionisti stranieri anche più tardi, al tempo della Repubblica romana (1798-99), quando gli aristocratici romani vendettero marmi e dipinti di antichi maestri a prezzi ben al di sotto di quelli di mercato.

Il periodo dal 1764 al 1798 coincise anche con un numero senza precedenti di scavi archeologici a Roma e nel Lazio. Gli studi pionieristici condotti in questo campo da Rodolfo Lanciani e Carlo

Thomas Jones, *Scavo di un antico edificio scoperto in una cava nei pressi di villa Negroni a Roma*, 1777 ca (particolare del n. 173).

211

Pietrangeli dimostrano che molte licenze di scavo furono rilasciate dalla Reverenda Camera Apostolica a Thomas Jenkins (n. 156), Gavin Hamilton (nn. 161-162), Colin Morison e Robert Fagan (n. 228). Questi quattro britannici e alcuni italiani (in particolare Domenico De Angelis e Nicola La Piccola) furono responsabili delle più brillanti campagne di scavi mai condotte su suolo italiano. Le loro scoperte alimentarono il mercato di innumerevoli nuovi marmi (nn. 204-205, 221, 228) che andarono ad aggiungersi agli esemplari altrettanto numerosi venduti da vecchi e nuovi proprietari di ville e dimore romane come palazzo Mattei, collezione smembrata a partire dal 1770 (n. 216), villa d'Este a Tivoli, venduta nel 1777 (n. 170), e villa Peretti Montalto Negroni, venduta nel 1786 (nn. 173-175). Molti marmi furono ceduti a mercanti, collezionisti privati e ai Musei Vaticani da famiglie come gli Altemps, Altieri, Barberini (nn. 218-219), Borghese, Casali, Chigi, Giustiniani, Pamphili e Verospi. Lo stesso vale per importanti collezioni napoletane come quella dei Carafa (n. 224).

Ma prima di raggiungere le loro nuove destinazioni per essere esposti in case private e musei, i marmi antichi dovevano essere sottoposti a restauri per accrescerne il valore estetico e commerciale. L'arte del restauro, quale illustrata nella magistrale *Raccolta d'antiche statue* (1768-72; n. 159) di Bartolomeo Cavaceppi, incontrò la piena approvazione di Winckelmann (n. 160) e fu sommamente apprezzata dai collezionisti. Oltre a essere sottoposti a restauri e a interventi più arditi (quando frammenti di diverse figure venivano combinati insieme), i marmi antichi potevano anche essere copiati (per esempio il busto di *Faustina Minore*, nn. 158-159) e persino contraffatti (il vaso di marmo n. 154). Lo stesso vale per iscrizioni, vasi dipinti, gemme, medaglie e monete. L'esistenza stessa dei falsi settecenteschi dimostra la crescita della domanda, così come le pratiche poco scrupolose di mercanti come Thomas Jenkins, che soleva vendere ai turisti gemme "antiche" fresche di fabbrica (n. 211).

Mercanti e intermediari erano sovente gli stessi che conducevano gli scavi. È il caso di Thomas Jenkins, Gavin Hamilton e Robert Fagan, ma mentre il primo si dedicò soprattutto al commercio degli oggetti antichi, gli scavi diventarono l'interesse principale dei secondi. Le spese che comportavano gli scavi spinsero costoro e altri colleghi del periodo a mettersi in società con proprietari terrieri (per esempio a Gabii, n. 166), mercanti (Hamilton e Piranesi a Tivoli, n. 170) e ricchi turisti (Via Appia, nn. 168-169, e Campo Iemini, n. 228).

Più sicura e finanziariamente remunerativa era la combinazione delle attività di restauratore e mercante. Raramente i principali restauratori romani, che per la maggior parte diventarono ricchissimi (per esempio Cavaceppi, n. 159), si lasciarono coinvolgere attivamente negli scavi: a volte visitavano i siti per assicurarsi importanti ritrovamenti (per esempio Pacetti e la *Pallade di Velletri*, n. 163), ma per lo più venivano interpellati dai mercanti per restaurare reperti e per trovar loro degli acquirenti. Tra i più noti figurano Carlo Albacini, Antonio D'Este, Francesco Antonio e Giuseppe Franzoni, Ferdinando Lisandroni, Vincenzo e Camillo Pacetti. Nel 1802, quando venne emanato il *Chirografo di Pio VII*, costoro, e anche Robert Fagan, furono obbligati per legge a vendere i marmi che avevano accumulato negli anni precedenti per riempire nuovamente il museo pontificio che Napoleone aveva depredato di gran parte dei suoi tesori. Le nuove acquisizioni furono così numerose che per ospitarle vennero creati due nuovi musei: il Chiaramonti e il Braccio Nuovo.

Molti dei marmi confluiti nei Musei Vaticani provenivano da scavi inglesi, ma ancor più numerosi furono quelli esportati legalmente in altri paesi europei fino all'occupazione francese di Roma del 1798 e di nuovo dopo la pubblicazione del *Chirografo* nel 1802. La collezione inglese più cospicua era quella creata da Charles Townley tra il 1768 e l'inizio del decennio 1790-1800 (nn. 213-215, anche 174, 205, 216, 218, 221, 224). Townley, un ricco cattolico, riempì la sua casa al numero 7 di Park Street, a Westminster (nn. 213-214), di marmi acquistati durante non meno di tre Grand Tour e altri provenienti da ordinazioni per corrispondenza a mercanti attivi a Roma. Alla sua morte, avvenuta nel 1805, i marmi furono acquistati dal British Museum, che si assicurò così la prima importante collezione di statuaria classica precedente all'arrivo nel 1814 delle parti scultoree del tempio di Apollo a Bassae e all'acquisto nel 1816 dei Marmi Elgin.

I marmi e i disegni (nn. 176-177, 206, 211, 217, 220, 222-223, 225, 227) della collezione Townley selezionati per la presente esposizione, insieme con citazioni dai relativi manoscritti, contribuiscono a visualizzare il mercato dell'Antico durante l'epoca del Grand Tour. Il catalogo della mostra riunisce inoltre marmi rimasti separati per oltre due secoli: le due cariatidi dal Triopion di Erode Attico, in seguito a villa Peretti Montalto Negroni (nn. 174-175), e i due gruppi di cani provenienti da Monte Cagnolo (nn. 204-205). La *Venere* di Campo Iemini (n. 228) viene esposta per la prima volta dopo più di settant'anni e potrà tornare a Roma dopo due secoli, congiungendosi temporaneamente alla sua "gemella", la *Venere Capitolina*.

Siamo molto grati a Paolo Liverani per i commenti e i consigli.

Bibliografia: Per il gusto, il collezionismo e il mercato delle antichità durante l'epoca del Grand Tour, cfr. Michaelis 1882, Haskell e Penny 1981, Settis 1984-86, Howard 1990 e Liverani 1996. Per cataloghi recenti su collezioni inglesi di marmi nel contesto del Grand Tour, cfr. Waywell 1986 e Fejfer e Southworth 1991. Per studi museologici su temi riguardanti le antichità nel contesto del Grand Tour, cfr. Pietrangeli 1987-89 e 1993, e Jenkins 1992 (in particolare pp. 106-110). Per gli scavi, cfr. Pietrangeli 1958, Neudecker 1988, Lanciani 1989-, VI e 1991-. Per i restauri, cfr. Rossi Pinelli 1986. Per i rapporti tra scavatori, restauratori, mercanti e musei, cfr. Bignamini 1994 e 1996. Per i calchi in gesso, cfr. Haskell e Penny 1981 e Davies 1991. Per i falsi, cfr. Jones 1990 (in particolare pp. 132-152).

Joseph Nollekens 1737-1823
153. *Giovanni Battista Piranesi*, 1760-70 ca ?
Marmo bianco, 60 × 30 × 23 cm
Iscritto sulla base: "CAVALIERE
G.B. PIRANESI / ARCHITETTO"
Accademia Nazionale di San Luca, Roma

Provenienza: All'Accademia di San Luca entro il 1779 (cfr. Bianconi 1779, p. 298 nn. 34-36). Inv. 73
Esposizioni: Hayward Gallery 1978 (283)
Bibliografia: Smith 1949, p. 246; Pietrangeli 1954, pp. 40-43; Wilton-Ely 1976, pp. 593-595 (ripr.); Erouart e Mosser 1978, p. 236 n. 79; Incisa della Rocchetta 1978, p. 52 n. 176, tav. LVI; Kenworthy-Browne 1979, pp. 1844-1848

Per tutta la vita Piranesi si dedicò con determinazione a trasporre le idee e i motivi dell'antichità a beneficio del presente. Negli anni 1760-70 già si occupava del restauro delle antichità classiche per il mercato del Grand Tour e le esponeva nelle sale – o "museo", come egli le definiva – di palazzo Tomati in via Sistina, vicino alla sommità della scalinata e al quartiere inglese di piazza di Spagna. In questa impresa era coadiuvato da una squadra di specialisti ed eminenti restauratori, tra cui Bartolomeo Cavaceppi. Ulteriore assistenza gli era fornita dal giovane scultore inglese Joseph Nollekens, che lavorò e studiò a Roma tra il 1759 e il 1770. In questo periodo egli produsse numerosi busti, tra i quali quelli di Garrick, del duca di York e di Laurence Sterne. Nella biografia di Nollekens scritta da J.T. Smith nel 1828, in un elenco di busti eseguiti dallo scultore appare un riferimento a "Peranesi J.B.".
Quando Piranesi divenne membro dell'Accademia di San Luca, nel 1761, probabilmente questo busto andò in dono alla collezione di ritratti degli accademici illustri. L'ipotesi sembrerebbe confermata dalla biografia manoscritta di Piranesi a opera dell'architetto J.G. Legrand,

153

cognato di Clérisseau, in cui egli afferma: "J.-B. Piranesi fut en effet associé à plusieurs académies. Celle de St Luc à Rome s'empressa de l'admettre dans son sein et demanda son portrait que le sculpteur Nolickings anglais fit très ressemblant et bien caractérisé" (Erouart e Mosser 1978, p. 236). Il busto, eseguito probabilmente verso la fine del soggiorno romano di Nollekens, ritrae un Piranesi apparentemente sulla cinquantina e fu usato come modello dal figlio Francesco e da Pietro Labruzzi per successivi ritratti postumi. (JW-E)

154

**Bartolomeo Cavaceppi
1716-1799
e Giovanni Battista Piranesi
1720-1778**
154. *Vaso con fregio di foglie d'acanto e corpo scanalato*, metà XVIII secolo
Marmo bianco, 53 × 35 × 35 cm
Lord Romsey

Provenienza: Per discendenza da Henry Temple, secondo visconte Palmerston, il quale probabilmente lo acquistò poco dopo il 1764. Broadlands inv. 18b
Esposizioni: Washington 1985 (228, ripr.)
Bibliografia: Michaelis 1882, p. 226 n. 33; Jackson-Stops 1980, pp. 2248-2249, fig. 9; Picon 1993, pp. 11-18; Howard 1970/1990, pp. 98-116; Howard 1973/1990, pp. 142-145; Picon 1993, pp. 11-18; Wilton-Ely 1993, pp. 148-153; Grassinger 1994, pp. 112-113 n. 42, fig. 199

Dopo il trasloco dalla modesta bottega di via del Corso alle grandi stanze di palazzo Tomati nel 1761, Pira-nesi riuscì non solo a esercitare un controllo più stretto sulla prospera attività di produttore di stampe, ma ebbe anche modo di esporre ulterio-re materiale. La sua geniale capacità di adattare le idee del passato ai gusti moderni permise alla sua im-maginazione barocca di riutilizzare frammenti autentici in due campi di attività correlati: la creazione di ca-mini ornamentali e il restauro di an-tichità classiche. Assistito da una squadra di specialisti, per entrambe le imprese trovò un mercato fertile tra i visitatori del Grand Tour. Si av-valse della collaborazione di impor-tanti restauratori come Cavaceppi (cfr. n. 159) e Pietro Pacilli, di scul-tori come Nollekens (n. 153) e Giu-seppe Angelini, oltreché di specialisti nel restauro dei vasi come Lorenzo Cardelli e Guglielmo Antonio Grand-jacquet. Per dare impulso all'azienda, Piranesi collaborò con mercanti e intermediari come Thomas Jenkins e Gavin Hamilton, il quale aveva av-viato lucrosissimi scavi a villa Adria-na, Tivoli. Questa attività prolifica veniva intelligentemente pubbliciz-zata e documentata con la pubblica-zione di acqueforti individuali, suc-cessivamente raccolte in un'opera in due volumi dal titolo *Vasi, Candela-bri, Cippi, Sarcofagi* (1778). Tra le tavole figura un'immagine composi-ta (cfr. n. 155) che comprende due vasi ornamentali di marmo apparte-nenti alla collezione del secondo visconte Palmerston a Broadlands (Hampshire), dei quali qui è esposto quello a sinistra. Sulla sua prima visi-ta in Italia nel 1764 Palmerston avrebbe scritto: "A darmi il più vivo piacere sono stati i marmi antichi... Non avevo mai visto una statua che valesse la pena d'essere guardata fin-ché non ho attraversato le Alpi" (Washington 1985, p. 304), e la sala delle sculture da lui creata a Broad-lands era zeppa di tali reperti. Infat-ti, tramite Gavin Hamilton, comprò quello stesso anno statue per 525 sterline, e a un altro acquisto per un valore di 130 sterline appartenevano i due vasi, probabilmente restaurati da Cavaceppi secondo le indicazioni di Piranesi e spediti da Roma nel corso dei due anni successivi. (JW-E)

L'ANTICO

**Giovanni Battista Piranesi
1720-1778**
155. *Monumento antico e due vasi*
Tavola da *Vasi, Candelabri, Cippi, Sarcofagi...*, I, Roma 1778
Acquaforte, 53,5 × 38,5 cm
Dedicato: "Al Signor Giovanni Taylor Cavaliere Inglese amatore delle belle arti"; firmato in basso a sinistra: "Cavaliere Piranesi inc."; iscritto sotto i vasi: "In Inghilterra presso Sua Eccza Milord Palmerston"
Trustees of the British Museum

Provenienza: ...; Inv. BM 1886.11. 24.159 portfolio C57
Esposizioni: Hayward Gallery 1978 (294)
Bibliografia: Jackson-Stops 1980, pp. 2248-2249, fig. 9; Wilton-Ely 1994, II, p. 1012 n. 934

Le doti immaginative di Piranesi come restauratore erano uguagliate dalla capacità di vendere i prodotti valendosi delle sue formidabili doti di incisore. A partire dal 1768 cominciò a produrre le 118 tavole di *Vasi, Candelabri, Cippi, Sarcofagi*, successivamente raccolte e pubblicate in due volumi nel 1778, anno della sua morte. Esse illustrano le antichità presenti sul mercato romano dell'arte, insieme con oggetti notevoli presenti in collezioni italiane e straniere. Molte opere venivano restaurate da o per lui, e le iscrizioni sulle tavole servivano non solo a fargli pubblicità ma anche a indicare quali erano i suoi illustri clienti. Gli oggetti vanno da modeste urne cinerarie e lampade ornamentali a sarcofagi e manufatti cospicui, come il vaso Warwick (collezione Burrell, Glasgow) e i due grandi candelabri Newgate (Ashmolean Museum, Oxford). La maggior parte delle tavole recavano dediche ai clienti o a possibili acquirenti: tra i cinquanta inglesi citati figurano collezionisti come sir William Hamilton, William Weddell, Henry Blundell e Charles Townley; altre riportano i nomi di colleghi attivi a Roma, come

James Byres, Thomas Jenkins, Richard Hayward, Colin Morison e Matthew Nulty. Nella tavola qui presa in esame, dedicata a John Taylor, Piranesi illustra due vasi della collezione Palmerston a Broadlands (cfr. n. 154) a fianco di una delle creazioni più ingegnose dell'artista, sulla quale è posta un'urna, all'epoca nella collezione di George Aufrere a Chelsea. Anche se queste acqueforti del tardo periodo mostrano in modo rilevante l'intervento degli assistenti di studio, le straordinarie qualità di nitida, precisa definizione e composizione che le caratterizza sono in netto contrasto con il restauratissimo originale qui esposto. (JW-E)

Anton von Maron 1733-1808
156. *Thomas Jenkins*, 1791
Olio su tela, 65 × 50 cm
Iscritto sul margine inferiore:
"TOMMASO IENKINS INGLESE PITTORE / FATTO ACCAD.CO DI S. LUCA L'A.NNO MDCCLXi" e sul verso: "A de Maron dipingebat 1791"
Accademia Nazionale di San Luca, Roma

Provenienza: Probabilmente donato da Thomas Jenkins all'Accademia di San Luca. Inv. 477
Bibliografia: Ashby 1913, pp. 487-511; Hess 1955/1967, pp. 309-326; Pietrangeli 1958; Pietrangeli 1987-89; Pierce 1965, pp. 220-229; Ford 1974 (1), pp. 416-425; Incisa della Rocchetta 1979, p. 55 n. 191, tav. XXX; Cassidy 1990, pp. 99-113; Lanciani 1989-

Nato a Roma, Thomas Jenkins (1722-1798) si trasferì a Londra molto giovane e studiò ritrattistica con Thomas Hudson. Nel 1752 arrivò in Italia con Richard Wilson e si stabilì a Roma, dove viveva in un appartamento sul Corso e, dal 1775, anche in una villa a Castel Gandolfo. Dalla ritrattistica passò ben presto ad attività più proficue, aiutato dal favore di Clemente XIV (papa dal 1769 al 1774), del cardinale Alessandro Albani, di Winckelmann e di Pio VI (papa dal 1775 al 1799). Cicerone, scavatore e mercante d'arte, divenne membro dell'Accademia di San Luca nel 1761. Nel 1776 iniziò a esercitare l'attività di banchiere e, sebbene la

TOMMASO JENKINS INGLESE PITTORE
FATTO ACCAD.^{co} DI S. IVCA L'A.^{nno} MDCCLXI **156**

Gran Bretagna non avesse un rappresentante diplomatico a Roma, ne divenne di fatto l'agente o ambasciatore. I marmi che passavano per le sue mani venivano restaurati da Bartolomeo Cavaceppi, Carlo Albacini, Vincenzo Pacetti e altri, e acquistati da collezionisti come James Hugh Smith Barry di Marbury Hall (nn. 224, 226) e Charles Townley (nn. 174, 218, 224); parecchi entrarono nei Musei Vaticani (n. 200). Come James Byres era anche un importante mercante di gemme antiche (n. 211). Le operazioni più brillanti di Jenkins furono l'acquisto dei marmi provenienti dalla collezione Carafa di palazzo Colombrano a Napoli

(1768; n. 224), da villa d'Este a Tivoli (1777; n. 170) e da villa Negroni a Roma (1786; nn. 173, 174-177). Gli furono dedicati un libro intitolato *Raccolta di alcuni disegni* di Guercino (1764) e una guida di viaggio (1775; n. 65). Inoltre, un vaso di marmo di sua proprietà (nn. 226-227) fu descritto da Orazio Orlandi (*Le nozze di Paride ed Elena, rappresentate in un vaso antico nel museo del Signor Tommaso Jenkins*, Roma 1775), mentre Ennio Quirino Visconti compilò un catalogo delle iscrizioni nella sua collezione (*Catalogo dei monumenti scritti del museo del Signor Tommaso Jenkins*, Roma 1787). Nel 1798, durante

l'occupazione francese di Roma, Jenkins perse tutti i suoi beni tranne la collezione di gemme e medaglie, che riportò in Inghilterra, dove tuttavia morì poco dopo il suo arrivo. (IB)

217

157

Franciszek Smuglewicz
1745-1807

157. *James Byres di Tonley con alcuni membri della sua famiglia,* 1775-78 ca
Olio su tela, 63,2 × 75,8 cm
Scottish National Portrait Gallery

Provenienza: Vendita di Mrs Robert Tritton, Christie's, 15 luglio 1983 (66), acquistato per la Scottish National Portrait Gallery con l'assistenza del National Art Collections Fund. Inv. 2601
Bibliografia: Möbius 1966-67, pp. 53-71; Ford 1974 (2), pp. 446-461; Ford 1984, pp. 111-115; Russell 1978, pp. 466-469; Ridgway 1989, pp. 213-229; Smiles 1990, pp. 337, 340

Figlio di un giacobita, James Byres (1734-1817) lasciò la Scozia per la Francia dopo la Ribellione del 1745. Verso il 1756 si trasferì a Roma, dove visse fino al 1790. Architetto, presto si affermò come cicerone e mercante d'arte; nel 1764 fece da guida allo storico Edward Gibbon, in visita a Roma, ed effettuò il suo primo importante acquisto, l'*Assunzione della Vergine* di Nicolas Poussin (National Gallery of Art, Washington), che comprò dal conte Niccolò Soderini per il nono conte di Exeter. Byres, il concorrente più temibile di Thomas Jenkins (n. 156), viveva in via del Babuino, dove fece fortuna vendendo opere d'arte. Suo socio era l'incisore Cristopher Norton, e dal 1785 ai due si affiancò il pittore Patrick Moir, nipote di Byres. I suoi maggiori successi commerciali furono l'acquisto nel 1780 circa del cosiddetto "Vaso Portland" (British Museum, Londra) da Cordelia Bar-berini-Colonna, principessa di Palestrina, che egli rivendette a sir William Hamilton, il quale a sua volta lo vendette alla duchessa madre di Portland all'inizio del 1784; e l'acquisto della prima serie dei *Sette Sacramenti* di Poussin (collezione del duca di Rutland) dalla famiglia Boccapaduli, che egli rivendette al quarto duca di Rutland nel 1785. Come antiquario visitò Paestum e la Sicilia (1766) e, dopo un sopraluogo nel 1761 agli scavi di Jenkins a Corneto (Tarquinia), preparò uno studio intitolato *Hypogaei or Sepulchral Caverns of Tarquinia*, illustrato da Norton. Gli interni e le decorazioni di quelle tombe sono ormai scomparsi totalmente o quasi .
Il dipinto in esame e il suo pendant con il ritratto di Byres e la sua famiglia con sullo sfondo la cupola di San Pietro (collezione sir Brinsley Ford)

158

159

sono opera di Smuglewicz, un artista polacco attivo a Roma tra il 1763 e il 1784. (IB)

Anonimo
158. *Faustina Minore*,
post 147 d.C.
Marmo bianco, 61 × 38 × 23 cm
Iscritto sul piedistallo:
"MUNIFICENTIA / SS.D.N. / BENEDICTI.PP.XIV"
Musei Capitolini, Roma

Provenienza: Probabilmente dagli scavi della villa Adriana a Tivoli, 1570, poi a villa d'Este; donato dal papa Benedetto XIV al Museo Capitolino nel 1748. Stanza degli Imperatori 32, inv. 449
Bibliografia: Stuart Jones 1912, pp. 198-199 n. 39, tav. 52; Fittschen e Zanker 1983, III, pp. 20-21 n. 19, tavv. 24-26; Raeder 1983, pp. 60-61 nn. 1, 43; Howard 1970/1990, pp. 98-116, fig. 127; Kleiner 1992, pp. 278-279, fig. 246

Nata tra il 125 e il 130 d.C., Anna Galeria Faustina, o Faustina Minore, era figlia dell'imperatore Antonino Pio e di Faustina Maggiore. Nel 145 sposò il cugino, l'imperatore Marco Aurelio (n. 216) e l'anno successivo ricevette il titolo di Augusta. Accompagnò il marito nella campagna militare del Nord (170-174) e nelle regioni orientali dell'impero, dove morì nel 175. Il busto, avvolto in una morbida tunica e in un manto, ritrae Faustina nella prima giovinezza. Il volto è di un ovale perfetto, mentre la modellazione originale del bel naso aquilino è stata alterata dal restauro di Cavaceppi. L'acconciatura è caratteristica dei ritratti femmi-

nili dell'epoca: i capelli sono divisi al centro e scendono in quattro onde sovrapposte terminanti sulla nuca in una stretta crocchia di trecce.
Restaurato da Bartolomeo Cavaceppi alla fine del quinto decennio del Settecento, questo busto è stato scelto per servire da paragone con una delle copie eseguite dal restauratore nella seconda metà del secolo (n. 159). (IB)

Bartolomeo Cavaceppi 1716-1799
159. *Copia della "Faustina Minore"*, 1750-64
Marmo bianco su base di portoro, 61 × 41 × 28 cm
Lord Romsey

Provenienza: Per discendenza da Henry Temple, secondo visconte Palmerston, che probabilmente lo acquistò a

Roma da Bartolomeo Cavaceppi nel 1764. Broadlands inv. 8

Esposizioni: Clarendon Gallery 1983 (16)

Bibliografia: Cavaceppi, in DBI; Howard 1982; Howard 1990, p. 103; Howard 1991, pp. 199-217; Fejfer e Southworth 1991, p. 46 n. 12; Howard 1992, pp. 27-38; Grassinger 1994, pp. 107-108 n. 35, tavv. 194-196; Barberini e Gasparri 1994; Gasparri e Ghiandoni 1994

Cavaceppi, nato a Roma il 25 agosto 1716 (Michel 1994), andò a bottega da Carlo Antonio Napolioni (m. 1742), uno scultore impiegato presso il Museo Capitolino. I *Centauri Furietti* furono restaurati da quest'ultimo nel 1737, mentre al *Fauno in rosso antico* attesero i suoi assistenti Clemente Bianchi e Cavaceppi nel 1744. Lo studio di Cavaceppi, il cosiddetto "museo Cavaceppi" – situato tra la scalinata di piazza di Spagna e piazza del Popolo, nel centro commerciale di Roma – si ampliò rapidamente. Divenne una sorta di supermercato di antichità e una fabbrica con numerosi assistenti, dove turisti e collezionisti lasciavano enormi somme di denaro. Il catalogo illustrato dei marmi passati per le sue mani, *Raccolta d'antiche statue* (3 voll., 1768-72), è una specie di elenco dei collezionisti britannici e alle dimore del Grand Tour. La sua amicizia con Winckelmann servì a procurargli clienti tedeschi come Federico II di Prussia, i cui acquisti avvenivano tramite il suo agente Giovanni Ludovico Bianconi. Suoi clienti erano anche Caterina la Grande di Russia e l'ambasciatore spagnolo José Nicolàs de Azara. Nella *Raccolta* Cavaceppi illustrò l'arte del restauro, che spesso si traduceva in ricostruzione artificiosa e qualche volta in vera e propria contraffazione. Nel 1753 aveva aggiunto una testa, un braccio e un gomito all'*Amazzone ferita* (Musei Capitolini) e in seguito divenne ancora più audace, ma il suo metodo era assai apprezzato dai collezionisti e fu ripreso da Carlo Albacini, Vincenzo Pacetti e altri. Alla morte di Cavaceppi, il suo studio conteneva oltre mille marmi e altrettanti calchi e copie (per lo più acquistati dal marchese Giovanni Torlonia, banchiere), oltre ottomila disegni di antichi maestri (in gran parte acquistati dal museo di Berlino nel 1843) e una vasta collezione di dipinti, bronzi, modelli in terracotta, incisioni, gemme, medaglie e monete.

Altre copie del busto originale romano sempre eseguite da Cavaceppi (n. 158) sono conservate alla Walker Art Gallery di Liverpool (già a Ince Blundell Hall), all'Institute of Art di Minneapolis (già a Syon House) e all'Ermitage di San Pietroburgo (già nella collezione Lyde Browne). (IB)

Anton von Maron 1733-1808
160. *Johann Joachim Winckelmann,* 1768
Olio su tela, 136 × 99 cm
Firmato e datato: "Antonius Maron, Roma 1768"
Kunstsammlungen zu Weimar

Bibliografia: Per Winckelmann, cfr. Justi 1932; Potts 1994. Per il ritratto, cfr. Haskell e Penny 1981, p. 101, fig. 60 e pp. 144-146 n. 6 per il bassorilievo di Antinoo; Zwierlein-Diehl 1969, II, tav. IV e pp. 9 e 101 per l'incisione

L'assassinio di Johann Joachim Winckelmann, avvenuto a Trieste l'8 giugno 1768, interruppe prematuramente la carriera del più importante archeologo del XVIII secolo. Nato a Stendahl nel 1717, figlio di un povero ciabattino, Winckelmann divenne Antiquario Papale e l'autorità più rispettata in tema di antichità romane. La sua *Geschichte der Kunst des Altertums* (*Storia dell'arte antica*), pubblicata nel 1764, gli valse una fama immediata, e la sua analisi sistematica dello stile dell'arte antica, e della scultura in particolare, impresse un nuovo corso a questo genere di studi. Oggi Winckelmann è considerato da molti il padre fondatore della moderna disciplina dell'archeologia classica.

Dopo una serie di modesti incarichi nella provincia tedesca, Winckelmann riuscì a entrare nell'ambiente colto e cosmopolita della corte sassone di Dresda. Qui fece la sua prima conoscenza diretta della scultura classica grazie alle collezioni formate dal re Augusto II, tra cui alcuni importanti pezzi acquistati a Roma presso il principe Agostino Chigi. Nel 1755 pubblicò un saggio polemico intitolato *Gedanken über die Nachahmung der griechischen Werke* (*Pensieri sull'imitazione dell'arte greca*), che rappresenta le prime avvisaglie del suo successivo apprezzamento della bellezza ideale contenuta nella scultura classica. Partì per l'Italia in quello stesso anno e, dopo un periodo difficile e una conversione di comodo al cattolicesimo, trovò lavoro presso il cardinale Alessandro Albani, studioso e appassionato d'arte. Con una delle più grandi biblioteche d'Europa a disposizione, Winckelmann riuscì a completare il già iniziato catalogo della collezione fiorentina Stosch di gemme e a dare inizio alla sua *Storia*. L'espressivo ritratto dipinto da Maron raffigura lo studioso nell'atto di scrivere un commento al *Bassorilievo di Antinoo* conservato a villa Albani, di cui ha davanti a sé una stampa. Antinoo era il giovane amante dell'imperatore Adriano; dopo la sua morte prematura per annegamento, l'imperatore gli eresse statue in tutto il mondo romano. L'inclinazione sessuale di Winckelmann lo portò istintivamente a interessarsi a questo soggetto, che egli discusse in un secondo impegnativo lavoro, *Monumenti antichi inediti*, del 1767, in due volumi. Un'altra opera pubblicata nel libro appare nel dipinto, per quanto molto ingrandita e trasformata in un fondale decorativo, appena leggibile. Si tratta di una figura maschile nuda piegata verso destra, tratta da un cammeo, già presso la collezione Stosch e ora a Berlino, che rappresenta il dio Ermes. Infine, a destra, c'è un antico busto di Omero considerato nel XVIII secolo, così come nell'antichità, il sommo dei poeti. Già intorno al 1761 Mengs

161

162

aveva ritratto Winckelmann con in mano l'*Iliade* (Metropolitan Museum of Art, New York). L'immagine di Omero rappresenta un paradigma letterario degli scritti di Winckelmann, i quali avevano spesso accenti poetici e contribuirono al nuovo romanticismo nella letteratura tedesca che culminò, dopo la morte di Winckelmann, nelle opere di Goethe. (IJ)

Stefano Tofanelli 1752-1812
* 161. *Christopher Hewetson con il busto di Gavin Hamilton*, 1785 ca
Olio su tela, 98,5 × 74,5 cm
Wallraf-Richartz-Museum, Colonia

Provenienza: Dalla collezione di Giacomo Francisci, Roma; acquistato come opera di Raphael Mengs dal Wallraf-Richartz-Museum nel 1886. Inv. 1071
Esposizioni: RA 1972 (252)
Bibliografia: Clark 1964/1981, pp. 139-141; Klesse 1973, pp. 136-137 n. 1071, fig. 62; Hesse e Schlagenhaufer 1986, p. 85 e p. 24, fig. 505. Per Tofanelli, cfr. Giovannelli 1992-93, pp. 393-430 e 1994, pp. 197-

230. Per Hewetson, cfr. Hodgkinson 1952-54, pp. 42-54; de Breffny 1986, pp. 52-75; Figgis 1994. Per Hamilton, cfr. Michaelis 1889; Lanciani 1901, pp. 301-304 e 1989-; Smith 1901, pp. 306-321; Pietrangeli 1958 e 1987-89; Irwin 1962, pp. 87-102; Lloyd Williams 1994

Il doppio ritratto dello scultore irlandese Christopher Hewetson al lavoro su un busto di Hamilton è stato attribuito da Clark, nel 1960, al lucchese Stefano Tofanelli. Il pittore scozzese Gavin Hamilton (1723-1798) si trovava a Roma alla metà del quinto decennio del Settecento, studiò con Agostino Masucci, rientrò a Londra nel 1751 e cinque anni dopo fece ritorno a Roma, dove si stabilì. Non si sa molto della sua vita, delle amicizie, dei committenti, dei soci in affari, delle attività di scavatore e mercante di marmi antichi e dipinti di antichi maestri, anche se il numero elevatissimo di sculture da lui scoperte suggerisce che si trattasse del più brillante scavatore del secolo. I siti in cui operò comprendono la villa Adriana a Tivoli, 1769 (n. 170); Tor Colombaro, o Palombaro,

1771; Monte Cagnolo, 1772-77 (nn. 204 e 205); Grottaferrata, 1773; Ostia, 1774-75 e 1788; Gabii, 1792-94 (n. 166); Palestrina, 1793. I marmi di Hamilton furono restaurati e in parte venduti da Bartolomeo Cavaceppi, Carlo Albacini, Vincenzo Pacetti e altri. Virtualmente tutti i principali collezionisti e musei acquistarono marmi da lui, inclusi Charles Townley (nn. 205, 216, 221) e i Musei Vaticani (nn. 195, 197, 200, 203, 204). (IB)

Christopher Hewetson 1737-1798
162. *Gavin Hamilton*, 1783 ca
Marmo bianco, h 58 cm
Musée des Beaux-Arts, Marsiglia

Provenienza: Lasciato alla città di Marsiglia dal barone Odon de Samatan, 1937

Sono note due versioni di questo busto: una donata da Charles Greville, nipote di sir William Hamilton, all'Hunterian Museum di Glasgow nel 1861 (RA 1972 [378]); l'altra lasciata in eredità alla città di Marsiglia dal barone de Samatan nel 1937. "Un busto di marmo senza alcun piedistallo, ritratto di Gavin Hamilton a opera di Heuetson, scultore, alto 2 palmi e mezzo [55,8 cm]" (citato in de Breffny 1986, p. 56 n. 10) fu imballato per conto di Hamilton a Napoli e spedito per nave in Inghilterra nel 1798. Si tratta probabilmente del busto di Glasgow, quello ritratto nel dipinto di Tofanelli (n. 161) ed esposto alla Royal Academy nel 1786 come n. 531, che fu rispedito a Napoli e alla fine approdò all'Hunterian Museum.
Si sa poco circa la provenienza del busto marsigliese. Nel 1937 il barone de Samatan, collezionista, lasciò in eredità due busti alla sua città: un *Benjamin Franklin* e un *George Washington*, che si scoprì essere in realtà il *Gavin Hamilton*; entrambi erano attribuiti a Canova. (IB)

Pietro Labruzzi 1739-1805

163. *Vincenzo Pacetti*, 1790 ca
Olio su tela, 65 × 48,5 cm
Iscritto sul margine inferiore, ma
dipinto successivamente:
"VINCENZO PACETTI ROM. SCVL.
1779"
Accademia Nazionale di San Luca,
Roma

Provenienza: Lasciato in eredità
all'Accademia di San Luca da O.E.
Messinger nel 1934. Inv. 776
Bibliografia: Susinno 1974, p. 268;
Incisa della Rocchetta 1979, pp. 60-
61 n. 224, fig. 183. Per P. Labruzzi,
cfr. Busiri Vici 1957, pp. 248-252.
Per Pacetti, cfr. Honour 1960, pp.
174-181; Honour 1963, pp. 368-
376; Picozzi 1988 (1), pp. 99-109;
Picozzi 1988 (2), pp. 65-93; Liverani 1995, pp. 49-79

Lo scultore, restauratore e mercante
romano Vincenzo Pacetti (1746-
1820) fu uno dei successori di maggior talento di Bartolomeo Cavaceppi. I suoi clienti erano importanti
viaggiatori e collezionisti; i suoi for-
nitori, i migliori scavatori del periodo, tra cui Gavin Hamilton e Robert
Fagan, nonché i proprietari delle più
ammirate collezioni di Roma e dintorni, compresa villa d'Este a Tivoli.
Come restauratore e ricreatore di
marmi antichi Pacetti era senza rivali; in collaborazione con il fratello
minore Camillo creò il *Lucio Vero*
del Braccio Nuovo (Picozzi 1988
[1]); da solo, l'*Asclepio Campana* del-
l'Ermitage e il *Dioniso* del Cortile
Ottagono (Bignamini 1996). Pacetti
era un affarista nato: seducente, duro, senza scrupoli. Nel 1797, quando
seppe che Fagan aveva proposto
4000 scudi per la *Pallade di Velletri*
(Musée du Louvre) appena scoperta,
ne offrì immediatamente 6000. Effettuò le sue più brillanti operazioni
durante l'occupazione francese e la
Repubblica romana (1798-99), allorché acquistò il *Fauno Barberini*
(Glyptothek, Monaco) restaurato da
Bernini, che egli restaurò di nuovo.
Il diario che tenne a partire dal 1773
(BUA, MS321, e AMCR, b. 654 n.

163

5) è uno dei più importanti documenti del periodo. Fornì anche ai
collezionisti copie in terracotta di statue come i *Prigioni Farnese* (Museo
Archeologico Nazionale, Napoli) e
modelli di argilla per le statuette
bronzee di Zoffoli (nn. 235-237).
Questo ritratto, opera di Pietro
Labruzzi, fratello di Carlo (nn. 167-
169), è molto più somigliante di
quello dipinto per la collezione del-
l'Accademia da Anton von Maron.
Hugh Honour (1963, p. 368, fig. 1,
e p. 374) lo ha datato 1790. (IB)

164

Anonimo

164. *Una bottega d'antiquario a Napoli*, 1798

Gouache, 44 × 59 cm

Iscritto in basso a sinistra, sulla "pietra" sotto il cappello: "Il padrone di questo cappello dipinse Napoli 1798"; e in basso a destra, coperto dalla cornice: "È spesso la figura dell'uomo un chiaro indizio talché si può decidere da chi siamo noi veduti"

Collezione privata, Roma

Provenienza: Acquistato all'inizio di questo secolo da Ludovico Pollak presso il mercante d'arte napoletano Gaetano Pepe; successivamente nella collezione di Mario Praz, presso il quale fu acquistato; per discendenza all'attuale proprietario

Esposizioni: Napoli 1990, pp. 356-358

Bibliografia: Knight 1990, p. 37; Jenkins e Sloan 1996, p. 53, fig. 22; Augustus Frederick, in DBITI

Questa gouache con ritratti di personaggi riconoscibili mostra l'interno di una bottega antiquaria che vende vasi "etruschi" e vedute di rovine. Sir William Hamilton è la figura alta e magra in piedi, terza da destra, mentre accanto a lui si trova il principe Augustus, la figura corpulenta con il cappello che esamina un frammento. L'uomo magro con il bastone, seduto vicino all'uomo con in mano un pesce, è stato identificato in via ipotetica con John Acton, ministro della Marina a Napoli e collezionista. La seconda figura da destra dovrebbe essere il proprietario del negozio, con accanto il suo assistente, mentre sua moglie, sopra di loro, osserva da una finestra.

Sir William Hamilton (1730-1803) era un importante collezionista di vasi greci e la sua collezione fu parzialmente illustrata in *Collection of Etruscan, Greek and Roman Antiquities from the Cabinet of the Hon.ble Wm. Hamilton* (4 voll., 1766-76) del barone d'Hancarville.

La sua prima raccolta fu venduta al British Museum nel 1772, mentre parte della seconda andò perduta in mare nel 1798, poco dopo l'esecuzione di questa gouache. Il principe Augustus Frederick, poi duca del Sussex (1773-1843), trascorse in Italia gran parte degli anni fra il 1789 e il 1799, principalmente a Roma. Archeologo dilettante, scoprì con Robert Fagan la *Venere* di Campo Iemini (n. 228). (IB)

Henry Tresham 1751-1814
165. *Turisti che acquistano antichità*,
1790 ca
Penna e inchiostro, acquarello,
33 × 49,5 cm
Collezione privata

Provenienza: Sir John Witt, asta
Sotheby's, 19 febbraio 1987 (2 ripr.)
Bibliografia: Figgis 1994, tav. 92;
Pressly 1979, pp. 101-106

Tresham (cfr. n. 32), di origine irlandese, dopo aver studiato a Dublino e a Londra, arrivò a Roma nel settembre 1775. Eletto membro del-
l'Accademia romana e di quella bo-
lognese, viaggiò in lungo e in largo
nell'Italia meridionale. Nel 1777
comprò importanti dipinti murali
provenienti da una casa del tardo
periodo adrianeo scoperta nei terreni
di villa Negroni (n. 173), che in
seguito vendette al quarto conte di
Bristol e vescovo di Derry.
In questo disegno Tresham illustra
una scena che doveva essere tipica
del Grand Tour a Roma, Napoli e
Palermo. Nel mezzo di uno scavo
archeologico – chiaramente una
grande casa privata come quelle rinvenute a Pompei ed Ercolano – i
turisti sono raggruppati intorno a un
tavolo per esaminare bronzetti, vasi
"etruschi", busti, tripodi, lampade e
altri reperti portati dagli scavatori.
Al suo ritorno in Inghilterra Tresham
continuò a commerciare in quadri di
antichi maestri – fu l'agente di Beckford nell'acquisto dei Claude Lorrain
della collezione Altieri nel 1799 – ed
ebbe sufficiente fortuna come pittore
di soggetti storici da diventare Associa-
te of the Royal Academy nel 1791 e di
Royal Academician nel 1799. (AW)

Giuseppe Cades 1750-1799
166. *Gavin Hamilton guida
un gruppo di turisti nel sito
archeologico di Gabii*, 1793
Penna e inchiostro e acquarello
su matita, 44,9 × 58,3 cm
Firmato in basso a sinistra: "Gius
Cades 1793"

165

National Gallery of Scotland

Bibliografia: Clark 1964-81, pp. 139-
141; Caracciolo 1992, pp. 370-371
n. 140; Cades, in DBI. Per gli scavi e
i marmi, cfr. Fea 1792, pp. 313-317,
321-328, 337-340; Visconti 1797;
Smith 1901, pp. 306-321; Haskell e
Penny 1981, pp. 198-199 n. 31;
Morselli 1989, pp. 520-528; Melis e
Vardaro 1993

Nel 1792-94 Gavin Hamilton condusse scavi importanti in una proprietà, Pantan de' Griffi, appartenente al principe Marcantonio Borghese, e scoprì l'antica città di Gabii
sulla via Prenestina. Dissotterrò il
Foro, oggi non più esistente, e nel
1792 rinvenne statue come la *Diane
de Gabie* (Musée du Louvre), una
copia romana dell'originale di Prassi-
tele. Secondo lo scultore John Deare,
Robert Fagan scavò con Hamilton a
Gabii all'inizio del 1794 (BM, Add.
MS 36497, f. 288v). I marmi entrarono nella collezione del principe e
furono esposti nel "Museo Gabino"
a villa Borghese, finché nel 1807 non
furono venduti a Napoleone Bonaparte dal successore di Marcantonio,
il principe Camillo Borghese, e portati a Parigi.
Questo schizzo del pittore romano
Giuseppe Cades è una rara descrizione di uno scavatore del XVIII secolo

che accompagna i turisti in un sito
archeologico appena scoperto. (IB)

Carlo Labruzzi 1748-1817
167. *Veduta dall'interno della
cisterna di Castra Albana*,
1790 ca
Matita e acquarello, 37 × 46 cm
Ingram Family Collection

Provenienza: Manning Gallery,
1960
Esposizioni: Manning Gallery 1960
(presumibilmente n. 42, *Vaults of
a Villa near Albano*)
Bibliografia: Per la cisterna, cfr.
Tortorici 1974, pp. 66-68. Per
Labruzzi, cfr. Hartmann 1976, pp.
332-368; anche Ashby 1903, p.
309, III, n. 23

Questa è un'interessantissima rappresentazione di una delle cinque
"navate" della grande cisterna di
Castra Albana (oggi Albano Laziale),
risalente al periodo severiano. La cisterna, riutilizzata come serbatoio
dal 1884, ha una dimensione massima di 31,9 × 47,9 m e può contenere fino a 10.132 metri cubi d'acqua.
Versioni successive del disegno sono
conservate alla Biblioteca Apostolica
Vaticana (Vat.Lat. 14931, f. 110) e
alla Biblioteca Sarti (Rari banc. 30-
33, III, f. 40). Quest'ultima reca l'i-

166

167

scrizione: "Piscina Antica entro li frati di S. Paolo in Albano".

Sir Richard Colt Hoare (1758-1838) di Stourhead era un classicista, archeologo, patrono delle arti e artista dilettante. Nel 1785, dopo la morte della moglie, intraprese il Grand Tour e, ritornato in Inghilterra nel 1787, subito ripartì. Negli anni successivi visitò l'Italia parecchie volte, compresa la Sicilia (1790), prendendo nota delle vestigia antiche ed eseguendo numerosi disegni. Pubblicò gli appunti di viaggio in varie edizioni delle sue *Recollections Abroad* (Bath 1817-18; ristampato in *Classical Tour*, 2 voll., Londra 1819). La maggior parte dei suoi disegni si trovano a Stourhead e allo Yale Center for British Art di New Haven; un album, *Via Latina*, è conservato alla Biblioteca Apostolica Vaticana. Nel 1789 Hoare compì un viaggio lungo la Via Appia in compagnia del pittore e disegnatore romano Carlo Labruzzi, che in seguito pubblicò la *Via Appia Illustrata* (1794; nn. 168-169), una scelta di vedute tratte dal progetto originario di documentare l'antica strada. Questo disegno fa parte di tale progetto.

Hoare si avvalse anche della collaborazione di Jakob Philipp e George Hackert, i quali lo accompagnarono in escursioni a Isernia e Piedimonte. Possedeva acquarelli di Ducros (nn. 256-259). Per avere aperto la sua collezione a Turner (n. 234) e altri artisti, si vantava di avere influenzato il corso della pittura inglese all'acquarello. (IB)

Carlo Labruzzi 1748-1817
168. *Frontespizio con dedica a sir Richard Colt Hoare*
Da *Via Appia Illustrata ab Urbe Roma ad Capuam*, Roma 1794, tav. 1
Acquaforte, 45,4 × 55,5 cm (impronta del rame);
51,5 × 71,3 cm (foglio)
Iscritto: "Frontispiece. Representing the Itinerary of the ancient Stations on the Via Appia between Rome & Capua. An Inscription in Honor of

168

Appius Claudius the Founder of it: & the first Mile Stone belonging to the above Road. / Frontespizio coll'antico Itinerario della Via Appia da Roma a Capua. Un [*sic*] Iscrizione in onore d'Appio Claudio suo Fondatore e la prima Colonna Miliaria della detta Via / To Sir Richard Colt Hoare Bar.ᵗ"
British School at Rome Library

Provenienza: Thomas Ashby, da cui lasciato alla British School at Rome Library. Inv. 5091 (1)
Bibliografia: Ashby 1903, pp. 375-418; Watson 1960; Lugli 1967; Sarazani 1970; Buonocore 1990, pp. 347-365; Massafra 1993, pp. 43-56

"Sabato 31 ottobre 1789", scriveva sir Richard Colt Hoare nel suo *Classical Tour* (1819, I, p. 89), "lasciai Roma con l'intenzione di seguire la Via Appia almeno fino a Benevento e, se praticabile, fino al suo termine a Brindisi." Ma aggiungeva (p. 162): "La stagione avanzata, il clima inclemente e il cattivo stato di salute del mio compagno, l'artista Carlo Labruzzi, mi obbligarono, con molta riluttanza, a desistere dai miei piani". I viaggiatori non oltrepassarono Bene-

vento e si rifugiarono a Napoli, dove Hoare lasciò il compagno malato, con l'intenzione di esplorare altre parti del Meridione, tra cui la Sicilia. Sulla via del ritorno da Napoli a Roma (fine ottobre - novembre 1790) Hoare seguì la Via Latina, eseguendo egli stesso i rilievi; un album di trentasette disegni, *Via Latina* (1790-92), si trova alla Biblioteca Apostolica Vaticana (Vat.Lat. 14934).

Poco dopo lo scoppio della Rivoluzione francese, questo viaggiatore inglese colto e determinato concepì l'idea di seguire l'itinerario descritto da Orazio nella *Satira* 5 del libro I, un resoconto del viaggio tra Roma e Brindisi compiuto dal poeta nel 38 a.C. in compagnia dell'amico e mentore Mecenate e di Lucio Cocceio Nerva; i tre si recavano in Grecia per una missione diplomatica.

Il frontespizio della *Via Appia* di Labruzzi ci ricorda l'antico tracciato della strada (tavoletta a sinistra). La *regina viarum* (tavoletta al centro), iniziata da Appio Claudio nel 312 a.C. (tavoletta a destra), terminava a Capua, dove si congiungeva alla Via Latina. Anche le ventiquattro tavole di Labruzzi seguono il percorso da Roma a Capua.

View of a Sepulchral Vault discovered in an excavation made A.D. 1793by Veduta d'una Camera Sepolcrale scoperta in uno scavo fatto dal Sig.r Cav.r Corbet Corbet 1.Bt in the Vineyard contiguous to the Church of St Sebastian. nell'anno 1793. nella Vigna contigua alla Chiesa di St Sebastiano fuori delle mura

169

Il compito di Labruzzi consisteva nel documentare visivamente i reperti, mentre Hoare annotava le iscrizioni. Gli album e i disegni sparsi del progetto della Via Appia (più di ottocento) sono conservati in varie collezioni, ma non si è fatto alcun serio tentativo di stabilire quanto tempo Labruzzi vi abbia lavorato (circa cinque anni), quante versioni abbia prodotto (almeno quattro), né di distinguere ciò che osservò dal vero e ciò che aggiunse successivamente per motivi puramente artistici. I cambiamenti dei dettagli risultano fondamentali per ricostruire monumenti perduti o rovinati. Parecchi errori sono stati ripetuti in continuazione. Il più comune riguarda la convinzione che, essendo i centottantotto disegni della Biblioteca Sarti, Accademia Nazionale di San Luca (Rari banc. 30-33), "meno rifiniti ma più freschi e spontanei" dei duecentoventisei disegni della Biblioteca Apostolica Vaticana (Vat.Lat. 14929-33), essi siano precedenti e "possano essere serviti da schizzi". Un confronto tra le tavole che illustrano la tomba di Claudia Semne (n. 169) non lascia dubbi sul fatto che i disegni della Biblioteca Sarti (inchiostro bruno e

acquarello) siano posteriori. Tali disegni non sono tutti opera di Labruzzi e sono stati eseguiti in preparazione delle incisioni. D'altra parte i disegni vaticani (anch'essi in inchiostro bruno e acquarello) difficilmente si possono considerare schizzi originali; si tratta di lavori altamente rifiniti e andrebbero riesaminati alla luce delle altre versioni della *Via Appia* di Labruzzi, tra cui quelle del Gabinetto Comunale delle Stampe di Roma (cfr. Rome 1955, pp. 30-31 nn. 17-20; Cavazzi 1991, pp. 40-46; Massafra 1993, pp. 43-56), del British Museum (Department of Prints and Drawings, inv. 1955.12.10.1-64) e quelle esposte alla Manning's Gallery di Londra nel 1960 (cento disegni ma numerati fino a quattrocento, della stessa serie di quelli del British Museum). Oltre a questi, esistono disegni a matita della via Appia realizzati da Labruzzi (Fitzwilliam Museum, Cambridge) e altri in collezioni private provenienti di solito da due serie: la Manning's e un'altra che pare venire da palazzo Buoncompagni (n. 167; Connecticut 1973, p. 125 nn. 119-120a/b).

La pubblicazione delle acqueforti della *Via Appia* non andò molto lon-

tano: solo ventiquattro tavole furono edite durante la vita di Hoare, e a sue spese. L'occupazione francese probabilmente pose fine al progetto, ma incisioni della Via Appia continuarono a prodursi anche dopo la morte di Labruzzi. Agostino Rem-Picci ne pubblicò una serie con alcune varianti nel 1844 (lastre di rame presso la Calcografia Nazionale), dedicata a Maria Cristina di Borbone, regina madre di Sardegna. Nel 1854 Paraboni e Poggioli ne pubblicarono un'edizione in scala ridotta con varianti. (IB)

Carlo Labruzzi 1748-1817
169. *Veduta della tomba di Claudia Semne*
Da *Via Appia Illustrata ab Urbe Roma ad Capuam*, Roma 1794, tav. 23
Acquaforte, 42,8 × 55,4 cm (impronta del rame);
51,2 × 70,2 cm (foglio)
Iscritto: "View of a Sepulchral Vault discovered in an excavation made A.D. 1793 by Sir Corbet Corbet B[t]. in the Vineyard contiguous to the church of St. Sebastian. / Veduta d'una Camera Sepolcrale scoperta in uno scavo fatto dal Sig[r]. Cav[r]. Corbet nell'anno 1793. nella Vigna contigua alla Chiesa di S. Sebastiano fuori delle mura"
British School at Rome Library

Provenienza: Thomas Ashby, da cui lasciato alla British School at Rome Library. Inv. 5091 (20)
Bibliografia: Wrede 1971, pp. 125-166; Bignamini 1996

Gli scavi intrapresi da sir Corbet Corbet (1752-1823) e Robert Fagan (n. 228) sulla Via Appia, vicino a San Sebastiano, portarono nel 1792-93 alla scoperta della bella tomba di epoca traianea di Claudia Semne. La tomba è illustrata in due tavole della *Via Appia* di Labruzzi; la tavola 24 mostra l'esterno del monumento e ne registra le iscrizioni. Nel 1804 i Musei Vaticani acquistarono da Fagan la maggior parte delle statue e delle iscrizioni, tra cui: due giovani togati, probabilmente i figli di Claudia (Cortile Ottagono); una statuetta di Claudia sdraiata sul *kline* (Magazzino delle Corazze); un timpano con il ritratto di Claudia (Museo Gregoriano Profano); e, abbastanza inatteso, il bassorilievo cosiddetto della *Penelope* (sempre al Gregoriano Profano), considerato un originale greco. La *Via Appia* di Labruzzi è un eccellente esempio dello stretto rapporto tra *Grand Tourists* (Hoare) e gentiluomini-archeologi (Corbet), artisti-scavatori inglesi (Fagan) e artisti italiani al soldo dei *Grand Tourists* (Labruzzi). Dimostra anche come le registrazioni visive del Grand Tour (Labruzzi) e altri documenti (elenchi delle vendite di Fagan al Vaticano) possano aiutare gli archeologi moderni a ricostruire resti importanti ormai scomparsi. (IB)

Robert Adam 1728-1792
* 170. *Villa Adriana, Tivoli: pretorio incorniciato dalle volte a stucco delle Grandi Terme*, 1756
Penna, inchiostro nero e acquarello grigio, 21 × 18,4 cm
Iscritto: "Terme Grandi, view from the Sala con Decorazione Parzialmente"
British Architectural Library Drawings Collection, Royal Institute of British Architects

Esposizioni: Edimburgo e Kenwood 1992-93 (n. 76)
Provenienza: Da un album, *Original Drawings by Robert Adam and Thomas Hardwick*, donato al RIBA da Charles Inwood nel 1834. Drawings Collection inv. L12/5(7)
Bibliografia: Fleming 1962, p. 204, tav. 59; RIBA 1968, A, p. 17 n. 7; Raeder 1983; McCormick 1990, pp. 35, 41, fig. 33, 238 n. 51; Brown 1992, fig. 18; MacDonald e Pinto 1995, pp. 236-238, fig. 298, 286-305

Nell'aprile del 1756 l'architetto scozzese Robert Adam visitò Tivoli "per vedere la villa Adriana, fare dei disegni e controllare delle persone che ho messo lì a lavorare, mentre io ne faccio una planimetria precisa" (citato da Fleming 1962, p. 204). Era con lui Charles-Louis Clérisseau; probabilmente eseguirono vedute degli stessi edifici, ma mentre Adam documentò lo stato effettivo delle rovine, Clérisseau riempì i vuoti (n. 172), come dimostra l'esempio degli archi rovinati del pretorio (sullo sfondo) e delle decorazioni a stucco delle terme (primo piano).

All'epoca erano state portate alla luce solo piccole zone dell'immensa villa costruita per l'imperatore Adriano tra il 118 e il 130 d.C. Fin dal medioevo i cittadini di Tivoli l'avevano utilizzata come cava per materiali da costruzione. Sembra che gli scavi abbiano avuto inizio sotto Alessandro VI (Rodrigo Borgia, papa dal 1492 al 1503), mentre a eseguire i primi lavori documentati fu Pirro Ligorio a partire dal 1550. Molti marmi furono trasferiti a villa d'Este, dove Ligorio lavorava come architetto. Nel 1777 Thomas Jenkins ne acquistò alcuni per Henry Blundell (Ince Blundell Hall; ora al Merseyside County Museum, Liverpool). Scavi intensivi risalgono al secondo decennio del Settecento, inizialmente condotti dal conte Giuseppe Fede, da Liborio Michilli e da Francesco Antonio Lolli nel 1724-42, quando venne alla luce l'*Antinoo Albani* (n. 208), e da monsignor Giuseppe Alessandro Furietti nel 1736-37, quando furono rinvenuti i *Centauri Furietti*, il *Fauno rosso* e il *Mosaico delle colombe* (n. 250). Nel 1754 Matthew Brettingham il Giovane acquistò per Thomas Coke, visconte Coke e conte di Leicester, di Holkham Hall, alcuni mosaici scoperti da Furietti, che vennero trasformati in tre tavoli (Kenworthy-Browne 1983, pp. 81-82, 93 e 132). Nel 1769 Gavin Hamilton iniziò una campagna di scavi in collaborazione con Piranesi. Si concentrò sul cosiddetto Pantanello di villa Adriana, prosciugò lo stagno e fu generosamente ripagato per i suoi sforzi. Piranesi vendette due candelabri a sir Roger Newdigate (Ashmolean Museum, Oxford) e un vaso marmoreo (collezione Burrell, Glasgow) a sir William Hamilton, il quale lo rivendette a George Greville, conte di Warwick (n. 155). Jenkins vendette marmi al duca di Dorset (Knole) e a Lyde Browne (ora all'Ermitage); il secondo conte di Shelburne ne acquistò diversi (già a Lansdowne House, Londra), mentre altri ne comprò Gustavo III di Svezia da Francesco Piranesi nel 1792, e alcuni finirono nei Musei Vaticani (nn. 194-196). Gli scavi condotti dal cardinale Mario Marefoschi nel 1779 portarono alla luce mosaici spettacolari (acquisiti per i Musei Vaticani), mentre quelli del 1790-91 condussero alla scoperta del *Discobolo Townley* (nn. 213-215), dell'*Ercole Lansdowne* (Getty Museum) e di altre statue acquistate dal Vaticano (n. 203). Un elenco dei compratori settecenteschi dei marmi di villa Adriana coinciderebbe quasi con esattezza con la lista completa delle collezioni del Grand Tour. (IB)

Robert Adam 1728-1792
** 171. *Villa Adriana, Tivoli: Grandi Terme, sala centrale, verso nord-ovest*, 1756
Penna, inchiostro nero e acquarello grigio, 22,2 × 17,8 cm
Iscritto: "Terme Grandi"
British Architectural Library Drawings Collection, Royal Institute of British Architects

Esposizioni: Edimburgo e Kenwood 1992-93 (n. 80)
Provenienza: Da un album, *Original Drawings by Robert Adam and Thomas Hardwick*, donato al RIBA da Charles Inwood nel 1834. Drawings Collection inv. L12/5(9)
Bibliografia: Flemimg 1962, p. 204, tav. 59; RIBA 1968, A, p. 17 n. 9; Joyce 1990, pp. 347-381; MacDonald e Pinto 1995, pp. 237-238, fig. 299

Sei dei dodici disegni di Adam dedicati a villa Adriana sono illustrazioni accurate delle Grandi e Piccole Ter-

170

171

me (MacDonald e Pinto, figg. 297-302). Adam stava meditando una pubblicazione sulle terme romane, ma abbandonò l'idea per documentare *The Ruins of the Palace of the Emperor Diocletian at Spalatro in Dalmatia* (Londra 1764). *The Baths of the Romans* fu invece pubblicato da Charles Cameron nel 1772.

Adam rimase in Italia dal gennaio 1755 all'ottobre 1757. A Firenze, all'inizio del 1755, incontrò "un essere molto valido e ingegnoso di nome Clérisseau, che disegna alla perfezione rovine architettoniche" (citato in McCormick 1990, p. 23). Clérisseau, a Roma dal giugno 1749, divenne il maestro di disegno, il compagno di viaggio, la guida e il disegnatore di Adam. Mentre si trovavano a Roma (ottobre 1755 - maggio 1757), intrapresero diverse spedizioni per eseguire schizzi (nn. 170, 172). Nel luglio 1757 si imbarcarono a Venezia per Spalato, dove si trattennero un mese per lavorare al progetto di documentare il palazzo di Diocleziano. Nel volume pubblicato, Clérisseau non viene però citato come l'autore dei disegni originali. (IB)

**Charles-Louis Clérisseau
1721-1820**

172. *Villa Adriana, Tivoli: pretorio incorniciato dalle volte a stucco delle Grandi Terme*, 1756 ca
Gouache, penna e inchiostro nero,
56,2 × 41,6 cm; incollato su un foglio di carta recante il titolo:
"MONUMENTS / DE / NISMES"
Iscritto sul verso: "a villa adriene proche de Rome" e firmato in basso a destra in inchiostro nero:
"Clerisseau"
Syndics of the Fitzwilliam Museum, Cambridge

Provenienza: ...; Inv. 3666
Bibliografia: McCormick 1990, pp. 35, 41, fig. 34, 238 n. 51; Raspi Serra e Themelly 1993, pp. 233-247; MacDonald e Pinto 1995, pp. 235-236, fig. 294; Chevtchenko, Cotté e Pinault Sørensen 1995

172

Vincitore del Prix de Rome nel 1746, Clérisseau si recò a Roma nel giugno 1749, studiò all'Académie de France e strinse amicizia con Piranesi, la cui tecnica di riproduzione dei monumenti antichi esercitò su di lui un'influenza durevole. Nel sesto decennio Clérisseau visitò villa Adriana in varie occasioni in compagnia di Piranesi, Adam (nn. 170, 171) e altri. La villa era assai celebre tra gli artisti e i viaggiatori, e parecchi lasciarono la loro firma su muri e volte (Dacos 1965; Lavagne 1973, pp. 229-242). Sembra che nel 1767, poco prima di lasciare definitivamente l'Italia, Clérisseau avesse preparato alcuni progetti per un giardino a Santa Maria di Sala, vicino a Padova, commissionatigli dall'abate Filippo Farsetti, il quale desiderava un giardino con rovine "nello stile della villa Adriana" (citato in MacDonald e Pinto, p. 235). (IB)

Thomas Jones 1742-1803

173. *Scavo di un antico edificio scoperto in una cava nei pressi di villa Negroni a Roma*, 1777 ca , successivamente datato 1779
Olio su pastello nero,
40,6 × 55,2 cm
Iscritto in basso a sinistra:

173

"T. JONES", e sul verso, a matita: "N. 2 [corretto da "1"] An Antique Building discovered in a Cava / in the Villa Negroni at Rome in yᵉ Year 1779 / T Jones"
Tate Gallery. Donato dal Canon J.H. Adams nel 1983

Provenienza: Per discendenza dall'artista, attraverso il capitano John Dale, il quale sposò la figlia minore di Thomas Jones, Elizabeth, al pronipote Canon J.H. Adams, da cui donato alla Tate Gallery
Esposizioni: Manchester 1988 (48, ripr. a col.)
Bibliografia: Gere 1970, pp. 469-470; Gowing 1985; TGCA 1982-84, p. 36. Per la villa e i relativi scavi, cfr. Pietrangeli 1958, pp. 45-48; Joyce 1983, pp. 423-440; Barberini 1991, pp. 15-90; Sapelli 1996

Questo dipinto fornisce una rara descrizione di uno scavo romano, condotto nei terreni di una villa chiamata in origine Peretti Montalto, poi Negroni e Massimo, dai nomi dei proprietari succedutisi. Era situata presso il confine sudorientale delle terme di Diocleziano, attualmente una zona residenziale vicino alla stazione Termini. Completata nel 1585, la villa era stata iniziata nel 1576-78, data in cui il cardinale Felice Peretti (il futuro Sisto V, papa dal 1585 al 1590) aveva acquistato i terreni. Successivamente venne edificato anche palazzo Peretti. La villa, il palazzo e i giardini furono abbelliti con numerosi marmi antichi, comprati o dissotterrati sul posto. La proprietà rimase alla famiglia fino al 1696, quando Giulio Savelli fu costretto a vendere. Gli subentrò allora il cardinale genovese Gianfrancesco Negroni, ma nel 1784 i suoi eredi cedettero il complesso al mercante toscano Giuseppe Staderini, il quale, prima del settembre 1785, aveva venduto numerosi marmi a Thomas Jenkins, tra cui il *Nettuno e Tritone* di Bernini (Victoria and Albert Museum) e due cariatidi (nn. 174-175).

La villa e i suoi giardini attiravano moltissimi visitatori e furono raffigurati da artisti come Cozens, Ducros, Vernet e Wilson, mentre i marmi vennero copiati per collezionisti come Richard Topham e da artisti come Johannes Wiedewelt (1754-58; Kunstakademiets Bibliotek, Copenaghen), Thomas Hardwick e Thomas Jones. Nel giugno 1777 l'ambasciatore spagnolo José Nicolàs de Azara fece condurre degli scavi nei giardini, portando alla luce una casa del tardo periodo adrianeo. Le sue magnifiche pitture murali suscitarono grande ammirazione, in quanto nulla di simile era mai stato trovato prima a Roma e si cominciava solo allora a conoscere le pitture di Pompei. Il 5 luglio Jones e Henry Tresham visitarono "le antiche stanze appena scoperte" (Jones 1946-48, *Memoirs*, p. 62; anche Massimo 1836, pp. 213-216), e mentre Jones eseguì il dipinto, Tresham "acquistò per 50 corone quelle pitture, da staccare dalle pareti a sue spese". Entro il dicembre le aveva vendute al quarto conte di Bristol e vescovo di Derry, da poco giunto a Roma. Le pitture originali sono purtroppo scomparse, ma erano state copiate da Anton Raphael Mengs e dal cognato di questi, Anton von Maron, mentre l'architetto Camillo Buti le immortalò in una serie spettacolare di venti tavole a colori, pubblicate tra il 1778 e il 1802 (de Leeuw 1984, pp. 170-173), in seguito utilizzate per decorare la Sala Pompeiana a Ickworth (Laing 1995, p. 230). (IB)

Anonimo
* **174.** *La cariatide Townley,*
161-171 d.C. ca
Marmo pentelico, h 237 cm
Trustees of the British Museum

Provenienza: Dagli scavi del Triopion di Erode Attico, Via Appia, 1585-90; acquisita dalla famiglia Peretti nel 1585-90; a villa Peretti Montalto Negroni fino al 1784, quando fu venduta da Giuseppe Staderini a Thomas Jenkins, il quale la rivendette a Charles Townley nel 1785-86; acquisita alla sua morte dal British Museum
Bibliografia: Smith 1904 n. 1746; Kammerer-Grothaus 1974, pp. 141-142, tav. 89; Schmidt 1977, p. 265, figg. 15-16; Cook 1985, p. 38, fig. 36

Cfr. nn. 175-177. (IB)

Anonimo
** **175.** *La cariatide vaticana,*
161-171 d.C. ca
Marmo bianco a grana fine, h 239 cm
Probabilmente restaurata da Carlo Albacini
Musei Vaticani, Città del Vaticano

Provenienza: Dagli scavi del Triopion di Erode Attico, Via Appia, 1585-90; acquisita dalla famiglia Peretti nel 1585-90; a villa Peretti Montalto Negroni fino al 1784, quando fu venduta da Giuseppe Sta-

174

234

175

derini a Thomas Jenkins, il quale la rivendette a Carlo Albacini, presso il quale fu acquistata nel 1803 per il Museo Chiaramonti, dove fu collocata entro il 1808 e poi trasferita al Braccio Nuovo nel 1822. Braccio Nuovo 47, inv. 2270

Bibliografia: Massimo 1836, pp. 167-168; Amelung 1903, pp. 65-68 n. 47, tav. VII; Kammerer-Grothaus 1974, p. 141, tav. 91.3; Schmidt 1977, pp. 257-274; Neudecker 1988, p. 185; Barberini 1991, p. 15; De Angelis 1994, p. 228. Per Albacini, cfr. Vaughan 1991, pp. 183-197

Questa cariatide e la precedente (n. 174) furono scoperte nel 1585-90 nella cosiddetta casa delle Cariatidi del Triopion di Erode Attico sulla Via Appia, nell'area della villa di Massenzio. Si hanno poche notizie circa gli scavi della villa di Erode, un facoltoso ateniese, sofista e retorico, che fu eletto console nel 143 d.C., sposò una patrizia romana, Annia Regilla, e divenne educatore degli imperatori Marco Aurelio e Lucio Vero. Responsabile della costruzione di edifici pubblici in Grecia, Erode era un importante collezionista e mecenate, come lo fu anche il primo proprietario moderno delle due cariatidi, il cardinale Felice Peretti, che all'epoca della scoperta era diventato papa Sisto V. Le cariatidi restarono a villa Peretti Montalto, in seguito Negroni (cfr. n. 173), fino al 1784. Esse non sono registrate nell'inventario del 1680-85 (pubblicato in Barberini 1991), ma Vittorio Massimo (1836, p. 168) ne menziona la presenza nel piazzale semicircolare all'ingresso della villa. Nel 1784 le acquistò Thomas Jenkins con l'intenzione di venderle entrambe a Charles Townley, ma alla fine ebbe il permesso di esportarne solo una (n. 174). L'altra la cedette al restauratore e mercante d'arte romano Carlo Albacini, il quale la tenne nel suo studio fino al 1803, anno in cui la rivendette alla Reverenda Camera Apostolica: "Una figura di Cariatide dalla Villa Negroni alta palmi 11. Scudi 700" è elencata nella *Nota di*

Scultura di Carlo Albacini del 20 agosto 1803 (ASMV, b.1, fasc. 17, f. 245v). Il prezzo altissimo indica che probabilmente fu ricaricato il costo del restauro.

Chi scrive è grata a Paolo Liverani e a Giandomenico Spinola per l'aiuto e i consigli nella stesura di questa voce. (IB)

Attr. Vincenzo Dolcibene
1746-1820 ca
176. *La cariatide Townley*
Matita nera, 27 × 21,3 cm
177. *La cariatide vaticana*
Matita nera, 28 × 21 cm
Trustees of the British Museum

Provenienza: Acquistati entrambi dal British Museum presso Peregrine Towneley nel 1814. Library of the Department of Greek and Roman Antiquities, Townley Collection
Bibliografia: Inediti. Townley, MS Papers

In una lettera del 28 settembre 1785 (ricevuta il 18 ottobre) Thomas Jenkins annunciava a Charles Townley di aver comprato tutte le sculture di villa Negroni (cfr. n. 173), e il collezionista gli rispondeva immediatamente (lettera datata 21 ottobre) con un elenco di desiderata, in cima al quale figuravano due cariatidi di marmo (nn. 174, 175). Il 15 febbraio 1786 Jenkins scrisse nuovamente promettendo i disegni delle cariatidi, uno dei quali pervenne a Townley il 27 giugno (lettera datata 10 giugno) e l'altro il 19 dicembre (lettera datata 25 novembre). Jenkins ne descriveva l'autore come "un giovanotto... il migliore ch'io conosca", senza riferirne il nome. Tuttavia i disegni si potrebbero attribuire con una certa sicurezza a Vincenzo Dolcibene il quale, a quanto si desume dalla successiva corrispondenza tra il mercante e il collezionista, era all'epoca il principale disegnatore alle dipendenze di Jenkins. Evidentemente a Townley piacque lo stile ricco di Dolcibene (lettera di Jenkins, 20 febbraio 1788) visto che

in seguito gli affidò l'esecuzione di numerosi disegni, e non soltanto di oggetti da lui acquistati: è il caso di quelli relativi alle sculture di villa Negroni, che raffigurano anche opere non di proprietà del collezionista. Si tratta probabilmente dei disegni menzionati nelle registrazioni dei pagamenti dovuti a Jenkins come "Pagati a Dolcibene 18 disegni, £ 36.00" (21 marzo 1787) e "Pagati a Dolcibene 8 disegni, £ 14.00" (6 ottobre).

All'epoca il protetto di Jenkins lavorava per vari committenti, ed è più noto come l'artista ingaggiato da sir Richard Worsley, rappresentante diplomatico britannico a Venezia, per la realizzazione del volume in folio *Museum Worsleyanum*. Questo incarico ritardò l'esecuzione del disegno di un antico bassorilievo proveniente da palazzo Farnese, Roma, che si trovava temporaneamente, per motivi di restauro, nello studio di Carlo Albacini, da dove avrebbe dovuto essere spedito a Napoli (lettere di Jenkins a Townley, 30 gennaio e 31 marzo 1788). Si trattava di un'altra versione di un bassorilievo presente tra le sculture di villa Negroni acquistate da Townley. È stato fantasiosamente ipotizzato che rappresentasse il banchetto di Trimalcione, il personaggio principale del *Satyricon* di Petronio, ma probabilmente illustra la visita di Bacco alla casa di un comune mortale, forse Icaro. Jenkins aveva promesso il disegno a Townley come *comparandum* per il suo bassorilievo e glielo avrebbe consegnato di persona nell'estate 1788, in occasione di una delle sue rare visite in Inghilterra (lettera di Jenkins, 26 aprile 1788). Questo disegno è giunto fino a noi (fig. 7), così come quello, sempre di Dolcibene, di un secondo bassorilievo anch'esso proveniente da villa Negroni e acquistato da Townley (fig. 8); vi si vede il fianco di un sarcofago su cui sono rappresentate nove muse. È tramite il suddetto disegno che è possibile provare la paternità di Dolcibene di molti altri disegni, in quanto in seguito fu ripro-

176

177

Fig. 7. Vincenzo Dolcibene, *Disegno del rilievo di Icaro già a palazzo Farnese, Roma*, matita nera. Trustees of the British Museum.

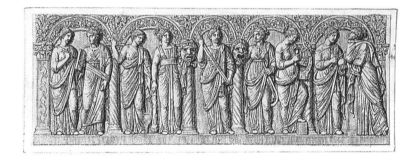

Fig. 8. Vincenzo Dolcibene, *Disegno del rilievo di un sarcofago già a villa Negroni, Roma*, matita nera. Trustees of the British Museum.

178

dotto in una stampa che riportava W. Skelton come incisore e Dolcibene come disegnatore (*Townley Diary*, 15-16 giugno 1798; fig. 8). (IJ)

Nathaniel Marchant 1739 ca-1816
178. *Iside*, 1775-86 ca
Calcedonio, 2,5 × 1,8 cm, montato su un medaglione d'oro decorato a smalto
Firmato: "Marchant" lungo il bordo della pietra
Museo di Stato Ermitage, San Pietroburgo

Provenienza: Intagliato per il principe Stanislaw Poniatowski, poi entrato in possesso della zarina Alessandra Feodorovna; acquisito dall'Ermitage nel 1861. Inv. 1.4126/22
Bibliografia: Marchant 1792, III; Seidmann 1987, p. 56 n. 68, fig. 75. Per il soggetto, cfr. Townley, MS Papers, come indicato sotto, e Townley, MS Catalogue

Nathaniel Marchant era uno dei grandi esponenti del revival del taglio delle gemme "all'antica" (n. 212). Nel suo catalogo del 1792 così descrive il soggetto di questo gioiello: "Dalla testa di una statua appartenente alla collezione di Charles Townley, Esq. Il *modius* e gli orecchini dell'originale non sono stati copiati nell'intaglio". L'originale non è altro che la cariatide di villa Negroni (n. 174) che Townley acquistò da Jenkins nel 1785-86 e arrivò a Londra alla fine del 1786 (corrispondenza Jenkins-Townley, 10 e 13 gennaio 1787). Marchant, residente a Roma tra il 1773 e il 1788, deve avere eseguito questo intaglio per il principe Poniatowski, anch'egli a Roma dal 1775, mentre la scultura si trovava ancora nella villa. L'acquisto di Townley coincise con il suo vivo interesse, sotto l'influenza di d'Hancarville (nn. 213-215), per le antiche religioni misteriche. Interpretò la statua, e quelle analoghe nelle collezioni del Museo Vaticano (n. 175) e di villa Albani (Bol 1989-94, vol. IV, pp. 124-126 n. 431, tavv. 58-59),

237

come rappresentazioni della dea Iside: "Ognuna di esse reca sul capo il *modius* adorno di foglie di loto, di rose, di ghirlande e altri emblemi di Iside, un dato che, insieme con la composizione e il carattere di queste statue, indica chiaramente trattarsi di raffigurazioni di tale divinità; e, secondo i principi di quell'antico culto, dovevano essere utilizzate a sostegno del frontone di un tempio". (IJ)

Jakob Philipp Hackert 1737-1807
* 179. *Le rovine di Pompei*, 1799
Olio su tela, 117,5 × 166 cm
Firmato e datato in basso a destra:
"Filippo Hackert dipinse 1799"
Attingham Park, The Berwick Collection (The National Trust)

Provenienza: Commissionato da Thomas Noel Hill, secondo lord Berwick, nel 1797; vendita dello stesso presso Robins, Warwick House, Regent Street, Londra, 30 luglio 1827, sesto giorno, 6 agosto (55), dove fu acquistato per 52 ghinee da Tennant per conto di lord Berwick; trattenuto dall'onorevole William Noel-Hill, in seguito terzo lord Berwick, come pendant di una coppia valutata nell'insieme 100 sterline; poi per discendenza a Thomas, ottavo lord Berwick, da cui lasciato in eredità al National Trust nel 1947
Esposizioni: NG 1995 (31, ripr. a col.)
Bibliografia: Sutton 1982, pp. 16-27 n. 31, fig. 32; Jackson-Stops 1985, pp. 264-265 n. 185; Hawcroft 1988, pp. 82-83 n. 89; Spinosa e Di Mauro 1993, p. 200 n. 148, fig. 133; Nordhoff e Reimer 1994, I, p. 181, fig. 141, II, pp. 138-139 n. 286. Per gli scavi, cfr. Ascione 1989, pp. 53-77; dell'Orto 1993; Zevi 1979, pp. 58-68

La veduta di Hackert, volta verso Castellamare e la penisola Sorrentina, comprende l'area sudoccidentale delle rovine e il complesso del teatro, il primo nucleo di Pompei riportato alla luce dagli scavi. Nel 1792-94 l'artista aveva realizzato alcuni disegni illustranti singoli edifici, da cui il fratello George trasse una serie di sei acqueforti (Fino 1988). Il grande spazio aperto al centro è il teatro vero e proprio (cfr. n. 180); a sinistra si trova il Foro Triangolare, con accanto gli alloggi dei gladiatori e il quadriportico; all'estrema sinistra il teatro coperto (Odeon); e sulla destra, dietro il muro di protezione, il tempio di Iside (cfr. n. 181).

La terribile eruzione del Vesuvio avvenuta nel 79 d.C. distrusse totalmente Pompei, Ercolano e Stabia, che rimasero per secoli sepolte. Nel 1707 il principe Emanuel-Maurice d'Elboeuf dissotterrò alcuni frammenti vicino al suo casino di Portici, e questo suo primo intervento doveva inaugurare una serie di scavi che avrebbero condotto gradualmente alla scoperta di Ercolano. Nel 1738 era già stato portato in luce il teatro, e i lavori proseguirono poi con maggiore impegno per ordine del re di Napoli Carlo III, recentemente salito al trono, il quale veniva descritto come il nuovo Ercole, il nuovo Alessandro e l'*instaurator artis*. Nel 1750, per ospitare i reperti, il re fece appositamente costruire una serie di sale nel suo nuovo palazzo di Portici, dove istituì un museo (1751), mentre l'Accademia Ercolanense intraprendeva (1755) la pubblicazione delle *Antichità di Ercolano* (9 voll., 1757-92).

I primi ritrovamenti casuali a Pompei risalgono al 1595, ma gli scavi ufficiali iniziarono soltanto nel 1748 e fino all'ottavo decennio del secolo, allorché gli artisti cominciarono a ritrarre il sito, si fecero scarsi progressi. In precedenza queste città sepolte erano state praticamente inaccessibili. Pietro Fabris eseguì una prima veduta del tempio di Iside nel 1765 (in *Campi Phlegraei* di Hamilton, 1776), e nel 1774 sir William Hamilton commissionò una serie di dodici disegni, che vennero inviati alla Society of Antiquaries di Londra e in seguito incisi per il volume IV del periodico "Archaeologia" (Jenkins e Sloan 1996, p. 43, figg. 15-16). Altre vedute furono eseguite da Piranesi all'inizio dell'ottavo decennio (pubblicate dal figlio Francesco in *Les Antiquités de la Grande Grèce*, 1804-07) e da Louis-Jean Desprez e altri nel 1777-78 (Abbé de Saint-Non, *Voyage pittoresque*, II, 1782; cfr. Lamers 1995). Alcune vedute di Desprez furono pubblicate anche nella mappa di Pompei di Francesco Piranesi (1788-89 e successive edizioni). Nel 1787 Johann Heinrich Wilhelm Tischbein e Christopher Heinrich Kniep realizzarono alcuni disegni per Goethe, e molti altri artisti riprodussero il sito, ma fino al 1799 era stata prodotta una sola veduta paragonabile a quella qui presa in esame.

Nel 1796 Hackert aveva dipinto una versione più piccola sia di *Pompei* sia del suo pendant *Il lago d'Averno* (ubicazione sconosciuta) per il re di Prussia (Laing 1995, pp. 89 e 203 n. 7). Secondo Laing, le versioni più grandi di Attingham potrebbero essere state commissionate in precedenza da Ferdinando IV, re di Napoli. Non è chiaro, tuttavia, in quali circostanze questi due soggetti venissero di nuovo richiesti, o appositamente dipinti, per lord Berwick. Una possibile spiegazione è fornita da un documento recentemente rinvenuto da chi scrive.

Thomas Noel Hill, secondo lord Berwick (1770-1832), in gioventù compì lunghi viaggi in Italia (1792-94), acquistò moltissime opere d'arte e trascorse quasi tre mesi a Napoli (dicembre 1793 - marzo 1794) proprio quando George Hackert pubblicò le sei acqueforti di Pompei. Alla morte della madre, lady Anna Hill Berwick, avvenuta a Manfredonia nel marzo 1797, lord Berwick ritornò a Napoli e vi rimase dal 1 aprile al 21 settembre (ASN, *Esteri*, f. 674). Questo fatto getta nuova luce sulle circostanze della commissione dei due dipinti. A quella data Napoleone Bonaparte aveva occupato gran parte del territorio italiano e si stava spostando verso sud; Roma fu presa nel febbraio 1798. I governan-

179

ti italiani riposero tutte le loro speranze nell'intervento britannico, e fu probabilmente allora, nel 1797, che il re di Napoli autorizzò Hackert a dipingere questa straordinaria rappresentazione della "sua" Pompei per lord Berwick.

Durante l'occupazione francese di Napoli e la proclamazione della Repubblica (1799), Hackert si trasferì in Toscana e *Pompei* fu l'ultimo dipinto che terminò prima di partire, mentre il suo pendant, *Il lago d'Averno* (n. 103), fu completato un anno dopo. (IB)

_____

George Abraham Hackert
1755-1805
da Jakob Philipp Hackert
1737-1807
180. *Veduta del teatro, Pompei*, 1793
Acquaforte colorata a mano, 41,3 × 55 cm (foglio)
Firmata e datata: "Ph. Hackert pinx. 1793 / George Hackert sculp."
Iscritta: "Veduta del teatro di Pompei presa dall'estremità del portico superiore". Da una serie di sei acqueforti di vedute di Pompei, 1792-94
181. *Veduta dell'interno del tempio di Iside, Pompei*, 1793
Acquaforte colorata a mano, 41 × 55,6 cm (foglio)
Firmata e datata: "Ph. Hackert pinx. 1793 / George Hackert sculp."
Iscritta: "Veduta dell'interno del tempio di Iside in Pompei". Da una serie di sei acqueforti di vedute di Pompei, 1792-94
Trustees of the British Museum

Provenienza: Entrambe da un album, *Roman Views & Ruins*, I, Library of the Department of Greek and Roman Antiquities, British Museum
Bibliografia: Fino 1988, p. 100 n. 11; Wegner 1992, pp. 66-96; Chiarini 1994, p. 178 n. 45 (teatro, tempera); Nordhoff e Reimer 1994, I, p. 449, tav. 33 (ripr. a col.) e II, pp. 111-112 n. 235 (teatro, tempera), I, p. 198, fig. 174 e II, p. 169 n. 346

(tempio, tempera). Per il tempio di Iside, cfr. De Caro 1992, pp. 2-21

Il teatro di Pompei venne portato alla luce nel 1764, pochi mesi prima del tempio di Iside, i cui scavi furono condotti tra il dicembre 1764 e il settembre 1766. Primo edificio "egizio" di qualche rilievo scoperto in Italia, il tempio contribuì a spostare l'attenzione da Ercolano a Pompei e fu oggetto di grande ammirazione fino a quando Dominique-Vivant Denon non rivelò il vero Egitto nel suo *Voyage dans la Haute et dans la Basse Egypte pendant les campagnes du Général Bonaparte* (1802). Tra i primi a visitare il tempio furono sir William Hamilton e Pietro Fabris, la cui *View of the first discovery of the Temple of Isis* (1765) apparve in *Campi Phlegraei* di Hamilton (1776, vol. I, tav. 31). Una breve descrizione è reperibile in *Voyage d'un Français en Italie* del matematico e astronomo Joseph-Jérôme Lalande, mentre resoconti più accurati si trovano in corrispondenze private.

Il 12 marzo 1766 un giovane viaggiatore scozzese, sir James Macdonald, descriveva all'antiquario Paolo Maria Paciaudi la *Venere* dorata (Museo Archeologico Nazionale, Napoli) che era stata rinvenuta nel tempio il 16 febbraio 1765: "Le temple d'Isis est vraiment curieux... le goût des ornamens correspond avec la divinité qu'on y adoroit... Ce qu'il y a de particulier c'est que l'on a trouvé dans le même temple une statue de Venus sortant du bain et que l'on n'a pas trouvé celle d'Isis [scoperta nel marzo 1766]. Les cheveux, les tetous, et une autre partie de cette statue [il pube] sont dorés: je ne crois pas que le marble doré soit de bon goût quoique y regard l'usage en est fort ancien, au moins je crois me rappeler un passage de Lucien dans son dialogue sur les Statues qui le fait croire" (BPPR, *Carteggio Paciaudi*, cass. 81. Per una descrizione analoga fornita da sir William Hamilton il 18 giugno 1765, cfr. Jenkins e Sloan 1996, pp. 41-42).

Da allora in poi molti viaggiatori

visitarono il tempio, tra i quali l'imperatore Giuseppe II (6 aprile 1769) e Gustavo III di Svezia (12 febbraio 1784), che ne commissionò un modello in sughero a Giovanni Altieri (Castello di Drottingholm). Furono inoltre prodotti molti souvenir del tempio.

Lo Stiftung Weimarer Klassik conserva alcune vedute a tempera del teatro e del tempio, firmate da J.P. Hackert e datate 1793. (IB)

Veduta del Teatro di Pompei, presa dall'estremità del Portico superiore.

180

Veduta dell'interno del tempio d'Iside in Pompei.

181

Filippo Morghen
1730-post 1777

182. *Veduta dei Campi Elisi,*
dedicata a William Benson Earle
Da *Le Antichità di Pozzuoli, Baja,*
e Cuma incise in rame e pubblicate
da Filippo Morghen, Napoli 1769,
tav. 37
Incisione, 28,3 × 39,1 cm (foglio)
Firmata in basso a destra: "F.
Morghen f.". Iscritta: "All'Illmo.
Sig. Guglielmo Benson Earle Cav.
Inglese. / Vista a Settentrione degli
rinomati Campi Elisi. A: Sepolcri in
varie forme disposti in quel Colle.
B: rudere antico d'Edificio. C: Mare
morto. D: Castello di Baia"
183. *Veduta della grotta di Pozzuoli,*
dedicata a lord Tylney
Da *Le Antichità di Pozzuoli, Baja,*
e Cuma incise in rame e pubblicate
da Filippo Morghen, Napoli 1769,
tav. 3
Incisione, 29 × 38,5 cm (foglio)
Firmata e datata in basso a destra:
"Appo. Filippo Morghen 1766".
Iscritta: "A. S. Ecc: Il Signor Conte
di Tylney Pari d'Irlanda. / Veduta
a Ponente della Grotta denominata
di Pozzuoli. Ella per questa parte
sembra aver l'antica sua altezza;
Ed è ignoto infino ad ora chi di
tant'opera ne fusse l'Autore"
Trustees of the British Museum

Provenienza: Entrambe parte di un
cospicuo gruppo di stampe italiane
acquistate dal British Museum presso lady Fanny Geary nel 1886.
Prints and Drawings Department,
inv. BM 1886.11.24.294, 282
Bibliografia: Jenkins e Sloan 1996,
p. 164 n. 42

Nel 1752 Filippo Morghen e il fratello Giovanni Elia partirono da
Roma per unirsi alla squadra di artisti assunti dal re di Napoli Carlo III
per illustrare *Le Antichità di Ercolano*.
Su consiglio di sir William Hamilton, Morghen dedicò le sue quaranta vedute, *Le Antichità di Pozzuoli,*
Baja, e Cuma, alla Society for the
Encouragement of Arts, Manufactu-
res and Commerce di Londra. Le tavole recano dediche a diplomatici e

All' Illmo. Sig. Guglielmo Benson Earle Cav. Inglese.
Vista a Settentrione degli rinomati Campi Elisi. A: Sepolcri in varie forme disposti in quel Colle. B: rudere antico d'Edificio. C: Mare morto. D: Castello di Baia.

182

A. S. Ecc: Il Signor Conte di Tylney Pari d'Irlanda.
Veduta a Ponente della Grotta denominata di Pozzuoli. Ella per questa parte sembra aver l'antica sua altezza; Ed è ignoto infino ad ora chi di tant'opera ne fusse l'Autore.

183

viaggiatori quali sir William Hamilton e la sua prima moglie Catherine,
lady Glenorchy, a lady Holland, lady
Elizabeth Worsley e sir Joseph Wyndham.
William Benson, conte di Salisbury,
il cui nome figura sulla tavola 37,
partì per il Grand Tour il 4 settembre 1765 e viaggiò in Italia con
Henry e Joseph Wyndham. John,
secondo lord Tylney e visconte
Castlemaine, al quale è dedicata la
tavola 3, arrivò a Firenze nel 1753 e
vi si stabilì. Durante i mesi invernali

compiva frequenti visite a Napoli.
(IB)

Antonio Joli 1700-1777 ca
184. *I templi di Paestum*, 1758 ca
Olio su tela, 80 × 129,5 cm
Duke of Buccleuch, KT, Bowhill,
Selkirk

Provenienza: Per discendenza da lord
John Brudenell, poi marchese di
Monthermer, che lo commissionò a
Napoli; ereditato dai figli di sua

184

sorella Elizabeth, contessa di Dalkeith, poi duchessa di Buccleuch, 1770
Esposizioni: Napoli 1990, p. 400 (ripr. a col.)
Bibliografia: Lang 1950, pp. 48-64; McCarthy 1972, pp. 760-769; Raspi Serra 1986 e 1990; Spinosa e Di Mauro 1993, pp. 192-193 n. 70; Middione 1995

Questo dipinto, una delle prime raffigurazioni dei templi dorici di Paestum, fa parte di una serie di vedute di Napoli e dintorni commissionate a Joli da lord John Brudenell all'epoca della sua permanenza a Napoli nel 1756-58 (cfr. nn. 148-149).
Paestum è il nome romano di una colonia greca, Poseidonia, fondata a sud di Napoli intorno al 600 a.C. I templi furono scoperti nel 1746 dall'architetto Mario Gioffredi e i primi disegni particolareggiati vennero eseguiti dal conte Felice Gazola, co-

mandante dell'artiglieria napoletana (incisi a Parigi, 1752), e dall'architetto francese Jacques-Germain Soufflot (in Gabriel-Pierre-Martin Dumont, *Suitte de plans... de trois temples antique... de Poesto*, 1764). Dal settimo decennio del secolo iniziò una vasta produzione di vedute di Paestum, tra cui figurano: i disegni di Hubert Robert, il quale visitò il sito nell'aprile 1760 in compagnia dell'Abbé de Saint-Non (Roma 1991, pp. 95-96 n. 44); sei vedute incise da Filippo Morghen (1765) su disegni di Joli, 1759; le *Ruins of Paestum* (1768) di Thomas Major; i disegni eseguiti per Charles Townley da Vincenzo Brenna e Pierre-Jacques Volaire, 1768 (nn. 185-189); le *Différentes vues... de Pesto* (1768) di Piranesi, pubblicate postume dal figlio Francesco; le illustrazioni al terzo volume del *Voyage pittoresque* di Saint-Non (1781-86) su disegni di Claude-Louis Châtelet e Louis-Jean

Desprez, 1777-78 (Lamers 1995); e le *Rovine della Città di Pesto*, pubblicato da Paolo Antonio Paoli e Giovanni Volpato nel 1784 (Marini 1981, pp. 111-116 nn. 145-163). Si produssero anche modelli in sughero e altri souvenir dei templi. Negli anni 1769-70 Brenna eseguì modelli in sughero per Townley (nn. 185-189) e un decennio più tardi il romano Agostino Rosa ne spedì alcuni in Inghilterra (Charles Parker a sir Roger Newdigate, Roma 15 febbraio 1783; citato in McCarthy 1972, p. 766). La scoperta di Paestum e i tour della Sicilia diedero grande impulso al revival dorico (cfr. nn. 190-192).
(IB)

243

185-189. *Disegni di Vincenzo Brenna*

Il collezionista Charles Townley (cfr. nn. 213-215) conobbe l'architetto, decoratore e disegnatore fiorentino Vincenzo Brenna (1745-1814 ca) in occasione della sua prima visita in Italia nel 1767-68; il rapporto con l'artista, che egli chiamava affettuosamente "Brenda", sarebbe durato oltre un decennio. Durante quel primo soggiorno Townley gli commissionò un certo numero di disegni e, nella primavera del 1768, lo ingaggiò come disegnatore, insieme con il pittore Pierre-Jacques Volaire, per documentare il suo viaggio a Napoli. Un breve diario contiene il resoconto di una gita a Paestum. Giunti a Salerno, dove visitarono il duomo con le sue antiche colonne romane, il 24 marzo i viaggiatori si recarono a Paestum, dove giunsero alle due del pomeriggio. Si diressero subito alle rovine, ma furono scoraggiati dai forti venti e tornarono al loro alloggio, ospiti di un canonico del duomo la cui casa era sontuosamente ammobiliata, ma priva di oggetti di prima necessità come coltelli, forchette, bicchieri e lenzuola. Il giorno seguente si alzarono alle sei e tornarono ai templi. Volaire eseguì un disegno prospettico dei tre templi in una veduta d'insieme, mentre Townley e Brenna si dedicarono a misurare il più grande. Quando rientrarono per il pranzo s'imbatterono in un mercato, e Townley descrive le mercanzie vendute dai contadini, per lo più abiti rustici, gingilli d'argento, pesce salato, ortaggi e pasta. Un musicista suonava la zampogna e alcuni uomini con indosso dei panciotti di pelle di pecora ballavano: Volaire ne fece degli schizzi.

La comitiva tornò a Salerno il 26 marzo e raggiunse Napoli il giorno seguente. Il viaggiò durò dieci ore ed è interessante notare la relativa comodità e rapidità del tragitto. Nel racconto di Townley il viaggiatore moderno trova numerosi riferimenti alle proprie esperienze lungo la strada per Paestum: la sosta obbligata al duomo di Salerno, l'attraversamento

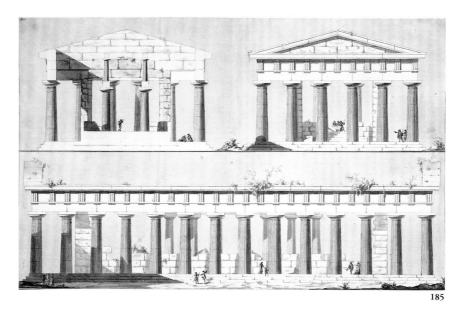

185

della foce del Sele, l'avvicinamento a Paestum con le sue scene pastorali di bufali al pascolo e il forte vento che soffia senza sosta tra i templi.

Brenna avrebbe elaborato le sue misurazioni in una serie di disegni accurati (cfr. n. 185) e di modelli in sughero e pomice. Ne trattò nella corrispondenza con Townley dopo che questi era tornato in Inghilterra (Townley, MS Papers, lettere datate 4 marzo e 27 maggio 1769) e glieli fece avere tramite Thomas Jenkins. Nella medesima corrispondenza, l'artista riferisce i progressi relativi a un altro incarico di Townley per un'ambiziosa serie di disegni del Colosseo (nn. 186-188). Nella lettera del 24 giugno 1769, Brenna descrive in modo entusiastico il disegno qui riprodotto: la rievocazione immaginaria di uno spettacolo (n. 188). Il procedere del progetto, comprendente nove disegni, fu lento e solo il 20 febbraio 1770 Brenna scrisse per comunicare di aver appena depositato il lavoro finito presso Jenkins per la spedizione. Sembra che per questo lavoro Jenkins abbia agito da intermediario nel pagamento dell'artista, e che Townley abbia infine saldato il conto durante il suo secondo viaggio a Roma. Una voce nel suo libro dei conti recita: "22 febbraio 1773. Pagati da Mr Jenkins a Brenda per disegni dell'interno dell'anfiteatro e del soffitto di villa

Magnani [villa Spada]... scudi 49". Townley si recò nuovamente a Roma durante il terzo e ultimo tour compiuto nel 1776-77 e pagò numerosi acconti per una serie di disegni a colori delle decorazioni dipinte delle terme di Tito (n. 189). (IJ)

***

Vincenzo Brenna 1745-1814 ca
185. *Tre studi architettonici dei templi di Paestum*, 1768
Penna e acquarello, 59,5 × 96 cm
The Board of Trustees of the
Victoria and Albert Museum

Provenienza: Commissionato all'artista da Charles Townley nel 1768; Sotheby's, 10 maggio 1865 (379, 418), asta di John (e Charles) Townley; poi Victoria and Albert Museum. Inv. 8478.12
Bibliografia: Inedito. Per Brenna, cfr. DBI

I due disegni in alto mostrano una sezione e la facciata principale del tempio di Poseidone; quello sottostante è un prospetto laterale della cosiddetta Basilica. L'artista ha inserito delle figure per indicare la scala. (IJ)

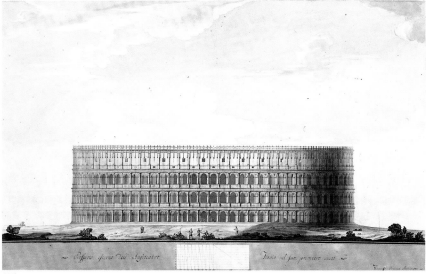

186

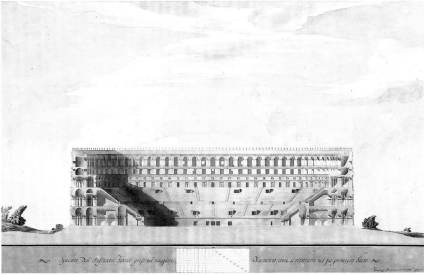

187

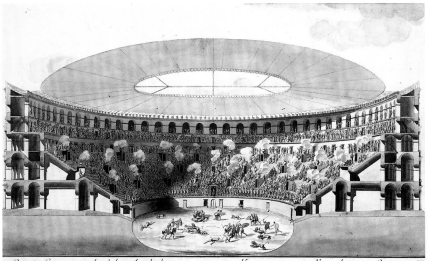

Omnis Caesareo cedat labor Amphitheatro — Vnum pro cunctis Fama loquatur Opus

188

Vincenzo Brenna 1745-1814 ca
186. *Prospetto esterno del Colosseo*,
1769-70
Penna e acquarello, 59 × 91 cm
Firmato: "Vincenzo Brenna
Architetto". Iscritto: "Prospetto
esterno dell'Anfiteatro Flavio
nel suo primiero stato"
187. *Sezione interna del Colosseo*,
1769-70
Penna e acquarello, 58 × 90 cm
Iscritto: "Spaccato dell'Anfiteatro
Flavio, preso nel maggiore
Diametro come si ritrova nel suo
primiero stato"
188. *Sezione interna del Colosseo*
con spettatori e finta caccia al leone,
1769-70
Penna e acquarello, 60 × 97,5 cm
Iscritto con due versi del primo
epigramma del *Liber spectaculorum*
di Marziale (80 d.C.), composto per
celebrare l'inaugurazione del
Colosseo da parte dell'imperatore
Tito: "Omnis Caesareo cedat labor
Amphiteatro - Unum pro cunctis
Fama loquator Opus"
The Board of Trustees of the
Victoria and Albert Museum

Provenienza: Commissionati all'arti-
sta da Charles Townley nel 1768-69
ca; Sotheby's, 10 maggio 1865 (379,
418), vendita di John (e Charles)
Townley; poi Victoria and Albert
Museum. Inv. 8479-4, 5, 6
Bibliografia: Inediti. Per Brenna, cfr.
DBI

Nell'ultimo di questi tre disegni,
l'imperatore siede in un palco coperto al centro, affiancato dalla guardia
imperiale e dal senato. Dai bracieri si
levano nuvole d'incenso per mitigare
il fetore dello spettacolo, in cui guer-
rieri in gonnellino ed elmo affronta-
no i leoni con le lance. Gli spettatori stanno all'ombra di un immenso
telone assicurato mediante funi
all'ultimo corso di muratura. Altri
disegni appartenenti alla collezione
del Victoria and Albert Museum,
non esposti in questa mostra, illustrano i particolari meccanici dell'i-
potetica ricostruzione di Brenna di
questo dispositivo.

245

189

Il disegno si inserisce in una tradizione di ricostruzioni analoghe inaugurata dall'antiquario, pittore e architetto napoletano Pirro Ligorio (1513-1583). I suoi disegni volti a far rivivere sulla carta gli splendori dell'antica Roma furono copiati da molti, e probabilmente Brenna conosceva la ricostruzione di un teatro antico con relativo spettacolo presente nel cosiddetto *Codex Ursinianus* della Biblioteca Apostolica Vaticana. Tale disegno, anche se quasi certamente ispirato a un'opera perduta di Ligorio ed esso stesso copiato per il museo di Cassiano dal Pozzo (1588-1657), è pienamente nello spirito della ricostruzione del Colosseo proposta da Brenna. (IJ)

Vincenzo Brenna 1745-1814 ca
189. *Decorazione policroma, con soggetti mitologici, di un soffitto delle cosiddette terme di Tito*, 1777
Penna e gouache, 62 × 89 cm
Firmato: "Vincenzo Brenna,

Architetto Disegnò 1777"
The Board of Trustees of the Victoria and Albert Museum

Provenienza: Commissionato all'artista da Charles Townley nel 1776-77; Sotheby's, 10 maggio 1865 (379, 418), vendita di John (e Charles) Townley; poi Victoria and Albert Museum. Inv. 8479-25
Bibliografia: Inedito

Ludovico Mirri aveva già commissionato a Brenna la riproduzione delle decorazioni per il suo *Vestigia delle Terme di Tito*, pubblicato nel 1776, quando Townley ordinò una serie delle stesse incisioni durante la sua terza visita a Roma nel 1776-77. Appena Mirri scoprì che Brenna forniva ai propri clienti lo stesso materiale, intraprese un'azione legale contro l'artista. In una lettera del 14 maggio 1777 a Charles Townley, ormai partito da Roma, Jenkins racconta come, alla testa di un gruppo di scagnozzi, Mirri avesse invaso la

casa di Brenna e portato via "tutti i suoi disegni, le misurazioni e gli schizzi relativi alle terme di Tito". A Townley, come sottolinea Jenkins, era andata bene perché i suoi disegni se li era già presi; il suo amico Henry Blundell, che era stato con lui in Italia, non fu altrettanto fortunato. (IJ)

Jakob Philipp Hackert
1737-1807
190. *Tempio di Segesta in Sicilia*, 1777
Penna e inchiostro bruno con acquarello e gouache su matita, 33,2 × 44,7 cm
Iscritto in inchiostro bruno in basso a sinistra: "Temple à Segeste en Sicile 1777 Ph. Hackert f."
Trustees of the British Museum

Provenienza: Richard Payne Knight, da cui lasciato in eredità al British Museum nel 1824. Department of Prints and Drawings, lascito Richard Payne Knight Oo.4-7

190

Esposizioni: Francoforte 1994 (287, ripr. a col.)

Bibliografia: Krönig 1979, pp. 363-379; Clarke e Penny 1982, pp. 151-152 n. 99; Stumpf 1986; Krönig 1987; Krönig e Wegner 1994; Nordhoff e Reimer 1994, I, p. 276, fig. 344, II, p. 295 n. 715. Per il tempio, cfr. Martens e Tusa 1984

Nel 1777 Jakob Philipp Hackert e Charles Gore (n. 191) accompagnarono l'antiquario, connoisseur e collezionista Richard Payne Knight (1751-1824) in un viaggio attraverso la Sicilia. Si imbarcarono a Napoli il 12 aprile, sostarono a Paestum, Palinuro e alle Eolie, sbarcarono a Milazzo (25 aprile), visitarono le rovine di Segesta (6 maggio), Selinunte, Agrigento e Siracusa (20 maggio), salirono sull'Etna (27 maggio), visitarono il teatro di Taormina (2 giugno), si imbarcarono a Messina per Napoli (6 giugno) e fecero ritorno a Roma in luglio.

Payne Knight tenne un diario di viaggio, *Expedition into Sicily 1777*, che intendeva sviluppare in un libro sulle antichità siciliane (rimasto inedito), mentre i compagni di viaggio eseguirono i disegni per illustrarlo. Il manoscritto (Goethe-Schiller-Archiv, Weimar; pubblicato in Stumpf 1986) fu parzialmente ripreso nella biografia di Goethe scritta da Hackert (per un'edizione recente, cfr. Goethe 1988). Trentanove disegni di Gore e Hackert sono conservati al British Museum. Copie dei loro schizzi furono commissionate dopo il viaggio a John Robert Cozens e Thomas Hearne. Altre vedute di Hackert si trovano in collezioni tedesche e altrove, mentre centododici acquarelli e schizzi di Gore sono conservati a Weimar (Goethe Nationalmuseum). Gli schizzi originali furono probabilmente trasformati in acquarelli tra il luglio 1777 e la primavera 1778, quando Gore e Hackert partirono da Roma. Payne Knight era ancora impegnato nel progetto nel 1782, quando passò i loro acquarelli a Hearne probabilmente in vista della pubblicazione, ma dopo tale data il progetto dovette sfumare, forse a causa dell'uscita di pubblicazioni rivali.

Nel 1782 apparve il primo volume del *Voyage pittoresque* di Saint-Non, il cui quarto volume (1786) comprendeva vedute di templi e rovine in Sicilia, opera di Louis François Cassas, Claude-Louis Châtelet e Louis-Jean Desprez (Lamers 1995).

Nel 1782-87 Jean-Pierre-Laurent Hoüel, che aveva compiuto il tour della Sicilia nel 1776-79 (Pinault 1990), pubblicò un suo *Voyage pittoresque* dell'isola.

Nel 1781 il tempio dorico di Segesta, che tante discussioni aveva sollevato fin dal rinascimento (era dedicato a Cerere, Venere o Diana?), fu restaurato per ordine di re Ferdinando I. L'accurata riproduzione di Hackert lo mostra poco prima dei restauri. Nel 1778 egli eseguì un dipinto a olio del medesimo soggetto (Museo Puškin), che fa coppia con una veduta dei templi di Agrigento (Ermitage). (IB)

Charles Gore 1729-1807
191. *Tempio della Concordia, Agrigento*, 1777
Matita e acquarello con penna e inchiostro nero, 24,9 × 43,5 cm
Iscritto con inchiostro bruno in alto a sinistra: "Temple of Concord Girgenti -"
Trustees of the British Museum

Provenienza: Richard Payne Knight, da cui lasciato al British Museum nel 1824. Department of Prints and Drawings, lascito Richard Payne Knight Oo.4-26
Esposizioni: Nottingham 1994 (III.6)
Bibliografia: Stumpf 1986. Per i templi, cfr. De Miro 1984, pp. 75-85

Gore, un ricco mercante dello Yorkshire, costruttore e architetto navale, disegnatore dilettante e collezionista, partì per l'Italia con la sua famiglia nel 1774 (cfr. n. 47). Dopo un periodo trascorso a Firenze, si trasferì a Roma, dove prese lezioni di disegno da Jakob Philipp Hackert. Insieme con lui, nel 1777 accompagnò Richard Payne Knight in un giro della Sicilia (n. 190). La veduta di Gore, che sottolinea le dimensioni monumentali e l'isolamento del tempio della Concordia, fu eseguita qualche anno prima del restauro dell'edificio (1788). Il tempio di Giunone era stato restaurato l'anno precedente, mentre il tempio di Zeus verrà alla luce solo nel 1802-05. (IB)

Louis Ducros 1748-1810
192. *Il teatro greco di Siracusa*, 1778/88-1789
Acquarello, 29,2 × 38,7 cm
The Board of Trustees of the Victoria and Albert Museum

Provenienza: Victoria and Albert Museum. Inv. P.4-1950
Esposizioni: Kenwood 1985-86 (76)
Bibliografia: Per il teatro, cfr. Polacco e Anti 1981

191

192

Questa originale veduta del teatro di Siracusa, trasformato in una serie di linee curve che abbracciano la macchia boschiva e il promontorio sullo sfondo sotto un cielo tempestoso, è una rara rappresentazione del sito. Nulla si sa delle vicende del teatro di Siracusa dalla caduta dell'impero romano fino al rinascimento, allorché sotto Carlo V il materiale edilizio del palcoscenico fu utilizzato per erigere i bastioni di San Filippo e Santa Lucia (1526), nella cavea vennero installati i mulini che facevano funzionare l'acquedotto di Galermi (1576 ca) e l'area del teatro era attraversata da strade e tubature dell'acqua. Il teatro fu riscattato dalla sua triste sorte grazie alla crescente curiosità degli antiquari locali e dei visitatori stranieri. Cesare Gaetani condusse i primi scavi (1756), seguiti da più seri lavori di scavo diretti da soprintendenti alle Antichità della Sicilia come Francesco Saverio Landolina e G.M. Capodieci (scavi fino al 1807), le cui scoperte furono descritte da G.M. Logoteta (*Gli antichi monumenti di Siracusa*, Napoli 1786; *Le antiche Siracuse*, Catania 1788; *Ricerche sopra Nereide e Filistide*, Messina 1804) e dallo stesso Capodieci (*Antichi monumenti di Siracusa*, Siracusa 1816, 2a ed.).

Ducros visitò la Sicilia per la prima volta nel 1778 in compagnia di Nicolaas ten Hove, e forse nuovamente nell'inverno del 1788-89 nell'ambito del progetto di pubblicazione di ventiquattro vedute dell'isola in collaborazione con Pier Paolo Montagni. Una presentazione uscì nel 1799, ma il progetto non fu portato a compimento. (IB)

193-203. *Vedute delle sale del Museo Pio-Clementino*
Il progetto di un museo vaticano, il Pio-Clementino, prese il via sotto Clemente XIV (Giovanni Vincenzo Ganganelli, papa dal 1769 al 1774) e venne portato a termine sotto Pio VI (Gianangelo Braschi, papa dal 1775 al 1799). Vi lavorarono tre architetti del Palazzo Apostolico dal 1771 fino al 1794: Alessandro Dori (m. 1772), che avviò le modifiche del cortile del Belvedere, Michelangelo Simonetti, che realizzò una magnifica serie di sale e Giuseppe Camporese, che completò i lavori interrotti con la morte di Simonetti (1787) e progettò la sala della Biga. Le sale del Museo Pio-Clementino ospitarono le nuove scoperte e acquisizioni archeologiche dell'epoca d'oro del Grand Tour finché, sotto Pio VII (Giorgio Chiaramonti, papa dal 1800 al 1823), non venne creato il Museo Chiaramonti. Nelle sale del Pio-Clementino trovarono sistemazione marmi acquistati presso scavatori britannici come Thomas Jenkins e Gavin Hamilton, e restauratori e mercanti d'arte come Bartolomeo Cavaceppi, mentre quelli acquisiti presso scavatori e restauratori della generazione più giovane, quali Robert Fagan e Vincenzo Pacetti, trovarono collocazione nel Chiaramonti. Nel 1784 il Pio-Clementino fu dotato di un nuovo accesso monumentale, la cosiddetta scala Simonetti, dal nome dell'architetto, raffigurato nella tempera di Piale del 1783 (n. 198) mentre mostra il suo progetto del museo al papa. Uno dei primi visitatori del museo fu Gustavo III, re di Svezia, e l'evento è celebrato in un dipinto del 1786 di Bénigne Gagnereaux (n. 38).
Le vedute delle sale del museo qui illustrate seguono il progetto di Simonetti, con l'aggiunta della sala della Biga. A parte la tempera di Sablet del 1786-92 ca che mostra la stanza degli Animali (n. 197), appartengono a due importanti serie di stampe: quattordici acqueforti colorate a mano prodotte da Ducros e Volpato nel 1787-92 (nn. 195, 199, 201), e ventiquattro vedute pubblicate da Feoli nel 1794 (nn. 193-194, 196, 200, 202-203), qui datate in base a un documento recentemente rinvenuto (BM, Add. HS 37, 849: cardinale Zelada a lord Hood, Roma 6 settembre 1794). Una serie completa delle stampe di Feoli con una rilegatura d'epoca si trova presso il Gabinetto Comunale delle Stampe, Roma (lascito Theodoli, probabilmente proveniente dalla collezione Braschi). La serie originale delle vedute di Ducros e Volpato si trova allo Schloss Pfaueninsel, Berlino. Finora non si è reperito alcun documento che descriva i termini della collaborazione tra i due artisti; è probabile che Ducros abbia eseguito i disegni originali, incisi poi nello studio di Volpato e infine colorati da Ducros. La serie conservata alla Bayerische Staadtbibliothek di Monaco fu probabilmente colorata nello studio di Volpato poco dopo la partenza di Ducros da Roma (1793). Le quattordici lastre di rame originali sono conservate presso la Calcografia Nazionale, Roma (inv. 1615/1-14).
Chi scrive è grato a Paolo Liverani per l'aiuto e i consigli nella stesura della presente nota introduttiva e delle schede che seguono. (IB)

Bibliografia: Leinz 1980, pp. 604-609; Marini 1988, pp. 171-174 nn. 351-364; Haskell 1985-86, pp. 36-39, 80-82 nn. 57-62; Pietrangeli 1993, pp. 107-109, figg. 99-112, pp. 114-115 n. 68; Pietrangeli 1995 (2), pp. 317-334; Pietrangeli 1996.

Vincenzo Feoli 1760 ca-1831
193. *Veduta prospettica della magnifica scala che introduce nel vestibolo a croce greca*, 1794
Acquaforte, 60 × 72 cm (foglio)
Iscritto: "Veduta prospettica della magnifica Scala che introduce nel Vestibolo a Croce greca nel Museo Pio-Clementino". Dedicata a Pio VI. Da una serie di ventiquattro vedute del Museo Pio-Clementino
Musei Vaticani, Città del Vaticano

Provenienza: Musei Vaticani. Inv. 44361
Bibliografia: Pietrangeli 1993, p. 105, fig. 96; Feoli, in DBI

Si tratta di una veduta parziale della scala Simonetti, o Scala Regia, un elemento fondamentale del progetto del Museo Pio-Clementino disegnato da Simonetti nel 1774 ca. Il modello fu sottoposto al papa nel 1779, le colonne necessarie per la sua costruzione arrivarono nel 1779-82 e la scala era terminata alla metà dell'aprile 1784, allorché si ebbe un gran concorso di pubblico in occasione della Settimana Santa, che molto ammirò la nuova scala di marmo (cfr. "Diario Ordinario", 17 aprile). Undici colonne di granito orientale provenivano dal duomo di Palestrina, quattro da Tivoli e due di porfido nero furono prelevate da un altare della chiesa di San Paolo alle Tre Fontane. I motivi decorativi dominanti erano le insegne araldiche dei Braschi, riprodotte sulle parti finali in bronzo della balaustra, sui capitelli, sugli stucchi della volta e sugli scalini.
La serie di vedute del Pio-Clementino è una delle prime opere pubblicate dall'incisore e disegnatore topografico romano Vincenzo Feoli. I suoi lavori successivi comprendono: *Intérieurs des églises de Rome* (1795-1800; ripr. in A. Franzetti, *Raccolta di 40 vedute... della città di Roma*, 1810 ca); la mappa archeologica di Ostia (1804) disegnata da Giuseppe Verani per l'archeologo Carlo Fea; *Raccolta delle più insigni fabbriche di Roma antica* (1810-1826) di Giusep-

Veduta prospettica della magnifica Scala che introduce nel Vestibolo a Croce greca nel Museo Pio-Clementino

ALLA SANTITÁ DI NOSTRO SIGNORE PIO PAPA SESTO

193

Veduta prospettica del Vestibolo a Croce greca colla magnifica Porta che introduce nel Museo Pio Clementino

ALLA SANTITÁ DI NOSTRO SIGNORE PIO PAPA SESTO

194

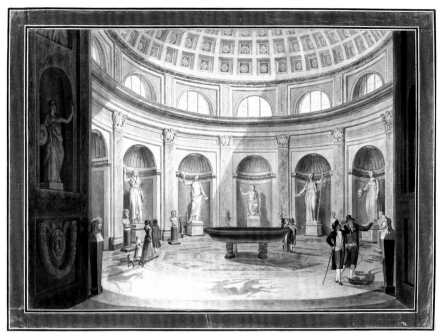

195

pe Valadier con annotazioni di Filippo Aurelio Visconti; la planimetria della cosiddetta villa di Mecenate a Tivoli (1812); i primi due volumi delle *Ruines de Pompéi* (1812) di François Mazois; e *Illustrazioni de' monumenti scelti borghesiani* (1821) in collaborazione con Stefano Piale, con annotazioni di Ennio Quirino Visconti. (IB)

Vincenzo Feoli 1760 ca-1831 da Francesco Miccinelli attivo 1790-1800

194. *Veduta prospettica del vestibolo a croce greca con la magnifica porta che introduce nel museo*, 1794
Acquaforte, 60 × 72 cm (foglio)
Iscritto: "Veduta prospettica del Vestibolo a Croce greca con la magnifica Porta che introduce nel Museo Pio-Clementino". Dalla stessa serie del n. 193
Musei Vaticani, Città del Vaticano

Provenienza: Musei Vaticani. Inv. 44362
Bibliografia: Pietrangeli 1987-89, I, 1987, pp. 141-149; Pietrangeli 1993, p. 105, fig. 95

La galleria cruciforme di Simonetti, detta vestibolo (o sala) a croce greca,

costruita nel 1780 e completata dopo il 1786, ricorda l'atrio delle grandi terme romane. Intorno al 1782-83 Michael Wutky, artista austriaco attivo a Roma tra il 1771 e il 1801, dipinse una veduta della sala in corso di costruzione (Albertina, Vienna; ripr. in Pietrangeli 1993, p. 82, fig. 65). I marmi antichi del vestibolo comprendono due enormi sarcofaghi costantiniani di porfido, il *Sarcofago di Elena* (a destra) e il *Sarcofago di Costanza* (a sinistra), lì collocati rispettivamente nel 1786 e nel 1790. Ma i marmi più notevoli sono due *Telamoni*, detti volgarmente "Cioci", provenienti dalla villa Adriana di Tivoli. Fin dal rinascimento erano collocati all'ingresso del palazzo vescovile a Tivoli; un disegno eseguito da William Kent nel 1709-19 ne mostra uno ancora a Tivoli (Kent, *Sketchbook*, Victoria and Albert Museum; ripr. in MacDonald e Pinto 1995, p. 287, fig. 374). Furono donati al papa nel 1779 e montati su alti piedistalli di granito, di fianco alla porta con l'iscrizione "Museum Pium" che conduce alla Sala Rotonda. Al centro della stanza si trova il *Mosaico di Minerva* proveniente da villa Rufinella a Tusculum (scoperto nel 1741): trasferito nel museo nel 1776, vi fu installato pri-

ma del 1782 ma presto spostato, probabilmente per facilitare la collocazione dei due sarcofagi. Fu rimesso in situ nel 1794, poco prima della pubblicazione dell'acquaforte di Feoli. (IB)

Louis Ducros 1748-1810 e Giovanni Volpato 1755 ca-1803

* **195.** *La Sala Rotonda*, 1792 ca
Acquaforte colorata a mano, 60,4 × 82,4 cm (foglio)
Bayerische Staatsbibliothek, Monaco

Provenienza: Da una serie di quattordici vedute del Museo Pio-Clementino. Elencata in un inventario della Biblioteca di Monaco nel 1800 ca. La cartella porta l'emblema della Biblioteca Regina Monacensis
Esposizioni: Monaco 1980 (300, ripr. a col.)
Bibliografia: Pietrangeli 1987-89, I, pp. 133-141; Pietrangeli 1993, p. 108, fig. 108. Per Orticoli, cfr. Pietrangeli 1942-43/1995 (1), pp. 425-446

La galleria circolare di Simonetti, detta Sala Rotonda, è alta 22 metri e ha un diametro esterno di 21,6 metri. Tutt'intorno la parete interna si aprono dieci grandi nicchie e la copertura è una cupola a imitazione di edifici antichi come il Pantheon e il cosiddetto tempio di Minerva Medica. Fra le statue e i busti figurano ritrovamenti di Gavin Hamilton a villa Adriana del 1769 (testa di Faustina Maggiore); a Tor Colombaro sulla Via Appia, del 1771 (busto di Serapide); e a La Villa, presso Palestrina, del 1793 (statua di Antinoo). Ma i reperti più importanti, come sottolineato nella veduta di Ducros e Volpato e nell'acquaforte di Feoli (Pietrangeli 1993, p. 104, fig. 93), sono la vasca di porfido collocata al centro nel 1792 e i mosaici del pavimento. La vasca era stata donata da Ascanio Colonna a Giulio III (papa dal 1550 al 1555), mentre il sottostante mosaico policromo era stato scoperto nella stanza ottagona-

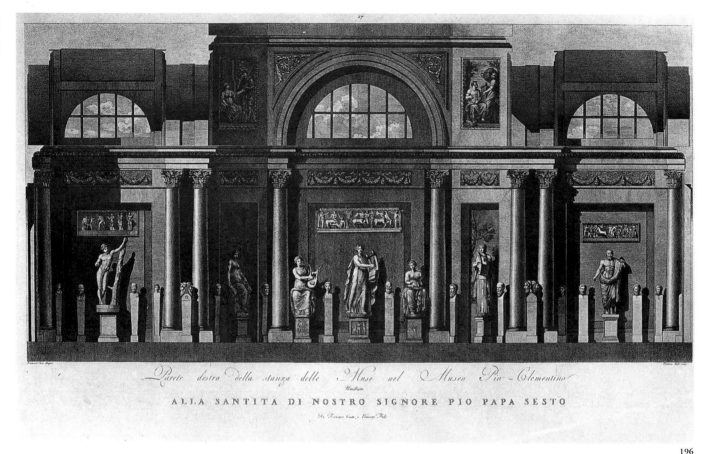

Parete destra della stanza delle Muse nel Museo Pio-Clementino

ALLA SANTITÀ DI NOSTRO SIGNORE PIO PAPA SESTO

196

le delle terme di Orticoli nel 1780 e posato entro il 1786. La testa di Medusa al centro è un mosaico moderno di Andrea Volpini (posato nel 1792), mentre i mosaici bianchi e neri con creature marine a formare una cornice provengono anch'essi da Orticoli e da scavi a Pietra Pertusa, sulla Via Flaminia, del 1781. Il pavimento policromo di Orticoli era ben noto ai *Grand Tourists*. Se ne fecero incisioni e riproduzioni su seta e legno; una copia venne eseguita da mosaicisti russi per lo zar Nicola I intorno al 1846 (Ermitage). (IB)

**Vincenzo Feoli 1760 ca-1831
da Francesco Costa
attivo 1790-1800**

196. *Parete destra della stanza delle Muse*, 1794
Acquaforte, 51 × 87 cm (foglio)
Iscritto: "Parete destra della stanza delle Muse nel Museo Pio-Clementino". Dalla stessa serie del n. 193
Musei Vaticani, Città del Vaticano

Provenienza: Musei Vaticani. Inv. 44376
Bibliografia: Pietrangeli 1987-89, I, pp. 117-132; Pietrangeli 1993, p. 102, fig. 89. Per la villa di Cassio a Tivoli, cfr. Pietrangeli 1949-51/1995 (1), pp. 58-68

La stanza delle Muse di Simonetti, lunga oltre 25 metri, è una galleria ottagonale con due nicchie rettangolari alle estremità. Le sedici colonne di marmo grigio venato, appositamente ordinate a Carrara, arrivarono nel 1779; i sedici capitelli corinzi, provenienti dalla villa Adriana di Tivoli, furono acquistati nel 1778; i diciannove mosaici esagonali del pavimento, provenienti dagli scavi nella tenuta di Porcareccia, furono posati nel 1778-82. Nel 1782-87 Tommaso Conca affrescò la sala dal pavimento al soffitto con paesaggi mitologici, storie di Apollo e delle Muse, creando sfondi evocativi per alcune delle statue (intorno al 1860 furono sostituiti con sfondi rosso pompeiano). L'acquaforte di Feoli

ha due pendant che mostrano la *Parete sinistra* e una *Veduta prospettica* (Pietrangeli 1993, pp. 102-103, figg. 90-91). La maggior parte dei marmi – le statue delle Muse e le figure dei filosofi – provengono da scavi condotti da Domenico De Angelis nella villa di Cassio a Tivoli nel 1773-75; furono acquistati nel 1776. Giovanni Volpato riprodusse in biscuit le Muse (*Euterpe*, n. 241) e l'*Apollo*. (IB)

197

Jacques Sablet 1749-1803
197. *La stanza degli Animali
con il "Tevere" ancora in situ,*
1786-92 ca
Tempera, 52 × 76 cm
Musei Vaticani, Città del Vaticano

Provenienza: Acquistato presso Cailleux, Parigi, per i Musei Vaticani.
Inv. 44699
Bibliografia: Sandt 1985; Pietrangeli 1987-89, II, pp. 172-198; Pietrangeli 1993, p. 96, fig. 78

Il lato sinistro della sala fu iniziato sotto Pio IV (papa dal 1559 al 1565) quando, nel 1560, una loggia venne trasformata in stanza. All'epoca di Clemente XI (papa dal 1700 al 1721) si chiamava stanza del Torso, poiché qui era stato dapprima collocato il *Torso Belvedere*, in precedenza nel cortile del Belvedere, poi spostato nel Vestibolo Rotondo e sostituito con il *Nilo* all'inizio dell'ottavo decennio del Settecento. La sala fu ribattezzata stanza dei Fiumi e ospitava anche il *Tevere* (oggi al Louvre),

che figura al centro della veduta di Sablet. Le sculture di animali vi erano però talmente numerose che alla fine venne chiamata stanza degli Animali. Alcune provengono dagli scavi di Gavin Hamilton, compresa la coppia di cani da Monte Cagnolo (n. 204).

Se la veduta di Sablet è accurata, la si potrebbe datare tra il 1786 e il 1792 in quanto la cosiddetta *Aragosta* fu introdotta nella sala nel 1786, mentre il bassorilievo della tomba di Laberia Felicia (ora nella galleria delle Statue) fu spostato nel 1792 o poco prima. Sablet, uno svizzero francese che aveva studiato all'Accademia di Parigi, arrivò a Roma nel 1775 e cominciò a lavorare come pittore professionista nel 1782 ca, specializzandosi in soggetti di antichità e folklore. Lasciò la città nel 1793, in seguito al deterioramento dei rapporti tra Francia e Stato Pontificio, e si trasferì a Firenze con il fratello François. La sua veduta della stanza degli Animali è assai più vivace di quelle di Ducros e Volpato

(Kenwood 1985-86, p. 80, fig. 58; Pietrangeli 1993, p. 107, fig. 102) e delle due acqueforti di Feoli (una in Pietrangeli 1993, p. 97, fig. 80). (IB)

Stefano Piale 1753-1825
198. *Pio VI visita il Museo
Pio-Clementino*, 1783
Tempera, 24 × 40 cm (lunetta)
Musei Vaticani, Città del Vaticano

Provenienza: Donata dall'artista a
Pio VI, portata a Parigi nel 1796;
acquistata per i Musei Vaticani presso la Galerie Daniel Malingue a Parigi dalla Yamagi S.A. nel 1981. Inv.
44197
Bibliografia: Pietrangeli 1984, pp.
113-120; Pietrangeli 1987/1995 (1),
pp. 271-273; Pietrangeli 1993, p.
79, figg. 60-61

Nel 1981, quando venne acquistata
per i Musei Vaticani, questa tempera
fu attribuita a Pompeo Batoni. Nel
1984 Carlo Pietrangeli la pubblicò
come opera di artista anonimo e nel
1985 la ascrisse in via provvisoria a
Bernardino Nocchi, ma nel 1987 fu
in grado di attribuirla al miniaturista, incisore e archeologo romano
Stefano Piale sulla base di un documento che forniva la data precisa del
1783 (ASR, *Camerale II, Antichità e
Belle Arti*, b. 23, n. 30). La tempera
di Piale mostra Pio VI accompagnato dai nipoti, il duca Luigi e monsignor Romualdo Braschi Onesti –
rispettivamente alla sua sinistra e alla
sua destra – mentre ispeziona i lavori del Museo Pio-Clementino. Due
membri dell'Anticamera stanno alle
sue spalle; la figura in piedi di profilo a destra è il cardinale protesoriere
Guglielmo Pallotta. Le persone inginocchiate sono Giovanni Battista
Visconti, che mostra una piccola
scultura, e l'architetto Michelangelo
Simonetti, che presenta il progetto
del museo. L'ultima figura in piedi a
destra, di profilo, è lo scultore e restauratore Giovanni Pierantoni. (IB)

**Louis Ducros 1748-1810
e Giovanni Volpato 1755 ca-1803**
* **199.** *La galleria delle Statue
con la "Cleopatra"*, 1787-92
Acquaforte colorata a mano,
52,6 × 75 cm (foglio)

Bayerische Staatsbibliothek,
Monaco

Provenienza: Dalla stessa serie del n.
195. Inv. Res. 2Arch. 170m n. 7
Esposizioni: Kenwood 1985-86 (57)
Bibliografia: Pietrangeli 1993, p.
108, fig. 104

Se si paragona alla veduta di Feoli (n.
200), questa acquaforte dimostra
quanto possano essere diverse due
rappresentazioni della medesima
stanza. Entrambe le opere descrivono lo stesso ambiente e le stesse statue, ma mentre Ducros e Volpato
mostrano l'*Arianna dormiente*, o
Cleopatra, in lontananza, sottolineando la lunghezza della stanza e la
presenza di artisti che studiano le
antichità, Miccinelli e Feoli portano
la *Cleopatra* più vicino allo spettatore
e inseriscono visitatori e connoisseur.
(IB)

**Vincenzo Feoli 1760 ca-1831
da Francesco Miccinelli
attivo 1790-1800**
200. *Veduta prospettica della
Galleria Lunga con la "Cleopatra"*,
1794
Acquaforte, 60 × 72 cm
Iscritto: "Veduta prospettica
della Galleria lunga dalla parte
della Cleopatra nel Museo Pio-
Clementino". Dalla stessa serie
del n. 193
Musei Vaticani, Città del Vaticano

Provenienza: Musei Vaticani. Inv.
44360
Bibliografia: Pietrangeli 1987-89,
III, pp. 85-105; Pietrangeli 1993, p.
100, fig. 85

La galleria delle Statue, o Galleria
Lunga, fu iniziata sotto Clemente
XIV, allorché la vecchia loggia del
palazzetto del Belvedere fu trasformata in una sala, e completata sotto
Pio VI. Nel 1776-78 si aggiunsero
cinque campate (ciascuna di 10,4 m)
demolendo la cappella di San Giovanni Battista, affrescata da Andrea
Mantegna, e la sua sacrestia. La spettacolare lunghezza della galleria è
documentata dall'acquaforte colorata a mano di Ducros e Volpato
(Kenwood 1985-86, p. 82, fig. 61;
per un'altra copia, sempre colorata
a mano, cfr. de Leeuw 1984, pp.
176-177 n. 112) e da altre cinque
acqueforti di Feoli (Pietrangeli 1993,
pp. 98-100, figg. 81-84, 86). Nel
1770-80 il pittore austriaco Chri-
stoph Unterberger decorò le pareti e
il soffitto, e si eseguirono anche elaborate decorazioni a stucco. Al termine della galleria fu realizzata una
nuova ambientazione prospettica per
l'*Arianna dormiente*, allora nota come *Cleopatra*. Per una veduta in
profondità dalla galleria dei Busti,
cfr. l'acquaforte di Feoli in Pietrangeli 1993 (p. 101, fig. 87). Fra le
prime sculture antiche a entrare nelle
collezioni vaticane, la *Cleopatra* trovò collocazione iniziale nel cortile
del Belvedere. Nel 1550-51 fu trasferita nel Vestibolo Quadrato, dove
l'ammirarono molti viaggiatori tra
cui Thomas Dundas, ritratto da
Pompeo Batoni (n. 16) qualche
anno prima che la statua fosse collocata su un sarcofago con un bassorilievo raffigurante la lotta dei Titani,
acquistato presso Bartolomeo Cavaceppi nel 1771. La *Cleopatra* era così
popolare tra i *Grand Tourists* da diventare soggetto prediletto di copie e
souvenir (n. 212); nella primavera
del 1772, Clemente XIV donò al
duca di Gloucester (cfr. n. 36) un
arazzo che la raffigurava. Nel 1779 la
Cleopatra venne collocata all'estremità della galleria in una nicchia af-
fiancata da due colonne di giallo
antico. I motivi in stile egizio dipinti nella nicchia, eseguiti nella convinzione che la statua raffigurasse Cleopatra, furono sostituiti attorno al
1860 da un fondale rosso pompeiano, mentre il pavimento di marmo
fu rinnovato nel 1885. I putti con
l'emblema di Pio VI sopra la nicchia
furono scolpiti da Gaspare Sibilla nel
1778-82. I marmi collocati nella galleria comprendono diverse acquisizioni effettuate presso Cavaceppi,
Gavin Hamilton e Thomas Jenkins.
(IB)

198

199

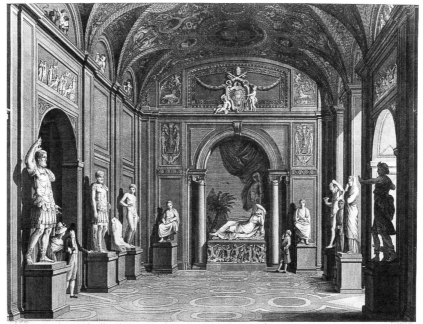

Veduta prospettica della Galleria lunga dalla parte della Cleopatra nel Museo Pio-Clementino

ALLA SANTITÁ DI NOSTRO SIGNORE PIO PAPA SESTO.

200

201

**Louis Ducros 1748-1810
e Giovanni Volpato
1755 ca-1803**

* **201.** *Il cortile del Belvedere
con il "Laocoonte"*, 1787-92
Acquaforte colorata a mano,
51,5 × 72,2 cm
Bayerische Staatsbibliothek,
Monaco

Provenienza: Dalla stessa serie del n.
195. Inv. Res. 2Arch. 170m n. 5
Esposizioni: Kenwood 1985-86 (59)
Bibliografia: Pietrangeli 1993, p.
107, fig. 100

La serie di vedute di Ducros e Volpato comprende due rappresentazioni del cortile del Belvedere, decisamente diverse da quelle pubblicate
qualche anno dopo da Feoli (n.
202). Mentre Feoli ha documentato
l'intero cortile, Ducros e Volpato si
sono concentrati su due capolavori
ivi collocati all'inizio del Cinquecento: il *Laocoonte* e l'*Apollo Belvedere*
(Kenwood 1985-86, p. 81, fig. 60).
L'attenzione dello spettatore viene
spostata dal portico ai singoli capolavori, e le figure di visitatori sono
poste vicine alle pareti, alle colonne e
ai pilastri, così da non ostruire la
vista delle statue. (IB)

**Vincenzo Feoli 1760 ca-1831
da Francesco Miccinelli
attivo 1790-1800**

202. *Lato destro del portico
che adorna il cortile*, 1794
Acquaforte, 51 × 86 cm
Iscritto: "Parte destra del Portico
che adorna il Cortile nel Museo Pio-
Clementino". Dalla stessa serie
del n. 193
Musei Vaticani, Città del Vaticano

Provenienza: Musei Vaticani. Inv.
44358
Bibliografia: Pietrangeli 1987-89, II,
pp. 148-172; Pietrangeli 1993, p. 96,
fig. 77; Nesselrath 1993, pp. 52-55

La collezione vaticana di antichità
classiche, e gli stessi Musei Vaticani,
ebbero origine nel rinascimentale
cortile delle Statue, in seguito detto
del Belvedere e infine Cortile Ottagono. Salito al soglio pontificio,
Giulio II (Giuliano della Rovere, papa dal 1503 al 1513) commissionò a
Bramante la trasformazione di un
giardino adiacente al palazzetto del
Belvedere in un cortile adorno di statue (1503-04). È tuttora controverso
se sia stato l'*Apollo Belvedere* (come si
crede tradizionalmente) o il *Laocoonte* (come suggerito da Arnold Nessel-

rath di recente) a originare il progetto del cortile di statue. Il ritrovamento del *Laocoonte* nel 1506, probabilmente nelle terme di Tito (e
non nella Domus Titi, dove la sua
presenza è menzionata da Plinio,
Naturalis Historia, lib. XXXVI, 37),
è tuttora avvolto nel mistero. Non
c'è dubbio che le tre statue rappresentate nell'acquaforte di Feoli
siano entrate in Vaticano non molto
dopo il 1503-04: il *Laocoonte* (al
centro) presumibilmente arrivò poco
dopo il suo ritrovamento; l'*Apollo* (a
sinistra) si trovava nel cortile nel
1509 e la *Venus felix* (a destra) era
anch'essa già presente dal 1509.
Il cortile fu il primo spazio a essere
trasformato in base al progetto di Clemente XIV di creare un vero museo.
I lavori furono iniziati dall'architetto
Alessandro Dori nel 1771 e continua-
ti dopo la sua morte (1772) da Michelangelo Simonetti. La stampa di
Feoli ha due pendant, *Veduta prospettica generale* e *Lato sinistro del portico*
(Pietrangeli 1993, p. 95, fig. 76, p.
97, fig. 79). Nella seconda l'*Antinoo
Belvedere*, l'ultima acquisizione della
collezione originale (1543) e presumibilmente rinvenuto in una vigna
vicino a Castel Sant'Angelo, è collocato nella nicchia centrale. (IB)

Parte destra del Portico che adorna il Cortile nel Museo Pio-Clementino
ALLA SANTITÁ DI NOSTRO SIGNORE PIO PAPA SESTO

202

Veduta in prospettiva della Stanza rotonda ove è situata la Biga nel Museo Pio-Clementino
ALLA SANTITÁ DI NOSTRO SIGNORE PIO PAPA SESTO

203

**Vincenzo Feoli 1760 ca-1831
da Francesco Miccinelli
attivo 1790-1800**
203. *Veduta prospettica della Stanza
Rotonda nella quale è situata
la "Biga"*, 1794
Acquaforte, 62 × 72 cm
Iscritto: "Veduta in prospettiva della
Stanza rotonda ove è situata la Biga
nel Museo Pio-Clementino". Dalla
stessa serie del n. 193
Musei Vaticani, Città del Vaticano

Provenienza: Musei Vaticani. Inv.
44359
Bibliografia: Pietrangeli 1993, p.
106, fig. 98

La sala della Biga, una galleria circolare cominciata dopo il 1790 e completata nel 1794, fu progettata da
Giuseppe Camporese, l'architetto
responsabile del Museo Pio-Clementino dopo la morte di Simonetti,
avvenuta nel 1787. Le statue ospitate comprendono la biga di marmo,
al centro, donata al papa dal vescovo
di San Marco, Marino Priuli, nel
1771; il *Discobolo di Mirone*, trovato
vicino al Casino Fede a villa Adriana,
Tivoli, dal cardinale Marefoschi nel
1791 e acquistato per il museo nel
1792; e il *Discobolo di Naucide*, scoperto da Gavin Hamilton nella villa
di Gallieno a Tor Colombaro, sulla
Via Appia, nel 1771. Due importanti marmi esposti nella galleria, l'*Augusto di Velletri* e il *Tiberio togato*
proveniente da Capri, in seguito al
Trattato di Tolentino nel 1796 finirono a Parigi, dove si trovano tuttora (Louvre). (IB)

Anonimo
204. *Il gruppo vaticano di due cani da Monte Cagnolo*, II secolo d.C. ?
Marmo bianco a grana fine,
h 52 cm (senza basamento)
Iscritto sul basamento moderno:
"MVNIFICENTIA PII SIXTI P.M."
Musei Vaticani, Città del Vaticano

Provenienza: Dagli scavi condotti da Gavin Hamilton nella cosiddetta villa di Antonino Pio a Monte Cagnolo nel 1773; acquistato presso lo stesso per il Museo Pio-Clementino nel 1774. Sala degli Animali, inv. 430
Bibliografia: Amelung 1908, pp. 332-333 n. 116, tav. 31; Bieber 1955, p. 155, fig. 661; Pietrangeli 1958, pp. 111-112; Pietrangeli 1987-89, II, p. 195; Toynbee 1973, p. 105, fig. 44; Neudecker 1988, p. 162 n. 21.1

Gavin Hamilton eseguì degli scavi a Monte Cagnolo – o Canino o Cagnoletto, vicino a Civita Lavinia, l'odierna Lanuvio – a partire dal 1772 fino al 1777-78 almeno (cfr. n. 221). Il sito non è stato ancora localizzato con precisione e l'identità del proprietario del terreno è tuttora incerta (se il Collegio di San Buonaventura o la famiglia Sforza Cesarini); né finora sono emersi dati a conforto della tesi che nel luogo fosse mai esistita una villa imperiale. Hamilton fornì una descrizione del sito a Charles Townley nel novembre 1779: "Da Monte Cagnolo... una collinetta tra Gensano e Civitalavinia, si gode una bella vista verso Velletri e il mare, e a giudicare dalla magnificenza delle rovine e di altre cose lì rinvenute, si deve ritenere che anticamente abbiano fatto parte della villa che Antonino Pio si fece costruire vicino all'antica Lavinium" (citato in Smith 1901, p. 313). Rodolfo Lanciani (1989-, VI, in corso di stampa) ha individuato un disegno di questa villa nel secondo volume dei *Townley's Drawings*, n. 59 bis (non rintracciato). Hamilton dichiarò che sul posto furono trovati parecchi marmi, "gettati alla rinfusa in una stanza a tre

204

205

206

metri sotto terra". Nel 1774 alcuni di essi furono esportati ed entrarono a far parte della collezione di Charles Townley, compresi il *Gruppo Townley di due cani* (n. 205) e la *Sfinge* (n. 221). Quei marmi per i quali venne rifiutato il permesso di esportazione furono acquistati per il Museo Pio-Clementino, incluso il gruppo descritto da Hamilton come "un cane che accarezza una cagna", in cui un levriero sta corteggiando una femmina (n. 204). Hamilton lo riteneva il migliore dei due gruppi (n. 205). È convinzione comune che sia stato acquisito nel 1775, ma documenti dell'Archivio Storico dei Musei Vaticani (b. 11, 1774 e 1775) dimostrano che l'8 marzo 1774 Hamilton firmò una ricevuta di 120 scudi come primo acconto su un totale di 1790 scudi per tredici marmi, tra cui: "Cani. Scudi 200", descritti in documenti successivi come "Gruppo di cani. Scudi 200" (14 ottobre 1774) e "Gruppo di un cane Livriero [sic] ed una cagna al naturale compito di ristauro. Scudi 240" (ricevuta per un pagamento di 1155 scudi datata 1775). Hamilton fece restaurare il gruppo al costo di 40 scudi.

Chi scrive ringrazia Maria Antonietta De Angelis, Paolo Liverani e Giandomenico Spinola per l'aiuto nella stesura di questa scheda. (IB)

Anonimo
205. *Il gruppo Townley di due cani da Monte Cagnolo*, II secolo d.C. ?
Marmo bianco a grana fine,
h 67 cm (con il basamento)
Trustees of the British Museum

Provenienza: Dagli scavi condotti da Gavin Hamilton a Monte Cagnolo, presso Civita Lavinia, odierna Lanuvio, nel 1773; acquistato presso lo stesso nel 1774 da Charles Townley, e acquisito dopo la sua morte dal British Museum nel 1805
Bibliografia: Townley, MS Papers, come indicato sotto; Fitzmaurice 1879, pp. 31-32, lettera datata 16 gennaio 1774; Smith 1901, pp. 313-314; Smith 1904, p. 218 n. 2131; Cook 1985, p. 20, fig. 17; Neudecker 1988, p. 162 n. 21.2

Il 7 gennaio 1774 Gavin Hamilton scrisse da Roma offrendo a Charles Townley un gruppo di due levrieri per 50 sterline (n. 204). Tale scultura era considerata la migliore delle due, molto simili, rinvenute a Monte Cagnolo, ma sfortunatamente per Townley fu poi reclamata da Giambattista Visconti, l'Antiquario Pontificio, e l'inglese dovette accontentarsi della versione "inferiore" (Hamilton a Townley, 21 marzo 1774). In realtà sono entrambe molto belle, notevoli per la resa dell'atteggiamento affettuoso dei due animali.

Al gruppo Townley viene tradizionalmente attribuita una datazione coerente con la tesi di Hamilton secondo la quale il sito del ritrovamento corrisponderebbe alle rovine della villa imperiale di Antonino Pio. Una supposizione oggi non più sostenibile.

I due cani appartengono a un gruppo eclettico di sculture di varie epoche e stili scoperto nel medesimo sito. Quelle acquistate da Townley comprendono uno dei due gruppi raffiguranti *Atteone attaccato dai propri segugi*, e la *Sfinge* con il corpo di cane (n. 221). Hamilton non mancò di rilevare la singolarità che tante sculture dedicate a tali animali fosse-

ro presenti in un luogo chiamato appunto Monte Cagnolo. (IJ)

Vincenzo Pacetti 1746-1820
206. *Il gruppo vaticano di due cani da Monte Cagnolo*, 1777 ca
Matita nera, 17 × 21,5 cm
Trustees of the British Museum

Provenienza: Commissionato da Charles Townley durante la sua permanenza a Roma nel 1777, acquistato dal British Museum presso Peregrine Towneley nel 1814. Library of the Department of Greek and Roman Antiquities, Townley Collection
Bibliografia: Inedito. Townley, MS Papers, come indicato sotto

Nei suoi scritti Townley designa in vari modi l'artista autore del disegno in esame: "l'allievo di Pacilli", "Vincenzo" o "Vincenzo Pacetti". Anche se era in realtà uno scultore, formatosi nella bottega di Vincenzo Pacilli (m. 1772), Pacetti fu impiegato in diverse occasioni da Townley come disegnatore di sculture. Si trattava di opere acquistate da Townley stesso (n. 217) oppure, come in questo caso, di sculture che aveva visto durante la sua permanenza a Roma. Il presente disegno rivestiva un particolare significato per Townley, in quanto raffigurava una scultura che egli aveva inteso acquistare e che invece venne reclamata dal Vaticano (n. 204). Fa parte di un gruppo di disegni, tutti di sculture presenti in Vaticano, commissionati da Townley a Pacetti durante la terza e ultima visita a Roma. Una voce del suo libro dei conti recita: "9 aprile 1777 a Vincenzo Pacetti per disegni di teste e figure nel nuovo Museo Vaticano". (IJ)

207

Louis-Gabriel Blanchet
1705-1772
207. *Apollo Belvedere*, 1765 ca
Grisaille, 97,2 × 73 cm
Saltram, The Morley Collection
(The National Trust)

Provenienza: Per discendenza al quinto conte di Morley, Saltram, in seguito trasferito insieme con la residenza al National Trust
Bibliografia: St John Gore 1969, p. 252; Keaveney 1988, p. 288. Per la statua, cfr. Haskell e Penny 1981, pp. 148-151 n. 8, fig. 77; Bober e Rubinstein 1986, pp. 71-72 n. 28

Questa raffigurazione dell'*Apollo Belvedere* (Musei Vaticani, Cortile Ottagono, già Belvedere; cfr. n. 202) in un paesaggio idealizzato dell'antica Grecia fa parte di una serie di otto grisaille di statue classiche, alcune firmate e datate 1765, tra cui marmi famosi come l'*Ercole Farnese* (Museo Archeologico Nazionale, Napoli, già nel cortile di palazzo Farnese a Roma) e l'*Ermafrodito dormiente* (Louvre, già a villa Borghese). Dal rinascimento in poi, l'*Apollo* fu una delle statue in assoluto più ammirate; copie a grandezza naturale in bronzo, marmo e gesso furono realizzate per monarchi, collezionisti e accademie d'arte.
Nel 1755 Winckelmann (*Gedanken über die Nachahmung der griechischen Werke* [*Pensieri sull'imitazione dell'arte greca*]) lo definì il "coronamento del meglio che la natura, l'arte e la mente umana possano produrre". Nessun turista in visita a Roma mancava di rendere omaggio all'*Apollo* e praticamente tutti ne compravano un souvenir, in scala ridotta, in marmo, bronzo, avorio e altri materiali incluso il micromosaico (n. 247).
Blanchet, pittore e disegnatore francese giunto a Roma nel 1728 e qui morto nel 1772, si guadagnò principalmente da vivere dipingendo ritratti (gliene furono commissionati anche dagli Stuart in esilio a Roma). Nel 1758 condivise l'alloggio con l'artista inglese William Forrester nei pressi di piazza di Spagna. (IB)

208

Jean Grandjean 1752-1781
208. *Monsieur Hviid indica l'intervento di restauro sull'"Antinoo Albani" nel Museo Capitolino*, 1780
Matita nera con lumeggiature bianche, 53,5 × 40,5 cm
Iscritto: "J. Grandjean Roma 1780" e "Portrait de monsr. Hviid"
Rijksprentenkabinet, Rijksmuseum, Amsterdam

Provenienza: ...; Rijksmuseum Amsterdam. Inv. Kat. E-AMS 7447-1971-72
Esposizioni: 's-Hertogenbosch 1984 (111)
Bibliografia: Amsterdam 1971-72, p. 19 n. 14. Per la statua, cfr. Haskell e

Penny 1981, pp. 143-144 n. 5, fig. 74

Il 15 dicembre 1733 Clemente XII (Lorenzo Corsini, papa dal 1730 al 1740) acquistò per il Museo Capitolino (cfr. n. 209) la collezione di 408 marmi antichi raccolti dal cardinale Alessandro Albani. Entro il 1738 erano esposti nelle sale del Palazzo Nuovo, e all'inizio del nono decennio una delle statue più ammirate di Roma era l'*Hermes* raffigurato da Grandjean.
Presumibilmente rinvenuto nella villa Adriana a Tivoli, è stato descritto come "Antinoo" nell'inventario Albani del 1733.
Prima che la statua venisse esposta al pubblico, Pietro Bracci ne fece un

pesante restauro, aggiungendovi un braccio e una gamba e riparando altre parti. Il "Monsieur Hviid" che indica l'intervento di restauro sotto il ginocchio sinistro, è l'orientalista e teologo olandese Andreas Christian Hviid (1749-1788), che soggiornò a Roma nel 1779-80.
Grandjean, disegnatore olandese di talento, arrivò a Roma nel 1779 e frequentò l'atelier dello scultore Alexander Trippel.
Morì solo due anni dopo il suo arrivo, ma riuscì a produrre notevoli studi dall'Antico e da modelli viventi, vedute di Roma e della sua campagna nonché illustrazioni per il poema storico *Germanicus* di Lucretia Wilhelmina van Merken. (IB)

261

209

Hubert Robert 1733-1808
209. *Un disegnatore nel Museo*
Capitolino, 1763 ca
Sanguigna, 33,5 × 45 cm
Le Musée de Valence

Provenienza: Dalla collezione di
Julien-Victor Veyrenc (1756-1837),
da cui donato alla città di Valence,
1835. Inv. D.80
Esposizioni: Roma 1991 (119)
Bibliografia: Beau 1968, n. 26; de
Cayeux 1985, pp. 143-146 n. 28,
ripr. a col. p. 58. Per il Museo Capitolino, cfr. Pietrangeli 1964/1995 (1),
pp. 182-184; Pietrangeli 1971/1995
(1), pp. 189-190; Franceschini 1987,
pp. 63-72; Franceschini 1993, pp. 73-
80; Arata 1994, pp. 45-94

Il Museo Capitolino fu aperto al
pubblico nel 1734 "per la curiosità
de' forestieri, e dilettanti, e comodo
de' studiosi" (*motu proprio*, 27
dicembre 1733; citato in Franceschini 1987, p. 64), subito dopo che
papa Clemente XII aveva acquistato

la collezione Albani di marmi antichi
(cfr. n. 208) ed era stato designato il
primo Presidente e Antiquario, il
marchese Alessandro Gregorio Capponi. Circa un decennio più tardi,
nel 1747-48, Benedetto XIV (Pro-
spero Lambertini, papa dal 1740 al
1758) ordinò la costruzione di una
sala per ospitare la Pinacoteca Capitolina, la prima collezione pubblica
romana di dipinti, mentre nel 1754
fu istituita l'Accademia del Nudo in
Campidoglio. Il Campidoglio divenne
ne un centro ideale per l'educazione
artistica: offriva agli artisti la possibilità di disegnare dall'Antico, di
copiare i dipinti dei grandi maestri
del passato e di studiare la figura
umana dal vivo. (Si usavano soltanto
modelli maschili, come all'Académie
de France, istituita a Roma nel
1666.) Parecchi marmi antichi
acquistati dal governo pontificio,
compresi reperti di recente scoperta,
trovarono posto nel Museo Capitolino finché non venne creato il Museo
Pio-Clementino nel 1771 (nn. 193-

203). Perciò è naturale che il disegnatore raffigurato da Hubert Robert – un artista qualsiasi che studiava a Roma intorno al 1763 – sia seduto sul pavimento del portico al
pianterreno del Museo Capitolino.
Le statue che figurano nel disegno
sono state elencate da Marguerite
Beau (1968), la quale ha rilevato
come alcune di esse fossero all'epoca
collocate altrove. Per la disposizione
originale delle sculture, cfr. Arata
1994.

Questo disegno appartiene a una
serie di studi della piazza del Campidoglio e dintorni, eseguiti da Robert
nel 1762, ma, come il disegno *Le sta-*
tue del Museo del Campidoglio (Musée de Valence, inv. D.81; cfr. Beau
1968, n. 27), non è datato. Secondo
Catherine Boulot e Jean-Pierre Cuzin (Roma 1991, n. 119), fu probabilmente eseguito nel 1763. Una sua
copia in controparte, verosimilmente di Jean-Robert Ango, è conservata
al Fogg Art Museum di Cambridge,
Mass. (Roma 1991, p. 252 n. 179),

210

211

mentre una rappresentazione simile di Robert, *Un disegnatore nella galleria delle antichità*, è stata posta in vendita al Palais Galliéra di Parigi il 31 marzo 1962 (n. 63, tav. XXVI). (IB)

Anonimo
210. *Perseo e Andromeda*,
I secolo a.C.
Sardonica, 3,1 × 2,8 cm
Museo di Stato Ermitage,
San Pietroburgo

Provenienza: Acquistato da Caterina di Russia presso Anton Raphael Mengs nel 1780; entrato a far parte, successivamente, della collezione dell'Ermitage
Bibliografia: Furtwängler 1900, p. 263, tav. 58.1; Neverov 1971, p. 80 n. 26

Perseo, nudo, a eccezione dei sandali alati, è presentato seduto su una roccia, mentre mostra la testa della Gorgone ad Andromeda. Questo antico cammeo può essere confrontato con un disegno tratto da esso che Thomas Jenkins inviò a Charles Townley nel 1780 (n. 211).
Sull'attività di Jenkins come mercante di gemme, Adolf Michaelis riferisce questo divertente aneddoto: "Sembra che un povero *valet de place* avesse acquistato per pochi soldi un cammeo e chiedesse il parere di Jenkins sul suo valore. Questi glielo pagò la raguardevole somma di novecento sterline, dicendogli: 'Sei un pover'uomo. Posso fare la tua fortuna senza rimetterci. Eccoti quattromila scudi'. Il fortunato, prosegue la storia, si fece costruire con quel denaro una casa e sopra la porta pose la scritta: 'Questa casa è fatta d'una sola pietra'." (Michaelis 1882, pp. 75-76). Jenkins era un abile mercante e la sua viva intelligenza emerge nell'espressivo ritratto realizzato da Anton von Maron, conservato presso l'Accademia di San Luca (n. 156). Un altro ritratto, opera di Angelica Kauffmann (National Portrait Gallery, Londra), mostra Jenkins con la nipote in un immaginario scenario pastorale con il Colosseo sullo sfondo. Era in questo edificio che Jenkins, secondo lo scultore Joseph Nollekens, mandava avanti uno dei suoi traffici meno rispettabili. Nollekens riferisce che in un angolo dell'antica arena egli celava un laboratorio di artigiani impegnati a tempo pieno nella fabbricazione di falsi sigilli antichi, che vendeva poi in gran numero ai turisti. Ne regalò alcuni a Nollekens perché tenesse la bocca chiusa su quanto aveva visto. Jenkins commerciava anche in gemme antiche e lo stesso Townley acquistò da lui, oltre che da James Byres, parecchi cammei, sigilli incisi e paste vitree di prezzi più contenuti. (IJ)

Friedrich Anders n. 1734 ca
211. *Il cammeo di Perseo e Andromeda*, 1780
Matita nera, 18,7 × 17 cm
Trustees of the British Museum

Provenienza: Thomas Jenkins; inviato a Charles Townley da Roma nel 1780; acquistato per il British Museum presso Peregrine Towneley nel 1814. Library of the Department of Greek and Roman Antiquities, Townley Collection
Bibliografia: Inedito. Townley, MS Papers, come indicato sotto

Gli antichi cammei erano molto ricercati nel XVIII secolo e prezzi dell'ordine di cinque o seicento sterline non erano infrequenti. Il 17 giugno 1780 Thomas Jenkins scrisse a Townley per informarlo di aver chiesto a Friedrich Anders di eseguire un disegno del cammeo che Caterina di Russia aveva appena acquistato per trecento corone dalla collezione del pittore Anton Raphael Mengs.
Jenkins spedì il disegno con la sua successiva lettera, datata 1 luglio, e Townley annotò: "Cammeo di sardonice originariamente di proprietà del pittore Menx [*sic*], acquistato da Mr Jenkins per £ 400 e da questi venduto all'imperatrice di Russia per £ 500". (IJ)

Nathaniel Marchant
1739 ca -1816
212. *Cleopatra*, 1774 ca
Sarda bruna, 2,4 × 2,8 cm,
montato su un anello d'oro
Firmato: "MARCHANT F. ROMAE"
The Royal Collection
Sua Maestà la Regina d'Inghilterra
Elisabetta II

Provenienza: Dalla collezione di Thomas Coke, in seguito primo conte di Leicester; entrato a far parte della Royal Collection in data ignota. Intaglio n. 11
Bibliografia: Marchant 1792, LXXIV; Seidmann 1987, pp. 9 e 47 n. 35, fig. 43. Per la scultura, cfr. Haskell e Penny 1981, pp. 184-187 n. 24, fig. 96; Bober e Rubinstein 1986, pp. 113-114 n. 79

La scultura detta *Cleopatra* fu così denominata per via del braccialetto a forma di serpente avvolto intorno al braccio sinistro. Da sempre una delle sculture predilette dai visitatori stranieri a Roma, ai tempi di Nathaniel Marchant era situata a un'estremità della galleria delle Statue nel Museo Pio-Clementino (cfr. nn. 199, 200). Ad ammirarla, tra gli altri *Grand Tourists*, c'era il giovane Thomas Coke, destinato a diventare primo conte di Leicester. La scultura compare in un magnifico ritratto di Coke eseguito nel 1774 da Pompeo Batoni (Clark 1985, pp. 332-333 n. 377, tav. 11), su incarico della contessa Louisa d'Albany, moglie di Charles Edward Stuart, pretendente al trono d'Inghilterra e allora residente a Roma: l'inserimento della scultura costituisce forse un deliberato riferimento alla contessa e alla sua supposta relazione con Coke. Gertrud Seidmann ha suggerito che anche l'intaglio di Marchant sia stato commissionato da lei.
Mentre i cammei antichi erano considerati più pregiati di quelli moderni, gli intagli, fossero essi antichi o moderni, se di qualità paragonabile, erano ugualmente costosi. Marchant era specializzato in intagli raffinati, molti dei quali erano, come questo,

copie in miniatura di sculture classiche. (IJ)

213-215. *La collezione di Charles Townley*

Tra i *Grand Tourists* che visitarono l'Italia nel XVIII secolo, Charles Townley (1737-1805) fu uno dei più coscienziosi. Figlio di uno *squire* cattolico del Lancashire, morto quando egli aveva quattro anni, Townley ricevette un'educazione cosmopolita a Douai e Parigi, prima di ritornare in Inghilterra, al compimento della maggiore età, per prendere possesso del considerevole patrimonio lasciatogli dal padre. Il decennio successivo lo dedicò a condurre l'allegra vita del gentiluomo di campagna e a ingrandire i possedimenti dei Towneley, finché nel 1767 partì per un viaggio che avrebbe trasformato la sua vita. Compì non meno di tre Grand Tour, nel 1767-68, nel 1771-74 e nel 1776-77; ne era stato programmato un quarto per il 1779, ma dovette essere annullato a causa dello scoppio della guerra con la Francia. Il ciclo dei viaggi di Townley in Italia coincise con un periodo di frenetica attività nel mercato antiquario, dominato a Roma dai mercanti Thomas Jenkins, Gavin Hamilton e James Byres. Si stava anche procedendo all'allestimento del nuovo Museo Pio-Clementino (cfr. nn. 193-203) e, in un clima di feroce concorrenza, gli intermediari di Townley dovevano servire contemporaneamente sia il papa che la clientela privata. Più d'una volta le sue speranze di realizzare un importante acquisto furono frustrate dalla prelazione dell'Antiquario Papale sulle nuove scoperte archeologiche. Negli intervalli tra le sue visite in Italia, Townley fu impegnato a regolarizzare gli acquisti effettuati mentre si trovava all'estero e ad assicurarsi nuove acquisizioni per corrispondenza.
Tenne meticolose registrazioni delle spese che, insieme con i diari e le innumerevoli lettere, forniscono un quadro straordinariamente completo

212

Fig. 9. Friedrich Anders, *Disegno dell'Endimione dormiente*, matita nera. Trustees of the British Museum.

della vita, delle frequentazioni e degli interessi di questa importante figura dell'Illuminismo.

Townley fu un personaggio insolito, nell'ambito della sua generazione di *Grand Tourists*, per l'eccezionale dedizione alle ricerche di antichità. Escluso, per via della sua religione, da un ruolo importante nella vita pubblica, trasformò in un'occupazione a tempo pieno ciò che per i suoi contemporanei era solo un passatempo. Persino la notevole passione per le antichità di sir William Hamilton dovette cedere il passo agli incarichi diplomatici e fu comunque ripartita con altri interessi, tra i quali i vulcani, il giardinaggio e la seconda moglie Emma. Quella di Townley, invece, assecondata da un'inesauribile disponibilità di tempo e da risorse finanziarie apparentemente illimitate, fu una passione ossessiva. Dall'epoca del suo primo viaggio in Italia fino alla morte, avvenuta nel 1805, egli accumulò una quantità incredibile di opere classiche e di altro genere, sculture, vasi, bronzi, monete, sigilli incisi, terrecotte, gioielli, manoscritti, disegni e dipinti di antichi maestri. A ciò si aggiungevano una vasta biblioteca e moltissimi disegni e stampe di soggetti antichi, che Townley utilizzava per studiare la propria collezione e quelle di altri antiquari del passato e contemporanei.

I disegni delle antichità classiche raccolti da Townley offrono un quadro affascinante di quello che era l'archivio di lavoro di un collezionista e connoisseur del Settecento: essi includono sia opere di artisti contemporanei, sia studi tratti da collezioni più antiche. I disegni da lui acquisiti dopo lo smembramento del secentesco Museo Cartaceo di Cassiano dal Pozzo sono già stati oggetto di grande attenzione, ma si tratta solo di una minima parte del materiale di riferimento di cui si componeva la sua biblioteca, rimasta finora in prevalenza inesplorata dagli studiosi: essa costituisce una fonte ricchissima sia per i contenuti archeologici sia per la luce che può gettare, abbinata ad altri documenti, sulle modalità

del commercio di opere antiche nella seconda metà del XVIII secolo. Diversi esempi sono inseriti in questo catalogo, ma, a titolo illustrativo, se ne può citare qui un altro, non presente in mostra. Dagli scavi di Gavin Hamilton a Roma Vecchia proviene il cosiddetto *Mercurio*, da identificare probabilmente come *Endimione*, che, sebbene scoperto da Hamilton, fu venduto a Townley da Thomas Jenkins. In una lettera datata 11 febbraio 1775 Jenkins promette a Townley uno schizzo (fig. 9) inteso a destare il suo interesse per quella scultura: "La sola persona a cui potevo affidare la realizzazione di questo schizzo era il signor Muller, e da esso Anders (cfr. n. 220) trarrà un disegno che le invierò la prossima settimana, poiché non posso separarmi da quello di Muller che è tutto ciò che ho del pezzo che tanto stimo". Questo genere di discorsi da vero venditore è tipico delle lettere con cui Jenkins gettava l'esca che avrebbe allettato il suo cliente a fare un acquisto. Il disegno coincideva con la fase della "seduzione" e spesso veniva inviato solo dopo aver risvegliato l'interesse del collezionista con una descrizione scritta. In questo caso il disegno seguì tempestivamente, venendo spedito con la lettera di Jenkins del 18 febbraio 1775.

Dalla corrispondenza di Gavin Hamilton con Townley ricaviamo qualche ulteriore chiarimento sulle circostanze relative alla vendita dell'*Endimione*. Il 28 luglio 1774 Hamilton scriveva: "Non ricordo se l'ho informata del mio successo in una piccola operazione di scavo che ho realizzato a tre miglia dalla Porta di San Giovanni, dove mi sono divertito per circa due settimane in mezzo al caldo e dove sono stato così fortunato da trovare una graziosa figura di giovane addormentato simile a Mercurio benché senza ali né caduceo". Nonostante la sua ammirazione per questa scultura, Hamilton non la raccomandò a Townley, fatto di cui quest'ultimo si sarebbe alquanto lamentato quando il pezzo passò successivamente da

Hamilton a Jenkins, che se lo fece pagare piuttosto salato (minuta della lettera di Townley a Hamilton del 3 marzo 1775 e risposta di Hamilton del 6 aprile).

La presente mostra comprende numerose sculture, e i relativi documenti, scelte dalla collezione di Charles Townley per illustrare le modalità del collezionismo sia nel corso del Grand Tour sia successivamente in Inghilterra. (IJ)

William Chambers attivo 1794
* **213.** *I marmi di Townley nel vestibolo al n. 7 di Park Street, a Westminster*, 1794
* **214.** *I marmi di Townley nella sala da pranzo al n. 7 di Park Street, a Westminster*, 1794
Entrambi penna e inchiostro, acquarello e tocchi di gouache, lumeggiati con gomma arabica, 39 × 53 cm
Trustees of the British Museum

Provenienza: Per discendenza a lord O'Hagan; venduti con i Townley Papers presso il Book Department di Sotheby's, 22 luglio 1985 (559); venduti nuovamente presso Sotheby's, 12 aprile 1995 (90) e acquistati dal British Museum. Prints and Drawings Department inv. PD 1995-5-6-9/8
Bibliografia: d'Hancarville, MS Catalogue; Townley, Miscellaneous Documents; Cook 1977 e 1985, pp. 8-9, fig. 1 e pp. 44-45, fig. 41; Vaughan 1995. Per Townley e i Cosway, cfr. Walker 1986, pp. 318-324; Lloyd 1995

Questi disegni sono stati attribuiti all'artista, e amica di Charles Townley, Maria Cosway, ma risultano essere di mano di un disegnatore minore, William Chambers, da non confondere con il famoso architetto omonimo. Questa attribuzione è stata assegnata e comunicata a chi scrive da Gerard Vaughan, che ha esaminato le ricevute di pagamento. A giudicare dalle annotazioni sui disegni di Townley relativi alle sue antichità conservati presso il British Museum e dagli appunti nel suo diario per gli anni 1790-1800, Chambers faceva parte di un gruppetto di disegnatori abitualmente utilizzati da Townley.
Questi disegni mostrano la collezione nella sua maturità, quando Townley aveva smesso da tempo di visitare l'Italia e il *Discobolo* – l'ultimo acquisto importante proveniente dagli scavi laziali (cfr. n. 170) – vi era già stato incluso. A quell'epoca, la residenza di Townley era già divenuta uno dei luoghi d'attrazione di Londra e nei disegni Chambers ha inserito visitatori in varie pose: intenti a esaminare le sculture, a consultare una guida e a eseguire schizzi.
Il vestibolo è dipinto in un intenso rosso archeologico, con affreschi *trompe l'œil* sul soffitto rappresentanti *columbaria* con urne e vasi sepolcrali, che richeggiano le nicchie a *columbarium* delle pareti e il tema sepolcrale di molte delle sculture stesse; un dato che viene opportunamente commentato da d'Hancarville nel suo catalogo manoscritto della collezione (cfr. n. 215).
Particolare risalto, nella rappresentazione dell'ambiente fornita da Chambers, assume la *Sfinge* (n. 221), incorniciata da un arco e montata su una vera da pozzo o puteale proveniente da palazzo Colombrano a Napoli (cfr. n. 224). La sistemazione simmetrica delle sculture, appese alle pareti o a esse accostate, in entrambe le sale, è esemplificata dalla collocazione della *Sfinge*, dalla disposizione degli oggetti che la circondano e dalla loro ambientazione architettonica.
Per lo schema decorativo e iconografico della sala da pranzo disponiamo anche della descrizione di d'Hancarville: "L'intento della decorazione di questa sala era soprattutto quello di attirare l'attenzione dell'osservatore su ciascuno dei marmi in essa contenuti e, a questo scopo, si è cercato di guidare lo sguardo sugli spazi racchiusi dalle colonne che, essendo di color rosso cupo, evitano che esso si smarrisca su troppi oggetti contemporaneamente. Queste colonne scure di contro allo sfondo azzurro, appositamente studiato per far risaltare i marmi, evitano che essi si confondano con gli oggetti vicini. Tale disposizione nulla toglie al carattere della sala, destinata ad accogliere il tavolo da pranzo: tutti gli ornamenti si riferiscono infatti agli attributi di quelle divinità che gli antichi ritenevano presiedessero ai banchetti. Le colonne ioniche, in scagliola perfettamente somigliante al porfido, sorreggono una trabeazione, il cui fregio è ornato con festoni d'edera e trofei composti con gli strumenti impiegati nelle orge. I capitelli delle colonne sono ripresi da un antico modello trovato a Terracina: l'echino è coperto da tre maschere rappresentanti i tre generi dell'antico dramma (comico, tragico e satirico) e sostenute da un filo di perle; l'abaco è ornato con tralci d'edera; le volute formano una cornucopia da cui fuoriescono spighe di grano e foglie d'edera, piante sacre a Bacco e Cerere; un fiore forma l'occhio della voluta, che termina in una pigna. La scelta e la disposizione di queste decorazioni non lascia alcun dubbio sul fatto che i capitelli fossero concepiti per segnalare un edificio consacrato a Bacco e Cerere, le feste e i misteri dei quali erano celebrati insieme nel famoso tempio di Eleusi".
Ci troviamo di fronte alla rara indicazione di un deliberato intento tematico nella disposizione delle sculture. A questo proposito Brian Cook ha osservato: "Per quanto si debba riconoscere che i famosi pranzi che Townley offriva in questa sala difficilmente avrebbero potuto essere qualificati come 'orge', molte delle sculture scelte per la sala da pranzo richeggiano il tema di Bacco e Cerere e del 'banchetto'" (Cook 1977, p. 47).
L'affermazione di d'Hancarville circa il capitello di Terracina è confermata da un disegno inedito di Vincenzo Brenna (fig. 10; cfr. anche nn. 185-189). Questo interessante documento reca sul verso due iscrizioni, una delle quali di pugno di Townley: "Questo capitello giacente in mezzo alle rovine di un antico tempio ad Anxur, oggi chiamata Terracina, fu scoperto e disegnato da Vincenzo Brenna, architetto, nel nostro viaggio verso Napoli del marzo 1768, ed è stato in seguito pubblicato da Piranesi nei suoi Ornamenti Antichi. C.T.". La seconda iscrizione, anonima, recita: "Capitello per le colonne del signor Townley".
I capitelli furono quasi certamente

213

214

realizzati dalla ditta di artigiani specializzati in scagliola, Richter e Bartoli, responsabili anche per le colonne di finto porfido su basi di marmo, sulle quali vennero montati i capitelli. Il contratto di questa commessa è conservato tra le Townley Papers; il lavoro costò 160 sterline e 2 scellini. (IJ)

Johann Zoffany 1733-1810
215. *La biblioteca di Charles Townley al n. 7 di Park Street, a Westminster*, 1781-83
Olio su tela, 127 × 99 cm
Towneley Hall Art Gallery & Museums, Burnley Borough Council

Provenienza: Donato a Charles Townley dall'artista, per discendenza al Rt Hon Maurice Townley, terzo lord O'Hagan; venduto presso Christie's il 19 maggio 1939 (92) e acquistato per il Towneley Hall Museum and Art Gallery
Esposizioni: Washington 1985 (213, ripr. a col.); Madrid 1988 (32)
Bibliografia: Townley, MS Papers, come indicato sotto; Smith 1828, I, pp. 258-259; Webster 1976, p. 72 n. 95; Cook 1977, pp. 38-39, fig. 19; Cook 1985, pp. 30-37, fig. 30. Per d'Hancarville, cfr. Haskell 1987, pp. 30-45; per d'Hancarville, sir William Hamilton e il British Museum, cfr. British Museum Central Archive, Standing Committee Minutes da 1533 (8 novembre 1776) a 1619 (19 giugno 1778), e General Meeting Minutes da 762 (15 febbraio 1777) a 787 (30 maggio 1778)

Il 16 agosto 1781 Charles Townley scriveva all'antiquario scozzese James Byres residente a Roma: "Il signor Zoffany sta dipingendo, nello stile della sua *Tribuna* fiorentina, una stanza della mia casa, nella quale raffigura gli oggetti che predilige della mia collezione. Sarà un dipinto di straordinaria efficacia e realismo". La *Tribuna* di Zoffany (n. 91) era stata esposta alla Royal Academy nel 1780. Townley doveva averla vista in

quell'occasione e fu probabilmente sua l'idea che il pittore realizzasse qualcosa di simile, sia pure su scala più modesta, con la sua collezione e la cerchia dei suoi amici. Se anche fu Townley a proporre il soggetto, pure non vi fu passaggio di denaro tra lui e l'artista. Ampiamente completato già nel 1783, alla partenza di Zoffany per l'India, il dipinto fu esposto alla Royal Academy nel 1790, dopo il ritorno dell'artista. Nel luglio 1798 Zoffany modificò la tela per includervi il *Discobolo* che era stato scoperto solo nel 1791 a villa Adriana (Diario di Townley, 7 luglio 1798 e segg.). Apportato questo ritocco finale, come registra il diario di Townley in data 9 agosto 1798, Zoffany, che stava progettando un nuovo viaggio in India, donò il dipinto a Townley.

Questo quadro non intende, né intese mai, offrire una rappresentazione esatta della biblioteca e del suo contenuto. J.T. Smith ha riassunto sinteticamente il metodo di Zoffany: "Tutti i marmi migliori disseminati in varie parti della casa furono introdotti nel dipinto dall'artista, che li riunì in una pittoresca composizione secondo il proprio gusto". Da altre fonti visive e scritte è possibile sapere quali elementi dell'ambiente furono conservati: per esempio, il camino e la libreria con la sua nicchia erano nella stessa posizione in cui sono rappresentati nel dipinto. Anche alcune delle sculture, come il *Gruppo del satiro e della ninfa* (n. 225), erano effettivamente presenti nella biblioteca.

Charles Townley è seduto sulla destra del dipinto, con ai piedi il cane preferito, Kam. In secondo piano vi sono, a destra, Thomas Astle (1735-1803) e, a sinistra, Charles Greville (1749-1809). Studioso di antichità e appassionato collezionista, specialmente di manoscritti, Astle stava allora lavorando al suo *The Origin and Progress of Writing*, pubblicato nel 1784. Era funzionario capo del Record Office alla Torre di Londra, dove divenne conservatore degli archivi nel 1783. Il trattato di Astle,

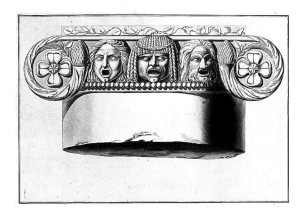

Fig. 10. Vincenzo Brenna, *Disegno del capitello di Terracina*, penna, inchiostro e acquarello grigio. The Board of Trustees of the Victoria and Albert Museum.

una storia universale della scrittura molto nello spirito del tempo, intendeva offrire una rassegna completa della filologia comparata, speculando sulla natura e sulle origini di tutte le forme di comunicazione verbale e scritta tra le antiche razze del mondo. Greville era il secondo figlio del primo conte di Warwick e di Elizabeth, sorella di sir William Hamilton. Come il suo più celebre zio, era un collezionista di dipinti e antichità, ma soprattutto di reperti geologici, che alla sua morte andarono al British Museum. È più noto come l'amante di Emma Hart, che portò a vivere con lui lo stesso anno in cui fu realizzato questo dipinto.

La figura seduta al tavolo è Pierre François Hugues (1719-1805), meglio noto come barone d'Hancarville. Figlio squattrinato di un commerciante di stoffe che aveva fatto bancarotta, d'Hancarville si guadagnava da vivere col suo ingegno. Non troppo scrupoloso, abbindolò sir William Hamilton a Napoli, convincendolo a pagarlo anticipatamente per la realizzazione del catalogo della prima collezione di vasi del diplomatico. Quando, alla fine del 1769, i debiti e l'accusa di aver pubblicato opere pornografiche lo costrinsero ad abbandonare Napoli, d'Hancarville fuggì a Firenze, dove trovò una nuova fonte di lucroso guadagno nel granduca di Toscana. Ma a Firenze lo riagguantarono i suoi creditori e – dopo un soggiorno nella prigione per debitori e la finale, tormentata conclusione della pubblicazione del catalogo dei vasi di sir William Hamilton – partì nel 1776 alla volta di Londra. Là, ci informa una lettera di Townley a Richard Payne Knight, "moriva praticamente di fame, vagando per la città e rimediando da mangiare nelle bettole più squallide" (citato in Haskell 1987, pp. 40-41). Volle il caso che la sua presenza a Londra coincidesse con quella di sir William Hamilton, la cui infinita bontà d'animo procurò a d'Hancarville un incarico al British Museum per la compilazione del catalogo della collezione Hamilton acquistata per il museo nel

1772. Nel maggio 1777 il catalogo era completato ma, come al solito, d'Hancarville era andato molto oltre il programma originario e consegnò due pesanti tomi, nessuno dei quali conteneva il catalogo sommario che era stato previsto. Ne seguì un contenzioso finanziario che si trascinò per un intero anno. Questa volta sir William prese definitivamente le distanze da d'Hancarville, il quale nel frattempo aveva trovato una nuova fonte di sostentamento in Charles Townley, che aveva incontrato a Napoli nel 1768, durante il primo Grand Tour del collezionista. Egli affidò a d'Hancarville l'incarico di catalogare la propria collezione e un manoscritto per questo lavoro di pugno dello stesso d'Hancarville è conservato nella biblioteca del Greek and Roman Department del British Museum.

Il dipinto qui preso in esame suggerisce una conversazione erudita tra d'Hancarville e Townley, che sono rappresentati seduti con i loro libri: Townley rimase affascinato dall'originale maniera con cui d'Hancarville interpretava l'arte antica e l'influenza di questi sul collezionista dovette persistere anche dopo la sua definitiva partenza per Parigi nel 1785. (IJ)

Anonimo
216. *Testa dell'imperatore Marco Aurelio, col capo coperto da un velo e da una ghirlanda di spighe, montata su un busto moderno,*
170-180 d.C. ca
Marmo bianco, h 65 cm
Trustees of the British Museum

Provenienza: Acquistato da Gavin Hamilton presso la collezione Mattei; venduto a Charles Townley nel 1773 e acquistato per il British Museum alla sua morte nel 1805
Bibliografia: *Vetera Monumenta Mattheiorum*, 1776, II, p. 38, tav. 22; Smith 1904, p. 162 n. 1907; Wegner 1939, II, 4, p. 181; Cook 1985, p. 16; Kleiner 1992, pp. 270-273, figg. 234-238; Walker 1995, pp. 92-93, fig. 67.

I ritratti dell'imperatore romano Marco Aurelio (161-180 d.C.) sono tra i più affascinanti della ritrattistica antica. Il suo rigoroso attaccamento alla scuola filosofica stoica è riflesso dall'espressione grave e dalla lunga barba da filosofo. Qui, tuttavia, il velo e la corona di spighe indicano probabilmente il più particolare ruolo dell'imperatore come membro del Collegio degli Arvali, una confraternita che si riuniva per celebrare sacrifici in onore della dea della fecondità Dia.

Questa è tra le prime sculture di una serie che Charles Townley acquistò da Gavin Hamilton. La maggior parte di tali acquisti riguardò ritrovamenti degli scavi effettuati dallo stesso Hamilton, ma questo marmo costituisce un'eccezione, giacché proviene da un'antica collezione romana, la collezione Mattei, smembrata a partire dal 1770 circa. (IJ)

Vincenzo Pacetti 1746-1820
217. *Busto di Marco Aurelio*, 1773
Matita nera, 48,5 × 34,2 cm
(compresa la vecchia cornice)
Trustees of the British Museum

Provenienza: Commissionato all'artista da Charles Townley mentre si trovava a Roma nel 1773; acquistato per il British Museum da Peregrine Towneley nel 1814. Library of the Department of Greek and Roman Antiquities, Townley Collection
Bibliografia: MS Account book

È uno dei numerosi disegni dello scultore, restauratore e mercante d'arte Vincenzo Pacetti (cfr. n. 163) acquistati da Charles Townley nel 1773 nel corso del suo secondo Grand Tour. È assai probabile che faccia parte di un gruppo menzionato nel libro dei conti di Townley: "29 agosto 1773, pagati a Vincenzo pac, per undici disegni del mio busto ecc., ... Scudi 6, Baiocchi 40". Questi disegni sono conservati presso il Department of Greek and Roman Antiquities del British Museum e si riferiscono alle sculture acquistate da

217

216

218

219

220

Townley durante il suo secondo Grand Tour. (IJ)

Anonimo
218. *"Il cannibale". Frammento di una scultura rappresentante due ragazzi che si azzuffano per una partita di aliossi*, I secolo a.C. ?
Marmo bianco, parzialmente restaurato, h 68 cm
Trustees of the British Museum

Provenienza: Rinvenuto a Roma, nelle terme di Traiano (allora note come terme di Tito) nel XVII secolo e acquistato da Urbano VIII (Maffeo Barberini, papa dal 1623 al 1644), che lo diede al nipote Francesco Barberini; a palazzo Barberini fino al 1767, quando fu acquistato da Thomas Jenkins che a sua volta lo vendette a Charles Townley durante il primo Grand Tour di questi nel 1768; acquistato per il British Museum alla sua morte nel 1805
Bibliografia: MS Account book ("Marmi acquistati da Mr Jenkins, Roma 1768": £ 400); Townley, MS Catalogue, ff. 19-20; Smith 1904, pp. 110-111 n. 1756; Cook 1985, p. 10, fig. 2

Charles Townley acquistò le sue prime sculture nel corso del Grand Tour compiuto nel 1768, in un momento in cui venivano vendute numerose collezioni ospitate in ville e palazzi appartenenti a quelle che un tempo erano state le grandi famiglie di Roma. A questa prima fase del suo collezionismo appartiene il solo superstite di un gruppo di due ragazzi che litigano per una partita di aliossi, conservato a palazzo Barberini fin dall'epoca della sua scoperta, avvenuta nel XVII secolo. Ai tempi di Townley, questa scultura era più famosa di quanto avrebbe probabilmente meritato, poiché era stata identificata da Winckelmann nella sua *Geschichte der Kunst des Altertums* (*Storia dell'arte antica*; 1764) come una copia di un originale in bronzo dello scultore greco Policleto. Questa erronea supposizione si basava su un passaggio della *Naturalis Historia* di Plinio (lib. XXXIV, 55-56), dove si fa menzione di un gruppo di due ragazzi che giocano agli aliossi, opera di Policleto collocata nel palazzo dell'imperatore Tito. La coincidenza che questa scultura fosse rinvenuta in quelle che allora erano ritenute le terme di Tito indusse Winckelmann ad associarla con il gruppo di Policleto. Oggi, tuttavia, vi si ravvisa la versione di un'opera di molto posteriore, forse appartenente all'era romana stessa, oppure la copia romana di una precedente opera ellenistica. A Winckelmann va comunque il merito di averne identificato il soggetto, che prima di lui era stato definito come "uno schiavo che mangia un altro schiavo". (IJ)

Pompeo Batoni 1708-1787
219. *"Il cannibale"*, 1725 ca
Sanguigna, 34,8 × 47,4 cm
Iscritto sul verso: "Palazo [*sic*] Barberini numero 207. Statua di un [*sic*] Schiavo che mangia un'braccio umano"
Courtesy of the Prevost and Fellows of Eton College

Provenienza: Lascito di Richard Topham (1671-1730) alla Eton College Library. Topham Collection inv. 149
Bibliografia: Benaglio 1750-53/1894, pp. 15-66; Macandrew 1978, p. 149 n. 43, tav. 20; Clark 1985, pp. 48-49; Connor 1993, pp. 25-29

Quando ancora si trovava a palazzo Barberini, il cosiddetto *Cannibale* fu riprodotto in un disegno da Pompeo Batoni, che all'inizio della sua carriera si guadagnava da vivere realizzando copie di opere famose conservate nei palazzi romani. A questo scopo fu impiegato nello studio del pittore di soggetti storici, imprenditore e agente del Grand Tour, Francesco Ferdinandi, detto Imperiali. Secondo Francesco Benaglio, biografo settecentesco di Batoni, furono proprio le sue copie delle sculture classiche del cortile del Belvedere in Vaticano ad attrarre i suoi primi committenti inglesi. In molti dei suoi ritratti di *Grand Tourists* quelle stesse sculture compaiono come *parerga*.
Richard Topham, a quanto pare, non visitò mai Roma e acquistò per corrispondenza i suoi numerosi disegni di antichità, dapprima attraverso John Talman, quando questi dimorava a Roma, e in seguito tramite Imperiali. In tal modo Topham compose una specie di Roma su carta, comprendente non solo le collezioni, ma anche vedute delle loro ambientazioni architettoniche. (IJ)

Attr. Friedrich Anders n. 1734 ca
220. *"Il cannibale"*, 1768
Matita nera, 16 × 20 cm
Trustees of the British Museum

Provenienza: Eseguito per Charles Townley all'epoca in cui acquistò la scultura nel 1768; acquistato per il British Museum presso Peregrine Towneley nel 1814. Library of the Department of Greek and Roman Antiquities, Townley Collection
Bibliografia: Inedito. Per i disegni raffrontabili della collezione della londinese Society of Antiquaries, cfr. Pierce 1965, pp. 200-229

Questo disegno è molto diverso dallo studio accademico dello stesso soggetto realizzato da Pompeo Batoni (n. 219). Fu eseguito per Charles Townley nel 1768, all'epoca in cui questi acquistò il cosiddetto *Cannibale*, frammento della scultura dei due ragazzi che si azzuffano per una

273

partita di aliossi (n. 218). Tra i disegni di Townley figura un gruppo stilisticamente distinto, relativo in larga misura alle antichità acquistate tramite Thomas Jenkins. In qualche caso questi disegni presentano tracce di piegatura e furono evidentemente inviati per posta, allegati alla corrispondenza di Jenkins col suo cliente. In altri casi, come il presente, furono realizzati per Townley mentre si trovava ancora in Italia, come documentazione di quanto aveva acquistato.

Poiché era un pittore capace e, presumibilmente, anche un bravo disegnatore, è naturale supporre che fosse Jenkins stesso l'autore dei disegni. È questa certamente l'ipotesi accettata per una serie parallela di disegni attualmente presso la biblioteca della Society of Antiquaries. Essi si dividono in due gruppi: il primo fu inviato direttamente all'associazione con lettere accompagnatorie di Jenkins che riferiscono su importanti scoperte compiute a Roma e dintorni; il secondo le fu donato per il tramite di un cliente di Jenkins, il banchiere Lyde Browne di Wimbledon. Non è tuttavia per nulla certo che questi disegni siano effettivamente opera di Jenkins, benché alcuni di essi rechino iscrizioni come "Thos. Jenkins delin.". Non si tratta infatti di vere e proprie firme, bensì di iscrizioni apposte dal segretario dell'associazione, il quale ritenne che, poiché i disegni erano inviati da Jenkins, egli dovesse esserne anche l'autore. Nelle sue lettere alla Society of Antiquaries, Jenkins, peraltro, non afferma mai di avere realizzato egli stesso i disegni. In un caso due disegni di una scultura sono stati attribuiti a lui personalmente, ma nella sua lettera egli afferma semplicemente: "Me ne sto procurando due disegni" (Pierce 1965, p. 204).

È lo stesso tipo di linguaggio che Jenkins usa nella sua corrispondenza con Charles Townley quando si riferisce ai disegni, e restiamo nel dubbio circa quale artista ne sia l'autore. Ciononostante, attraverso una lettura attenta delle lettere di Jenkins a

Townley e l'esame stilistico comparativo dei disegni stessi, è possibile compilare un elenco di una certa consistenza di lavori attribuibili al pittore e restauratore di dipinti Friedrich Anders, o Dr Anders, come Jenkins lo designa talora. (IJ)

Anonimo
221. *La Sfinge Townley*,
II secolo d.C.
Marmo bianco, parzialmente
restaurato, h 73 cm
Trustees of the British Museum

Provenienza: Rinvenuto intorno al 1777-78 nel corso degli scavi di Gavin Hamilton a Monte Cagnolo; acquistato da Thomas Jenkins che lo vendette a Charles Townley nel 1780; acquistato per il British Museum alla sua morte nel 1805
Bibliografia: Townley, MS Papers, come indicato sotto; Townley, Catalogue, ff. 37-38, Statues n. 36; MS Account book, febbraio 1780-81, "pagato Jenkins £ 67.10s."; Smith 1904, p. 85 n. 1719

Si tratta di una sfinge seduta con testa femminile, corpo simile a quello di un levriero (cfr. nn. 204, 205) e coda di leone. Un blocco squadrato posto tra le ali suggerisce che servisse da supporto per un seggio o un tavolo. Thomas Jenkins offriva la scultura a Charles Townley con una lettera datata 5 agosto 1778, in cui accludeva due disegni che la raffiguravano (nn. 222-223) nei quali sono ancora evidenti i segni di piegatura indicativi del fatto che erano stati spediti per posta. Townley accettò l'offerta solo due anni dopo con una lettera datata 15 settembre 1780. La scultura gli pervenne nel marzo 1781, sfortunatamente con entrambe le ali rotte lungo vecchie e nuove crepe. Townley non sembrò troppo seccato e affermò che, benché non ritenesse che quella scultura occupasse un posto di prim'ordine nell'arte antica, era stato attratto dal soggetto (copia della lettera di Townley datata 20 marzo 1781). (IJ)

221 e 224

Attr. Friedrich Anders n. 1734 ca
222. *La Sfinge Townley*, 1778 ca
Matita nera, 14,5 × 13 cm
223. *La Sfinge Townley*, 1778 ca
Matita nera, 14,2 × 15,7 cm
Trustees of the British Museum

Provenienza: Inviati entrambi a Charles Townley da Thomas Jenkins, da Roma nel 1778; acquistati per il British Museum presso Peregrine Towneley nel 1814. Library of the Department of Greek and Roman Antiquities, Townley Collection

Cfr. n. 221. (IJ)

Anonimo
224. *La vera da pozzo Townley*,
I-II secolo d.C.
Marmo bianco, h 82 cm
Trustees of the British Museum

Provenienza: Si ritiene che sia stata rinvenuta a Capri; passata nella collezione di Giovanni Carafa, duca di Noia, e collocata a palazzo Colombrano, a Napoli, fino alla sua morte nel 1768; acquistata, insieme con numerose altre sculture, da Thomas Jenkins che la vendette a Charles Townley per £ 50 nel 1772; acquistata per il British Museum alla sua morte nel 1805
Bibliografia: Townley, MS Papers, come indicato sotto; Smith 1904, p. 411 n. 2541; Cook 1985, p. 15; Vaughan 1987, pp. 4-11

Si tratta di una vera da pozzo ornamentale su cui sono scolpite quattro scene a sfondo erotico che coinvolgono Ercole, Onfale, satiri, ninfe e un ermafrodito.
Giovanni Carafa, duca di Noia (1715-68), fu professore di matematica all'università di Napoli e autore della prima mappa accurata della città. Possedeva un'importante collezione di reperti naturalistici, dipinti e antichità, che fu smembrata alla sua morte. I suoi vasi greci entrarono a far parte delle collezioni reali di Capodimonte, molte delle sue belle raccolte di sigilli incisi – compresa un'importante serie di scarabei egizi – furono acquistate da sir William Hamilton e alcune delle sue sculture furono comprate da Thomas Jenkins e trasferite a Roma.
Le residenze imperiali nell'isola di Capri furono praticamente passate al setaccio nel XVIII secolo e questo puteale venne probabilmente rinvenuto e portato via dall'isola proprio a quell'epoca. A palazzo Colombrano se ne trovava un altro, che forse era a Napoli fin dal rinascimento, prima di essere portato a Roma (Michaelis 1882, p. 511 n. 36). Là fu venduto da Jenkins a James Hugh Smith Barry di Marbury Hall, che compì il suo Grand Tour nel 1771-76 e nel 1772-73 fu compagno di viaggio di Townley nell'Italia meridionale e in Sicilia, durante la seconda visita di Townley. Smith Barry permise a Jenkins di trasformare la sua vera da pozzo in un grande vaso ornamentale (n. 226). Compiaciuto del risultato, Jenkins scrisse a Townley dopo il suo ritorno in Inghilterra sollecitando il collezionista a rimandargli il puteale che aveva acquistato allo scopo di farlo modificare in maniera analoga (lettere del 5 gennaio e del 16 febbraio 1774). Townley non accolse il suggerimento, desiderando che il puteale fungesse da base per "il gruppo" vendutogli da Jenkins mentre era in Italia. Si trattava del *symplegma* di un satiro che lotta con una ninfa (n. 225), per il quale Townley aveva pagato la considerevole somma di 350 sterline. Questa scultura venne in seguito sistemata in una nicchia nella biblioteca al n. 7 di Park Street (n. 213) e il suo posto sul puteale fu occupato dalla *Sfinge* (n. 221). (IJ)

Vincenzo Pacetti 1746-1820
225. *Il gruppo del satiro e della ninfa montato sul puteale*, 1773
Matita nera, 56,1 × 41 cm
Iscritto: "32". Fa pendant con un altro disegno, iscritto: "31"
Trustees of the British Museum

Provenienza: Commissionato all'artista da Charles Townley a Roma nel

222

223

225   226

1773; acquistato per il British Museum presso Peregrine Towneley nel 1814. Library of the Department of Greek and Roman Antiquities, Townley Collection
Bibliografia: Inedito. Townley, MS Papers, come indicato sotto; MS Account book, "4 settembre 1773 a Vincenzo [Pacetti] per due disegni del pozzo e del gruppo scudi 7, baiocchi 20"; Smith 1904, p. 59 n. 1658; Cook 1985, p. 16

Charles Townley acquistò il puteale (n. 224) proveniente da palazzo Colombrano a Napoli come base per il gruppo costituito da un satiro che fa violenza a una ninfa. Quest'ultimo, restaurato da Giovanni Pierantoni, fu acquistato per la somma relativamente elevata di 350 sterline. Era stato rinvenuto nel 1772, mentre Townley si trovava in Italia, nella cosiddetta villa di Cassio sulla strada per Preneste, vicino alla villa Adriana a Tivoli. Quanto alla vera da pozzo Friedrich Anders eseguì per Townley il consueto disegno (attualmente al

British Museum insieme con gli altri lavori di Anders), mentre il pezzo veniva imballato e imbarcato per l'Inghilterra. Desiderando però sapere come sarebbe stato l'effetto d'insieme, il collezionista incaricò Vincenzo Pacetti di eseguire uno schizzo delle due sculture abbinate secondo la sistemazione prevista. Il libro dei conti di Townley menziona un pagamento per due disegni. Anche l'altro disegno è giunto fino a noi e rappresenta solamente il satiro e la ninfa. (IJ)

Anonimo
226. *Il "vaso Jenkins" dopo il restauro*
Tavola da Orazio Orlandi, *Le nozze di Paride ed Elena, rappresentate in un vaso antico nel museo del Signor Tommaso Jenkins*, Roma 1775
Acquaforte, 48,2 × 36,1 cm
Trustees of the British Museum

Provenienza: Inviato a Charles Townley da Roma da Thomas Jenkins;

acquistato per il British Museum presso Peregrine Towneley nel 1814. Library of the Department of Greek and Roman Antiquities, Townley Collection
Bibliografia: Vaughan 1987, p. 7, fig. 6

Il cosiddetto "vaso Jenkins" (cfr. n. 224) è un vaso ornamentale che incorpora un antico puteale scolpito, raffigurante il matrimonio di Paride ed Elena, cui assistono Eros e le Muse. Il pozzo fu trasformato in un vaso (cfr. n. 227) su disposizione di Thomas Jenkins e fu acquistato da James Hugh Smith Barry (durante il Grand Tour nel 1771-76) per Marbury Hall nel Cheshire. Nel 1976 fu acquistato per il National Museum of Wales di Cardiff. (IJ)

277

Attr. Claude François Nicole
m. 1783
227. *Il "vaso Jenkins" prima*
del restauro
Matita nera, 18,7 × 35 cm
Trustees of the British Museum

Provenienza: Per discendenza da
Charles Townley, insieme con altri
disegni, a John Townley; venduto nel
maggio 1865 a un certo "Rimel", da
cui passò a A.W. Franks, alla morte
del quale i Franks Drawings, come
venivano chiamati, passarono a C.H.
Read, che nel 1898 li lasciò in depo-
sito al British Museum. Library of the
Department of Greek and Roman
Antiquities, Franks Drawings (Cassiano dal Pozzo Collection)
Bibliografia: Michaelis 1882, p. 511
n. 36; Vermeule 1960, p. 16, f. 103
n. 109. Per i Franks Drawings, cfr.
Jenkins 1989, pp. 543-549

Il disegno presenta due antichi rilievi,
uno dei quali è una raffigurazione
parziale di un antico puteale in seguito trasformato nel cosiddetto "vaso
Jenkins" (nn. 224 e 226). Originariamente rilegato in uno dei due volumi
dei disegni provenienti dal secentesco
Museo Cartaceo di Cassiano dal Pozzo, il presente disegno è stato considerato un documento a sostegno della
storia precedente dell'antico puteale.
Si tratta, tuttavia, di un disegno settecentesco che non appartiene alle serie
riunite da Cassiano e che non rientra
neppure nel gruppo di carte aggiunte
al museo dai suoi successori. Va
senz'altro considerato estraneo al Museo Cartaceo e fu probabilmente aggiunto alla raccolta da Townley,
traendolo dalla sua collezione di immagini pittoriche, durante il periodo
in cui i Franks Drawings erano in suo
possesso. (IJ)

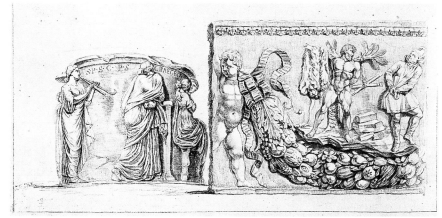

227

Anonimo
228. *Venere di Campo Iemini*,
metà del II secolo d.C.
Marmo greco, forse tasio, h 209 cm
(compreso il plinto). Restaurato alla
fine del XVIII e anche all'inizio del
XIX secolo
Trustees of the British Museum

Provenienza: Da una villa romana a
Campo Iemini, vicino a Torvaianica;
scavi condotti da Robert Fagan in
collaborazione con il principe Augusto, poi duca di Sussex, e con sir
Corbet Corbet, tra l'aprile e il giugno del 1794; esportata nel settembre 1800; entrata nella collezione del
principe del Galles, il futuro Giorgio
IV, a Carlton House a Londra; donata al British Museum da Guglielmo IV nel 1834
Bibliografia: Fea 1794/1836, II, pp.
185-193; Smith 1904, pp. 30-31 n.
1578; Neudecker 1988, p. 135 n.
3.5; Bignamini 1994, pp. 548-552;
Bignamini 1996

Questa *Venere* di tipo capitolino non
è stata esposta al pubblico per oltre
settant'anni. La storia della sua scoperta, della sua breve fama e della sua
graduale svalutazione dice molto sul
Grand Tour, l'archeologia e il gusto
per l'arte. Grazie al principe Augusto
(cfr. n. 164), nel settembre 1793 fu
rilasciata a Robert Fagan una licenza
generale per scavi nello Stato della
Chiesa, poi rinnovata nel 1796.
Nella primavera del 1794 Fagan e i

suoi soci intrapresero degli scavi a
Campo Iemini, un possedimento
appartenente alla famiglia Sforza
Cesarini. (Il sito giace oggi sotto
un'area densamente edificata della
moderna Torvaianica.) La *Venere* e
un'altra dozzina di statue furono rinvenute tra i resti di una villa romana.
L'archeologo Carlo Fea credeva che
il sito fosse in precedenza occupato
da un antico santuario e la scoperta
di questa importante *Venere* "greca"
suggerì che si potesse trattare del famoso tempio chiamato Aphrodision,
un'ipotesi che contribuì all'immediata fama della statua, la cui testa
(con naso integro) fu considerata
magnifica.
Il principe Augusto offrì la *Venere* al
fratello Giorgio, principe del Galles,
il futuro Giorgio IV, che l'accettò.
Non appena il restauro della statua
fu terminato, se ne fecero dei calchi
in gesso della sola testa, che vennero
inviati a diversi collezionisti inglesi, e
si presero accordi per la licenza di
esportazione. Intanto, però, l'Italia
veniva occupata da Napoleone Bonaparte e la *Venere Capitolina*, trafu-
gata dai francesi, prendeva la via di
Parigi (luglio 1798). Per ragioni
politiche e artistiche, la *Venere* di
Campo Iemini, ancora a Roma, fu
allora reclamata dalla città come perfetta sostituzione della precedente.
Ma il principe l'aveva promessa al
fratello e, poco dopo l'elezione di
Pio VII e il ritorno del papa a Roma

(luglio 1800), la statua fu esportata ed entrò a far parte della collezione del principe del Galles a Carlton House. Quattro anni dopo la morte di Giorgio IV (1830), il suo successore Guglielmo IV donò la statua al British Museum. Al suo arrivo, fu ritenuta un esemplare di scultura greca e collocata nel salone centrale del museo; più tardi, riconosciuta come copia romana, fu trasferita nella prima sala greco-romana. Ma alla fine, adducendo il fatto che era molto restaurata, fu depositata nei sotterranei, decisione presa con ogni probabilità nel periodo tra le due guerre mondiali.

Il pittore, scavatore e mercante d'arte inglese Robert Fagan condusse importanti scavi sulla Via Appia (n. 169), a Rocca di Papa nel 1794, a Privernum nel 1796, a Ostia nel 1794-1802 e in Sicilia, a Tindari e Selinunte, nel 1808-10. Nel 1804 fu costretto a vendere in blocco un centinaio di marmi al Museo Vaticano (per un catalogo, cfr. Bignamini 1996). (IJ)

228

Ricordi dell'Italia

Lo studio dell'arte era ben lungi dall'essere la sola, o anche la principale, motivazione per compiere un Grand Tour. Obiettivi più importanti erano spesso la comprensione della politica internazionale e l'acquisizione di preziosi contatti personali. C'era invero la possibilità di conseguire una buona padronanza nelle belle arti, ma il conte di Chesterfield così istruiva il proprio figlio: "Niente stupidaggini, mi raccomando. Non perdere le giornate a rovinarti la vista su intagli e cammei quasi impercettibili e non diventare uno specialista degli accessori... oltre un certo limite, finisce l'uomo di gusto e comincia il frivolo connoisseur" (lettera del 27 settembre 1749). Ma le austere priorità di Chesterfield non erano condivise da tutti i viaggiatori. Era naturale che i turisti, allora come oggi, cercassero souvenir o prove più consistenti dell'arricchimento culturale e dell'affinamento del gusto conseguiti all'estero. Molti di loro erano felicissimi di andarsene per l'Italia "a caccia di cianfrusaglie", per usare un'espressione di Chesterfield. Horace Walpole, a Roma nel 1740, ammetteva: "Ho fatto il pieno di medaglie, lampade, idoli, stampe ecc. e di tutte quelle cosette che posso permettermi di acquistare. Comprerei il Colosseo, se potessi" (lettera all'Hon. Henry Seymour Conway, 23 aprile 1740).

Furono pochi i paesi europei a non subire una qualche conseguenza concreta derivante da ciò che era stato visto o meditato in Italia. I britannici non furono i soli a rivedere l'architettura dei loro edifici pubblici e privati alla luce di Palladio o Vitruvio, e i palazzi in stile romano o veneziano sorti in Olanda, Svezia, Russia o Germania, come i loro equivalenti inglesi o irlandesi, erano circondati da giardini disseminati di imitazioni del tempio della Sibilla e di copie di sculture romane antiche e moderne, mentre gli interni sfoggiavano dipinti di antichi maestri racchiusi in luccicanti cornici dorate (la cornice dorata era in larga misura un prodotto d'importazione italiano), di tavoli intarsiati, ninnoli e souvenir fra i più svariati. C'erano album zeppi di disegni dei luoghi prediletti, che in Inghilterra venivano spesso eseguiti con le nuove azzardate tecniche all'acquarello. Analogamente, ventagli e servizi da tavola diventarono veicolo di rappresentazioni da cartolina delle vedute preferite. Molte residenze, dalle remote dimore di campagna, come Newby di William Weddell nello Yorkshire, ai palazzi, come il castello di Gustavo III a Stoccolma, comprendevano gallerie appositamente realizzate, sulla base di ricostruzioni archeologiche, nelle quali erano orgogliosamente esposte le collezioni di antiche sculture.

Al loro ritorno in patria, i turisti inglesi abbinarono diletto e cultura in un'istituzione assai appropriata: la Society of Dilettanti, fondata nel 1732 (cfr. nn. 254-255). Per tutto il resto del secolo i Dilettanti finanziarono lunghi soggiorni in Italia di artisti come William Pars (cfr. nn. 107 e 253), sovvenzionarono e pubblicarono ricerche archeologiche nella penisola e in molte altre parti del Mediterraneo. Quando il giovane J.M.W. Turner (cfr. n. 234) tentennò di fronte alla proposta di lord Elgin di accompagnarlo nella sua spedizione in Grecia nel 1799 e infine la respinse, stava segnando, certo senza rendersene conto, la fine della tradizione scientifico-topografica che stava alla base di tanti progetti dei Dilettanti. La sua decisione di lavorare indipendentemente da ogni patrocinio e di creare un nuovo linguaggio espressivo a partire dal paesaggio mediterraneo segnò l'inizio di una nuova era: quella dell'artista romantico. Le guerre rivoluzionarie che infuriarono nell'ultimo decennio del secolo posero fine a quella libertà di spostamenti attraverso l'Europa che i viaggiatori del Grand Tour avevano dato per scontata. Quando, nel 1796, Napoleone invase l'Italia e, l'anno successivo, a Campoformio, assegnò la Repubblica di Venezia all'Austria, conferì all'intera penisola un nuovo carattere: quello di territorio occupato. Portando a Parigi molte delle maggiori opere d'arte italiane, Napoleone compì l'atto culminante del collezionismo "turistico". Dovevano trascorrere due decenni prima che i viaggi potessero riprendere in modo normale: nel frattempo il mondo era radicalmente cambiato. L'età d'oro del Grand Tour era finita.

229

Charles-Louis Clérisseau
1721-1820

229. *Un ampio colonnato
con un edificio circolare a cupola*
Acquarello con sottostanti tracce
di disegno a matita nera,
33,7 × 49,2 cm
Iscritto sul verso: "No 3"
Syndics of the Fitzwilliam Museum,
Cambridge

Provenienza: Donato dal rev. J.W.
Whittaker (da un album di disegni
presumibilmente acquistati alla vendita dell'artista nel 1820) al Fitzwilliam Museum nel 1821
Esposizioni: Cambridge 1977 (senza
numero)
Bibliografia: McCormick 1963, p.
126

Clérisseau realizzò le sue più o meno
accurate rappresentazioni pittoriche
di antiche rovine principalmente
come souvenir destinati ai viaggiatori stranieri in Italia, soprattutto britannici. Altre erano però intese a
illustrare trattati archeologici, e spesso fornirono ispirazione al più insi-
gne dei suoi allievi, Robert Adam.
Nel disegno qui preso in esame, che
fa parte di una serie di vedute di fantasia, Clérisseau crea un immaginario complesso di rovine comprendente parecchi elementi tratti da edifici diversi. Il motivo dello schermo
di colonne corinzie, come pure quello della volta a botte a cassettoni,
furono utilizzati in modo ricorrente
nell'architettura di Adam, in particolare nella biblioteca di Kenwood,
1767-70 ca.
La collezione di acquarelli di Clérisseau del Fitzwilliam Museum comprende non meno di settantaquattro
fogli donati dal rev. J.W. Whittaker

nel 1821, che questi aveva probabilmente acquistato l'anno precedente
a Parigi alla vendita dell'artista. (LS)

230

**Charles-Louis Clérisseau
1721-1820**

* **230.** *L'interno di una camera
sepolcrale*, 1772
Gouache e acquarello,
42,5 × 57,2 cm
Firmato e datato in basso a sinistra:
"1772"
The Trustees of Sir John Soane's
Museum

Provenienza: Sir John Soane (1753-
1837)
Esposizioni: RA 1772 (50)
Bibliografia: McCormick 1990, pp.
159-160, fig. 135

Durante i suoi anni romani, dal
1749 al 1767, i clienti più entusiasti
di Clérisseau furono i *Grand Tourists*
inglesi, molti dei quali gli erano stati
presentati dagli architetti Robert e
James Adam, per i quali l'artista era
stato dapprima *tutor* di teoria architettonica e in seguito capo disegnatore. Nel 1757 Clérisseau accompa-

gnò Robert Adam a Spalato, sulla
costa dalmata, dove i due si dedicarono a studiare e a disegnare le rovine del palazzo di Diocleziano. Il risultato di questo viaggio fu un famoso libro di Adam, pubblicato nel
1764, che avrebbe avuto un'influenza decisiva sui primi sviluppi dell'architettura neoclassica in Inghilterra.
Nel 1771 Clérisseau andò in Inghilterra, dove rimase fino al 1773 o,
forse, fino al 1775, lavorando soprattutto in collaborazione con i fratelli
Adam, la cui attività di architetti
giunse all'apice proprio nell'ottavo
decennio. Non smise di realizzare
vedute di fantasia, che avevano sicuro mercato in Inghilterra, esponen-
dole presso la Society of Artists e la
Royal Academy: questo disegno fa
parte di un gruppo di quattro presentati appunto alla Royal Academy
nel 1772. "The London Chronicle"
del 2-5 maggio riferiva: "Essi... sono
di pregio non comune, sono notevoli per gusto, esattezza e varietà dei

colori – circostanza che raramente si
riscontra nelle composizioni architettoniche".
L'interno di una camera sepolcrale,
una replica con modifiche nei dettagli di una gouache realizzata nel
1771 (collezione privata, Francia),
mostra l'abilità di Clérisseau nell'infondere il senso del dramma in una
composizione ottenuta assemblando
una varietà di fonti antiche. Il sarcofago a destra, la scultura evocante la
cosiddetta *Cleopatra* a sinistra, l'urna
posta in una nicchia e i frammenti di
racemi sono disposti in una camera
con volta a botte e nervature, caratteristica di Clérisseau, incorniciata
da archi di diversa foggia: lo spettatore viene introdotto nella composizione dal gruppo di personaggi che
trasportano un cadavere e il disegno
è animato da un uso sapiente del
chiaroscuro. Non stupisce che l'opera di Clérisseau abbia ispirato numerosi imitatori o che John Soane – che
formò una collezione di disegni del-

231

l'artista francese – infondesse nei
propri studi architettonici un'analoga atmosfera. (LS)

**Charles-Louis Clérisseau
1721-1820**
231. *Disegno di una stanza in
rovina, Santissima Trinità dei Monti,
Roma*, 1766 ca
Gouache, penna e inchiostro nero
su matita nera, 36,5 × 53,3 cm
Iscritto sul verso: "Chambre
Executée par le Sieur [?] Clerisseau
aux Minimes / dans l'infirmerie
a la Trinité / [illeggibile] - à Rome
No 5"
Syndics of the Fitzwilliam Museum,
Cambridge

Provenienza: Donato dal rev. J.W.
Whittaker (da un album di disegni
presumibilmente acquistati alla vendita dell'artista nel 1820) al Fitzwilliam Museum nel 1821. Inv. 3607
Esposizioni: Kenwood 1974 (107);

Cambridge 1977 (senza numero);
Hayward Gallery 1978 (273)
Bibliografia: Winckelmann 1784, p.
234; Legrand 1799, f. 146r; McCor-
mick e Fleming 1962, pp. 239-243;
McCormick 1963, pp. 125-126; Mc-
Cormick 1990, p. 252 n. 37

Questa notevole espressione dell'"an-
ticomania" fu commissionata a Clérisseau da due suoi connazionali, i
matematici francesi Père Thomas Le
Sueur e Père François Jacquier, come
decorazione per la loro stanza nel
convento della Santissima Trinità
dei Monti. Le "stanze in rovina"
hanno origine nel manierismo, ma
Clérisseau potrebbe essere stato
anche influenzato dalle decorazioni
di Natoire nella Chapelle des
Enfants Trouvés a Parigi, i cui soffitti erano stati dipinti come in rovina
nel 1750.
Il suo tirocinio sotto Panini gli aveva
fornito un repertorio di composizioni di rovine che avrebbe sviluppato

con grande successo, superando il
maestro sia nell'accuratezza archeologica sia nel conseguimento di maggiori effetti pittoreschi.
Fu anche influenzato dall'interpreta-
zione delle antichità classiche fornita
da Piranesi.
Clérisseau probabilmente decorò
questa stanza poco prima di lasciare
Roma per Parigi nel 1766. Il primo
riferimento a essa è contenuto in una
lettera inviata da Winckelmann al-
l'artista nel 1767, ma la descrizione
più vivida è quella offerta da J.G.
Legrand nella sua biografia di Piranesi, pubblicata nel 1799: "Entran-
do, credete di vedere la *cella* di un
tempio adorna di antichi frammenti
sfuggiti alle ingiurie del tempo; alcune parti della volta e di una delle pareti sono crollate e sono sostenute da
vecchie impalcature attraverso le
quali può entrare la luce del sole. Il
tutto è reso con sapienza e realismo,
e il risultato è un'illusione perfetta.
Per accrescere ulteriormente questo

232

effetto tutto l'arredamento era in armonia... il camino una mescolanza di diversi frammenti, lo scrittoio un antico sarcofago danneggiato, la tavola e le sedie rispettivamente un frammento di cornicione e dei capitelli rovesciati. Il cane, fedele guardiano di questi arredi di nuovo genere, è rappresentato accucciato nei resti di una nicchia ad arco".

Questo disegno, replica dell'originale attualmente all'Ermitage di San Pietroburgo (insieme con un altro disegno della stessa stanza), mostra una parete esattamente corrispondente alla descrizione di Legrand. La stanza è tuttora esistente.

Molto simili ai disegni per la stanza in rovina della Santissima Trinità dei Monti sono quelli realizzati da Robert Adam all'epoca in cui lavorava sotto la guida di Clérisseau, alla metà del sesto decennio, alcuni dei quali furono in seguito adattati per un progetto di finte rovine a Kedleston. (LS)

Richard Wilson 1713-1782
* **232.** *L'arco in rovina ai Kew Gardens*, 1761-62 ca
Olio su tela, 47 × 72,7 cm
Sir Brinsley Ford, CBE

Provenienza: Offerto a Giorgio III tramite sir William Chambers, ma rifiutato; acquistato da Benjamin Booth nell'ultimo decennio del XVIII secolo, quindi per discendenza
Esposizioni: Society of Artists 1762 (130); Tate 1982
Bibliografia: Chambers 1763, p. 154; Constable 1953, pp. 49-50, 178-179, tav. 41a; Cooper 1948, pp. 346-348, fig. 12

Sia questo dipinto che il suo pendant (*La pagoda e il ponte palladiano ai Kew Gardens*, Yale Center for British Art, New Haven) mostrano elementi architettonici progettati da sir William Chambers (1726-1796) per i Kew Gardens, allora di proprietà di Augusta, principessa madre del Galles. L'arco in rovina fu costruito nel 1759 e la pagoda subito dopo. È assai probabile che Wilson li abbia dipinti, almeno la pagoda, prima che fossero completati, basandosi su disegni preparatori di Chambers. La funzione dell'arco in rovina, secondo l'architetto, era "segnare un passaggio per carri e bestiame su uno dei principali percorsi dei giardini" e "imitare le antichità romane". Oltre ad aver studiato architettura in Italia, da giovane Chambers aveva viaggiato anche in Cina, sicché queste stravaganze, pur costituendo elementi intriganti e divertenti nell'ambito del disegno generale dei giardini, godevano di una notevole autorevolez-

233

za. Wilson entra nello spirito dell'"inganno" assegnando al paesaggio e al cielo una dimensione e una luminosità "italiane" e introducendo in primo piano a sinistra un artista intento a disegnare, una figura spesso rappresentata nelle vedute di rovine antiche autentiche. Non stupisce che il titolo originale del dipinto sia stato presto dimenticato e che per molti anni si sia creduto che rappresentasse uno scorcio dei giardini di villa Borghese. (EE)

Giovanni Paolo Panini
1691-1765
233. *Vedute di Roma antica con l'artista che termina una copia delle*

"Nozze Aldobrandini" ("Roma antica"), 1755 ca
Olio su tela, 169,5 × 227 cm
Staatsgalerie Stuttgart

Provenienza: Per discendenza dal duca di Choiseul; venduto nel 1772 (con tre altre opere da lui commissionate) a Le Ray de Chaumont, che lo portò negli Stati Uniti nel 1780; venduto nel 1834 dal marchese de Gouvelle (genero di Le Ray de Chaumont) al Boston Athenaeum (tramite John W. Brett) che a sua volta lo vendette a lord Francis Egerton (poi primo conte di Ellesmere) nel 1837; prestato alla National Gallery of Scotland (1953-61) e all'Heaton Hall di Manchester (1961-76);

venduto presso Christie's, Londra, 2 luglio 1976, alle Leger Galleries; acquistato dalla Staatsgalerie di Stoccarda nel 1977. Inv. 3315
Esposizioni: MKS, Dortmund 1994 (6, ripr. a col.)
Bibliografia: Briganti 1968; Arisi 1986, pp. 173, 464-465; Arisi 1988, pp. 40-45; Kiene 1992, pp. 79-81, 142-147; Arisi 1993, pp. 29-30, 116

Pur essendo il principale pittore di vedute del suo tempo attivo a Roma, Panini sfoggiava al meglio il suo talento nelle fantasie architettoniche o capricci ("vedute ideate"), che fornivano ai *Grand Tourists* comode e singolari antologie di luoghi e monumenti, spesso destinate a essere incorporate in schemi decorativi. Queste opere dimostrano l'ottima preparazione dell'artista in campo architettonico: fu infatti professore di prospettiva presso l'Académie de France e ciò gli diede modo di entrare in contatto con clienti molto influenti, tra cui due ambasciatori francesi presso la Santa Sede, il cardinale di Polignac e il duca di Choiseul. *Roma antica* è una delle quattro opere commissionate da quest'ultimo nel 1754 mentre era ambasciatore (1754-57). Il suo altrettanto celebrato pendant, *Roma moderna* (Boston Museum of Fine Arts), fornisce un'impressionante rassegna delle più recenti realizzazioni architettoniche e scultoree nella Città Eterna, cui anche in questo caso è assegnata ingegnosamente la forma di dipinti dentro un dipinto. Le altre due opere documentavano l'ingresso cerimoniale del duca in piazza San Pietro e nella basilica. I due capricci del gruppo furono tanto ammirati che l'artista (con l'aiuto di Hubert Robert) ne realizzò almeno altre due coppie, che si trovano rispettivamente al Metropolitan Museum di New York e al Louvre.

Per usare le parole di Oliver Millar, "Panini crea un tempio classico aereo nel quale esporre resti dell'antichità e le sue stesse vedute di edifici classici e rovine" (Millar 1967, p. 10). Le vedute e gli oggetti variano di poco da una versione all'altra. Qui vediamo, nel tamburo della cupola centrale, l'interno delle terme di Diocleziano; nel transetto all'estrema sinistra, dall'alto, il tempio della Sibilla di Tivoli, l'Obelisco vaticano e l'arco di Traiano, le statue dei *Domatori di cavalli* del Quirinale e il tempio di Vespasiano, noto come tempio di Giove Tonante, con, sotto, la piazza del Campidoglio. Contro il pilastro adiacente vi sono: l'interno del Pantheon, l'arco di Settimio Severo, le Colonnacce del foro di Nerva e San Lorenzo in Miranda (tempio di Antonino e Faustina), l'arco di Costantino e, in fondo, il Ponte Molle. Contro il pilastro a destra dell'asse principale vi sono: l'in-

terno di Santa Costanza con il sarcofago di porfido della santa (oggi nei Musei Vaticani), il Colosseo, la basilica di Massenzio e il ninfeo di Alessandro Severo, noto come tempio di Minerva Medica, l'esterno del Pantheon e il tempio di Castore e Polluce, noto come tempio di Giove Statore. Le vedute nel transetto a destra mostrano l'arco di Giano e la tomba di Cecilia Metella, il tempio della Fortuna Virile e il foro di Nerva con, appena visibile, il tempio di Vesta. Sulla destra vi sono il tempio della Concordia, la Colonna Traiana e un'altra veduta del Colosseo.

Tra le varie sculture in primo piano si notano l'*Ercole Farnese*, il *Galata morente*, il *Sileno con il piccolo Bacco*, lo *Spinario*, il *Vaso Borghese* e il *Laocoonte*. Un gruppo di connoisseur è raccolto attorno a un artista che esegue una copia delle *Nozze Aldobrandini*. All'interno della navata, dietro il *Vaso Medici*, si possono scorgere molte altre vedute e diverse sculture tra cui l'*Apollo Belvedere* e, nel centro, il *Gladiatore Borghese*. (JW-E)

J.M.W. Turner 1775-1851
234. *Il lago d'Averno: Enea e la Sibilla*, 1798 ca
Olio su tela, 76,5 × 98,5 cm
Tate Gallery. Lascito dell'artista, 1856

Provenienza: Lascito dell'artista, 1856
Esposizioni: RA 1974-75 (46)
Bibliografia: Gage 1974, pp. 59-87; Butlin e Joll 1984 (34); Nicholson 1990, pp. 1, 32-35, ripr. p. 2, fig. 1

Il soggetto è tratto dal sesto libro dell'*Eneide* di Virgilio, in cui l'eroe troiano cerca l'ombra del padre negli inferi. La sibilla Cumana, Deifobe, spiega che per scendere nell'Averno a compiere questa missione deve portare con sé un ramo strappato da un albero sacro. Turner avrebbe trattato nuovamente questo tema in una famosa tela visionaria del 1834, *Il ramo d'oro* (Butlin e Joll 355). Turner cominciò a esporre dipinti a

olio alla Royal Academy nel 1796, presentando opere variamente influenzate da Vernet, Wilson e Wright of Derby. La presente tela non fu esposta, ma pare sia la sua prima prova nel genere del paesaggio storico, che rimanda, per l'ispirazione, non solo a Wilson, ma anche a Claude Lorrain e ai due Poussin. Significativamente, la composizione è basata su un'idea fornita all'artista da uno dei suoi primi committenti, sir Richard Colt Hoare di Stourhead (cfr. nn. 167, 256). Questi, aveva visitato il lago d'Averno, vicino a Napoli, il 4 febbraio 1786, e deve aver mostrato a Turner il disegno eseguito allora (ripr. in Gage 1974, tav. 10) in occasione della visita dell'artista a Stourhead nel 1795 o poco dopo. Un disegno schematico della composizione, verosimilmente di Turner, è presente nel lascito Turner (Turner Bequest LI-N; ripr. in Nicholson 1990, p. 33, fig. 23) e sembra sia stato la base per questo dipinto. Il nonno di Colt Hoare aveva inserito l'episodio di Enea nell'Averno nel suo giardino paesaggistico d'impronta classica a Stourhead, ma non è sicuro che Turner abbia realizzato il dipinto su commissione per quella dimora. Eseguì tuttavia un'altra versione di questo soggetto per Colt Hoare nel 1815 (Butlin e Joll, 226).

È stato suggerito che questo successivo incarico nascesse dal desiderio di Colt Hoare di sostituire una veduta dell'Averno di Wilson, che era stata poi identificata come relativa al lago di Nemi. Nell'ultimo decennio del secolo egli ordinò varie opere a Turner che, visitando Stourhead, avrebbe preso familiarità con la sua importante collezione di dipinti, come pure di stampe e acquarelli di Piranesi e Ducros.

Colt Hoare rappresentò uno stimolo per Turner nel suo approccio all'arte e al paesaggio italiani, e dunque un legame vitale tra l'età dei *milordi* e il periodo romantico in cui l'artista, insieme con Byron, divenne per gli inglesi il principale fornitore di paesaggi italiani o all'italiana. (AW)

234

235-237. *Statuette di bronzo*

Già molto apprezzate nell'antichità, le statuette di bronzo conobbero in Italia un vivace revival durante il XV secolo grazie a maestri come Bertoldo, Riccio e Antico. Tuttavia, fu solo verso la fine del XVI secolo che iniziarono ad apparire repliche accurate di opere di maggiori dimensioni, e da allora aumentarono rapidamente di numero col crescere della domanda alimentata dal Grand Tour. Come riferiva Charles Heathcote Tatham a Henry Holland, da Roma, nel 1794: "C'è un chiaro vantaggio nel realizzare copie in bronzo direttamente dalle statue antiche più rare, che l'artigiano ha di fronte a sé: se ne accrescono l'interesse e il valore" (Honour 1961, p. 198). Indipendentemente da queste qualità per intenditori, tali pezzi potevano formare un'esposizione di sculture in miniatura disposte sulla mensola di un camino, assumendo il ruolo di una *garniture de cheminée*. Il principale fabbricante di statuette all'inizio del XVIII secolo era il fiorentino Massimiliano Soldani; successivamente, tra i maggiori specialisti del settore si annoveravano Luigi e Giuseppe Valadier, Giuseppe Boschi e Francesco Righetti. Tuttavia durante la seconda metà del secolo il mercato fu dominato dalla fonderia gestita da Giacomo e Giovanni Zoffoli, che sembra abbiano impiegato anche altri artisti, come lo scultore Vincenzo Pacetti, per predisporre riduzioni in creta di opere famose. È documentato che Giacomo Zoffoli fu rappresentante dell'Università dei Lavoranti Orafi tra il 1758 e il 1760 e che, nel 1763, fornì a Clemente XIII, che ne fece dono all'Elettore di Sassonia, una replica in miniatura, firmata e datata (oggi a Dresda), della celebre statua equestre di *Marco Aurelio*. Altre opere documentate comprendono la *Flora Farnese* e l'*Ermafrodito Borghese*, mentre i suoi marchi sono stati trovati anche su argenteria ecclesiastica prima della sua morte, avvenuta nel 1785. Di Giovanni Zoffoli, nato nel 1745, probabilmente nipote piuttosto che fratello di Giacomo, i documenti riportano che subentrò nello studio di Giacomo nel 1787 e che morì nel 1794. Quando Tatham si trovava a Roma negli 1790-1800 ad acquistare materiali per la nuova decorazione della residenza del principe reggente, Carlton House, selezionò dieci repliche da una lista di cinquantanove che erano offerte dalla fonderia Zoffoli. Tra i più importanti gruppi ornamentali degli Zoffoli per le case di campagna britanniche vi sono: i sette pezzi rappresentati nella famosa *conversation piece* di Zoffany intitolata *Sir Lawrence Dundas con il suo nipotino al n. 19 di Arlington Street, a Londra*, del 1769 (collezione del marchese di Zetland); un gruppo simile scelto da lord Boringdon per Saltram House, nel Devonshire, nel 1793; e i dieci pezzi di Syon House (tre dei quali presentati qui) acquistati da Hugh, secondo duca di Northumberland (1742-1817), che costituiscono uno dei gruppi più numerosi che si conoscano. (JW-E)

Giacomo Zoffoli 1731 ca -1785
235. *Ercole Farnese*, ante 1769
Bronzo, h 34,2 cm
His Grace The Duke of
Northumberland

Provenienza: Acquistato da Hugh, secondo duca di Northumberland, prima del 1769; trasmesso per discendenza
Bibliografia: Honour 1961, pp. 198-205; Honour 1963, pp.194-200; Haskell e Penny 1981, pp. 148-151, 221-224, 229-232; Jackson-Stops 1985, pp. 358-360

Tra tutte le celebri sculture antiche ammirate nel corso del Grand Tour, il gigantesco *Ercole Farnese* fu oggetto di reazioni particolarmente disomogenee, sebbene Napoleone progettasse di portarlo a Parigi prima che il crollo della rivoluzione napoletana vanificasse le sue intenzioni. La sua esistenza è documentata per la prima volta a Roma intorno al 1550-

235

236   237

55, quando la statua fu sistemata a palazzo Farnese e si riteneva che fosse stata rinvenuta nelle terme di Caracalla nel corso del decennio precedente. Nel 1787 fu trasferita nel palazzo di Capodimonte, a Napoli, e attualmente si trova al Museo Archeologico Nazionale. (JW-E)

Giacomo Zoffoli 1731 ca -1785
236. *Gladiatore Borghese*, ante 1769
Bronzo, h 25 cm
His Grace The Duke of
Northumberland

Provenienza: Acquistato da Hugh, secondo duca di Northumberland, prima del 1769; trasmesso per discendenza

La prima documentazione relativa al *Guerriero* o *Gladiatore Borghese* risale

al 1611, quando era in corso di restauro dopo la sua scoperta a Nettuno, presso Anzio. Fu acquisito dal cardinale Scipione Borghese che alla fine gli dedicò una stanza apposita nella sua villa romana.
Nel 1807 fu acquistato da Napoleone, cognato del principe Camillo Borghese, e dal 1811 l'opera fu esposta a Parigi, dapprima al Musée Napoleon, per entrare a far parte, infine, della collezione del Musée du Louvre. (JW-E)

Giacomo Zoffoli 1731 ca -1785
237. *Apollo Belvedere*, ante 1769
Bronzo, h 34 cm
His Grace The Duke of
Northumberland

Provenienza: Acquistato da Hugh, secondo duca di Northumberland,

prima del 1769; trasmesso per discendenza

L'*Apollo Belvedere* – indiscutibilmente la più celebrata tra le sculture antiche ammirate nel corso del Grand Tour – si trovava nel cortile del Belvedere fin dal 1509 (cfr. n. 202). (JW-E)

238-241. *I biscuit*

Nel 1785 Giovanni Volpato decise di ampliare il campo delle sue attività di incisore e antiquario con la creazione di una fabbrica di porcellane. A quell'epoca aveva raggiunto a Roma una larga notorietà e una piena integrazione nella società colta e cosmopolita della fine del Settecento. La sua attività di incisore, condotta inizialmente con Gavin Hamilton e poi con Raffaello Morghen e Ducros, culmina con le sue vedute delle logge e delle stanze del Vaticano, che gli valsero il favore di papa Pio VI. Come antiquario, dal 1780 aveva avviato scavi a Roma e a Frascati. Insieme con Gavin Hamilton, in particolare, aveva condotto lo scavo nell'area vicina all'arco di Tito. In una lettera ai suoi antichi protettori, la famiglia Remondini della sua nativa Bassano, Volpato annunciava la decisione di aprire una fabbrica di porcellane a Ripetta, comunicando anche il favore concessogli da Pio VI di una breve di privativa. Questo fatto è confermato da un rapporto scritto nel 1786 dall'agente lucchese a Roma.

Per promuovere il lancio dei suoi prodotti sul mercato italiano ed estero, Volpato si servì di cataloghi che illustravano la gamma dei soggetti in produzione, indicandone anche i prezzi. Alcuni appunti dell'architetto Charles Heathcote Tatham su un catalogo attualmente conservato al Victoria and Albert Museum (d 1479/17-98) ci informano che i prodotti di Volpato "sono della più bianca porcellana, simile a quella francese, ma molto superiori per disegno, fattura e arte. Si tratta di una collezione davvero eccellente". Il catalogo inoltre consente di misurare la trasformazione del gusto e la piena rispondenza della produzione alla moda neoclassica del tempo. I biscuit hanno un impasto molto compatto, raramente di candore assoluto, piuttosto tendente lievemente al giallo. La tonalità, dovuta in parte alla composizione delle terre usate, fa sì che le statuette si presentino con una patina molto simile a quella dei

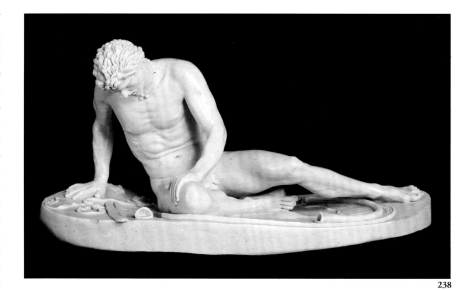

238

reperti degli scavi archeologici. L'esecuzione è elegante e accurata, molto fedele all'originale in ogni dettaglio.

La scritta "Ogniqualvolta se ne offra l'opportunità, il fabbricante produrrà sempre nuovi gruppi e statue singole per decorare tavole e camini" si trova alla fine del *Catalogue des Statues antiques, Groupes et dessert de Porcelaine en biscuit, de la Fabrique Jean Volpato à Rome*, diviso in "Statues", "Groupes", "Vases Antiques" e "Bustes des Philosophes". Del catalogo fanno ovviamente parte il *Fauno Barberini*, il *Centauro Vaticano*, l'*Euterpe* e il *Galata morente*.

Caratteristica costante della migliore produzione di Volpato è la fedeltà della riproduzione al modello, che corrisponde all'esigenza scientifica di un'esatta documentazione dei materiali archeologici. Questa rimase una caratteristica della fabbrica romana fino al 1803, anno della morte di Volpato, mentre la qualità della fabbrica di terraglie di Civita Castellana, fondata da Volpato nel 1801, non raggiunse mai lo stesso livello.

Si è spesso parlato di una dipendenza artistica di Volpato da Canova, al punto che, senza alcuna prova documentaria, si è creata una tradizione che vuole che fosse lo stesso Canova a fornire i migliori disegni per i biscuit di Volpato. Certo è che tra i due artisti vi fu una lunga e affettuo-

sa amicizia, nata anche grazie all'appoggio che Volpato diede al giovane scultore appena arrivato a Roma, svolgendo un ruolo non indifferente nell'assicurargli le commissioni dei monumenti funerari Ganganelli e Rezzonico. A suggello di questa amicizia, Canova scolpì la stele funeraria di Volpato nel portico della basilica dei Santi Apostoli. (MET)

Giovanni Volpato 1735-1803
238. *Galata morente*, fine del XVIII secolo
Biscuit, $14 \times 25 \times 12$ cm
Musei Capitolini, Roma

Provenienza: Collezione Cini 1880
Esposizioni: Roma 1959 (2051); Roma 1988, p. 37
Bibliografia: Tittoni Monti 1983, p. 412

Pur non riportando la marca Volpato, la qualità della fattura e le affinità stilistiche con la produzione marcata del biscuit del *Galata morente* ne giustificano l'attribuzione alla manifattura dell'artista veneto. D'altro canto nel catalogo è presente un "Gladiatore morente disteso, dal Museo Capitolino". Il *Galata*, una delle più famose statue classiche, acquistato nel 1737 da Clemente XII presso la famiglia Ludovisi per il Museo Capitolino, era stato rinvenuto nel 1623

239

240

negli Orti Sallustiani. Di questa cele-
bratissima scultura furono eseguite
numerose copie e piccole riproduzioni in bronzo. La copia in bronzo
realizzata da Luigi Valadier nel 1773
per il duca di Northumberland ebbe
larga risonanza alla fine del XVIII
secolo. (MET)

Giovanni Volpato 1735-1803
239. *Centauro Vaticano*, fine del
XVIII secolo
Biscuit, 32 × 19 × 8,5 cm
Marcato: "G. Volpato - Roma"
Musei Capitolini, Roma

Provenienza: Collezione Cini 1880
Bibliografia: Tittoni Monti 1983, p.
410

Il *Centauro Vaticano*, cui nel catalogo
di Volpato è attribuito il valore di
nove zecchini (ducati d'oro veneziani), è la riproduzione del cosiddetto
Centauro giovane trovato nel 1779
negli scavi dell'orto del Sancta Sanc-
torum al Laterano. Il biscuit costituisce anche una documentazione del

restauro della statua eseguito da
Gaspare Sibilla nel 1782, che l'aveva
reintegrata secondo le istruzioni di
E.Q. Visconti: "Il Signore Gaspare
Sibilla avrà la bontà di dare un'aria
ridente all'amorino ch'è in groppa al
Centauro, dovendo esprimersi, che
mentre il Centauro è lieto della preda
fatta alla caccia, Amore ride d'aver
preso il cacciatore" (BAV MS. Vat.
Lat., 710307). Questo biscuit aveva
come pendant nel catalogo il *Centauro Borghese*, venduto anch'esso al
prezzo di nove zecchini. (MET)

Giovanni Volpato 1735-1803
240. *Fauno Barberini*
Biscuit, 29,5 × 14 × 13,5 cm
Marcato: "G. Volpato - Roma"
Musei Capitolini, Roma

Provenienza: Collezione Cini 1880
Esposizioni: Roma 1959 (2053)
Bibliografia: Tittoni Monti 1983, p.
411

Il *Fauno Barberini*, elencato nel catalogo di Volpato come "Fauno dor-

miente, dal palazzo Barberini" al
prezzo di sei zecchini, è la sola riproduzione in scala ridotta della statua
prima dell'intervento di restauro di
Vincenzo Pacetti.
La prima menzione dell'originale,
attualmente presso la Gliptoteca di
Monaco, risale al 1628. Ritrovato a
Castel Sant'Angelo durante i lavori
di fortificazione del 1624, divenne
proprietà del cardinale Francesco
Barberini. Fu restaurato in diverse
occasioni durante il XVII secolo da
artisti della scuola di Bernini. Nel
1642 e nel 1704 subì interventi che
ne modificarono la posizione e ne
reintegrarono alcune parti. Considerata una delle più belle statue classiche da Cassiano dal Pozzo e da
Winckelmann, non se ne conoscono
repliche in bronzetti. (MET)

Giovanni Volpato 1735-1803
241. *Euterpe*, fine del XVIII secolo
Biscuit, 28 × 12 × 5 cm
Musei Capitolini, Roma

Provenienza: Collezione Cini 1880
Esposizioni: Roma 1959 (2048)
Bibliografia: Tittoni Monti 1983, p.
411

L'*Euterpe* fa parte del gruppo che replicava le cosiddette Muse Tiburtine rinvenute nel 1774 nel corso degli scavi della villa di Cassio a Tivoli e acquistate nel 1776 (cfr. n. 196) da G.B. Visconti, commissario alle Antichità, per il Museo Vaticano. Il gruppo delle *Muse* e l'*Apollo Citaredo* sono elencati nel catalogo di Volpato come "Apollo di Citera con nove Muse, dal Museo Vaticano", venduto al prezzo di quaranta zecchini. (MET)

242-251. *Micromosaici romani*
L'insediamento a San Pietro di un'istituzione dedicata alla produzione di mosaici risale al 1578. Divenne in seguito nota come "Studio del mosaico della fabbrica della basilica di San Pietro" e fu anche creato l'incarico di sovrintendente dei mosaicisti. Inizialmente lo Studio si occupò delle decorazioni delle cappelle: furono tradotti in mosaici cartoni di Girolamo Muziano, Pomarancio, Cavalier d'Arpino, Pietro da Cortona, Raffaele Vanni, Ciro Ferri, Carlo Maratta e Francesco Trevisani. Furono anche realizzate delle repliche musive destinate a sopperire al graduale deterioramento di alcune pale d'altare e altri dipinti. Ciò diede luogo a una pratica assai controversa: quella di sostituire gli originali con copie a mosaico. Nel 1682-89 furono realizzate copie dai dipinti di Andrea Sacchi per i quattro altari delle Grotte, cui fecero seguito, all'inizio del XVIII secolo, repliche di opere di Romanelli, Guercino, Domenichino, Maratta, Procaccini, Passeri e Poussin. La tecnica fu perfezionata e la produzione di mosaici sia riproduttivi che originali crebbe a

241

tal punto che nel 1782 lo Studio fu trasferito dalla sede originaria, nella palazzina dell'Arciprete di San Pietro, alla vecchia Fonderia, dove Bernini aveva fuso in bronzo elementi della cattedra di San Pietro. (In seguito avrebbe subìto altri spostamenti, fino alla sistemazione, nel 1931, sul lato occidentale di piazza Santa Marta.)

Nel frattempo i mosaicisti dello Studio avevano intrapreso un nuovo tipo di produzione, che aveva avuto origine poco dopo il 1757, quando era stata completata la decorazione delle cupole. Il rischio di perdere il lavoro aveva indotto i mosaicisti a iniziare una produzione indipendente di "mosaici in piccolo", o micromosaici, contrapposti ai "mosaici in grande", o mosaici veri e propri. I loro clienti erano cardinali, connoisseur, collezionisti e ricchi turisti. I papi facevano dono di magnifiche opere in micromosaico ai principi e monarchi in visita a Roma nella seconda metà del XVIII secolo. Il Grand Tour salvò i mosaicisti vaticani dalla disoccupazione.

Un micromosaico è composto da tessere minute che consentono all'artigiano di eseguire con precisione disegni dettagliati, miniature e gioielli. Alcuni contengono un numero elevatissimo di tessere. Tra i mosaicisti in piccolo attivi a Roma nell'epoca d'oro del Grand Tour si annoverano Cesare Aguatti, Francesco Belloni, Alessandro e Filippo Cocchi, Nicola De Vecchis, Pietro Polverelli, Giuseppe e Bernardino Regoli e Pompeo Savini, seguiti dappresso da Michelangelo Barbieri, Clemente Ciuli, Giacinto Cola, Filippo Puglieschi, Gioacchino Rinaldi e Andrea Volpini. Uno dei più valenti tra i mosaicisti in piccolo fu Giacomo Raffaelli (nn. 242, 247-250), che nacque in una famiglia di mosaicisti dello Studio. Si ritiene che sia stato uno dei primi a lavorare con gli smalti filati, una nuova tecnica di bravura meticolosa impiegata per produrre micromosaici straordinari per gamma cromatica, tonalità e sfumature. Gli smalti, già usati nell'antichità, sono

tessere di vetro colorato opaco: questo viene fuso in una fornace e quindi versato su una lastra metallica; raffreddandosi lentamente, forma una specie di sfoglia, che viene allora tagliata in lunghe strisce che, a loro volta, vengono tagliate in piccoli rettangoli o quadrati. Gli smalti sono una composizione di silice, ossido di stagno, per dare opacità, e altri ossidi metallici come agenti coloranti. Il termine "filato" deriva dal fatto che la densa sostanza vetrosa è fusa e poi stirata in fili o strisce da cui vengono tagliate le singole tessere.

L'invenzione degli smalti filati è attribuita a Raffaelli, che esponeva lavori eseguiti con questo materiale presso il suo studio privato di piazza di Spagna, all'angolo con via San Sebastianello, già nel 1775. (Lo studio si trasferì poi in via del Babuino al n. 92.) Raffaelli lavorò per lo Studio vaticano, per il mercato e anche per corti straniere, tra cui quella polacca di Stanislaw Poniatowski. Fu invitato in Russia dalla corte imperiale, ma rifiutò, accettando invece l'invito proveniente dalla corte napoleonica di Milano, dove creò, nel 1804, un laboratorio simile a quello vaticano (Stabilimento del Mosaico). A Milano Raffaelli realizzò alcuni dei suoi capolavori: il monumentale *Centrotavola del Viceré* (villa Carlotta, lago di Como) e il mosaico murale riproducente il *Cenacolo* di Leonardo (completato nel 1817; Minoritenkirche, Vienna).

Famosi monumenti antichi e statue classiche erano i soggetti favoriti delle rappresentazioni in micromosaico. Vi figurano il Colosseo (n. 242), il tempio di Antonino e Faustina (n. 243), il ponte Lucano (n. 244), la villa Adriana a Tivoli (n. 245) e il cosiddetto "palazzo dei Cesari" sul colle Palatino (n. 246), capolavori come l'*Apollo Belvedere* (n. 247) e anche recenti scoperte archeologiche come le cosiddette "Colombe di Plinio" del Museo Capitolino (n. 250). Il mosaico delle colombe posate sul bordo di un bacile di bronzo (125-130 ca d.C., copia romana dall'opera dell'artista ellenistico Soso di Per-

gamo) fu dissotterrato a villa Adriana da Giuseppe Alessandro Furietti nel 1737 (n. 170); deve il nome a Plinio il Vecchio, che descrisse l'originale nel suo *Naturalis Historia* (lib. XXXVI, 184).

Nel tardo XVIII e nel XIX secolo i soggetti dei micromosaici furono rappresentazioni naturalistiche di paesaggi, fiori e animali (nn. 248-249), come pure le più disparate vedute di Roma e della sua campagna (n. 251). Il mercato dei micromosaici crebbe con l'incremento del numero dei turisti e nel secondo decennio del XIX secolo innumerevoli nuovi produttori erano ormai entrati nel settore. Fu realizzata, di conseguenza, una quantità crescente di oggetti a buon mercato e di bassa qualità. A partire dal 1813 i produttori consolidati fecero appello all'Accademia di San Luca e fu emanato un editto nel tentativo di regolare la produzione, ma i souvenir realizzati con questa tecnica, sia quelli costosi che quelli economici, non conobbero battuta d'arresto. È interessante il fatto che una sezione della prima "Mostra Capitolina delle Arti e dell'Industria Romana" (1810) fosse dedicata ai micromosaici e che la produzione romana di questi manufatti facesse parte della sezione "Contributi italiani all'Esposizione Universale" alla manifestazione di Londra del 1851. Nell'*Illustrated Exhibitor* Roma è descritta come la città, "un tempo padrona del mondo", che "è rappresentata all'Esposizione soprattutto da esemplari di sculture, cammei e lavori a mosaico, per i quali è da tempo famosa".

Chi scrive ringrazia Guido Cornini per l'aiuto e i consigli forniti. (IB)

Bibliografia: Petochi 1981; Röttgen 1982; Cornini 1986; Pietrangeli 1979-80/1995, pp. 201-204.

Giacomo Raffaelli 1753-1836
242. *Tabacchiera con veduta del Colosseo prima del restauro*, 1792
Mosaico a smalti filati, avorio con finiture in oro, diam. 8,1 cm
Iscritto sotto il coperchio: "Giacomo Raffaelli / Fece / Roma 1792"
Musei Vaticani, Città del Vaticano

Provenienza: Collezione Petochi, Roma, inv. 311N, da cui acquistata per i Musei Vaticani nel 1993. Inv. 53234
Bibliografia: Inedito. Per la tabacchiera del 1790, cfr. Petochi 1981, pp. 113, 115, figg. 36-37; Gonzáles-Palacios 1991, pp. 229-230 n. 201. Per Raffaelli, cfr. Valeriani 1993, pp. 36-42

Si tratta della replica di una tabacchiera di tartaruga realizzata da Raffaelli nel 1790, con poche variazioni: il ramo in primo piano, le due figure nel mezzo, il cielo e le nuvole. (IB)

Anonimo
243. *Placchetta con veduta del tempio di Antonino e Faustina*, inizio del XIX secolo
Mosaico e rame con cornice dorata, diam. 7,2 cm
Iscritta in basso al centro: "T.o di Antonino e Faustina"
Musei Vaticani, Città del Vaticano

Provenienza: Collezione Petochi, Roma, inv. 32A, da cui acquistata per i Musei Vaticani nel 1993. Inv. 533314.10.2
Esposizioni: Roma 1986 (128, ripr. a col.)
Bibliografia: Petochi 1981, p. 148, fig. 81 e p. 156

Fa parte di una serie di dieci mosaici basati su vedute di Domenico Pronti, *Nuova raccolta di 100 vedutine antiche della città di Roma e sue vicinanze incise a bulino*, fine del XVIII secolo: incisione n. 30, *Veduta del Tempio di Antonino e Faustina*. (IB)

Anonimo
244. *Placchetta con veduta del ponte Lucano*, inizio del XIX secolo
Mosaico e rame con cornice dorata, diam. 7,2 cm
Iscritta in basso al centro: "P. Lucano"
Musei Vaticani, Città del Vaticano

Provenienza: Collezione Petochi, Roma, inv. 32A, da cui acquistata per i Musei Vaticani nel 1993. Inv. 533314.10.4
Esposizioni: Roma 1986 (120, ripr. a col.)
Bibliografia: Petochi 1981, p. 152, fig. 92 e p. 156

Della stessa serie del n. 243. Si basa sull'incisione n. 64, *Veduta del Ponte Lugano* [*sic*]. (IB)

Anonimo
245. *Placchetta con veduta della via sotterranea che conduceva agli Elisi della villa Adriana*, inizio del XIX secolo
Mosaico e rame senza cornice, diam. 7,2 cm
Iscritta in basso al centro: "Via sott.a che conduceva agli Elisi"
Musei Vaticani, Città del Vaticano

Provenienza: Collezione Petochi, Roma, inv. 32A, da cui acquistata per i Musei Vaticani nel 1993. Inv. 533314.10.7
Esposizioni: Roma 1986 (127, ripr. a col.)
Bibliografia: Petochi 1981, p. 152, fig. 93 e p. 156

Della stessa serie del n. 243. Si basa sull'incisione n. 91, *Via sotterranea che conduceva agli Elisi nella Villa Adriana*. (IB)

242

243

244

245

297

Anonimo

246. *Placchetta con veduta del Palatino dal Circo Massimo (palazzo dei Cesari),* inizio del XIX secolo
Mosaico e rame con cornice dorata, diam. 7,2 cm
Iscritta in basso al centro: "Ava.zi del Palazzo de' Cesari"
Musei Vaticani, Città del Vaticano

Provenienza: Collezione Petochi, Roma, inv. 32A, da cui acquistata per i Musei Vaticani nel 1993. Inv. 533314.10.9
Esposizioni: Roma 1986 (125, ripr. a col.)
Bibliografia: Petochi 1981, p. 155, fig. 101 e p. 156

Della stessa serie del n. 243. Si basa sull'incisione n. 75, *Avanzi del Palazzo de' Cesari.* (IB)

Anonimo

247. *Tabacchiera con profilo della testa dell'"Apollo Belvedere",* fine del XVIII secolo
Mosaico di smalti filati e tartaruga, diam. 8,4 cm
Musei Vaticani, Città del Vaticano

Provenienza: Collezione Petochi, Roma, inv. 52G, da cui acquistata per i Musei Vaticani nel 1993. Inv. 53133
Esposizioni: Roma 1986 (102, ripr. a col.)
Bibliografia: Petochi 1981, p. 225, fig. 32

(IB)

Giacomo Raffaelli 1753-1836

248. *Cofanetto con una farfalla,* 1787
Mosaico e bronzo con decorazioni geometriche, diam. 12,2 cm
Iscritto sotto il coperchio:
"Giacomo Raffaelli / Fece / Roma 1787"
Musei Vaticani, Città del Vaticano

Provenienza: Collezione Petochi, Roma, inv. 14A, da cui acquistato

246

247

248

249

250

251

per i Musei Vaticani nel 1993. Inv. 53167
Esposizioni: Roma 1986 (220, ripr. a col.)
Bibliografia: Petochi 1981, p. 110, n. 33 e p. 111, fig. 33; Alfieri, Branchetti e Cornini 1986, p. 107, fig. 72

(IB)

Giacomo Raffaelli 1753-1836
249. *Placchetta con un coniglio*, 1791
Mosaico e rame, diam. 6,9 cm
Iscritto sul retro: "Giacomo Raffaelli / Fece / Roma 1791"
Musei Vaticani, Città del Vaticano

Provenienza: Collezione Petochi, Roma, inv. 16G, da cui acquistata per i Musei Vaticani nel 1993. Inv. 53172
Esposizioni: Roma 1986 (64, ripr. a col.)

(IB)

Giacomo Raffaelli 1753-1836
250. *Tabacchiera con le cosiddette "Colombe di Plinio"*, 1793
Mosaico di smalti filati e tartaruga, diam. 7,8 cm
Musei Vaticani, Città del Vaticano

Provenienza: Collezione Petochi, Roma, inv. 55S, da cui acquistata per i Musei Vaticani nel 1993. Inv. 53108
Esposizioni: Roma 1986 (202, ripr. a col.)
Bibliografia: Petochi 1981, pp. 108, fig. 29, 112, 226 n. 38; Alfieri, Branchetti e Cornini 1986, p. 119, fig. 97

Dal mosaico romano dei Musei Capitolini. (IB)

Anonimo
251. *Braccialetto con vedute di Roma: tomba di Cecilia Metella, piazza San Pietro, Ponte Lucano, tempio della Sibilla e cascate di Tivoli, tempio di Minerva Medica*, fine del XVIII o inizio del XIX secolo
Mosaico di smalti filati, montatura in argento, lunghezza 18,4 cm; cinque placchette ovali lavorate a micromosaico con cornici di diaspro rosso; la più grande misura 2,5 × 3,1 cm, la più piccola 2 × 2,5 cm; la placchetta centrale, con veduta del Ponte Lucano, è decorata sul retro con un micromosaico floreale
Musei Vaticani, Città del Vaticano

Provenienza: Collezione Petochi, Roma, inv. 33G, da cui acquistato per i Musei Vaticani nel 1993. Inv. 53316
Bibliografia: Petochi 1981, p. 210, fig. 85

(IB)

William Marlow 1740-1813
252. Capriccio con la cattedrale di St Paul e un canale veneziano, 1795-97 ca
Olio su tela, 129,5 × 104,1 cm
Iscritto in basso a destra:
"W. Marlow"
Tate Gallery

Provenienza: Acquistato da sir Richard Sutton (m. 1855); the Sutton Trustees, Benham Park, Newbury, Berks; vendita, Fareborther, Ellis & Co, 10 maggio 1951 (1049), acquistato da Roland, Browse and Delbanco; acquistato dalla Tate Gallery nel 1954
Esposizioni: Birmingham 1948 (168); Birmingham 1993 (76)
Bibliografia: Waterhouse 1953, p. 178, tav. 146; Watson, p. 391 (ripr. p. 390)

Marlow fece il suo tirocinio a Londra presso Samuel Scott, pittore di soggetti topografici e marine. Visitò l'Italia nel corso di un lungo viaggio attraverso l'Europa, nel 1765-68. Per il resto della sua vita dipinse vedute inglesi di genere topografico alternate a soggetti italiani. In questo dipinto, tuttavia, i due generi sono fusi insieme: è come se un improvviso ricordo di Venezia si fosse irresistibilmente intromesso in una veduta della cattedrale di St Paul. I cataloghi della Royal Academy indicano che Marlow espose due vedute di Ludgate Hill, nel 1793 e nel 1796. Qui la strada che conduce alla cattedrale è sostituita da un canale completo di gondole e molo a gradini. Watson osserva che i dettagli veneziani rivelano trattarsi di una parte del Canal Grande con palazzo Balbi sulla sinistra: sono tuttavia alquanto imprecisi, giacché Marlow pare essersi basato su una grossolana incisione di Boitard e Fletcher, tratta da un acquarello di Joseph Baudin copiato a sua volta da un Canaletto. Nella sua surreale imprevedibilità, il dipinto rappresenta un'insolita, espressiva documentazione dell'impressione lasciata dall'Italia nell'im-

252

maginazione degli artisti britannici. Michael Liversidge (Birmingham 1993, pp. 146-147) suggerisce che Marlow fosse stato spinto a dipingere questo capriccio dalla cessione di Venezia all'Austria secondo le clausole del Trattato di Campoformio dell'ottobre 1797, episodio che ispirava una meditazione sui parallelismi tra Venezia e Londra, ambedue splendidi centri commerciali, e sulla "minaccia per la libertà di cui Venezia era stata il simbolo".
La cattedrale di St Paul, peraltro, rappresentava il culmine della prima fase dell'influsso in Inghilterra della tradizione architettonica italiana: era stata progettata alla fine del Seicento da Wren, come un richiamo all'ar-

chitettura del grande barocco romano, con specifici riferimenti sia a San Pietro sia a Sant'Agnese in Agone di Borromini. (AW)

William Hodges 1744-1797 e William Pars 1742-1782
253. Interno del Pantheon di Oxford Street, 1770-72
Olio su tela, 228,8 × 304,8 cm
Leeds Museums and Galleries (Temple Newsam House)

Provenienza: Per discendenza dalla famiglia Wood di Hickelton (?); donato a Temple Newsam dal conte di Halifax nel 1948
Esposizioni: Society of Artists 1772

253

come "Una veduta del Pantheon a Oxford [*sic*]" (133)
Bibliografia: Stuebe 1979, pp. 304-305; Joppien e Smith 1985, II, p. 3, tav. 3; Price 1987, pp. 2-8, ripr. p. 3

Il Pantheon di Oxford Street, progettato da James Wyatt come sala per concerti e riunioni, fu inaugurato il 27 gennaio 1772; fu distrutto da un incendio quasi esattamente vent'anni dopo, il 14 gennaio 1792, poco dopo la sua trasformazione in un teatro dell'opera italiana (cfr. Price 1987, p. 2). Joppien lo descrive come "una curiosa miscela di Santa Sofia [a Costantinopoli] e del Pantheon di Roma", ma, come suggerito dal suo nome, l'edificio romano era predominante nella mente dei contemporanei.

Fu imitato e citato in parecchi altri edifici inglesi dello stesso periodo (cfr. n. 124). Horace Walpole acclamò il nuovo Pantheon come "il più bell'edificio d'Inghilterra".

Prima di partecipare al secondo viaggio di esplorazione del capitano Cook, nel 1772-75, Hodges si era specializzato nel genere topografico architettonico e la presente tela è, fra le sue opere di questo tipo, una delle più grandi e tecnicamente ambiziose. Le figure sono chiaramente realizzate da una mano diversa e sono state a lungo attribuite a Zoffany; ma Stuebe riporta una citazione da *Candid Observations on the Principal Performances Now Exhibiting at the New Room of the Society of Artists* di John Hamilton Mortimer e Thomas Jones (1772): "133. Una rappresentazione del Pantheon di Oxford Road (le figure sono di Mr Parrs, incomplete)". I dipinti di figure eseguiti da Pars di cui siamo a conoscenza confermano questa testimonianza, di cui peraltro non vi è ragione di dubitare. Durante la sua carriera Pars era conosciuto come ritrattista, sebbene sia oggi noto quasi esclusivamente per le sue vedute ad acquarello, che spesso contengono delle figure espressive e ben disegnate. Molte di queste risalgono alla sua permanenza in Italia, dal 1775 alla sua morte (cfr. n. 107). (AW)

301

Sir Joshua Reynolds 1723-1792
* 254-255. *Coppia di ritratti*
di gruppo di membri della Society
of Dilettanti, 1777-79
Olio su tela,
ciascuno 196,8 × 142,2 cm
Society of Dilettanti

Provenienza: Dipinti nel 1777-79 per
la Society; in prestito al Brooks's
Club
Esposizioni: RA 1972 (220, 221,
addenda nel catalogo pp. 911-912);
RA 1986 (109, 110, ripr. a col. pp.
138, 139)
Bibliografia: Cust e Colvin 1914, pp.
221-223, ripr.; Hartcourt-Smith
1932, pp. 69-75, ripr.; Waterhouse
1973, p. 29, tavv. 81, 82

La Society of Dilettanti fu fondata
nel 1732 da un gruppo di giovani
che avevano visitato l'Italia nel corso
del Grand Tour. Costituita inizialmente come un club dedito alle riunioni conviviali, i suoi membri si
assunsero presto il compito di promuovere un interesse per le arti che
spaziava dall'opera lirica italiana al
finanziamento di spedizioni archeologiche e alla pubblicazione dei loro
risultati. I Dilettanti diedero inoltre
appoggio a vari artisti e pagarono
viaggi in Italia per studenti premiati
della Royal Academy. Questa coppia
di dipinti illustra come i membri
dell'associazione traessero diletto sia
dal vino sia dalle antichità, come
pure da altri più licenziosi passatem-
pi che costituivano parte integrante
del Grand Tour. Una caratteristica
della Society era rappresentata dal
fatto che i suoi membri provenivano
da tutti i partiti politici e che gentiluomini di mezzi relativamente
modesti potevano mescolarsi su base
di parità con alcuni degli uomini più
ricchi d'Inghilterra, uniti dalla comune passione per le arti e il mondo
classico.
Reynolds era stato eletto membro
della Society nel 1766, divenendone
il pittore ufficiale nel 1769. Questi
due ritratti di gruppo furono da lui
dipinti, sulla base di molte pose individuali, tra il 1777 e il 1779, ed è

254

255

plausibile che siano stati intesi a dare rilievo all'ingresso nella Society di sir William Hamilton nel marzo 1777. Il primo dipinto mostra sir William seduto al centro, con la decorazione dell'Ordine del Bagno, che tiene aperto davanti a sé uno dei suoi quattro splendidi volumi in folio sui vasi greci, l'ultimo dei quali era apparso nel 1776. All'estrema sinistra, con la "toga" di presidente della serata e nell'atto di indicare il vaso sul tavolo, è raffigurato sir Watkin Williams-Wynn. Il personaggio seduto vicino a lui, che sta bevendo, è Stephen Payne-Gallway di Toft's Hall, nel Norfolk; in piedi dietro di lui c'è John Taylor (poi sir John), con in mano una giarrettiera femminile, che è evidentemente oggetto di qualche scherzo osceno e costituisce probabilmente il motivo per cui il dipinto non venne esposto a un pubblico eterogeneo presso la Royal Academy. Gli altri due personaggi in piedi sono Richard Thompson di Escrick, che indossa le vesti dell'Arch Master e tiene alzato il bicchiere, e Walter Spencer-Stanhope di Horsforth, di profilo, con lo sguardo alzato verso il bicchiere del vicino. Il giovane all'estrema destra è John Smith di Heath Hall, nello Yorkshire.

Mentre il primo gruppo discute di vasi greci, il secondo si occupa di antiche gemme. All'estrema sinistra, con davanti una bottiglia, è raffigurato lord Mulgrave. Dietro di lui, con il braccio alzato, nell'atto di osservare una pietra controluce, ripetendo in un certo senso il gesto da intenditore di vino dell'Arch Master nell'altro dipinto, sta Thomas Dundas (poi lord). Seduto al centro a sinistra, anche lui con in mano una gemma, è ritratto il conte di Seaforth, dietro il quale, al centro, rivolto a destra, sta Charles Greville, nipote di sir William Hamilton. Vicino a lui sulla destra siede John Charles Crowle, segretario della Society, che indossa toga e baverina da avvocato. Lui e Greville stanno brindando con Joseph Banks (in seguito sir). Lord Carmarthen, futuro duca di Leeds, è in primo piano a destra. (EE).

Louis Ducros 1748-1810
* **256.** *Veduta di Tivoli*, 1786
Acquarello e gouache su carta
applicata su tela, 66 × 101,5 cm
Iscritto sul supporto della tela:
"Grotte de Neptune pour monsieur
le chevalier Hoare de [?] chev Du
Cros"
Stourhead, The Hoare Collection
(The National Trust)

Provenienza: Sir Richard Colt Hoare,
secondo baronetto (1758-1838); trasmesso per discendenza
Esposizioni: Kenwood 1985 (68)
Bibliografia: Colt Hoare 1822, p.
83; Woodbridge 1970, p. 96 e tav.
31b; Stainton 1985, pp. 26-30

I quattro acquarelli di grandi dimensioni di Ducros (nn. 256-259) presentati in questa mostra provengono
da una serie di dodici che furono
commissionati a Roma poco dopo il
1786 dallo studioso di antichità e
collezionista sir Richard Colt Hoare,
per la sua collezione a Stourhead.
Aveva ereditato Stourhead (Wiltshire) nel 1785, dal nonno Henry
Hoare, l'artefice dei suoi famosi giardini paesaggistici. Ma l'estate di
quello stesso anno la moglie di sir
Richard morì di parto, dopo due soli
anni di matrimonio, ed egli lasciò
l'Inghilterra fino al 1791 (salvo un
breve periodo nel 1787). Dopo aver
trascorso l'inverno a Napoli, si stabilì
a Roma e sembra che nel 1786 i suoi
ciceroni James Byres e Colin Morri-
son lo abbiano presentato a Ducros e
a Carlo Labruzzi. Gli interessi principali di Colt Hoare erano la storia
classica e la topografia, due passioni
che egli riuscì a riunire patrocinando
il lavoro di Ducros e Labruzzi. La
sua percezione del paesaggio italiano
era filtrata attraverso la conoscenza
del passato: ogni scena era valutata
in ragione del suo collegamento con
qualche evento storico o mitologico.
Al di là della sua predilezione per i
soggetti trattati da Ducros, Colt
Hoare era anche interessato alle tecniche utilizzate dall'artista, e svi-
luppò per lui un'ammirazione che

trovò la sua massima espressione nel
primo volume della sua *History of
Modern Wiltshire* (1822). Descriven-
do le collezioni di Stourhead, egli
elogia gli acquarelli di Ducros, pro-
clamando che essi rappresentano il
collegamento essenziale tra i disegni
colorati di Paul Sandby e gli acquarelli di J.M.W. Turner: "Il passaggio
dal *disegno* alla *pittura* con la tecnica
dell'acquarello non ha potuto avere
luogo se non dopo l'introduzione in
Inghilterra dei disegni di Louis du
Cros... i suoi lavori dimostrano quale
forza e quale efficacia possano essere
dati alla consistenza immateriale del-
l'acquarello e a lui attribuisco la prima comprensione della potenza del-
l'acquarello". Più recentemente, nel
1935, C.F. Bell ha suggerito che l'o-
pera di Ducros avesse avuto un'influenza formativa su J.R. Cozens, ma
questa ipotesi risulta inverosimile,
giacché Ducros cominciò a dipingere i suoi acquarelli di grandi dimensioni, che avrebbero incontrato tanto
favore presso i committenti britannici, non prima del 1783-84 (cioè dopo il secondo e ultimo viaggio di
Cozens in Italia nel 1782-83). È anzi
possibile che qualche influenza possa
essersi verificata nella direzione
opposta: Ducros potrebbe aver visto
le vedute della campagna romana,
cupe ma ricche di tonalità e di atmosfera, di Cozens (che ne dipinse
diverse nel corso della sua prima visita in Italia nel 1776-79), oppure i
grandi acquarelli di Roma dipinti da
John "Warwick" Smith tra il 1776 e
il 1781. Come percepito da Colt
Hoare, l'influenza di Ducros si esercitò sulla generazione successiva, in
particolare su Turner.
Ducros portò l'acquarello al di là dei
suoi limiti tradizionali: egli rafforzò i
suoi disegni – che avevano dimensioni insolitamente grandi – con tempera o gouache, olio e vernice. I diversi fogli di carta generalmente necessari per ogni realizzazione venivano riuniti, e poi spesso incollati su
tela, prima di essere montati sotto
vetro. I suoi acquarelli erano concepiti per essere appesi come dipinti, piuttosto che per essere racchiusi in car-

telle da collezionisti, e avevano una
brillantezza e un'intensità che anticipava gli acquarelli dell'Esposizione
del secolo successivo. Ducros realizzò una visione grandiosa dell'Italia
operando alterazioni di scala, esage-
rando le proporzioni degli antichi
monumenti, condensando il paesaggio con una varietà di accorgimenti
artistici, compresi la visione a gran-
dangolo, la rappresentazione di scorcio e i punti di vista multipli, che
ricordano le maestose incisioni di
Piranesi.
Del primo gruppo di quattro acquarelli commissionati da Colt Hoare
nel 1786, il presente è il più drammatico nella concezione e nel trattamento, specialmente nella rappresentazione della cascata. Come fece
notare nel 1803 il critico svizzero
Bridel: "Ducros si è reso conto che
non vediamo mai gli oggetti attraverso un medium puro, ma attraverso un'atmosfera, più o meno carica
di vapore, che modifica sempre i
colori". Visitando Stourhead nell'ultimo decennio del Settecento, il giovane Turner sarebbe rimasto impressionato dai monumentali acquarelli
di Ducros, di cui quello qui preso in
esame costituisce un esempio, con la
sua sintesi di Sublime e di Pittoresco
(cfr. n. 234). (LS)

256

257

Louis Ducros 1748-1810
* **257.** *Sotto la villa di Mecenate a Tivoli*, 1787-93 ca
Acquarello e gouache con vernice su vari fogli di carta applicati su tela, 75 × 108 cm
Iscritto sul supporto della tela: "L'intérieur des Ecuries de Mecenas"
Stourhead, The Hoare Collection (The National Trust)

Provenienza: Sir Richard Colt Hoare, secondo baronetto (1758-1838); trasmesso per discendenza
Esposizioni: Kenwood 1985 (69)
Bibliografia: Colt Hoare 1822, p. 83; Woodbridge 1970, p. 97 e tav. 40; Stainton 1985, pp. 26-30

Poco dopo il 1786 Richard Colt Hoare commissionò a Ducros, per la sua collezione di Stourhead, un secondo gruppo di acquarelli, di cui questo fa parte. Tra le più impressionanti composizioni di Ducros, questa "veduta sotterranea", come la definì Colt Hoare, raffigura le rovine del tempio di Ercole, che nel Settecento si credeva fossero i resti delle antiche stalle sottostanti la villa di Mecenate. Sia nella concezione sia nel trattamento del chiaroscuro, questo acquarello riflette l'influenza delle incisioni di Piranesi relative alla villa di Mecenate, all'interno della villa Adriana e quelle della serie *Dell'Emissario del Lago Albano*. Può anche essere considerato un esempio di paesaggio storico: al posto dei soliti spettatori contemporanei, Ducros introduce qui un gruppo di ninfe al bagno, a evocare l'antichità classica. Ducros eseguiva abitualmente delle copie a ricalco delle versioni originali dei suoi acquarelli, che gli consentivano di riprodurre facilmente le sue composizioni: un rifacimento posteriore e di misura ridotta di questo stesso soggetto si trova al Musée Cantonal des Beaux-Arts di Losanna. (LS)

258

Louis Ducros 1748-1810
** **258.** *L'arco di Costantino*,
1787-93 ca
Acquarello e gouache su vari fogli
di carta applicati su tela,
78,1 × 109,8 cm
Iscritto sul supporto della tela:
"L'arc de Costantin"
Stourhead, The Hoare Collection
(The National Trust)

Provenienza: Sir Richard Colt Hoare,
secondo baronetto (1758-1838); trasmesso per discendenza
Esposizioni: Kenwood 1985 (71)
Bibliografia: Colt Hoare 1822, p.
83; Stainton 1985, pp. 26-30

Colt Hoare descrisse questo acquarello come "una delle opere più laborio-
se ma anche una delle più felici che
siano mai state realizzate ad acquarello"; appartiene al secondo gruppo da
lui commissionato a Ducros intorno
agli anni 1787-93. Tra i monumenti
dell'antica Roma, l'arco di Costantino, che celebra la vittoria dell'imperatore contro Massenzio nel 312
d.C., era uno dei più frequentemente rappresentati: alla fine del Settecento la base dell'arco era ancora
parzialmente interrata e solo nel
1804-05 Pio VII avrebbe fatto eseguire gli scavi fino al livello dell'antica pavimentazione. (LS)

307

259

Louis Ducros 1748-1810
** 259. *L'interno del Colosseo,*
1787-93 ca
Matita, acquarello e gouache con
tocchi di penna e inchiostro e di
vernice su due fogli di carta
applicati su tela, 76,2 × 101,6 cm
Iscritto sul supporto della tela:
"Vue de l'interieur de Colise"
Stourhead, The Hoare Collection
(The National Trust)

Provenienza: Sir Richard Colt Hoare,
secondo baronetto (1758-1838); trasmesso per discendenza
Esposizioni: Kenwood 1985 (70)
Bibliografia: Colt Hoare 1822, p.
83; Stainton 1985, pp. 26-30

Il Colosseo, nel suo stato di rovina
pittorescamente ricoperta di vegetazione, fu un soggetto molto popolare tra gli artisti a partire dal Settecento fino al tardo Ottocento, quando la massa lussureggiante di piante
e fiori, che aveva contribuito a con-
ferire alle rovine gran parte del loro

carattere romantico, fu infine elimi-
nata. Nel 1750 papa Benedetto XIV
consacrò l'arena alla memoria dei
primi cristiani qui martirizzati: vi
furono collocati una croce e gli altari per le quattordici stazioni della Via
Crucis; in una parte del muraglione
fu costruita una cappella, riconoscibile in questo acquarello. William
Beckford, tuttavia, che nel 1780 scriveva animato da una vena iconocla-
sta, era sopraffatto da un "veemente
desiderio... di fare a pezzi e ridurre in
polvere l'intero gruppo di tabernaco-
li e cappelle di santi, che deturpa l'a-
rena... questo santo imbroglio... se lo
sarebbe mai immaginato Vespasiano
che il suo anfiteatro avrebbe avuto
simili occupanti?".
Questo acquarello è strettamente
connesso a un'acquaforte colorata a
mano pubblicata da Ducros e Volpato nel 1780, nella serie *Vues de Rome
et de ses environs*. La novità e la popolarità di queste vedute stava nelle
loro notevoli dimensioni e nel fatto
che, benché si trattasse di stampe,

l'uso sapiente di linee delicatamente
incise, coloriture ad acquarello e tocchi di gouache dava l'illusione che si
trattasse di disegni originali ad
acquarello. L'origine di questa tecnica si deve al lavoro di un collega di
Ducros, lo svizzero Johann Ludwig
Aberli (1723-1786), che negli anni
1760-70 aveva messo a punto un metodo per replicare le sue popolari vedute della Svizzera. La conoscenza
che Ducros aveva di tale metodo si
associò all'esperienza di Volpato, assai
apprezzato come incisore, per produrre una splendida serie di stampe che
andava incontro al gusto dei contemporanei – in particolare dei *Grand
Tourists* britannici – come versioni
aggiornate ed eleganti di un genere
dominato, sin dalla fine del quinto
decennio, dalle vedute della città di
Piranesi.
Ducros raffigura nel Colosseo un
gruppetto di eleganti visitatori: le
donne sono nell'atto di fare l'elemosina a una famiglia di mendicanti,
mentre il loro accompagnatore am-

260

li che rappresentavano trentasei dei più famosi edifici di Roma. Lungi dall'essere semplici souvenir, essi costituivano delle accurate documentazioni per studi di carattere antiquario. Benché le sue riproduzioni siano basate su un'attenta osservazione dei monumenti originali, Chichi riprese probabilmente le misure da opere come quella di A. Degodetz, *Edifices antiques de Rome*, apparsa per la prima volta nel 1689 e ripubblicata in nuove edizioni (in francese e in inglese) negli anni settanta del Settecento. La sua aspirazione all'esattezza è testimoniata dal talloncino di carta attaccato alla base, che reca la scritta "Scala di Palmi Romani" e fornisce la scala di esecuzione. Sono accuratamente riprodotti dettagli come le sculture e i cassettoni all'interno della volta dell'arco, come pure i guasti all'intonaco e la copertura di tegole.

Questo pezzo potrebbe essere stato realizzato nello stesso periodo di un altro modello simile, appartenente a una collezione tedesca (attualmente in prestito alle Staatliche Kunstsammlungen di Kassel), che fu acquistato a Roma nel 1787. (AW)

mira la grandiosità dell'architettura; sullo sfondo una folla di pellegrini partecipa a una cerimonia religiosa. Come per le stampe colorate a mano di questo stesso soggetto, Ducros realizzò anche altre versioni ad acquarello in anni diversi, talora ridisegnando le figure per accogliere i cambiamenti nel modo di vestire. (LS)

Antonio Chichi 1743-1816
260. *L'arco trionfale di Tito a Roma*, 1787 ca ?
Modello in sughero,
64 × 56 × 30 cm

Iscritto sulla base: "ARCO DI TITO" e "CHICHI"; e sul riquadro sopra l'arco: "SENATVS / POPVLVSQVE ROMANVS / DIVO TITO DIVI VESPASIANI F / VESPASIANO AVGVSTO"
Collezione privata

Esposizioni: Spring Gardens 1805 ?
Bibliografia: Büttner 1969, pp. 3-36; Gerke 1986; Helmberger e Kockel 1993, pp. 11-31

Chichi era uno dei principali esponenti dell'arte della modellazione in sughero; realizzò una serie di model-

309

Anonimo
261. *Il tempio di Vesta a Tivoli,*
1770 ca
Modello in sughero su base
di legno, 40,4 × 40,8 × 40,8 cm
British Architectural Library
Drawings Collection. Royal
Institute of British Architects

Provenienza: Acquistato nel 1991
dalla RIBA Drawings Collection
presso una collezione privata di
Sydenham, Londra
Bibliografia: Pierce 1965, p. 222;
Helmberger e Kockel 1993

Della sterminata gamma di souvenir
e documentazioni dei monumenti
del Grand Tour, i modelli architettonici sono quelli meno conservati, a
causa della fragilità dei materiali
impiegati, come gesso, cartapesta e
sughero. Quest'ultimo materiale,
oltre a essere relativamente robusto,
ha anche il pregio di rendere la struttura porosa della muratura consuma-
ta dal tempo.
Il n. 261 è una versione in formato
ridotto di un altro modello dello
stesso monumento realizzato da
Giovanni Altieri (che si trova al
Soane Museum). Nulla si sa del suo
artefice né delle vicende precedenti
al suo acquisto e restauro da parte
della Drawings Collection del RIBA.
Come nella versione del Soane Museum, il sughero è stato impiegato
per rendere l'aspetto del travertino
della struttura dell'edificio e l'uso
dell'*opus reticulatum*. I dettagli decorativi, come i capitelli delle colonne
(quattro, dell'originaria serie di dieci,
sono perduti) e il caratteristico fregio
di bucrani e ghirlande, sono realizzati in gesso. Questa particolare versione, diversamente da quella del Soane
Museum, mostra una porzione del
tetto a gradini.
Il tempio di Vesta a Tivoli, che risale all'inizio del I secolo a.C. ed è
drammaticamente collocato sul bordo
di un precipizio, non rappresentò
soltanto una delle vedute e dei soggetti artistici prediletti del Grand
Tour (cfr. nn. 3, 19, 97, 110, 112-

261

113, 251, 256), ma era stato oggetto
di ammirazione fin dai tempi di Raffaello e Palladio, che si recarono
entrambi appositamente a studiarlo.
Questo monumento esercitò un fascino particolare sull'architetto sir
John Soane, che ne eseguì accurate
misurazioni quando era studente nel
1778-79. Più tardi acquistò un
modello in gesso di una sua ipotetica
ricostruzione (realizzato da Fouquet
di Parigi nel 1834; anch'esso al
Soane Museum), che potrebbe aver
usato nelle sue lezioni di architettura
all'Academy. Nel 1805 avrebbe imitato una sezione del tempio per l'angolo nordoccidentale della facciata
della Banca d'Inghilterra, scegliendo
di usare nel progetto la sua particolare versione dell'ordine corinzio.
(JW-E)

262

Anonimo

* 262. *Stipo di impronte di sigilli incisi dalla collezione di Cristian Dehn*, 1696-1770
35,6 × 47,7 × 37,7 cm
Trustees of the British Museum

Provenienza: ...; acquistato presso Christie's, 4 luglio 1985 (94), per il British Museum, Department of Medieval and Later Antiquities
Bibliografia: Zazoff 1983, pp. 55-56; Pirzio Biroli Stefanelli 1991, pp. 273-284, figg. 1-3

Francesco Maria Dolce sposò Faustina, figlia di Cristian Dehn e, dopo la morte di questi nel 1770, essi ereditarono il cosiddetto "Museo Dehn", che conteneva più di cinquemila pietre incise originali e paste vitree antiche e moderne. Due anni dopo, Dolce pubblicò un catalogo parziale della collezione di Dehn in un volume di tre fascicoli, offrendo ai collezionisti l'opportunità di acquistare una serie di impronte degli intagli che vi erano descritti. Charles Townley acquistò la sua serie nel 1777 per 106 scudi e 15 baiocchi. Questo era

il prezzo per le sole impronte, che erano fornite insieme a un inventario manoscritto. Tale lista, conservata insieme con lo stipo e giunta fino a noi, contiene un'annotazione a matita che potrebbe essere di pugno di Townley.
Sia il catalogo che le impronte sono ordinate per soggetti, secondo il metodo dell'autorevole catalogo redatto da Johann Joachim Winckelmann (pubblicato nel 1760) per la collezione del barone Philipp von Stosch (1691-1757). Dehn stesso aveva collaborato strettamente con Stosch durante il soggiorno romano di quest'ultimo, assistendolo nella formazione della sua famosa collezione di sigilli originali e paste vitree. La collezione di Stosch era analogamente riprodotta in serie di impronte, che costituivano materiali di consultazione per i collezionisti e anche per i curatori dei musei.
La più vasta collezione di simili impronte era quella di James Tassie, che ne annoverava oltre 15.000 all'epoca in cui ne fu pubblicato il catalogo, nel 1791, a cura di Rudolph Erich Raspe. (IJ)

263-265. *Ventagli-souvenir*
I ventagli acquistati dai primi visitatori dell'Italia erano, con tutta probabilità, quelli usati localmente. Nel corso della prima metà del Settecento, illustrazioni destinate ad abbellire i fogli dei ventagli furono ricavate da stampe tratte da dipinti di antichi maestri. Lo sviluppo del Grand Tour nella seconda metà del secolo creò le condizioni per la produzione di nuovi ventagli specificamente destinati al mercato turistico. Un gran numero di illustrazioni erano ricavate da stampe di luoghi famosi, soprattutto vedute di monumenti e rovine di Roma (comprese quelle di Piranesi), del Vesuvio e di Venezia. Le vedute dipinte sui ventagli romani erano spesso le medesime usate per i micromosaici (cfr. nn. 242-251).
I turisti acquistavano sia ventagli già confezionati, sia fogli dipinti staccati che poi provvedevano essi stessi a far montare. Ciò spiega perché alcuni ventagli italiani abbiano stecche e chiusure realizzate in materiali non disponibili in Italia a quell'epoca. Tartaruga, avorio e madreperla erano invece ampiamente utilizzati dagli artigiani italiani. Conosciamo i produttori di ventagli napoletani meglio di quelli del resto d'Italia, perché alcuni di essi scrivevano sui ventagli il loro nome e l'indirizzo del proprio laboratorio.
Chi scrive ringrazia Hélène Alexander per l'aiuto e i consigli ricevuti. (IB)

Bibliografia: Alexander 1982; Alexander 1994-95.

Anonimo
263. *Ventaglio con veduta del Pantheon*, 1780 ca
Ventaglio d'avorio con stecche e chiusure traforate e intagliate, lunghezza 28 cm, apertura 48 cm
By Courtesy of The Fan Museum (Hélène Alexander Collection), Greenwich

Esposizioni: The Fan Museum 1994-95 (89)

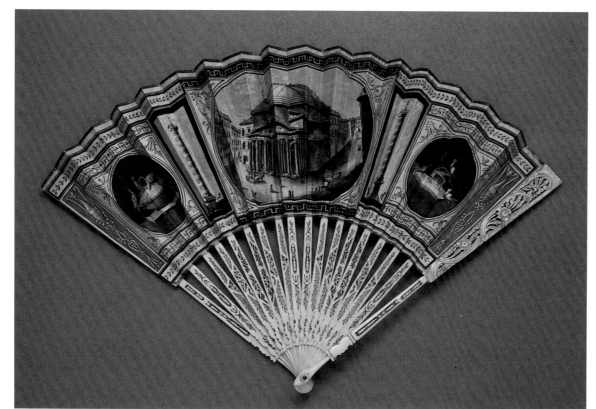

263

264

265

Il doppio foglio di pergamena è dipinto su un solo lato con una veduta del Pantheon al centro, affiancato dalle colonne di Traiano e di Marco Aurelio, e due vignette delle "Colombe di Plinio" dentro decorazioni all'antica. Alcuni turisti sono rappresentati nell'atto di ammirare il Pantheon e le due colonne. (IB)

Anonimo
264. *Ventaglio con vedute del Vesuvio e dei dintorni di Napoli*, 1770 ca
Ventaglio laccato nero e oro, bacchette e chiusure in finta lacca, estremità rinforzata con avorio e tartaruga, lunghezza 28,5 cm, apertura 50 cm
By Courtesy of The Fan Museum (Hélène Alexander Collection), Greenwich

Esposizioni: The Fan Museum 1994-95 (23)

Il doppio foglio di pergamena è dipinto con stampe e cartigli a *trompe l'œil*. La stampa centrale mostra il Vesuvio in eruzione e reca la scritta "Molo di Napoli e prospetto del Monte Vesuvjo lume de notte del 1767"; a sinistra c'è il "Sepolcro di Virgilio"; a destra un'altra veduta del Vesuvio con Napoli alla luce del giorno, con la scritta "Molo di Napoli con Monte Vesuvjo del 1767". I cartigli contengono le parole di una canzone: "Non fedele / ma crudele / Troverai un amator / che ti giura, ti spergiura / E promette fed. / Fedeltà fedeltà", e ancora: "Quel caro / Amabil volto / Sempre mi stà / Sul ciglio / Sole mi dà consiglio / la vaga tua beltà".
Sul rovescio è dipinto un nastro e l'immagine di una rovina a *trompe l'œil*. (IB)

Anonimo
265. *Ventaglio con vedute di Venezia*, metà del XVIII secolo
Ventaglio d'avorio, bacchette e chiusure intagliate, traforate, dipinte, laccate e dorate, con figure della Commedia dell'Arte, lunghezza 30 cm, apertura 57,5 cm

By Courtesy of The Fan Museum (Hélène Alexander Collection), Greenwich

Provenienza: Venduto da Robert Walker di Uffington, Berkshire, presso Sotheby, Wilkinson & Hodge, 10 giugno 1882 (tav. 52), acquistato dalla baronessa Burdett-Coutts; ereditato da Seabury Coutts e presso di lui acquistato da Henry S. Eelles nel 1945; successivamente acquistato da Hélène Alexander
Esposizioni: The Fan Museum 1994-95 (14)

Il doppio foglio reca dipinta, sul davanti, una veduta di piazza San Marco con acrobati; sul rovescio c'è una veduta della laguna al tramonto. (IB)

Appendice

*Le opere qui di seguito
pubblicate, come quelle
indicate con doppio
asterisco nelle precedenti
sezioni, non erano presenti
nella mostra londinese, ma
compaiono nell'esposizione
romana.*

Jakob Philipp Hackert 1737-1807
I. *Caccia di Ferdinando IV a Persano
con figure di Wilhelm Tischbein,*
1789-1793 ca
Olio su tela, 215 × 295 cm
Iscritto sulla cornice in alto al
centro: "A BOAR HUNT AT PERSANO /
UNDER FERDINANDO IV / BY
HACKERT / FIGURES BY TISCHBEIN"
e, in basso al centro: "Presented
to H.M. Gout / by The Earl
of Rosebery / D.S.O.M.C. / from
the V Rosebery, 1932"
Government Art Collection
of the United Kingdom

Esposizioni: Roma 1994
Bibliografia: Goethe 1988, fig. 24

Il dipinto, dedicato a uno degli svaghi preferiti della famiglia reale, la caccia a Persano, costituisce un vero e proprio "ritratto di gruppo". La regina si trova sulla destra, insieme con le sue dame, su grandi carri adibiti a tribune, mentre a sinistra vediamo un gruppo di cavalieri e dame a cavallo. Sulla cornice, in basso, sono riportati i nomi di alcuni di loro: la regina Carolina di Napoli, lady Hamilton, la duchessa di Cassano, la regina Maria Luisa, re Ferdinando IV, il duca di Castagneto, il principe Augusto (duca del Sussex), il marchese del Castelluccio, Cav. Cordua, il conte di Saponara, Cav. Petroni, Cav. Brancaccio. La caccia era, d'altro canto, non solo occasione di festa e svago, ma anche di incontri mondani e politici.
Hackert era solito servirsi della collaborazione di vari artisti, come Angelica Kauffmann e Michael Wutky, per l'esecuzione delle figure dei suoi dipinti. Probabilmente anche in questo caso si è avvalso della collaborazione di Wilhelm Tischbein, pittore e ritrattista, amico di Goethe, direttore dell'Accademia di belle arti dal 1789. Ma il fatto che il paesaggio sia appena abbozzato, contrariamente alle figure molto ben definite, può far pensare che il dipinto sia incompiuto. La data di esecuzione dovrebbe essere tra il 1789 e il 1793 poiché il cappello frigio di lady Hamilton non sarebbe giustificabile né prima né dopo tali anni. (TM)

**Giovanni Battista Busiri
1698-1757**
II. *Il tempio di Vesta visto dal Tevere*
Olio su tela, 23 × 34 cm
Collezione Busiri Vici, Roma

Bibliografia: Busiri Vici 1966, pp.
47-48

Il particolare più interessante di questa veduta è costituito dalla facciata ancora barocca della chiesa di Santa Maria in Cosmedin, realizzata tra il 1715 e il 1719 da Giuseppe Sardi e ripristinata nelle sue linee romaniche solo alla fine del secolo scorso (1894-99). Interessante è anche la visione del tempio di Vesta, dalla caratteristica pianta circolare, trasformato in Santa Maria del Sole, con la cappella cristiana aggiunta al perimetro esterno del tempio. Sotto le mura medievali che racchiudono il bel giardino della chiesa, si apre lo sbocco della Cloaca Massima. In primo piano, sulla riva opposta del Tevere, due barconi fluviali: uno è in secco, con operai intenti in operazioni di calafataggio; l'altro, un pesante trialberi per il trasporto di merci, sta alla fonda e una barchetta gli si avvicina con tre personaggi appena abbozzati. Al centro del dipinto la consueta figuretta della popolana percorre un sentiero del greto e, sulla destra, le fronde di una grande quercia limitano e chiudono la scena.
Questa veduta è la riproposizione di precedenti realizzazioni a penna e a tempera, ed è databile anch'essa alla prima metà del XVIII secolo. (MF)

**Giovanni Battista Busiri
1698-1757**
III. *La tomba di Cecilia Metella,*
1720-25
Tempera su carta, 22,5 × 32 cm
Collezione Busiri Vici, Roma

Bibliografia: Busiri Vici 1966, p. 28

La tempera, opera giovanile di Busiri, fu eseguita come pendant di una raffigurazione del tempio di Vesta. Probabilmente si tratta delle prime prove della vasta produzione di vedute eseguite dall'artista, con molta attendibilità su commissione, come raffinato souvenir di una delle vestigia romane più conosciute e suggestive: la tomba di Cecilia Metella sulla Via Appia Antica. Questo tema sarà ripreso più volte dall'autore, che raffigurerà il mausoleo anche su sfondi e prospettive diversi, in

315

I

II

III

disegni a penna, in tempere e oli.

La costruzione semplice del dipinto presenta al centro il celebre monumento, collegato con due archi a ruderi di altre costruzioni, ricoperto da una vegetazione di rampicanti e piante selvatiche che disordinatamente se ne impossessano. Sullo sfondo, a sinistra, una villa di campagna rimanda al fascino del paesaggio dolce e tenebroso dell'Agro romano. Per animare la composizione, l'artista inserisce, a sinistra, due figure di viandanti che si voltano verso lo spettatore prima di scomparire proseguendo il sentiero dietro il monumento e, a destra, la popolana con la cesta dei panni sul capo, motivo molto frequente in altre vedute di Busiri. (MF)

Giovanni Battista Busiri
1698-1757
IV. *Ponte Milvio*, 1747-50 ca ?
Tempera su tavola, 16 × 60 cm
Collezione Busiri Vici, Roma

Bibliografia: Inedito

Il soggetto di questa veduta è ponte Milvio, il celebre "Ponte Molle", principale accesso a Roma per i viaggiatori provenienti dal Nord, dalla Via Cassia e dalla Via Flaminia. La tecnica sicura, la composizione articolata e complessa della veduta, inducono a ritenere che questa tempera sia stata eseguita dall'artista in età matura, forse alla fine degli anni quaranta.

Il dipinto presenta a sinistra, su un colle, un caseggiato massiccio, dall'aspetto di torre, con altre costruzioni attorno e un grande albero quasi spoglio che si protende al centro. In primissimo piano tre popolani sono intenti a conversare e poco più in là, su una barca, due pescatori raggiun-

gono la riva. Sullo sfondo ponte Milvio, percorso da un carro e da viandanti, collega le due rive dove scorre il fiume in un paesaggio ancora tipicamente agreste, mentre le prime case della città si intuiscono in lontananza, alle pendici di Monte Mario. Sulla destra chiude la veduta un boschetto di alti alberi con fronde di colori diversi e, in primo piano, risalta la riva in quel punto rocciosa. Per le sue dimensioni particolari, il dipinto appare anomalo rispetto alle altre tempere attribuite a Busiri.

L'opera è entrata nella collezione probabilmente dopo il 1966, anno di pubblicazione del volume monografico sull'artista scritto da Andrea Busiri Vici, dove non è menzionata. (MF)

Giovanni Battista Busiri
1698-1757
V. *Il tempio di Saturno*
Olio su tavola, 23 × 34 cm
Collezione Busiri Vici, Roma

IV

Provenienza: Cohen, Londra
Bibliografia: Busiri Vici 1966, p. 47

Tipica veduta del Foro dal lato sud, con i resti imponenti del colonnato del tempio di Saturno che lasciano intravedere le costruzioni edificate sul limite del Campo Vaccino. Una fronzuta quercia bilancia a sinistra la composizione e, dietro la salita che porta al Campidoglio, si stagliano le tre colonne corinzie del tempio di Vespasiano. Sul fondo sono percepibili la chiesa dei Santi Luca e Martina e l'arco di Settimio Severo. In primo piano, è dipinta una popolana con un cane e, più lontano, altre quattro figure appena accennate percorrono la Via Sacra. A destra, su un fontanile vicino ai ruderi invasi da una fiorente vegetazione selvatica, due personaggi stanno dialogando: uno è in ginocchio e immerge il secchio nella vasca; l'altro, più anziano, è appoggiato al fontanile.

Questa veduta è stata più volte trattata dall'artista, che ha seguito il medesimo schema compositivo anche in disegni e tempere. Sebbene non vi siano indicazioni certe sulla data di esecuzione, è possibile asserire che quest'opera faccia parte dell'ultimo periodo di produzione del pittore.

La provenienza si desume da una nota autografa di Andrea Busiri Vici. (MF)

V

VI

Giovanni Pichler 1734-1791
VI. *Raccolta di impronte di cammei e pietre incise*, 1787
31,5 × 20 × 16,5 cm
Museo di Roma

Provenienza: Favà, Roma, 1985 (dal mercato antiquario inglese); Museo di Roma. Inv. 29.000-29.008
Bibliografia: Pirzio Biroli Stefanelli 1987, figg. 1-3

Lo studio di Giovanni Pichler, il più celebre incisore del suo tempo, situato nei pressi di piazza di Spagna, era il più frequentato dai personaggi che giungevano a Roma da tutta Europa. Si potevano acquistare e ordinare intagli e cammei con la riproduzione delle più importanti opere d'arte – soprattutto, ma non solo, sculture antiche – ammirate nel corso della visita alle grandi collezioni cittadine, oltre a incisioni con soggetti all'antica d'invenzione dell'artista. Ma Giovanni Pichler era ricercato in particolar modo per l'esecuzione di raffinati ritratti, per i quali era richiesto il prezzo più alto (quaranta zecchini più il costo della pietra) ed era previsto, per cautelarsi da eventuali rinunce dei committenti, il pagamento anticipato. Il ritratto in calcedonio dell'imperatore d'Austria, eseguito durante il suo soggiorno romano del 1769, gli era valso il titolo di cavaliere e la qualifica di "Incisore di Sua Maestà Cesarea Giuseppe II". La clientela era internazionale, ma i committenti inglesi erano certamente tra i più numerosi; basta scorrere i cataloghi delle proprie opere che Pichler andava pubblicando periodicamente prima di giungere a quello definitivo del 1790, per ritrovare tutte le personalità più in vista a Roma nella seconda metà del secolo. Nel *Catalogo d'impressioni cavate da Pietre Orientali incise dall'Anno 1766 a tutto il 1771 da Giovanni Pichler Incisore di Sua Maestà Cesarea Giuseppe II* e in quello successivo relativo agli anni 1772-76 sono elencati, tra gli altri e solo per limitarsi agli inglesi, i ritratti di "Mons. Black-wood", di "Mons. Constable", del "Cavaliere Rous", di "Monsieur Lorain Smyth", di "Madama e Monsieur Pitt", di "Monsieur e Madama Myller", di "Monsieur Stuard", di "Monsieur Corbet", di "Monsieur Cuk". "Mons. Constable" aveva ordinato anche un *Sacrificio a Priapo* e, tra i numerosi acquirenti di intagli e cammei con la riproduzione di monumenti scultorei, figurano inoltre Thomas Jenkins per una corniola con *Amore e Psiche*, James Byres per una corniola con *Melpomene,* Gavin Hamilton per un calcedonio con *Polimnia,* il "conte Findlater" per un gruppo da un antico marmo a villa Albani, "Monsieur Orde" per una *Minerva Medica.*
Il contenitore che qui si espone, in legno foderato di carta verde, è composto di sei ripiani numerati da uno a sei, sui quali sono disposti calchi di gemme e cammei incisi da Giovanni Pichler (1-4), impronte di celebrate gemme antiche appartenenti a importanti collezioni (5) e impronte di opere dell'incisore inglese Nathaniel Marchant (6). Il catalogo manoscritto che lo accompagna, relativo ai pezzi contenuti nei primi cinque ripiani, indica per ciascun numero il soggetto e la pietra usata, specificando se si tratti di "lavoro di rilievo chiamato cameo oppure di un lavoro in incavo, chiamato intaglio"; un simbolo particolare "accenna l'opera d'invenzione dell'Artefice", proposta in due diverse fasi della lavorazione "per provar d'esser moderne", un altro "significa copia".
Sul coperchio è incollato il biglietto da visita dell'incisore, datato 1787, con la distinta dei prezzi che possono variare dai quaranta zecchini per il ritratto ai venticinque per un intaglio con una testa dall'antico, escluso sempre il costo della pietra.
La raccolta deve essere stata acquistata a Roma da un membro della famiglia Rumbold; le due ultime impronte delle opere di Pichler sono infatti relative a due cammei con i ritratti "del Cavalier Rombold Inglese, in niccolo di tre colori" e di "Madamigella Rombold in agata-calcidonia".

Si spiega così come l'acquirente abbia voluto completare la raccolta con le impronte di un altro incisore, il connazionale Marchant, per molti anni (1773-88) a Roma, dove si era perfezionato nell'arte di incidere pietre dure (cfr. nn. 178, 212). (LPBS)

Pompeo Batoni 1708-1787
VII. *John Staples*, 1773
Olio su tela, 248 × 175 cm
Firmato e datato in basso a destra sulla base del piedistallo: "P. BATONI PINXIT ROMAE / ANNO 1773"
Restaurato nel 1997 con il contributo dell'Associazione Amici dei Musei di Roma
Museo di Roma

Provenienza: Per discendenza nella famiglia; venduto da Sotheby's, 26 giugno 1957, lotto 32, acquistato da Marcello e Carlo Sestieri, presso i quali acquistato per il Museo di Roma dall'Amministrazione Comunale con delibera GC 294/1962. Inv. MR: 1974
Esposizioni: Roma 1959 (47); Parigi 1960-61; Palazzo Braschi 1962; Roma 1966; Lucca 1967 (52)
Bibliografia: Steegman 1946, p. 63 n. 73; Belli Barsali 1964, p. 79; DBI; Pietrangeli 1971, p. 137, fig. 144; Rudolph 1983 n. 60; Clark 1985, p. 329 n. 367, tav. 333; Pirzio Biroli Stefanelli 1992, pp. 45-71, passim

John Staples (1736-1820) è rappresentato in piedi a grandezza naturale, con un raffinato abbigliamento: un soprabito ruggine dai toni aranciati, un panciotto e i calzoni di velluto di un caldo giallo ocra. Egli si appoggia con il braccio sinistro sul piedistallo della statua dell'*Ares Ludovisi* e con la mano regge il tricorno nero profilato d'oro; ai suoi piedi, un piccolo spaniel marrone e bianco lo guarda con intensità, e sullo sfondo si intravede la campagna romana.
Il dipinto costituisce uno dei numerosi ritratti con rovine o antiche sculture che venivano commissionati a Batoni da gentiluomini inglesi di passaggio a Roma, divenuta nel Set-

VII

tecento una tappa d'obbligo, e che desideravano essere immortalati fra i ricordi dei loro viaggi. Il personaggio ritratto, il figlio del reverendo Thomas Staples di Lissan, rettore di Derryloram, divenne agli inizi dell'Ottocento membro del parlamento inglese per la contea di Antrim. Nel 1764 sposò la figlia di William Conolly di Castletown (Kildare), presso i cui discendenti il dipinto rimase per lungo tempo facendo parte della collezione di lord Carew. Per il dipinto di John Staples Pompeo Batoni impiegò una composizione quasi identica a quella dei ritratti di *John Chetwynd Talbot*, anch'esso del 1773 (Getty Museum, Malibu; Clark 1985, p. 329 n. 368, tav. 334) e di *Henry Peirse*, del 1775 (Galleria Nazionale d'Arte Antica, Roma; Clark 1985, p. 336 n. 384, tav. 345). In tutte e tre le opere citate, oltre all'atteggiamento molto simile dei personaggi rappresentati, viene riproposta l'antica scultura dell'*Ares Ludovisi*, che nel ritratto di Talbot è raffigurata a sinistra. L'*Ares Ludovisi* (Museo Nazionale Romano, Roma), acquistato dalla famiglia Ludovisi nel 1622, deve senz'altro la grande fortuna conosciuta nel XVIII e nel XIX secolo a Winckelmann, che considerava la statua di Marte seduto "il più bel Marte d'antichità". Probabilmente John Staples e John Talbot, che facevano parte di una vivace comitiva di inglesi in visita a Roma, rimasero affascinati dalla bellezza della famosa scultura durante

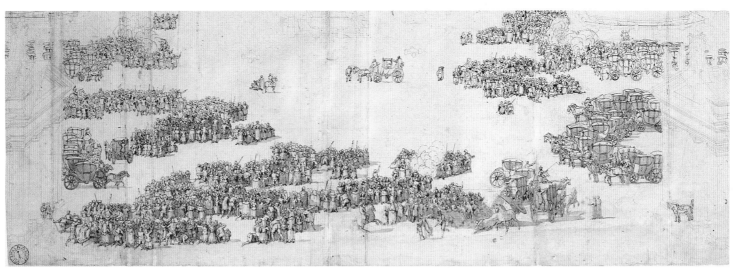

VIII

un sopralluogo a villa Ludovisi e vollero che fosse rappresentata nei loro ritratti (Pirzio Biroli Stefanelli 1992, p. 50).

Il recente intervento di restauro ha rilevato la fine e morbida coloritura del dipinto, che è uno degli aspetti più attraenti della pittura di Batoni. La preparazione della tela con una calda base di pigmenti rossi, velata da vernici trasparenti, mette in risalto l'incarnato del volto e i particolari dell'abbigliamento rispetto alla superficie circostante. (ER)

Attr. Jean-Louis Desprez
1743-1804
VIII. *Studio di popolo a piazza San Pietro*, 1782-83 ca
Disegno a penna acquarellato monocromo grigio, 206 × 598 cm
Gabinetto Comunale delle Stampe, Roma

Provenienza: ...; entrato a far parte della collezione del Gabinetto Comunale delle Stampe grazie alla donazione Pecci Blunt nel 1971. Inv. GS 942
Esposizioni: Palazzo Braschi 1976 (96)

Il disegno è attribuito a Jean-Louis Desprez, architetto, pittore e incisore francese, Prix de Rome nel 1777 per la sezione dell'architettura. L'opera rappresenta vari e animati gruppi di persone in piedi, inginocchiate o nelle carrozze che popolano piazza San Pietro, probabilmente in attesa della benedizione papale. Il disegno sembra troncato in alto, forse per un taglio del foglio, e le architetture che rendono riconoscibile la piazza, le testate dei bracci del colonnato e le basi dell'obelisco e delle fontane sono appena accennate con la penna al tratto. A Roma il *pensionnaire* Desprez entrò in contatto con l'Abbé de Saint-Non, che lo chiamò a collaborare al *Voyage pittoresque ou Description des Royames de Naples et de Sicile*, edita a Parigi dal 1781 al 1786. Desprez accompagnò la spedizione organizzata da Saint-Non nelle Due Sicilie, spingendosi nelle terre dell'estremo Sud italiano e riportandone numerosi disegni, che servirono per illustrare i volumi dell'opera. Di ritorno a Roma, dove si trattenne fino al 1784, l'artista, insieme ad altri incisori stipendiati da Saint-Non, fu impegnato nella traduzione in acquaforte di tali schizzi. Questo lavoro lo condusse a interessarsi in maniera più specifica alla pittura e al disegno, e a tralasciare momentaneamente i suoi interessi per l'architettura.

Del soggiorno di Desprez a Roma si conservano alcune vedute della città, nelle quali domina una concezione realistica. In particolare, a conferma dell'attribuzione all'artista francese del disegno esposto, si segnalano le due gouache con la *Veduta di piazza del Quirinale* (Nationalmuseum, Stoccolma) e la *Veduta di piazza San Pietro* (collezione privata; cfr. Wollin 1935, pp. 165-167 e figg. 206-207): entrambe sono ravvivate, nel primo piano, da una piccola folla di persone a passeggio, carrozze e truppe di soldati stilisticamente affini a quelle ritratte in questo piccolo schizzo, forse preparatorio. Il gusto di Desprez, che per un certo periodo ebbe anche una proficua collaborazione con Francesco Piranesi dalla quale nacque la celebre incisione con l'eruzione del Vesuvio del 1779, fu oscillante fra il descrittivo e il pittoresco, fra l'interesse per le ricostruzioni storiche e l'effetto scenografico.

Quando, nel 1784, il re di Svezia Gustavo III, in visita a Roma, ingaggiò Jean-Louis Desprez, fu come architetto di corte e allestitore di rappresentazioni teatrali e festive. L'artista si trasferì così definitivamente nella penisola scandinava, dove svolse la parte forse più conosciuta della propria attività. (AM)

Esposizioni

Accademia Italiana 1990: *In the Shadow of Vesuvius: Views of Naples from Baroque to Romanticism, 1631-1830*, Accademia Italiana, Londra.

Amsterdam 1971-72: *Ontmoetingen met Italië. Tekenaars uit Scandinavië, Duitsland, Nederland in Italie 1770-1840*, Rijksprentenkabinet, Amsterdam, Thorvaldsens Museum, Copenaghen.

Amsterdam 1986: *Reisejournaal in Aquarel*, Rijksmuseum.

Amsterdam 1991: *De Guoden Schemer van Venetië. Een Portet van de Venetiaanse Adel in de Achttiende Eeuw.*

Arts Council 1962: *British Self Portraits*, Arts Council, Londra.

Atlanta 1983-84: *The Rococo Age*, High Museum of Art.

Barnard Castle 1962-63: *The Zetland Collection from Aske Hall*, The Bowes Museum.

Barnard Castle 1964: *Italian Art 1600-1800*, The Bowes Museum.

Bath 1991: *A Gift to the Nation: the Fine and Decorative Art Collection of Ernest E. Cork*, Holburne Museum.

Billingshurst 1986: *Sussex and the Grand Tour*, Sotheby's.

Birmingham 1948: *Richard Wilson and his Circle*, Birmingham City Art Gallery.

Birmingham 1993: *Canaletto and England*, Birmingham Museums and Art Gallery.

BL 1980: *Guidebooks and Tourism: The British in Italy*, British Library, Londra (senza catalogo).

BM 1974: *Portrait Drawings XV-XX Centuries*, British Museum, Londra.

BM 1977: *French Landscape Drawings and Sketches of the Eighteenth Century*, British Museum, Londra.

BM 1981: *Watercolours by Francis Towne and John "Warwick" Smith*, British Museum, Londra.

BM 1996: *Vases and Volcanoes: Sir William Hamilton and his Collection*, British Museum, Londra.

Bordeaux 1958: *Paris et les ateliers provinciaux au XVIIIe siècle*, Musée des Beaux-Arts.

Bregenz 1968: *Angelica Kauffmann und sein Zeitgenossen*, Vorarlberger. Landesmuseum, Bregenz and Österreichisches Museum für angewandte Kunst, Vienna.

Cambridge 1977: *The Triumph of the Classical*, Fitzwilliam Museum.

Cambridge 1981: *Painting from Nature*, Fitzwilliam Museum, Cambridge, Royal Academy, Londra.

Canterbury 1980: *The Gentle Traveller: John Bargrave, Canon of Canterbury and his Collection*, Canterbury Cathedral Library.

Cardiff 1990: *The Royal Collection. Paintings from Windsor Castle*, National Museum of Wales.

Clarendon Gallery 1983: *Bartolomeo Cavaceppi: Eighteenth-century Restorations of Ancient Marble Sculptures from English Private Collections*, Clarendon Gallery, Londra.

Cleveland 1964: *Neoclassicism: Style and Motif*, Cleveland Museum of Art.

Colonia 1972-73: *Sehensucht nach Italien.*

Columbia 1988: *British Comic Art 1730-1830 from the Yale Center for British Art*, Museum of Art and Archaeology, University of Missouri.

Digione, 1982-83: *La peinture dans la peinture*, Musée des Beaux-Arts de Dijon.

Dortmund 1994: *Roma Antica: Römische Ruinen in der italienischen Kunst des 18. Jahrhunderts*, Museum für Kunst und Kulturgeschichte der Stadt.

Dublino 1873: *Loan Museum of Art Treasures*, International Exhibition Palace.

Dublino 1969: *Irish Portraits 1660-1860*, National Gallery of Ireland, Dublino, National Portrait Gallery, Londra, Ulster Museum, Belfast.

Edimburgo 1973: *The Indefatiguable Mr Allan*, Scottish Arts Council Gallery, Edimburgo, Glasgow Art Gallery & Museum, Dundee City Art Gallery e Alloa Town Hall.

Edimburgo 1984: *Drawings by Allan Ramsay*, National Gallery of Scotland.

Edimburgo 1986: *Painting in Scotland: The Golden Age*, Talbot Rice Art Centre, University of Edinburgh, Tate Gallery, Londra.

Edimburgo e Kenwood 1992-93: *Monumental Reputation: Robert Adam and the Emperor's Palace*, National Library of Scotland, Edimburgo e The Iveagh Bequest, Kenwood, Londra (senza catalogo). Un catalogo della mostra è stato pubblicato con lo stesso titolo a Edimburgo nel 1993.

Firenze 1971: *Firenze e*

l'Inghilterra: rapporti artistici e culturali dal XVI al XX secolo, Palazzo Pitti.

Firenze 1972: *Cultura neoclassica e romantica nella Toscana granducale*, Palazzo Pitti.

Firenze 1977: *Pittura francese nelle collezioni pubbliche fiorentine*, Palazzo Pitti.

Firenze 1994: *Firenze e la sua immagine. Cinque secoli di vedutismo*, Forte Belvedere.

Firenze 1994: *Luoghi di delizia: un Grand Tour olandese nelle immagini di Louis Ducros, 1778*, Istituto Universitario Olandese di Storia dell'Arte.

Francoforte 1986-87: *Französische Zeichnungen im Städelschen Kunstinstitut, 1550 bis 1800*, Städelsches Kunstinstitut.

Francoforte 1989: *Sklavin oder Bürgerin*, Historisches Museum.

Francoforte 1994: *Goethe und die Kunst*, Schrin Kunsthalle, Francoforte, Kunstsammlungen zu Weimar.

Hayward Gallery 1969: *The Art of Claude Lorrain*, Hayward Gallery, Londra.

Hayward Gallery 1978: *Piranesi*, Arts Council of Great Britain, Hayward Gallery, Londra.

Hull 1970: *William Constable as a Patron*, Ferens Art Gallery.

Istanbul 1995: *Vedute di Venezia ed Istanbul attraverso i secoli dalle collezioni del Museo Correr Venezia e Museo del Topkapi Istanbul*, Topkapi Museum.

Kenwood 1974: *British Artists in Rome 1700-1800*, The Iveagh Bequest, Kenwood, Londra.

Kenwood 1976-77: *Claude-Joseph Vernet 1714-1789*, The Iveagh Bequest, Kenwood, Londra, Musée de la Marine, Palais de Chaillot, Parigi.

Kenwood 1982: *Pompeo Batoni (1708-1787) and his British Patrons*, The Iveagh Bequest, Kenwood, Londra.

Kenwood 1985: *Images of the Grand Tour: Louis Ducros 1748-1810*, The Iveagh Bequest, Kenwood, Londra, Whitworth Art Gallery, Manchester, Musée Cantonal des Beaux-Arts, Losanna.

Kenwood 1985-86: cfr. Kenwood 1985.

Kenwood 1993: *Anton Raphael Mengs and his British Patrons*, The Iveagh Bequest, Kenwood, Londra.

Leger Galleries 1973: *Exhibition of Old Master Paintings*, Leger Galleries, Londra.

Lichfield 1986: *Wright of Derby*, Lichfield Festival.

Liverpool 1994-95: *Face to Face: Three Centuries of Artists' Self-Portraits*, Walker Art Gallery.

Losanna 1990: *Images et souvenirs de voyage: le dessinateur suisse Louis Ducros accompagne des touristes hollandais en Italie en 1778*, Musée Historique de Lausanne.

Lucca 1967: *Pompeo Batoni*.

Madrid 1988: *Pintura britanica de Hogarth a Turner*, Museo del Prado.

Mainz 1966: *Kunst des 18. Jahrhunderts aus Dijon*, Altertumsmuseum und Gemäldegalerie der Stadt.

Manchester 1971: *Watercolours by John Robert Cozens*, Whitworth Art Gallery, Manchester, Victoria and Albert Museum, Londra.

Manchester 1988: *Travels in Italy 1776-1783: Based on the "Memoirs" of Thomas Jones*, Whitworth Art Gallery.

Marble Hill 1970: *Thomas Jones 1742-1803*, Marble Hill House, Twickenham, National Museum of Wales, Cardiff.

Miami 1995: *Legacy of a Tsarina: Masterpaintings from the Pavlovsk Palace*, Bass Museum of Art (senza catalogo).

Milano 1975: *Pittura inglese 1660-1840*, Palazzo Reale.

MoMA 1981: *Before Photography: Painting and the Invention of Photography*, Museum of Modern Art, New York, Joslyn Art Museum, Omaha, Nebraska, Frederick S. Wight Art Gallery, University of California, Los Angeles, Art Institute of Chicago, 1981-82.

Montreal 1957: *British Painting in the Eighteenth Century*, Museum of Fine Arts, Montreal, National Gallery of Canada, Ottawa, Art Gallery of Toronto, Toledo Museum of Art, 1957-58.

Monaco 1979: *Zwei Jahrhunderts Englische Malerei: Britische Kunst und Europa 1680 bis 1880*, Haus der Kunst, 1979-80.

Monaco 1980: *Glyptothek München 1830-1980*, Glyptothek.

Mount Holyoke 1992: *Sites and Sensibilities: Views of Rome 1500-1992*, Mount Holyoke College Art Museum.

Nantes 1985: *Les frères Sablet*, Nantes, Losanna e Roma.

Napoli 1979-80: *Civiltà del '700 a Napoli 1734-1799*.

Napoli 1990: *All'ombra del Vesuvio. Napoli nella veduta europea dal Quattrocento all'Ottocento*, Castel Sant'Elmo.

New Haven 1977: cfr. Yale 1977.

New Haven 1980: *The Conversation Piece: Arthur Devis and His Contemporaries*, Yale Center for British Art.

NG 1986: *Acquisitions in Focus - Wright of Derby: Mr and Mrs Coltman*, National Gallery, Londra.

NG 1995: *In Trust for the Nation. Paintings from National Trust Houses*, National Gallery, Londra.

Norwich 1958: *Eighteenth-Century Italy and the Grand Tour*, Castle Museum.

Norwich 1985: *Norfolk and the Grand Tour*, Castle Museum.

Nottingham 1994: *The Picturesque Landscape. Visions of Georgian Herefordshire*, Department of Geography, University of Nottingham.

NPG 1976: *Johann Zoffany 1733-1810*, National Portrait Gallery, Londra.

Oxford 1981: *The Most Beautiful Statues: The Taste for Antique Sculpture 1500-1900*, Ashmolean Museum.

Palazzo Braschi 1962: *Novità dei Musei Comunali. Acquisti 1959-1962*, Palazzo Braschi, Roma.

Palazzo Braschi 1976: *Roma sparita. Mostra di disegni e acquerelli dal XVI al XX secolo dalla donazione della contessa Anna Laetitia Pecci*

Blunt, Palazzo Braschi, Roma.

Parigi 1933: *Hubert Robert. Exposition à l'occasion du deuxième centenaire de sa naissance (1733-1808)*, Musée de l'Orangerie.

Parigi 1957: *Le portrait français de Watteau à David*, Musée de l'Orangerie.

Parigi 1958: *L'art français et l'Europe au XVIIe et XVIIIe siècles*, Musée de l'Orangerie.

Parigi 1960-61: *La peinture italienne au XVIIIe siècle*.

Parigi 1974-75: *De David à Delacroix: la peinture française de 1774 à 1830*, Grand Palais, Parigi, Detroit Institute of Art, Metropolitan Museum of Art, New York.

Parigi 1976: *Le petit journal des grandes expositions no. 30: Valenciennes*, Musée du Louvre.

Parigi 1994: *La Chimère de Monsieur Desprez*, Musée du Louvre, Cabinet des Dessins.

RA 1949: *Landscape in French Art: European Masters of the Eighteenth Century*, Royal Academy of Arts, Londra.

RA 1949-50: cfr. RA 1949.

RA 1950: *Paintings from Woburn Abbey*, Royal Academy of Arts, Londra.

RA 1954: *European Masters of the Eighteenth Century*, Royal Academy of Arts, Londra.

RA 1954-55: cfr. RA 1954.

RA 1955-56: *English Taste in the Eighteenth Century*, Royal Academy of Arts, Londra.

RA 1956-57: *British Portraits*, Royal Academy of Arts, Londra.

RA 1960: *Italian Art and Britain*, Royal Academy of Arts, Londra.

RA 1964: *Painting in England 1700-1850*, Royal Academy of Arts, Londra.

RA 1972: *The Age of Neoclassicism*, Royal Academy of Arts, Londra, Victoria and Albert Museum, Londra.

RA 1974-75: *Turner Bicentenary Exhibition*, Royal Academy of Arts, Londra.

RA 1986: *Reynolds*, Royal Academy of Arts, Londra.

Roma 1955: *Mostra di vedute romane appartenenti alla raccolta del barone Basil de Lemmerman*, Palazzo Braschi.

Roma 1959: *Il Settecento a Roma*, Palazzo delle Esposizioni.

Roma 1961: *L'Italia vista dai pittori francesi del XVIII e XIX secolo*, Palazzo delle Esposizioni, Roma, Galleria Civica d'Arte Moderna, Torino.

Roma 1962: *Il ritratto francese da Clouet a Degas*, Palazzo Venezia.

Roma 1966: *Mostra nazionale dell'antiquariato*, Palazzo Braschi.

Roma 1976: *Piranèse et les Français, Rome 1740-1790*, Roma, Digione e Parigi.

Roma 1986: *Mosaici minuti romani del '700 e dell'800*, Braccio di Carlo Magno, Città del Vaticano.

Roma 1988: *Giovanni Volpato 1735/1803*, Bassano del Grappa e Roma.

Roma 1990: *Autoritratti dagli Uffizi da Andrea del Sarto a Chagall*, Villa Medici, Roma, Galleria degli Uffizi, Firenze.

Roma 1990-91: *J.H. Fragonard e H. Robert a Roma*, Villa Medici.

Roma 1991: *Fasto romano: dipinti, sculture, arredi dai palazzi di Roma*, Palazzo Sacchetti.

Roma 1994: *Il paesaggio secondo natura. Jakob Philipp Hackert e la sua cerchia*, Palazzo delle Esposizioni.

's-Hertogenbosch 1984: *Herinneringen aan Italië: Kunst en toerisme in de 18de eeuw*, Noordbrabants Museum, 's-Hertogenbosch, Kasteel het Nijenhuis, Heino, Frans Halsmuseum, Haarlem.

Santa Barbara 1982: *The Anglo-American Artist in Italy 1750-1820*, University Art Museum, University of California.

Spring Gardens 1805: *Richard Dubourg's Exhibition of Large Models in Cork*, Great Room, Spring Gardens.

Stoccolma 1982: *Svenska 1700-tals tecknare*, Nationalmuseum.

Stoccolma 1992: *Louis-Jean Desprez. Tecknare, Teaterkonstnär,*

Arkitekt, Nationalmuseum.

Sudbury 1983: *Henry William Bunbury 1750-1811*, Gainsborough's House.

Tate 1982: *Richard Wilson*, Tate Gallery, Londra.

Tate 1983: *James Barry The Artist as Hero*, Tate Gallery, Londra.

Tate 1990: *Wright of Derby*, Tate Gallery, Londra.

Tate 1993: *Robert Vernon's Gift*, Tate Gallery, Londra.

The Fan Museum 1994-95: *Fans on the Grand Tour*, The Fan Museum, Greenwich, Londra.

Toronto 1964-65: *Giovanni Antonio Canal 1697-1768: Canaletto*, Toronto, Ottawa e Montreal.

Trento 1993: *Romanticismo: il nuovo sentimento della natura*, Palazzo delle Albere.

V&A 1952: *The Brunswick Art Treasures*, Victoria and Albert Museum, Londra.

V&A 1984: *English Caricature 1620 to the Present*, Yale Center for British Art, New Haven, Library of Congress, Washington, The National Gallery of Canada, Ottawa, Victoria and Albert Museum, Londra.

Venezia 1941: *Mostra degli incisori veneti del Settecento*, Ridotto.

Venezia 1951: *Tiepolo*, Palazzo Ducale.

Venezia 1978: *Venezia nell'età di Canova 1780-1830*, Museo Correr.

Venezia 1979: *Venezia e lo spazio scenico*, Palazzo Grassi.

Venezia 1995: *Cento scene di vita veneziana. Pietro Longhi e Gabriel Bella alla Querini Stampalia*, Palazzo Grassi.

Venezia 1995: *Splendori del Settecento veneziano*, Museo del Settecento Veneziano, Ca' Rezzonico.

Walpole Gallery 1990: *Venetian Baroque and Rococo Paintings*, Walpole Gallery, Londra.

Washington 1985: *The Treasure Houses of Britain. Five Hundred Years of Private Patronage and Art Collecting*, National Gallery of Art.

Wildenstein 1982: *Souvenirs of the*

*Grand Tour. A Loan Exhibition from
National Trust Collections in Aid
of the Trust's Conservation Fund*,
Wildenstein & Co. Ltd., Londra.
Yale 1977: *The Pursuit of
Happiness. A View of Life in
Georgian England. An Exhibition
Selected from the Paul Mellon
Collection*, Yale Center for British
Art, New Haven, Connecticut.
Yale 1981: *Classic Ground. British
Artists and the Landscape of Italy,
1740-1830*, Yale Center for British
Art, New Haven.
York 1994: *Masterpieces from
Yorkshire Houses*, York City Art
Gallery.

Bibliografia

ACPV: Archivio Storico della Curia Patriarcale, Venezia.

Adams e Lewis 1968-70: C.K. Adams e W.S. Lewis, *The Portraits of Horace Walpole*, "Walpole Society", vol. 42.

Alexander 1982: Hélène H. Alexander, *Fans and the Grand Tour*, cat. mostra, Brighton Museum and Art Gallery, Brighton.

Alfieri, Branchetti e Cornini 1986: Massimo Alfieri, Maria Grazia Branchetti e Guido Cornini, *Mosaici minuti romani del '700 e dell'800*, cat. mostra, Braccio di Carlo Magno, Città del Vaticano.

AMCR: Archivio del Museo Centrale del Risorgimento, Roma.

Amelung 1903: Walther Amelung, *Die Sculpturen des Vaticanischen Museums*, I, Berlino.

Amelung 1908: Walther Amelung, *Die Sculpturen des Vaticanischen Museums*, II, Berlino.

Ananoff 1961-70: Alexandre Ananoff, *L'œuvre dessiné de Jean-Honoré Fragonard*, 4 voll., Parigi.

Ananoff 1963: cfr. Ananoff 1961-70.

Andrew 1989: Patricia Andrew, *Rival Portraiture: Jacob More, the Roman Academician*, "Apollo", vol. 130, novembre.

Andrew 1989-90: Patricia Andrew, *Jacob More: Biography and Checklist of Works*, "Walpole Society", vol. 55.

Andrews e Brotchie 1960: Keith Andrews e J.R. Brotchie, *National Gallery of Scotland Catalogue of Scottish Drawings*, Edimburgo.

Arata 1994: Francesco Paolo Arata, *L'allestimento espositivo del Museo Capitolino al termine del pontificato di Clemente XII (1740)*, "Bollettino dei Musei Comunali di Roma", n.s., vol. 8, pp. 45-94.

Arisi 1961: Ferdinando Arisi, *Gian Paolo Panini*, Piacenza.

Arisi 1986: Ferdinando Arisi, *Gian Paolo Panini e i fasti della Roma del '700*, Roma.

Arisi 1993: Ferdinando Arisi (a cura di), *Giovanni Paolo Panini 1691-1765*, cat. mostra, Palazzo Gotico, Piacenza.

Ascione 1989: Gina Carla Ascione, *Tedeschi tra le rovine di Pompei nel secolo dei Borboni*, in *Italienische Reise. Immagini pompeiane nelle raccolte archeologiche germaniche / Pompejanische Bilder in den deutschen Archäologischen Sammlungen*, Napoli, pp. 53-77.

Ashby 1903: Thomas Ashby, *Dessins inédits de Carlo Labruzzi*, "Mélange d'Archéologie et d'Histoire", vol. 23, pp. 375-418.

Ashby 1913: Thomas Ashby, *Thomas Jenkins in Rome*, "Papers of the British School at Rome", vol. 6, pp. 487-511.

Ashmolean Museum 1961: *Catalogue of Paintings*, Oxford.

ASMV: Archivio Storico dei Musei Vaticani.

ASN: Archivio di Stato di Napoli.

ASR: Archivio di Stato di Roma.

AST: Archivio di Stato di Torino.

Baetjer e Links 1989: Katharine Baetjer e Joseph G. Links (a cura di), *Canaletto*, cat. mostra, Metropolitan Museum of Art, New York.

Bann 1994: Stephen Bann, *Under the Sign: John Bargrave as Collector, Traveler, and Witness*, Ann Arbor.

Barberini 1991: Maria Giulia Barberini, *Villa Peretti Montalto-Negroni-Massimo alle Terme Diocleziane: la collezione di sculture*, in Elisa Debenedetti (a cura di), *Collezionismo e ideologia: mecenati, artisti e teorici dal classico al neoclassico*, serie *Studi sul Settecento romano*, Roma, pp. 15-90.

Barberini e Gasparri 1994: Maria Giulia Barberini e Carlo Gasparri (a cura di), *Bartolomeo Cavaceppi scultore romano (1717-1799)*, cat. mostra, Museo di Palazzo Venezia, Roma.

Barocchi e Bertelà 1986: Paola Barocchi e G. Gaeta Bertelà, *Per una storia visiva della Galleria fiorentina*, "Annali della Scuola Normale Superiore di Pisa: Classe di Lettere e Filosofia", III, vol. 16, n. 4, pp. 1117-1230.

Barthélemy 1802: Jean-Jacques Barthélemy, *Voyage en Italie*, Parigi.

Beal 1984: Mary Beal, *A Study of Richard Symonds*, Garland Dissertations, New York.

Beau 1968: Marguerite Beau, *La collection des dessins d'Hubert Robert au Musée de Valence*, Lione.

Bell e Girtin 1935: C.F. Bell e T. Girtin, *The Drawings and Sketches of John Robert Cozens*, "Walpole Society", vol. 23.

Belli Barsali 1964: I. Belli Barsali, *Pompeo Batoni*, "La Provincia di Lucca", VI, n. 1.

Belsey 1980: H.G. Belsey, *A Newly Discovered Work by Francesco Harwood*, "Burlington Magazine", vol. 122, gennaio, pp. 65-66.

Benaglio 1750-53/1894: Francesco Benaglio, *Abbozzo della vita di Pompeo Batoni*, 1750-53 ca, in Angelo Marchesan (a cura di), *Vite e prose scelte di Francesco Benaglio*, Treviso 1894, pp. 15-66.

Berlino 1978: Gemäldegalerie, *Catalogue of Paintings 13th-18th Century*, Berlino.

Bertolotti 1878-80: Antonio Bertolotti, *Esportazione di oggetti di belle arti da Roma nel secolo XVIII*, "Archivio Storico Artistico Archeologico e Letterario della Città e Provincia di Roma", IV, 2, fasc. 5, 6 e 8, 1878, pp. 211-224, 266-272, 289-301; VI, 4, fasc. 2, 1880, pp. 74-90.

Bettagno 1978: Alessandro Bettagno (a cura di), *Piranesi: incisioni, rami, legature, architetture*, cat. mostra, Fondazione Giorgio Cini, Venezia.

Bettagno 1982: Alessandro Bettagno (a cura di), *Canaletto: disegni, dipinti, incisioni*, cat. mostra, Fondazione Giorgio Cini, Venezia.

Bettagno 1993: Alessandro Bettagno (a cura di), *Francesco Guardi: vedute, capricci, feste*, cat. mostra, Fondazione Giorgio Cini, Venezia.

Beutler 1961: C. Beutler, *Führer durch das Frankfurter Goethemuseum*, Francoforte.

Beutler 1962: C. Beutler, *J.W.H. Tischbein: Goethe in der Campagna*, Stoccarda.

Biadene 1992: Susanna Biadene, *Le feste per i Conti del Nord: "ironico e malinconico" crepuscolo del rococò*, "Quaderni di Venezia Arti", vol. 1 (*Per Giuseppe Mazzariol*), Roma, pp. 100-103.

Bianconi 1779: G.L. Bianconi, *Elogio del Cavaliere Giambattista Piranesi*, "Antologia Romana", nn. 34-36.

Bieber 1955: Margarete Bieber, *The Sculpture of the Hellenistic Age*, New York.

Biedrzynski 1992: Effi Biedrzynski, *Goethe's Weimar*, Zurigo.

Bignamini 1994: Ilaria Bignamini, *The "Campo Iemini Venus" Rediscovered*, "Burlington Magazine", vol. 136, agosto, pp. 548-552.

Bignamini 1996: Ilaria Bignamini, *I marmi Fagan in Vaticano. La vendita del 1804 ed altre acquisizioni*, "Bollettino dei Monumenti, Musei e Gallerie Pontificie", vol. 16, di prossima pubblicazione.

Binion 1990: Alice Binion, *La galleria scomparsa del maresciallo von der Schulenburg. Un mecenate nella Venezia del Settecento*, Milano.

Binyon 1902: Lawrence Binyon, *Catalogue of Drawings by British Artists and Artists of Foreign Origin working in Great Britain, preserved in the Department of Prints and Drawings in the British Museum*, II, Londra.

Birmingham 1960: *Catalogue of Paintings*, Birmingham City Museums and Art Gallery, Birmingham.

Black 1985: Jeremy Black: *The British and the Grand Tour*, Londra.

Black 1992 (1): Jeremy Black, *The British Abroad*, Stroud.

Black 1992 (2): Jeremy Black, *The Grand Tour in the Eighteenth Century*, New York.

Blunt 1973: Anthony Blunt, *Recorders of Vanished Naples - I: Thomas Jones*, "Country Life", agosto.

Blunt e Croft-Murray 1957: Anthony Blunt e Edward Croft-Murray, *Venetian Drawings of the XVII and XVIII Centuries*, Londra.

BM: British Museum, Londra.

Bober e Rubinstein 1986: Phyllis Pray Bober e Ruth Rubinstein, *Renaissance Artists & Antique Sculpture. A Handbook of Sources*, Londra.

Boime 1987: Albert Boime, *Art in the Age of Revolution 1750-1800*, I, Londra.

Boisclair 1986: Marie-Nicole Boisclair, *Gaspard Dughet: sa vie et son œuvre (1615-1675)*, Parigi.

Bol 1989-94: Peter C. Bol (a cura di), *Forschungen zur Villa Albani.*

Katalog der Antiken Bildwerke, 4 voll., Berlino.

Borroni Salvadori 1985-91: Fabia Borroni Salvadori, *Artisti e viaggiatori agli Uffizi nel Settecento, 1-5*, "Labyrinthos", n. 7/8, 1985, pp. 3-72; n. 10, 1986, pp. 38-92; n. 12, 1987, pp. 93-156; n. 17/18, 1990, pp. 199-224; n. 19/20, 1991, pp. 227-272.

Borsi 1993: Stefano Borsi, *Roma di Benedetto XIV. La pianta di Giovan Battista Nolli, 1748*, Roma.

Bowron 1982: Edgar Peters Bowron, *Pompeo Batoni and his British Patrons*, cat. mostra, Iveagh Bequest, Kenwood House, Londra.

BPPR: Biblioteca Palatina, Parma.

Briganti 1968: Giuliano Briganti, *I vedutisti*, Venezia.

Briganti 1996: Giuliano Briganti, *Gaspar van Wittel: l'opera completa*, ed. riveduta, a cura di Ludovica Trezzani e Laura Laureati, Milano.

Brilli 1987: Attilio Brilli, *Il viaggio in Italia: storia di una grande tradizione culturale dal XVI al XIX secolo*, Milano.

Broeder 1973: Frederick den Broeder (a cura di), *Academy of Europe: Rome in the Eighteenth Century*, cat. mostra, The William Benton Museum of Art, University of Connecticut.

Brown 1982: D.B. Brown, *Catalogue of the Collection of Drawings: IV. Earlier British Drawings in the Ashmolean Museum*, Oxford.

Brown 1984: Iain Gordon Brown, *Poet & Painter. Allan Ramsay Father and Son 1684-1784*, Edimburgo.

Brown 1992: Iain Gordon Brown, *Monumental Reputation: Robert Adam and the Emperors' Palace*, Edimburgo.

BUA: Biblioteca Universitaria Alessandrina, Roma.

Buberl 1994: Brigitte Buberl (a cura di), *Roma Antica. Römische Ruinen in der italienischen Kunst des 18. Jahrhunderts*, cat. mostra, Museum für Kunst- und Kulturgeschichte der Stadt, Dortmund.

Buchanan 1824: William Buchanan,

Memoirs of paintings, Londra.

Buonocore 1990: Marco Buonocore, *I disegni acquerellati di Carlo Labruzzi e Richard Colt Hoare alla Biblioteca Vaticana: tra epigrafia e antichità*, "Miscellanea Greca e Romana", vol. 15, pp. 347-365.

Bury 1962: A. Bury, *Francis Towne: Lone Star of Water-Colour Painting*, Londra.

Busetto 1991: Giorgio Busetto (a cura di), *Cronaca veneziana. Feste e vita quotidiana nella Venezia del Settecento. Vedute di Gabriel Bella e incisioni di Gaetano Zompini nelle raccolte della Fondazione Querini Stampalia di Venezia*, cat. mostra, Strauhof, Zurigo.

Busiri Vici 1957: Andrea Busiri Vici, *Pietro Labruzzi pittore romano di ritratti*, "Strenna dei Romanisti", vol. 18, pp. 248-252.

Busiri Vici 1966: Andrea Busiri Vici, *Giovanni Battista Busiri*, Roma.

Butlin e Joll 1984: Martin Butlin ed Evelyn Joll, *The Paintings of J.M.W. Turner*, 2 voll., ed. riveduta, Londra.

Büttner 1969: A. Büttner, *Korkmodelle von Antonio Chichi*, "Kunst in Hessen und am Mittelrhein", 9, Darmstadt.

Campbell 1990: Malcolm Campbell (a cura di), *Piranesi: Rome Recorded. A Complete Edition of Giovanni Battista Piranesi's "Vedute di Roma" from the Collection of Arthur Ross*, cat. mostra, American Academy in Rome, Roma.

Caracciolo 1992: Maria Teresa Caracciolo, *Giuseppe Cades (1750-1799) et la Rome de son temps*, Parigi.

Carandini 1993: Silvia Carandini, *Teatro e spettacolo nel Seicento*, 2 voll., Roma e Bari.

Cardiff 1955: National Museum of Wales, *Catalogue of Oil Paintings*, Cardiff.

Cassidy 1990: Brendan Cassidy, *Thomas Jenkins and the Barberini Candelabra in the Vatican*, "Bollettino dei Monumenti, Musei e Gallerie Pontificie", vol. 10, pp. 99-113.

Causa 1981: Raffaello Causa, *A British Painter in the Naples of Ferdinand IV*, in *Campania*, Napoli.

Cavazzi 1991: Lucia Cavazzi (a cura di), *Una collezionista e mecenate romana: Anna Laetitia Pecci Blunt, 1885-1971*, cat. mostra, Palazzo Braschi, Roma.

Cederlöf 1982: Ulf Cederlöf, *Svenska teckningar 1700-talet*, Stoccolma.

Chabeuf 1911: H. Chabeuf, *Un peintre dijonnais: J.-B. Lallemand*, "Revue de Bourgogne", p. 267.

Chaloner 1950: W.H. Chaloner, *The Egertons in Italy and the Netherlands 1720-1734*, "Bulletin of the John Rylands Library", vol. 32, n. 2, marzo.

Chambers 1763: William Chambers, *A Description of the Palace and Gardens at Kew, the seat of the Princess Dowager of Wales*, "Royal Magazine", settembre.

Chaney 1984: Edward Chaney, *The Grand Tour and Beyond: British Travellers in Southern Italy, 1545-1960*, in E. Chaney e N. Ritchie (a cura di), *Oxford, China and Italy: Writings in Honour of Sir Harold Acton on his Eightieth Birthday*, pp. 133-160.

Chaney 1985: Edward Chaney, *The Grand Tour and the Great Rebellion: Richard Lassels and "The Voyage of Italy" in the Seventeenth Century*, Ginevra e Torino.

Chaney 1988 (1): Edward Chaney, *British and American Travellers in Sicily*, in A. Macadam (a cura di), *Blue Guide: Sicily*, Londra e New York.

Chaney 1988 (2): Edward Chaney, *"Quo vadis?" Travel as Education and the Impact of Italy in the Sixteenth Century*, in P. Cunningham e C. Brock (a cura di), *International Currents in Educational Ideas and Practices: Proceedings of the 1987 Annual Conference of the History of Education Society*, s.l., pp. 1-28.

Chaney 1990: Edward Chaney, *Pilgrims to Pictures*, "Country Life", 4 ottobre, pp. 122-125.

Chaney 1991 (1): Edward Chaney,

Architectural Taste and the Grand Tour: George Berkeley's Evolving Canon, "Journal of Anglo-Italian Studies", vol. 1, pp. 74-91.

Chaney 1991 (2): Edward Chaney, *The Visit to Vallombrosa: A Literary Tradition*, in Maria di Cesare (a cura di), *Milton in Italy: Contexts, Images, Contradictions*, Binghamton, New York.

Chaney 1992: Edward Chaney, *Robert Dallington's Survey of Tuscany (1605): A British View of Medicean Florence*, "Apollo", vol. 136, agosto, pp. 90-94.

Chaney 1993: Edward Chaney, *Inigo Jones in Naples*, in J. Bold e Edward Chaney (a cura di), *English Architecture: Public and Private*, Londra, pp. 31-53.

Chaney 1996: Edward Chaney, *The Evolution of the Grand Tour*, Londra.

Chevallier 1971: Elisabeth Chevallier, *Les guides d'Italie et la vulgarisation de la critique d'art au XVIII*e *siècle. Cochin. L'abbé Richard. Lalande. Cassini*, "Revue de la Littérature Comparée", vol. 45, pp. 366-391.

Chevtchenko, Cotté e Pinault Sørensen 1995: Valery Chevtchenko, Sabine Cotté e Madeleine Pinault Sørensen, *Charles-Louis Clérisseau (1721-1820). Dessins du musée de l'Hermitage Saint-Pétersbourg*, cat. mostra, Musée du Louvre, Parigi.

Chiarini 1994: Paolo Chiarini (a cura di), *Il paesaggio secondo natura. Jacob Philipp Hackert e la sua cerchia*, cat. mostra, Palazzo delle Esposizioni, Roma.

Clark 1960/1981: Anthony Morris Clark, *An Introduction to the Drawings of Giuseppe Cades*, in Clark 1981, pp. 150-157. Pubblicato per la prima volta in "Wallraf-Richartz-Jahrbuch", vol. 22, 1960, pp. 197-200.

Clark 1964/1981: Anthony Morris Clark, *The Wallraf-Richartz Portrait of Hewetson*, in Clark 1981, pp. 139-141. Pubblicato per la prima volta in "Master Drawings", vol. 2, 1964, pp. 18-26.

Clark 1981: Anthony Morris Clark, in Edgar Peters Bowron (a cura di), *Studies in Roman Eighteenth-Century Painting*, Washington.

Clark 1985: Anthony Morris Clark, *Pompeo Batoni. A Complete Catalogue of his Works with an Introductory Text*, Oxford.

Clark e Bowron 1985: cfr. Clark 1985.

Clarke e Penny 1982: Michael Clarke e Nicholas Penny, *The Arrogant Connoisseur: Richard Payne Knight 1751-1824*, cat. mostra, Whitworth Art Gallery, Manchester.

Collier 1987: William O. Collier, *The villa of Cardinal Alessandro Albani, Hon. FSA*, "Antiquaries Journal", vol. 67, parte 2, pp. 338-347.

Colt Hoare 1822: Richard Colt Hoare, *The History of Modern Wiltshire*, I, Londra.

Compin e Roquebert 1986: I. Compin e A. Roquebert, *Catalogue sommaire illustré des peintures du musée du Louvre et du musée d'Orsay: Ecole française, IV (L-Z)*, Parigi.

Conisbee 1971: Philip Conisbee, *Tombs in 18th and early 19th-Century Landscape Painting*, in *Neoclassicismo*, atti del convegno, Genova.

Connecticut 1973: cfr. Broeder 1973.

Connor 1993: Louisa M. Connor, *The Topham Collection of Drawings in Eton College Library*, "Eutopia", vol. 2, n. 1, pp. 25-29.

Constable 1953: W.G. Constable, *Richard Wilson*, Londra.

Constable 1989: W.G. Constable, *Canaletto. Giovanni Antonio Canal 1697-1768*, 2a ed. riveduta da Joseph G. Links, Oxford.

Cook 1977: Brian F. Cook, *The Townley Marbles in Westminster Bloomsbury*, "Collectors and Collections: British Museum Yearbook", vol. 2, pp. 34-78.

Cook 1985: Brian F. Cook, *The Townley Marbles*, Londra.

Cooper 1948: Douglas Cooper, *Richard Wilson's Views of Kew*, "Burlington Magazine", vol. 40, dicembre.

Cornini 1986: Guido Cornini, *Lo Studio Vaticano del Mosaico*, in Alfieri, Branchetti e Cornini 1986, pp. 29-35.

Crouther Gordon 1951: T. Crouther Gordon, *David Allan of Alloa 1744-1796, the Scottish Hogarth*, Londra.

Crozet 1941: R. Crozet, *Louis Gauffier*, "Bulletin de la Société de l'Histoire de l'Art Français", 1941-44, pp. 100-113.

Cullen 1982: Fintan Cullen, *Hugh Douglas Hamilton in Rome*, "Apollo", vol. 115, febbraio.

Cullen 1984: Fintan Cullen, *Hugh Douglas Hamilton's Letters to Canova*, "Irish Arts Review", vol. 1, n. 2, estate.

Curl 1983: James Stevens Curl, *The Egyptian Revival*, Londra.

Cusatelli 1986: Giorgio Cusatelli (a cura di), *Viaggi e viaggiatori del Settecento in Emilia e in Romagna*, 2 voll., Bologna.

Cust e Colvin 1914: Lionel Cust e Sidney Colvin, *History of the Society of Dilettanti*, Londra.

Cuzin 1983: Jean-Pierre Cuzin, *De Fragonard à Vincent*, "Bulletin de la Société de l'Histoire de l'Art Français", pp. 103-124.

Dacos 1965: Nicole Dacos, *Visitatori di Villa Adriana*, "Palatino", vol. 9, n. 1-3, gennaio-marzo, pp. 9-12.

Davies 1957: Martin Davies, *Catalogues National Gallery: Ecole française*, Londra.

Davies 1991: Glenys Davies (a cura di), *Plaster and Marble. The Classical and Neo-Classical Portrait Bust*, atti del convegno, "Journal of the History of Collections", vol. 3, n. 2.

Dazzi e Merkel 1979: Manlio Dazzi ed Ettore Merkel (a cura di), *Catalogo della Pinacoteca della Fondazione Scientifica Querini Stampalia*, Vicenza.

DBI: Dizionario Biografico degli Italiani, Roma 1960.

DBITI: John Ingamells (a cura di), *A Dictionary of British and Irish Travellers in Italy 1701-1800*, redatto dall'Archivio Brinsley Ford, New Haven e Londra, 1997.

De Angelis 1994: Maria Antonietta De Angelis, *Il "Braccio Nuovo" del Museo Chiaramonti. Un prototipo di museo tra passato e futuro*, "Bollettino dei Monumenti, Musei e Gallerie Pontificie", vol. 14, pp. 187-256.

de Breffny 1986: Brian de Breffny, *Christopher Hewetson*, "Irish Arts Review", vol. 3, n. 3, autunno, pp. 52-75.

de Brosses 1991: Charles de Brosses, in Giuseppina Cafasso e Letizia Norci Cagiano de Azevedo (a cura di), *Lettres familières*, 3 voll., Napoli.

De Caro 1992: Stefano De Caro, *La scoperta, il santuario, la fortuna*, Alla ricerca di Iside. Analisi, studi e restauri dell'Iseo pompeiano nel Museo di Napoli, Napoli, pp. 2-21.

de Cayeux 1985: Jean de Cayeux, *Les Hubert Robert de la Collection Veyrenc au Musée de Valence*, cat. mostra, Musée de Valence.

de Leeuw 1984: Ronald de Leeuw (a cura di), *Herinneringen aan Italië: kunst en teorisme in de 18de eeuw*, cat. mostra, 's-Hertogenbosch.

dell'Orto 1993: Luisa Franchi dell'Orto (a cura di), *Ercolano 1738-1988. 250 anni di ricerca archeologica*, atti del convegno, Roma.

de Miro 1984: Ernesto de Miro, *Agrigento: storia della ricerca archeologica*, in G. Nenci e G. Vallet (a cura di), *Bibliografia topografica della colonizzazione greca in Italia e nelle isole tirreniche*, vol. 3, Pisa e Roma, pp. 75-85.

Denison 1993: Cara D. Denison, Myra Nan Rosenfeld e Stephanie Wiles (a cura di), *Exploring Rome: Piranesi and his Contemporaries*, cat. mostra, Pierpont Morgan Library, New York, e Centre Canadien d'Architecture, Montreal.

de Seta 1981: Cesare de Seta, *Napoli*, Roma e Bari.

de Seta 1992: Cesare de Seta, *L'Italia del Grand Tour. Da*

Montaigne a Goethe, Napoli.
DNB: Dictionary of National Biography.
Dorigato 1992: Attilia Dorigato, *Storie di collezionisti a Venezia: il residente inglese John Strange*, "Quaderni di Venezia Arti", vol. 1 (*Per Giuseppe Mazzariol*), Roma, pp. 126-130.
Edwards 1951: Ralph Edwards, *A Conversation Piece by James Russel*, "Burlington Magazine", vol. 93, aprile, pp. 126-129.
Edwards 1968: Ralph Edwards, *Thomas Jones 1742-1803: A Reappraisal of his Art*, "Connoisseur", maggio, pp. 8-14.
Erouart e Mosser 1978: Gilbert Erouart e Monique Mosser, *A propos de la "Notice Historique sur la vie et les ouvrages de J.-B. Piranesi": origine et fortune d'une biographie*, in Georges Brunel (a cura di), *Piranèse et les Français*, Roma, pp. 213-252.
Falassi 1988: Alessandro Falassi (a cura di), *La festa, le tradizioni popolari in Italia*, Milano.
Fea 1792: Carlo Fea, *Lettera sopra la scoperta delle rovine di Gabio*, "Antologia Romana", vol. 18, 1791-92, pp. 313-317, 321-328, 337-340.
Fea 1794/1836: Carlo Fea, *Antichità di Ardea e Tempio di Venere APHRODISIUM*, "Antologia Romana", vol. 20, 1794. Ristampato con aggiunte in C. Fea, *Miscellanea filologica critica e antiquaria*, II, Roma 1836, pp. 185-193.
Fejfer e Southworth 1991: Jane Fejfer e Edmund Southworth, *The Ince Blundell Collection of Classical Sculpture*, I (*The Portraits*), parte I (*The Female Portraits*), Londra.
Figgis 1988: Nicola Figgis, *Irish Portrait and Subject Painters in Rome 1750-1800*, "Irish Arts Review Yearbook".
Figgis 1992: Nicola Figgis, "Frederick Augustus Hervey, 4th Earl of Bristol and Bishop of Derry (1730-1803) as Patron of Art", MA dissertation, non pubblicata, University College Dublin, Dublino.

Figgis 1994: Nicola Figgis, "Irish Artists, Dealers and Grand Tourists in Italy in the Eighteenth Century", PhD dissertation, non pubblicata, 3 voll., University College Dublin, Dublino.
Fino 1988: Lucio Fino, *Ercolano e Pompei: vedute neoclassiche e romantiche*, Napoli.
Fittschen e Zanker 1983: Klaus Fittschen e Paul Zanker, *Katalog der römischen Porträts in den Capitolinischen Museen und den anderen kommunalen Sammlungen der Stadt Rom*, III, Magonza.
Fitzmaurice 1879: E. Fitzmaurice, *Letters of Gavin Hamilton at Lansdowne House*, Devizes.
Fleming 1959: John Fleming, *Giuseppe Macpherson: a Florentine miniaturist*, "Connoisseur", vol. 144, novembre, pp. 166-167.
Fleming 1962: John Fleming, *Robert Adam and his Circle in Edinburgh & Rome*, Cambridge, Mass.
Ford 1955: Brinsley Ford, *A Portrait Group by Gavin Hamilton: with some Notes on Portraits of Englishmen in Rome*, "Burlington Magazine", vol. 97, dicembre.
Ford 1960: Brinsley Ford, *The Letters of Jonathan Skelton written from Rome and Tivoli in 1758*, "Walpole Society", vol. 36.
Ford 1963: Brinsley Ford, *Thomas Patch: a newly discovered painting*, "Apollo", vol. 57, pp. 172-176.
Ford 1974: Brinsley Ford, numero speciale di "Apollo" con sei articoli sui mecenati e mercanti inglesi del Settecento a Roma, vol. 99, giugno.
Ford 1974 (1): Brinsley Ford, *Thomas Jenkins: Banker, Dealer and Unofficial English Agent*, "Apollo", vol. 99, giugno, pp. 416-425.
Ford 1974 (2): Brinsley Ford, *James Byres: Principal Antiquarian for the English Visitors to Rome*, "Apollo", vol. 99, giugno, pp. 446-461.
Ford 1981: Brinsley Ford, *The Grand Tour*, "Apollo", vol. 114, dicembre, pp. 390-400.
Ford 1984: Brinsley Ford, *National Art-Collections Fund Review*,

Londra, pp. 111-115.
Ford 1985: Brinsley Ford, *Sir Andrew Fountaine: one of the keenest virtuosi of his age*, "Apollo", vol. 122, giugno, pp. 354-356.
Franceschini 1987: Michele Franceschini, *La presidenza del Museo Capitolino (1733-1869) e il suo archivio*, "Bollettino dei Musei Comunali di Roma", n.s., vol. 1, pp. 63-72.
Franceschini 1993: Michele Franceschini, *La nascita del Museo Capitolino nel diario di Alessandro Gregorio Capponi*, "Roma Moderna e Contemporanea", vol. 1, n. 3, pp. 73-80.
Fryer 1809: Edward Fryer (a cura di), *The Works of James Barry*, 2 voll., Londra.
Furtwängler 1900: Adolf Furtwängler, *Die Antiken Gemmen*, II, Lipsia e Berlino.
Gage 1974: J. Gage, *Turner and Stourhead: The Making of a Classicist?*, "Art Quarterly", vol. 37.
Galassi 1991: Peter Galassi, *Corot in Italy*, New Haven e Londra.
Gallo 1994: Daniela Gallo, *I Visconti. Una famiglia romana al servizio di papi, della Repubblica e di Napoleone*, "Roma Moderna e Contemporanea", vol. 11, n. 1, gennaio-aprile, pp. 77-90.
Gambier, Gemin e Merkel 1978: Madile Gambier, Massimo Gemin ed Ettore Merkel, *I giochi veneziani del Settecento nei dipinti di Gabriel Bella*, cat. mostra, con un'introduzione di Giorgio Busetto, Fondazione Querini Stampalia, Venezia.
Garms 1995: Jörg Garms, *Vedute di Roma dal Medioevo all'Ottocento. Atlante iconografico, topografico, architettonico*, Napoli.
Gasparri e Ghiandoni 1994: Carlo Gasparri e Olivia Ghiandoni, *Lo studio Cavaceppi e le collezioni Torlonia*, Roma.
Gerard 1902: Frances Gerard, *The Life of Anna Amalia, Duchess of Saxe-Weimar-Eisenach*, 2 voll., Londra.
Gere 1970: John A. Gere, *Thomas Jones: An Eighteenth Century*

Conundrum, "Apollo", vol. 91, giugno, pp. 469-470.

Gerke 1986: P. Gerke et al., *Antike Bauten und Zeichnung um 1800. Vollständiger Katalog der Korkmodelle...*, Staatliche Kunstsammlungen, Kassel.

Gibbon 1950: Edward Gibbon, *Autobiography of Edward Gibbon as originally edited by Lord Sheffield*, Oxford.

Giovannelli 1992: Roberto Giovannelli, *Per Stefano Tofanelli*, "Labyrinthos", voll. 11-12, nn. 21-4, 1992-93, pp. 393-430.

Giovannelli 1994: Roberto Giovannelli, *Tofanelli Morghen Leonardo*, "Labyrinthos", vol. 13, nn. 25-26, pp. 197-230.

Giulini 1926: Alessandro Giulini, *A Milano nel Settecento. Studi e profili*, Milano.

Giusti 1988: A. Giusti (a cura di), *Splendori di pietre dure: l'arte di Core nella Firenze dei Granduchi*, Firenze.

Godfrey 1984: R. Godfrey, *English Caricature 1620 to the Present*, Victoria and Albert Museum, Londra.

Goering 1944: M. Goering, *Francesco Guardi*, Vienna.

Goethe 1978: Johann Wolfgang Goethe, *Die Reisen*, Zurigo e Monaco.

Goethe 1988: Johann Wolfgang Goethe, *Philipp Hackert: la vita*, a cura di Magda Novelli Radice, Napoli e Roma.

Goncourt 1865: E. e J. de Goncourt, *Fragonard*, Parigi.

Gonzáles-Palacios 1991: Alvaro Gonzáles-Palacios (a cura di), *Fasto Romano: dipinti, sculture, arredi dai Palazzi di Roma*, cat. mostra, Palazzo Sacchetti, Roma.

Gonzáles-Palacios e Röttgen 1982: Alvaro Gonzáles-Palacios e Steffi Röttgen, *The Art of Mosaics. Selection from the Gilbert Collection*, cat. mostra, ed. riveduta, Los Angeles County Museum of Art.

Goodreau 1975: David Goodreau, *Pictorial Sources of the Neoclassical Style: London or Rome?*, in *Studies in Eighteenth-Century Culture*, a cura di H.E. Pagliaro, IV.

Goodreau 1977: David Goodreau (a cura di), *Nathaniel Dance 1735-1811*, cat. mostra, Iveagh Bequest, Kenwood House, Londra.

Gowing 1985: Lawrence Gowing, *The Originality of Thomas Jones*, Londra.

Grassinger 1994: Dagmar Grassinger, *Antike Marmorskulpturen auf Schloss Broadlands (Hampshire)*, Magonza.

Grate 1989: Pontus Grate, *Gustavus III Attending Christmas Mass in 1783 in St. Peter's, Rome*, "Nationalmuseum Bulletin Stockholm", vol. 13, n. 2, pp. 75-95.

Gregori 1983: Mina Gregori, *Vedutismo fiorentino: Zocchi e Bellotto*, "Notizie da Palazzo Albani", vol. 12, nn. 1-2, pp. 242-250.

Gruber 1978: Alain-Charles Gruber, *La Villa Albani vue par un artiste du XVIIIe siècle*, in G. Brunel (a cura di), *Piranèse et les Français*, Académie de France à Rome, Roma, pp. 282-288.

d'Hancarville, MS Catalogue: Pierre François Hughes, Baron d'Hancarville, *Catalogue of Sculptures in Park Street Westminster, Townley*, senza data, Library of the Department of Greek and Roman Antiquities, British Museum, Londra.

Harcourt-Smith 1932: Cecil Harcourt-Smith, *The Society of Dilettanti, its Regalia and Pictures*, Londra.

Hardwick 1985: Norah Hardwick (a cura di), *The Grand Tour: William and John Blathwayt of Dyrham Park 1705-1708*, Bristol.

Hartmann 1976: Jorgen Birkedal Hartmann, *Appunti su Giorgio Zoega e Carlo Labruzzi*, "Studi Romani", vol. 24, pp. 352-368.

Haskell 1960: Francis Haskell, *Francesco Guardi as vedutista and some of his patrons*, "Journal of the Warburg and Courtauld Institutes", vol. 23, pp. 256-276.

Haskell 1963/1991: Francis Haskell, *Patrons and Painters: Art and Society in Baroque Italy*, 1963. Ed. riveduta Londra e New Haven 1991. Trad. it.: *Mecenati e pittori. Studio sui rapporti tra arte e società italiana nell'età barocca*, Firenze 1966.

Haskell 1967: Francis Haskell, *Some Collectors of Venetian Art at the end of the Eighteenth Century*, in *Studies in Renaissance and Baroque Art presented to Anthony Blunt*, Londra e New York, pp. 173-178.

Haskell 1985: Francis Haskell, *The Museo Pio-Clementino in Rome and the Views by Ducros and Volpato*, in Kenwood 1985-86, pp. 36-39 e 80-82 nn. 57-62.

Haskell 1987: Francis Haskell, *Past and Present in Art and Taste. Selected Essays*, New Haven e Londra.

Haskell 1993: Francis Haskell, *Su Francesco Guardi vedutista e alcuni suoi clienti*, in Bettagno 1993, pp. 15-26.

Haskell e Penny 1981: Francis Haskell e Nicholas Penny, *Taste and the Antique: The Lure of Classical Sculpture, 1500-1900*, New Haven e Londra.

Hawcroft 1988: Francis W. Hawcroft, *Travels in Italy 1776-1783. Based on the "Memoirs" of Thomas Jones*, cat. mostra, Whitworth Art Gallery, Manchester.

Heikamp 1969: D. Heikamp, *Le Musée des Offices au XVIIIe siècle: un inventaire dessiné*, "L'Œil", vol. 159, pp. 2-10 e 74.

Helbok 1968: Claudia Helbok, *Miss Angel: Angelica Kauffmann. Eine Biografie*, Vienna.

Helmberger e Kockel 1993: Werner Helmberger e Valentine Kockel (a cura di), *Rom über die Alpen tragen*, cat. mostra, Bayerische Verwaltung der Staatlichen Schlössen, Gärten und Seen, Landshut/Ergolding.

Herder 1989: Johann Gottfried Herder, *Italienische Reise 1788-1789*, Monaco.

Hess 1955/1967: Jacob Hess, *Amaduzzi und Jenkins in Villa Giulia*, in *Kunstgeschichte Studien* *zu Renaissance und Barock*, I, Roma 1967, pp. 309-326. Pubblicato per la prima volta in "English Miscellany", vol. 4, 1955, pp. 175-204.

Hesse e Schlagenhaufer 1986: Christian Hesse e Martina Schlagenhaufer, *Wallraf-Richartz-Museum Köln. Vollständiges Verzeichnis der Gemäldesammlung*, Colonia e Milano.

Hibbert 1987: Christopher Hibbert, *The Grand Tour*, Londra.

Hind 1922: Arthur M. Hind, *G.B. Piranesi: a Critical Study with a List of his Works and detailed Catalogues of the Prisons and the View of Rome* (reprint 1978).

HMC 1891: Historic MSS Commission, 12th Report, Appendix, Part X, *The Manuscripts and Correspondence of James Earl of Charlemont, I: 1745-1783*, Londra.

Hodgkinson 1952-54: Terence Hodgkinson, *Christopher Hewetson, an Irish Sculptor in Rome*, "Walpole Society", vol. 34, pp. 42-54.

Holland House 1904: *Catalogue of Pictures belonging to the Earl of Ilchester at Holland House*, Londra.

Holloway 1987: James Holloway, *Jacob More 1740-1793*, Edimburgo.

Holtzhauer 1969: Helmet Holtzhauer, *Goethe-Museum: Werk, Leben und Zeit Goethes in Dokumenten*, Weimar.

Honour 1959: Hugh Honour, *Antonio Canova and the Anglo-Romans, Part II*, "Connoisseur", vol. 144.

Honour 1960: Hugh Honour, *Vincenzo Pacetti*, "Connoisseur", vol. 146, novembre, pp. 174-181.

Honour 1961: Hugh Honour, *Statuettes by Giacomo and Giovanni Zoffoli*, "Connoisseur", vol. 148, n. 597.

Honour 1963 (1): Hugh Honour, *After the Antique: some Italian bronzes of the 18th Century*, "Connoisseur", vol. 77, n. 13.

Honour 1963 (2): Hugh Honour, *The Rome of Vincenzo Pacetti: leaves from the sculptor's diary*, "Apollo", vol. 78, novembre, pp. 368-376.

Horn 1991: Gabriele Horn, in

Venedigs Ruhm im Norden, cat. mostra, Hannover.

Howard 1970/1990: Seymour Howard, *Bartolomeo Cavaceppi and the Origins of Neoclassical Sculpture*, in Howard 1990, pp. 98-116. Pubblicato per la prima volta in "Art Quarterly", vol. 33, n. 2, 1970, pp. 120-133.

Howard 1973/1990: Seymour Howard, *An Antiquarian Handlist and the Beginnings of the Pio Clementino*, in Howard 1990, pp. 142-153. Pubblicato per la prima volta in "Eighteenth-Century Studies", vol. 7, n. 1, 1973, pp. 40-61.

Howard 1982: Seymour Howard, *Bartolomeo Cavaceppi, Eighteenth-Century Restorer*, New York.

Howard 1990: Seymour Howard, *Antiquity Restored. Essays on the afterlife of the Antique*, con prefazione di Ernst H. Gombrich, Vienna.

Howard 1991: Seymour Howard, *Ancient busts and the Cavaceppi and Albacini casts*, "Journal of the History of Collections", vol. 3, n. 2, pp. 199-217.

Howard 1992: Seymour Howard, *Albani, Winckelmann, and Cavaceppi: the transition from amateur to professional antiquarianism*, "Journal of the History of Collections", vol. 4, n. 1, pp. 27-38.

Ilchester 1908: Earl of Ilchester (a cura di), *Journal of Elizabeth, Lady Holland*, 2 voll., Londra.

Incisa della Rocchetta 1979: Giovanni Incisa della Rocchetta, *La collezione dei ritratti dell'Accademia di San Luca*, Roma.

Ingamells 1978-80: John Ingamells, *Andrea Soldi - A Checklist of his Work*, "Walpole Society", vol. 47.

Ingersoll-Smouse 1926: F. Ingersoll-Smouse, *Joseph Vernet: peintre de marine*, Parigi.

Irwin 1962: David Irwin, *Gavin Hamilton, Archaeologist, Painter and Dealer*, "Art Bulletin", vol. 44, pp. 87-102.

Irwin 1966: David Irwin, *English Neoclassical Art Studies in*

Inspiration and Taste, Londra.

Irwin 1972: David Irwin, *Jacob More, Neoclassical Landscape Painter*, "Burlington Magazine", vol. 114, novembre.

Jackson-Stops 1980: Gervase Jackson-Stops, *Broadlands, Hampshire I, II, III*, "Country Life", vol. 4, n. 11, 18 dicembre, pp. 2099-2102, 2246-2250, 2334-2337.

Jackson-Stops 1985: Gervase Jackson-Stops (a cura di), *The Treasure Houses of Britain: Five Hundred Years of Private Patronage and Art Collecting*, cat. mostra, National Gallery of Art, Washington, New Haven e Londra.

Jenkins 1989: Ian Jenkins, *The "Mutilated Priest" of the Capitoline Museum and a drawing from Cassiano dal Pozzo's "Museo Cartaceo"*, "Burlington Magazine", vol. 131, agosto, pp. 543-549.

Jenkins 1992: Ian Jenkins, *Archaeologists & Aesthetes in the Sculpture Galleries of the British Museum 1800-1939*, Londra.

Jenkins e Sloan 1996: Ian Jenkins e Kim Sloan, *Vases and Volcanoes. Sir William Hamilton and his collection*, cat. mostra, British Museum, Londra.

Jones 1990: Mark Jones (a cura di), *Fake? The Art of Deception*, cat. mostra, British Museum, Londra.

Jones 1946-48: *Memoirs of Thomas Jones*, "Walpole Society", vol. 32.

Joppien e Smith 1985: Rudiger Joppien e Bernard Smith, *The Art of Captain Cook's Voyages*, 4 voll., Londra.

Joyce 1983: Hetty Joyce, *The Ancient Frescoes from Villa Negroni and Their Influence in the Eighteenth and Nineteenth Centuries*, "Art Bulletin", vol. 65, settembre, pp. 423-440.

Joyce 1990: Hetty Joyce, *Hadrian's Villa and the "Dome of Heaven"*, "Mitteilungen des deutschen Archäologischen Instituts. Römische Abteilung", vol. 97, pp. 347-381.

Justi 1932: Karl Justi, *Winckelmann und seine Zeitgenossen*, 3 voll., Lipsia.

Kammerer-Grothaus 1974: Helke

Kammerer-Grothaus, *Der Deus Rediculus im Triopion des Herodes Atticus. Untersuchung am Bau zu polychromer Ziegelarchitektur des 2. Jh.n.Chr. in Latium*, "Mitteilungen des deutschen Archäologischen Instituts. Römische Abteilung", vol. 81, pp. 131-252.

Keaveney 1988: Raymon Keaveney, *Views of Rome from the Thomas Ashby Collection in the Vatican Library*, cat. mostra, Biblioteca Apostolica Vaticana, Città del Vaticano, e altrove, Londra.

Kenworthy-Browne 1979: John Kenworthy-Browne, *Establishing a reputation. Joseph Nollekens in Rome*, "Country Life", 7 giugno, pp. 1844-1848.

Kenworthy-Browne 1983: John Kenworthy-Browne, *Matthew Brettingham's Rome Account Book 1747-1754*, "Walpole Society", vol. 49, pp. 37-132.

Kiene 1992-93: Michael Kiene, *Pannini*, cat. mostra, Musée du Louvre, Parigi.

Kippenberg 1925: Anton Kippenberg, *Goethe: Italienische Reise*, Lipsia.

Kleiner 1992: Diana E. Kleiner, *Roman Sculpture*, New Haven e Londra.

Klesse 1973: Brigitte Klesse, *Katalog der italienischen, französischen und spanischen Gemälde bis 1800 im Wallraf-Richartz-Museum*, Colonia.

Knight 1990: Carlo Knight, *Hamilton a Napoli. Cultura, svaghi, civiltà di una grande capitale europea*, Napoli.

Kockel 1993: Valentin Kockel, *Rom über die Alpen tragen. Korkmodelle antiker Architecktur im 18. und 19. Jahrhundert*, in Helmberger e Kockel 1993, pp. 11-31.

Kozakiewicz 1972: Stefan Kozakiewicz, *Bernardo Bellotto*, 2 voll., Londra e New York.

Krönig 1979: Wolfgang Krönig, *Hackerts Ansichten griechischer Tempel in Sizilien (1777)*, in Wilmuth Arenhövel (a cura di),

Berlin und die Antike. Architektur, Kunstgewerbe, Malerei, Skulptur, Theater und Wissenschaft vom 16. Jahrhundert bis heute, cat. mostra, Deutsches Archäologisches Institut, Staatliche Museen Preußischer Kulturbesitz, Berlino, pp. 363-379.

Krönig 1987: Wolfgang Krönig, *Vedute di luoghi classici della Sicilia. Il viaggio di Philipp Hackert del 1777*, con prefazione di Georges Vallet, Palermo.

Krönig e Wegner 1994: Wolfgang Krönig e Reinhard Wegner, *Jakob Philipp Hackert. Der Landschaftsmaler der Goethezeit*, Colonia.

Laing 1995: Alastair Laing, *Trust for the Nation. Paintings from National Trust Houses*, cat. mostra, National Gallery, Londra.

Lambourne e Hamilton 1980: L. Lambourne e J. Hamilton, *British Watercolours in the Victoria and Albert Museum*, Londra.

Lamers 1995: Petra Lamers, *Il viaggio nel Sud dell'Abbé de Saint-Non*, Napoli.

Lanciani 1901: Rodolfo Lanciani, *New Tales of Old Rome*, Boston.

Lanciani 1989-: Rodolfo Lanciani, *Storia degli scavi di Roma e notizie intorno alle collezioni romane di antichità*, Roma, 5 voll., vol. VI di prossima pubblicazione.

Lanciani 1991-: *Schede dei manoscritti Lanciani*, a cura di Maria Pia Muzzioli e Paolo Pellegrino, "Rivista dell'Istituto Nazionale d'Archeologia e Storia dell'Arte", s. III, vol. 14-15, 1991-92, pp. 399-422, e vol. 17, 1994, pp. 225-312.

Lang 1950: Susanne Lang, *The early publications of the temples of Paestum*, "Journal of the Warburg and Courtauld Institutes", vol. 13, pp. 48-64.

Lavagne 1973: Henri Lavagne, *Villa d'Hadrien: la mosaïque de voûte du cryptoportique républicain et les débuts de "l'Opus Musivum" en Italie*, "Mélanges de l'Ecole Française de Rome. Antiquité", vol. 85, n. 1, pp. 197-245.

Laveissière 1983: Sylvain Laveissière (a cura di), *Bénigne*

Gagnereaux (1756-1795): un pittore francese nella Roma di Pio VI, cat. mostra, Accademia di Francia, Roma, e Musée des Beaux-Arts, Digione.

Legrand 1799: J.G. Legrand, *MS Notice historique sur la Vie et sur les Ouvrages de J.B. Piranesi...*, Parigi, Bibliothèque Nationale (Nouv. Acq. Fr. 5968).

Leinz 1980: Gottlieb Leinz, *Das Museo Pio-Clementino und der Braccio Nuovo in Vatikan*, in GM 1980, cat. mostra, pp. 604-609.

Leppert 1988: R. Leppert, *Music and Image*, Cambridge.

Levey 1964: Michael Levey, *The Later Italian Pictures in the Collection of Her Majesty The Queen*, Londra.

Lewis 1937-83: W.S. Lewis et al. (a cura di), *Horace Walpole, Correspondence*, 48 voll., Oxford e New Haven.

Lewis 1961: Lesley Lewis, *Connoisseurs and Secret Agents in 18th-Century Rome*, Londra.

Lightbown 1971: Ronald Lightbown, *Italy Illustrated*, "Apollo", vol. 94, settembre, pp. 216-225.

Links 1989: Joseph G. Links, *Canaletto: A Biographical Sketch*, in Katherine Baetjer e Joseph G. Links (a cura di), *Canaletto*, cat. mostra, Metropolitan Museum of Art, New York, pp. 3-15.

Lippincott 1983: Louise Lippincott, *Selling Art in Georgian London: The Rise of Arthur Pond*, New Haven e Londra.

Liverani 1995: Paolo Liverani, *La collezione di antichità classiche e gli scavi di Tusculum e Musignano*, in Marina Natoli (a cura di), *Luciano Bonaparte: le sue collezioni d'arte, le sue residenze a Roma, nel Lazio, in Italia (1804-1840)*, Roma, pp. 49-79.

Liverani 1996: Paolo Liverani, *La situazione delle collezioni di antichità a Roma nel XVIII secolo*, in *Antikensammlungen des europäischen Adels im 18. Jh. als Ausdruck einer europäischen Identität*, Düsseldorf, atti del convegno in corso di stampa.

Liverpool 1968: *Gifts to Galleries made by the National Art Collections Fund*, Walker Art Gallery, Liverpool.

Lloyd 1995: Stephen Lloyd, *Richard and Maria Cosway: Regency Artists of Taste and Fashion*, cat. mostra, Scottish National Portrait Gallery, Edimburgo.

Lloyd Williams 1994: Julia Lloyd Williams, *Gavin Hamilton 1723-1798*, Edimburgo.

Lorenzetti 1937: Giulio Lorenzetti, *Le feste e le maschere veneziane*, Venezia.

Lossky 1936: B. Lossky, *Les œuvres d'art français du XVIᵉ au XVIIIᵉ siècle en Théchoslovaquie*, "Bulletin de la Société de l'Histoire de l'Art Français", pp. 236-243.

Lossky 1954: B. Lossky, *Le legs Foulon de Vaulx*, "Revue des Arts", n. 3, pp. 179-184.

Lugli 1967: Giuseppe Lugli, *Via Appia. Ventiquattro acquerelli di Carlo Labruzzi*, Roma.

Macandrew 1978: Hugh Macandrew, *A group of Batoni drawings at Eton College, and some eighteenth-century copyists of classical sculpture*, "Master Drawings", vol. 16, n. 2, pp. 131-150.

MacDonald e Pinto 1995: William L. MacDonald e John A. Pinto, *Hadrian's Villa and Its Legacy*, New Haven e Londra.

MacDonald e Pinto 1995: William L. MacDonld e John A. Pinto, *The Villa Adriana at Tivoli*, Princeton.

Magnin 1933: J. Magnin, *La peinture au Musée de Dijon*, Besançon.

Malins e Glin 1976: Edward Malins e the Knight of Glin, *Lost Demesnes: Irish Landscape Gardening, 1660-1845*, Londra.

Malone 1801: Edmond Malone, *The Works of Sir Joshua Reynolds*, 3 voll., 3a ed., Londra.

Manners e Williamson 1920: Victoria Manners e G.C. Williamson, *John Zoffany*, Londra.

Manners e Williamson 1924: Victoria Manners e G.C. Williamson, *Angelica Kauffmann*, Londra.

Marchant 1792: Nathaniel Marchant, *A Catalogue of One Hundred Impressions of Gems*, Londra.

Marinelli 1990: Sergio Marinelli (a cura di), *Bernardo Bellotto. Verona e le città europee*, cat. mostra, Museo di Castelvecchio, Verona.

Marini 1988: Giorgio Marini (a cura di), *Giovanni Volpato 1735-1803*, cat. mostra, Museo di Bassano del Grappa e Istituto Nazionale per la Grafica, Roma.

Marini 1994: Giorgio Marini, *Venice and London: Taste and the International Print Trade in the Late Eighteenth Century*, in John Brewer (a cura di), *Graphic Culture in Seventeenth and Eighteenth-Century Europe*, atti del convegno, Fiesole, di prossima pubblicazione.

Mariuz 1971: Adriano Mariuz, *Giandomenico Tiepolo*, Venezia.

Marmottan 1926: P Marmottan, *Le peintre Gauffier*, "Gazette des Beaux-Arts", vol. 1, pp. 281-300.

Martens e Tusa 1984: Dieter Martens, *Der Tempel von Segesta und die dorische Tempelbaukunst des griechischen Westens in klassischer Zeit*, con un saggio di Vincenzo Tusa, *Il peristilio dorico di Segesta*, Magonza, pp. 229-243.

Martineau e Robison 1994: Jane Martineau e Andrew Robison (a cura di), *The Glory of Venice. Art in the Eighteenth Century*, cat. mostra, Royal Academy of Arts, Londra.

Maser 1973: E.A. Maser, *Giotto, Masaccio, Ghiberti e Thomas Patch*, *Festscrift Klaus Lankheit zum, 20 May 1973*, Colonia.

Massafra 1993: Maria Grazia Massafra, *"Via Appia illustrata ab Urbe Roma ad Capuam." Disegni di Carlo Labruzzi nel Gabinetto Comunale delle Stampe*, "Bollettino dei Musei Comunali di Roma", vol. 7, pp. 43-56.

Massimo 1836: Vittorio Massimo, *Notizie istoriche della Villa Massimo alle Terme Diocleziane*, Roma.

Mayer 1972: Dorothy Moulton Mayer, *Angelica Kauffmann*, Gerrards Cross (Bucks.).

McCarthy 1972: Michael McCarthy, *Documents on the Greek Revival in Architecture*, "Burlington Magazine", vol. 114, novembre, pp. 760-769.

McCarthy 1991: Michael McCarthy, *The drawings of Sir Roger Newdigate: the earliest unpublished record of the Uffizi*, "Apollo", vol. 134, settembre, pp. 159-168.

McCormick 1963: T.J. McCormick, *An Unknown Collection of Drawings by Charles-Louis Clérisseau*, "Journal of the Society of Architectural Historians", vol. 22, ottobre.

McCormick 1990: T.J. McCormick, *Charles-Louis Clérisseau and the Genesis of Neo-Classicism*, Cambridge, Mass., e Londra.

McCormick e Fleming 1962: T.J. McCormick e John Fleming, *A Ruin Room by Clérisseau*, "Connoisseur", vol. 149, aprile, pp. 239-243.

Mead 1914: William Edward Mead, *The Grand Tour in the Eighteenth Century*, Boston e New York.

Méjanès 1974: Jean-François Méjanès in *De David à Delacroix. La peinture française de 1774 à 1830*, cat. mostra, Parigi 1974-75.

Melis e Vardaro 1993: Mario Melis e Stefania Vardaro, *Gabii: storia di una città*, Roma.

Menniti Ippolito e Vian 1989: Antonio Menniti e Ippolito e Paolo Vian (a cura di), *The Protestant Cemetery in Rome. The "Parte antica"*, Roma.

Méra 1972: M. Méra, *Deux tableaux retrouvés des collections Bergeret de Grancourt au château de Nègrepelisse*, "Gazette des Beaux-Arts", dicembre.

Michaelis 1882: Adolf Michaelis, *Ancient Marbles in Great Britain*, Cambridge.

Michaelis 1889: Adolf Michaelis in Arthur Hamilton Smith (a cura di), *A Catalogue of the Ancient Marbles at Lansdowne House*, Londra.

Michel 1978: Olivier Michel, *Recherches sur Jean-Baptiste*

Lallemand à Rome, in G. Brunel (a cura di), *Piranèse et les Français*, Roma, pp. 327-344.

Michel 1991: Christian Michel, *Le voyage d'Italie de Charles-Nicolas Cochin (1758)*, Roma.

Michel 1994: Olivier Michel, recensione a Barberini e Gasparri 1994, "Gazette des Beaux-Arts", vol. 123, n. 1503, aprile, pp. 13-14.

Middione 1995: Roberto Middione, *Antonio Joli*, Soncino (Cremona).

Millar 1967: Oliver Millar, *Zoffany and his Tribuna*, Londra.

Millar 1969: Oliver Millar, *The Later Georgian Picture in the Collection of Her Majesty The Queen*, Londra.

Miller e Müller-Tamm 1994: Norbert Miller e Jutta Müller-Tamm, *Goethe und die Kunst*, Weimar.

Möbius 1966-67: Hans Möbius, *Zeichnungen Etruskischer Kammergräben und Einzelfunde von James Byres*, "Mitteilungen des deutschen Archäologischen Instituts. Römische Abteilung", vol. 73-74, pp. 53-71.

Moore 1985: Andrew Moore, *Norfolk and the Grand Tour*, cat. mostra, Castle Museum, Norwich.

Morassi 1941: Antonio Morassi, *Domenico Tiepolo*, "Emporium", vol. 93.

Morassi 1973: Antonio Morassi, *Antonio e Francesco Guardi*, Venezia.

Morazzoni 1943: Giuseppe Morazzoni, *Il libro illustrato veneziano del Settecento*, Milano.

Morselli 1989: Chiara Morselli, *Gabi*, in G. Nenci e G. Vallet (a cura di), *Bibliografia topografica della colonizzazione greca in Italia e nelle isole tirreniche*, vol. 7, Pisa e Roma, pp. 520-528.

NGI Acquisitions 1981-82: *National Gallery of Ireland Exhibition of Acquisitions 1981-82*, Dublino 1982.

NMM 1988: *Concise Catalogue of Paintings in the National Maritime Museum*, Londra.

Napoli 1990: cfr. Esposizioni.

Nepi Scirè e Romanelli 1995: cfr. Romanelli.

Nesselrath 1993: Arnold Nesselrath, *The Imagery of the Belvedere Statue Court under Julius II and Leo X*, in Michiaki Koshikawa e Martha J. McClintock (a cura di), *High Renaissance in the Vatican: The Age of Julius II and Leo X*, testo in inglese, cat. mostra, National Museum of Western Art, Tokyo, pp. 52-55.

Neudecker 1988: Richard Neudecker, *Die Skulpuren-Austattung römischer Villen in Italien*, Magonza.

Neverov 1971: Oleg Neverov, *Antique Cameos in the Hermitage Collection*, San Pietroburgo.

Nicholson 1990: Kathleen Nicholson, *Turner's Classical Landscapes: Myth and Meaning*, Princeton.

Nicolson 1968: Benedict Nicolson, *Josef Wright of Derby: Painter of Light*, 2 voll., Londra.

Niemeijer e De Booy 1994: Jan Niemeijer e J.Th. De Booy, *Voyage en Italie, en Sicile et à Malte 1778 par quatre voyageurs hollondais: W.C. Dierkens, W.H. van Nieuwerkerke, N. Thomburg, N. Ten Hove accompagnés du peintre vaudois L. Ducros. Journaux, lettres et dessins*, 2 voll., Bruxelles.

Nordhoff e Reimer 1994: Claudia Nordhoff e Hans Reimer, *Jakob Philipp Hackert 1737-1807. Verzeichnis seiner Werke*, 2 voll., Berlino.

Noris 1982: Fernando Noris, *Bartolomeo Nazari*, Bergamo.

O'Connor 1983: C. O'Connor, *The Parody of the School of Athens: The Irish Connection*, "Irish Georgian Society Bulletin", vol. 26, pp. 5-22.

Oesterreich 1773: Matthias Oesterreich, *Description de Tout l'Intérieur des deux Palais de Sans-Souci, de ceux de Potsdam, et de Charlottenbourg*, Potsdam.

Olschki 1955: Cesare Olschki, *Giovan Battista Cipriani*, "Quaderni di Studi Romani", vol. 11, pp. 7-20.

Olschki 1990: Fiammetta Olschki (a cura di), *Viaggi in Europa secoli XVI-XIX. Catalogo del fondo Fiammetta Olschki*, Firenze.

Oman 1953: Carola Oman, *Sir John Moore*, Londra.

Oppé 1950: A.P. Oppé, *English Drawings: Stuart and Georgian Periods in the Collection of His Majesty the King at Windsor Castle*, Londra.

Oppé 1951: A.P. Oppé (a cura di), *The Memoirs of Thomas Jones*, "Walpole Society", vol. 32.

Oresko 1987: Robert Oresko, *The British Abroad*, "Durham University Journal", agosto, pp. 349-362.

Ozzola 1921: Leandro Ozzola, *G.P. Pannini, pittore*, Torino.

Pallucchini 1960: Rodolfo Pallucchini, *La pittura veneziana del Settecento*, Venezia.

Paulson 1975: Ronald Paulson, *Emblem and Expression: Meaning in English Art of the Eighteenth Century*, Londra.

Pavlovsk 1993: *Pavlovsk: The Palace and the Park*, 2 voll., Parigi.

Penny 1986: Nicholas Penny (a cura di), *Reynolds*, cat. mostra, Royal Academy of Art, Londra.

Petochi 1981: Domenico Petochi, *Mosaici minuti romani dei secoli XVIII e XIX*, Roma.

Pevsner 1968: Nikolaus Pevsner (con Suzanne Lang), *The Egyptian Revival, Studies in Art, Architecture and Design*, Londra.

Picon 1983: Carlos A. Picon, *Bartolomeo Cavaceppi: Eighteenth-Century Restorations of Ancient Marble Sculpture from Private English Collections*, cat. mostra, Clarendon Gallery, Londra.

Picozzi 1988 (1): Maria Grazia Picozzi, *La "Statua di Lucio Vero" nel Braccio Nuovo dei Musei Vaticani*, "Xenia", vol. 15, pp. 99-109.

Picozzi 1988 (2): Maria Grazia Picozzi, *Il "Gruppo della Pace con Pluto bambino" di Vincenzo Pacetti*, "Bollettino dei Monumenti, Musei e Gallerie Pontificie", vol. 8, pp. 65-93.

Pierce 1960: S. Rowland Pierce, *Jonathan Skelton and his Water-*

Colours, "Walpole Society", vol. 36.

Pierce 1965: S. Rowland Pierce, *Thomas Jenkins in Rome. In the light of Letters, Records and Drawings at the Society of Antiquaries of London*, "Antiquaries Journal", vol. 45, pp. 200-229.

Pietrangeli 1942-43/1995: Carlo Pietrangeli, *Lo scavo pontificio di Orticoli*, in Pietrangeli 1995 (1), pp. 425-446. Versione riveduta del saggio pubblicato in "Rendiconti della Pontificia Accademia Romana di Archeologia", vol. 19, 1942-43, pp. 47-104.

Pietrangeli 1949-51/1995: Carlo Pietrangeli, *La Villa Tiburtina detta di Cassio*, in Pietrangeli 1995 (1), pp. 58-68. Pubblicato per la prima volta in "Rendiconti della Pontificia Accademia Romana di Archeologia", vol. 25-26, 1949-50 e 1950-51, pp. 157-181.

Pietrangeli 1954: Carlo Pietrangeli, *Sull'iconografia di G.B. Piranesi*, "Bollettino dei Musei Comunali di Roma", vol. 1, pp. 40-43.

Pietrangeli 1958: Carlo Pietrangeli, *Scavi e scoperte di antichità sotto il pontificato di Pio VI*, Roma.

Pietrangeli 1959-74: Carlo Pietrangeli, *I Musei Vaticani al tempo di Pio VI*, "Bollettino dei Monumenti, Musei e Gallerie Pontificie", vol. 1, n. 2, pp. 7-45.

Pietrangeli 1961: Carlo Pietrangeli, *Gustavo III di Svezia a Roma*, "Capitolium", vol. 39, n. 19, pp. 15-21.

Pietrangeli 1964/1995: Carlo Pietrangeli, *"Munificentia Benedicti XIV"*, in Pietrangeli 1995 (1), pp. 182-184. Pubblicato per la prima volta in "Bollettino dei Musei Comunali di Roma", vol. 11, 1964, pp. 49-54.

Pietrangeli 1971: Carlo Pietrangeli, *Il Museo di Roma*, Bologna.

Pietrangeli 1971/1995: Carlo Pietrangeli, *I Musei Capitolini compiono 500 anni*, in Pietrangeli 1995 (1), pp. 189-190. Pubblicato per la prima volta in "Musei e Gallerie d'Italia", n. 44, maggio-settembre 1971, pp. 3-11.

Pietrangeli 1979-80/1995: Carlo

Pietrangeli, *Mosaici in piccolo*, in Pietrangeli 1995 (1), pp. 201-204. Pubblicato per la prima volta in "Bollettino dei Musei Comunali di Roma", vol. 25-27, pp. 83-91.

Pietrangeli 1984: Carlo Pietrangeli, *Pio VI in visita al Museo Pio-Clementino*, "Bollettino dei Monumenti, Musei e Gallerie Pontificie", vol. 5, pp. 113-120.

Pietrangeli 1987/1995: Carlo Pietrangeli, *Stefano Piale miniatore, incisore e archeologo romano*, in Pietrangeli 1995 (1), pp. 271-273. Pubblicato per la prima volta in "Bollettino dei Musei Comunali di Roma", n.s., vol. 1, 1987, pp. 55-62.

Pietrangeli 1987-89: Carlo Pietrangeli, *La provenienza delle sculture dei Musei Vaticani I, II, III*, "Bollettino dei Monumenti, Musei e Gallerie Pontificie", vol. 7, 1987, pp. 115-149; vol. 8, 1988, pp. 139-210; vol. 9, 1989, pp. 85-140.

Pietrangeli 1993: Carlo Pietrangeli, *The Vatican Museums: Five Centuries of History*, Roma. Prima edizione in italiano 1985.

Pietrangeli 1995 (1): Angela Cipriani, Daniela Gallavotti Cavallero, Paolo Liverani e Gaetana Scano (a cura di), *Scritti scelti di Carlo Pietrangeli*, Roma.

Pietrangeli 1995 (2): Carlo Pietrangeli, *Il taccuino di Giambattista Visconti*, "Bollettino dei Monumenti, Musei e Gallerie Pontificie", vol. 15, pp. 317-334.

Pietrangeli 1996: Carlo Pietrangeli, *I Musei Vaticani: tre secoli di storia dall'"Antiquario delle Statue" al Museo Pio-Clementino (1503-1799)* e *Vedute del Museo Pio-Clementino incise dal bassanese Giovanni Volpato (1735-1803), Omaggio a Carlo Pietrangeli*, pp. 9-28 e 29-41, Comitato per l'Edizione Nazionale delle Opere di Antonio Canova e Comune di Bassano del Grappa.

Pignatti 1960: Terisio Pignatti, *Il bozzetto Egerton del Nazzari al Museo Correr*, "Bollettino dei Musei Civici Veneziani, voll. 3-4.

Pinault 1990: Madelaine Pinault (a cura di), *Hoüel: Voyage en Sicile

1776-1779*, cat. mostra, Musée du Louvre, Cabinet des Dessins, Parigi.

Pine-Coffin 1974: R.S. Pine-Coffin, *Bibliography of the British and American Travel in Italy to 1860*, Firenze.

Pinto 1979: Sandra Pinto in *Gli Uffizi. Catalogo generale*, 2 voll., Firenze.

Pirzio Biroli Stefanelli 1987: Lucia Pirzio Biroli Stefanelli, *Una collezione di "impronte" di Giovanni Pichler*, "Bollettino dei Musei Comunali di Roma", n.s., I, pp. 111-116.

Pirzio Biroli Stefanelli 1991: Lucia Pirzio Biroli Stefanelli, *Note in margine alla "Descrizione Istorica del Museo di Cristiano Dehn" di Francesco Maria Dolce*, in "Studi sul Settecento Romano", VII, pp. 273-284.

Pirzio Biroli Stefanelli 1992: Lucia Pirzio Biroli Stefanelli, *La fortuna dei marmi Ludovisi nel Settecento e Ottocento*, in A. Giuliano (a cura di), *La Collezione Buoncompagni Ludovisi*, cat. mostra, Roma.

Polacco e Anti 1981: Luigi Polacco e Carlo Anti, *Il Teatro antico di Siracusa*, 2 voll., Rimini.

Pollard 1986: Graham Pollard, *Pignatta's Sir Andrew Fountaine and friends in the Tribuna, 1715*, "Burlington Magazine", vol. 128, giugno, p. 423.

Pomian 1987: Krysztof Pomian, *Collectionneurs, amateurs et curieux. Paris, Venise: XVIe-XVIIIe siècle*, Parigi.

Popham 1935: A.E. Popham, *Catalogue of Drawings in the Collection formed by Sir Thomas Phillipps Bt... [at] Thirlestane House, Cheltenham*, stampato privatamente.

Potts 1994: Alex Potts, *Flesh and the Ideal: Winckelmann and the Origins of Art History*, New Haven e Londra.

Powis Cat.: *The National Trust: Powis Castle Catalogue of Pictures*, s.d.

Pressly 1979: Nancy L. Pressly, *The Fuseli Circle in Rome. Early Romantic Art of the 1770s*, cat.

mostra, Yale Center for British Art, New Haven.

Pressly 1981: William L. Pressly, *The Life and Art of James Barry*, New Haven e Londra.

Pressly 1987: William L. Pressly, *Genius Unveiled: The Self-Portraits of Johann Zoffany*, "Art Bulletin", vol. 69, marzo, pp. 86-98.

Price 1987: Curtis Price, *Turner at the Pantheon Opera House 1791-92*, "Turner Studies", vol. 7, n. 2.

Quarré 1961: P. Quarré, *Le voyage de Gustave III en Italie et ses rapports avec la Bourgogne*, "Mémoires de l'Académie des Sciences, Arts et Belles-Lettres de Dijon", vol. 114, pp. 129-134.

Queens Gallery 1980: *Canaletto Paintings and Drawings*, cat. mostra, Queen's Gallery, Londra.

Raeder 1983: Joachim Raeder, *Die statuarische Ausstattung der Villa Hadriana bei Tivoli*, Francoforte e Berna.

Raspi Serra 1986: Joselita Raspi Serra (a cura di), *La fortuna di Paestum e la memoria moderna del dorico 1750-1830*, cat. mostra, Certosa di San Lorenzo, Padula (Salerno), 2 voll. Edizione riveduta e ampliata di *Paestum and the Doric Revival 1750-1830*, cat. mostra, National Academy of Design, New York.

Raspi Serra 1990: Joselita Raspi Serra (a cura di), *Paestum: idea e immagine. Antologia di testi critici e di immagini di Paestum 1750-1836*, Modena.

Raspi Serra e Themelly 1993: Joselita Raspi Serra e Alessandra Themelly, *Villa Adriana: disegni e commenti di P.L. Ghezzi e di M.-J. Peyre*, "Eutopia", vol. 2, n. 2, pp. 233-247.

Reale 1995: Isabella Reale (a cura di), *Luca Carlevarijs: Le Fabriche, e Vedute di Venetia*, cat. mostra, Soprintendenza BAS, Udine.

Reale e Succi 1994: Isabella Reale e Dario Succi (a cura di), *Luca Carlevarijs e la veduta veneziana del Settecento*, cat. mostra, Palazzo della Ragione, Padova.

RIBA 1968: *Catalogue of the Drawings Collection of the Royal Institute of British Architects*, Farnborough.

Richard 1766: Jérôme Richard, *Description historique et critique de l'Italie, ou nouveaux mémoires sur l'état actuel de son gouvernement, des sciences, des arts, du commerce, de la population & de l'histoire naturelle*, 6 voll., Digione e Parigi.

Ridgway 1989: D. Ridgway, *James Byres and the ancient state of Italy*, Proceedings of the 2nd International Congress of Etruscan Studies (26 maggio - 2 giugno 1985), supplemento a *Studi etruschi*, Roma, pp. 213-229.

Riely 1975: J.C. Riely, *Horace Walpole and "the Second Hogarth"*, "Eighteenth-century Studies", vol. 9, autunno, pp. 28-44.

Rizzi 1967: Aldo Rizzi, *Luca Carlevarijs*, Venezia.

Robertson 1867: John Bargrave, *Pope Alexander the Seventh and the College of Cardinals*, a cura di J.C. Robertson, Camden Society, Londra.

Robison 1970: Andrew Robison, *Giovanni Battista Piranesi: prolegomena to the Princeton Collections*, "Princeton Library Chronicle", XXXI, n. 3, primavera.

Robison 1983: Andrew Robison, *Dating Piranesi's early "Vedute di Roma"*, in Alessandro Béttagno (a cura di), *Piranesi tra Venezia e l'Europa*, Firenze.

Roethlisberger 1961: Marcel Roethlisberger, *Claude Lorrain: The Paintings*, 2 voll., Londra.

Roettgen 1993: Steffi Roettgen, *Anton Raphael Mengs and his British Patrons*, cat. mostra, Iveagh Bequest, Kenwood, Londra.

Roma 1990: *Piranesi's "Vedute di Roma" from the Collection of the Arthur Ross*, cat. mostra, American Academy in Rome, Roma.

Romanelli e Nepi Scirè 1995: Giandomenico Romanelli e Giovanna Nepi Scirè, *La gloria di Venezia. Arte del XVIII secolo*, cat. mostra, Museo del Settecento Veneziano, Ca' Rezzonico, Venezia.

Rosenberg 1975: Pierre Rosenberg, *La donation Pereire*, "Revue du Louvre", vol. 25, pp. 262-267.

Rosenberg e Brejon de Lavergnée 1986: Pierre Rosenberg e B. Brejon de Lavergnée, *Saint-Non, Fragonard. Panopticon italiano; un diario di viaggio ritrovato 1759-1761*, Roma.

Rossi Pinelli 1986: Orietta Rossi Pinelli, *Chirurgia della memoria: scultura antica e restauri storici*, in Settis 1984-86, III, pp. 181-250.

Röttgen 1982: Steffi Röttgen, *The Roman Mosaic from the Sixteenth to the Nineteenth Century: A Short Historical Survey*, in Gonzáles-Palacios e Röttgen 1982, pp. 19-43.

Rousseau 1994: B. Rousseau, *Lord Cowper e la sua collezione*, "Gazzetta Antiquaria", nn. 22-23, dicembre, pp. 74-83.

Rowland Pierce 1965: cfr. Pierce 1965.

Rudolph 1983: S. Rudolph, *La pittura del '700 a Roma*, Milano.

Russell 1975: Francis Russell, *Thomas Patch, Sir William Lowther and the Holker Claude*, "Apollo", vol. 102, agosto, pp. 115-119.

Russell 1978: Francis Russell, *Another Ricci; and a new conversation piece by Smuglewicz*, "Burlington Magazine", vol. 120, luglio, pp. 466-469.

Russell 1994: Francis Russell, *Notes on Grand Tour portraiture*, "Burlington Magazine", vol. 136, luglio, pp. 438-443.

Russell 1996: Francis Russell, *Guardi and the English tourist*, "Burlington Magazine", vol. 138, gennaio, pp. 4-11.

Saint-Non 1781-86: Jean-Claude Richard, Abbé de Saint-Non, *Voyage pittoresque ou description des royaumes de Naples et de Sicile*, 4 voll., Parigi.

Salerno 1975: Luigi Salerno, *L'opera completa di Salvator Rosa*, Milano.

Salerno 1991: Luigi Salerno, *Pittori di vedute in Italia (1580-1830)*, Roma.

Sandström 1981: Brigitta Sandström, *Bénigne Gagnereaux 1756-1795. Education-inspiration-œuvre*, Stoccolma.

Sandt 1985: Anne van de Sandt (a cura di), *Les frères Sablet. Dipinti, disegni, incisioni (1775-1815)*, cat. mostra, Museo di Roma, Palazzo Braschi, Roma, poi Nantes e Losanna.

Sapelli 1996: Marina Sapelli, *Le antichità della villa di Sisto V presso le Terme di Diocleziano. Consistenza e fasi successive*, "Bollettino dei Monumenti, Musei e Gallerie Pontificie", vol. 16, di prossima pubblicazione.

Sarazani 1970: Fabrizio Sarazani, *La Via Appia di Carlo Labruzzi*, Roma.

Schlosser Magnino 1977: Julius Schlosser Magnino, *La letteratura artistica. Manuale delle fonti della storia dell'arte moderna*, riveduto da Otto Kurz, Vienna e Firenze.

Schmidt 1977: Evamaria Schmidt, *Zu einigen Karyatiden in Athen, Rom und London*, "Archäologischer Anzeiger", pp. 257-274.

Schudt 1930: Ludwig von Schudt, *Le Guide di Roma*, Vienna e Augsburg.

Schudt 1959: Ludwig von Schudt, *Italienreisen in 17. und 18. Jahrhundert*, Vienna e Monaco.

Schulze 1974: Sabine Schulze (a cura di), *Goethe und die Kunst*, cat. mostra, Frankfurt e Weimar.

Scott 1975: Jonathan Scott, *Piranesi*, New York.

Scott 1995: Jonathan Scott, *Salvator Rosa, His Life and Times*, New Haven e Londra.

Seidmann 1987: Gertrud Seidmann, *Nathaniel Marchant, Gem-Engraver, 1739-1816*, "Walpole Society", vol. 53, pp. 1-105.

Sellin 1961: D. Sellin, *Nathaniel Dance: A Conversation Piece*, "Philadelphia Museum of Art Bulletin", vol. 56, inverno.

Settis 1984-86: Salvatore Settis (a cura di), *Memoria dell'antico nell'arte italiana*, 3 voll., Torino.

Sharp 1767: Samuel Sharp, *Letters from Italy, describing the customs and manners of that country, in the years 1765 and 1766*, Londra.

Skinner 1957: Basil Skinner, *A Note on Four British Artists in Rome*, "Burlington Magazine", vol. 99, luglio.

Skinner 1959: Basil Skinner in "Scotland's Magazine", gennaio.

Skinner 1966: Basil Skinner, *Scots in Italy in the Eighteenth Century*, Edimburgo.

Sloan 1986: Kim Sloan, *Alexander and John Robert Cozens: The Poetry of Landscape*, New Haven e Londra.

Smiles 1990: Helen Smiles, *The Concise Catalogue of the Scottish National Portrait Gallery*, Edimburgo.

Smith 1828: John Thomas Smith, *Nollekens and his Times*, 2 voll., Londra. Nuova ed. Londra 1949.

Smith 1901: Arthur Hamilton Smith, *Gavin Hamilton's letters to Charles Townley*, "Journal of Hellenic Studies", vol. 21, pp. 306-321.

Smith 1904: Arthur Hamilton Smith, *A Catalogue of Sculpture in the Department of Greek and Roman Antiquities, British Museum*, III, Londra.

Smith 1949: cfr. Smith 1828.

Spinosa e Di Mauro 1989: cfr. Spinosa e Di Mauro 1993.

Spinosa e Di Mauro 1993: Nicola Spinosa e Leonardo Di Mauro, *Vedute napoletane del Settecento*, nuova ed., Napoli.

St John Gore 1969: St John Gore, *Pictures in National Trust Houses*, "Burlington Magazine", vol. 111, aprile, pp. 237-262.

Stagl 1980: Justin Stagl, *Der wohl unterwiesene Passagier. Reisekunst und Gesellschaftsbeschreibung vom 16. bis zum 18. Jahrhundert*, in *Reisen und Reisebeschreibungen im 18. und 19. Jahrhundert als Quellen der Kulturbeziehungsforschung*, Berlino, pp. 353-384.

Stagl 1981: Justin Stagl, *Das Reisen als Kunst und als Wissenschaft (16.-18. Jahrhundert)*, "Mitteilungen der Anthropologischen Gesellschaft in Wien", vol. III, pp. 78-92.

Stainton 1985: Lindsay Stainton, *Ducros and the British*, in *Images of the Grand Tour; Louis Ducros 1748-1810*, cat. mostra, Iveagh Bequest, Kenwood, Londra.

Stainton 1990: Lindsay Stainton, *"La terra classica": pittori inglesi a Napoli nel Settecento e nell'Ottocento*, in *All'ombra del Vesuvio*, cat. mostra, Napoli, pp. 69-75.

Steegman 1946: John Steegman, *Some English Portraits by Pompeo Batoni*, "Burlington Magazine", vol. 88.

Steegman 1957: John Steegman, *A Survey of Portraits in Welsh Houses*, 2 voll., Cardiff.

Stoye 1989: John Stoye, *English Travellers Abroad 1604-1667*, ed. riveduta, New Haven e Londra.

Straub-Fischer 1965: E. Straub-Fischer, *Blick in Ateliers. Darstellungen von Malerateliers im Laufe der Jahrhunderte*, "Artis", vol. 4, pp. 9-16.

Stuart 1899: Lady Louisa Stuart, *Selection from her Manuscripts*, a cura di James A. Home, Edimburgo.

Stuart Jones 1912: H. Stuart Jones, *A Catalogue of the Ancient Sculptures Preserved in the Municipal Collections of Rome. The Sculptures of the Museo Capitolino*, Oxford.

Stuebe 1979: Isabel Stuebe, *The Life and Work of William Hodges*, New York.

Stumpf 1986: Claudia Stumpf, *Richard Payne Knight: Expedition into Sicily*, Londra.

Succi 1983: Dario Succi (a cura di), *Da Carlevarijs ai Tiepolo. Incisori veneti e friulani del Settecento*, cat. mostra, Museo Correr, Venezia.

Summerson 1981: John Summerson, *A New Description of Sir John Soane's Museum*, Londra.

Susinno 1974: Stefano Susinno, *I ritratti degli accademici*, in Carlo Pietrangeli et al., *L'Accademia Nazionale di San Luca*, Roma, pp. 201-270.

Sutton 1956: Denys Sutton, *The Roman Caricatures of Reynolds*, "Country Life Annual".

Sutton 1958: Denys Sutton, *The Art of Pompeo Batoni*, "Country Life Annual".

Sutton 1960: Denys Sutton,

An Eighteenth-Century Artist Rediscovered, "Country Life", 23 giugno.

Sutton 1967: Denys Sutton, *The Nabob of the North*, "Apollo", vol. 86, settembre.

Sutton 1974: Denys Sutton, *Magick Land*, "Apollo", vol. 99, giugno.

Sutton 1982: Denys Sutton, *Souvenirs of the Grand Tour*, cat. mostra, Wildenstein, Londra.

Tassi 1793: F.M. Tassi, *Vite dei Pittori, Scultori e Architetti Bergamaschi*, Bergamo.

Tate Gallery 1988: *Tate Gallery Illustrated Biennial Report 1986-88*, Londra.

TGCA 1986: *The Tate Gallery 1982-4: Illustrated Catalogue of Acquisitions*, Londra.

Thornton e Dorey 1992: Peter Thornton e Helen Dorey, *A Miscellany of Objects from Sir John Soane's Museum*, Londra.

Tornézy 1895: Albert Tornézy, *Bergeret et Fragonard: journal inédit d'un voyage en Italie (1773-1774)*, Motteroz.

Tortorici 1974: Edoardo Tortorici, *Castra Albana* ("Forma Italiae I", vol. XI), Roma.

Townley, MS Account Book: Charles Townley, Account Book, Central Archive, British Museum. Originale di proprietà di sir Simon Townley.

Townley, MS Catalogue: Charles Townley, *A Catalogue of the ancient marbles in Park Street, Westminster: the places where they were found and where they were bought*, s.d., Library of the Department of Greek and Roman Antiquities, British Museum, Londra.

Townley, MS Miscellaneous Documents: *Miscellaneous Documents Relating to the MS Catalogue of Ancient Marbles (Townley Collection) at Park Street Westminster*, cfr. d'Hancarville, MS Catalogue, s.d., Library of the Department of Greek and Roman Antiquities, British Museum, Londra.

Townley, MS Papers: lettere e altri documenti di Charles Townley e altri, Central Archive, British Museum, Londra.

Toynbee 1973: J.M.C Toynbee, *Animals in Roman Life and Art*, Londra.

Trevelyan 1972: Raleigh Trevelyan, *Robert Fagan, an Irish Bohemian in Italy*, "Apollo", vol. 96, ottobre, pp. 298-309.

Valeriani 1993: Roberto Valeriani, *I Raffaelli: una dinastia di vetrai romani del Settecento*, "Bollettino dei Musei Comunali di Roma", vol. 7, pp. 36-42.

Vaughan 1987: Gerard Vaughan, *James Hugh Smith Barry as a collector of antiquities*, "Apollo", vol. 126, luglio, pp. 4-11.

Vaughan 1991: Gerard Vaughan, *Albacini and his English patrons*, "Journal of the History of Collections", vol. 3, n. 2, pp. 183-197.

Vaughan 1995: Gerard Vaughan, *Further Townleiana: Two Water Colours*, "British Museum Magazine", n. 23, inverno, pp. 18-19.

Venezia 1978: *Venezia nell'età di Canova 1780-1830*, cat. mostra, Museo Correr, Venezia.

Venezia 1979: *Venezia e lo spazio scenico*, cat. mostra, Palazzo Grassi, Venezia.

Vermeule 1960: C.C. Vermeule, *The dal Pozzo-Albani Drawings of Classical Antiquities in the British Museum*, "Transactions of the American Philosophical Society", n.s., vol. 1, parte 5, pp. 5-78.

Verri 1910-23: Emanuele Greppi e Alessandro Giulini (a cura di), *Carteggio di Pietro e Alessandro Verri dal 1766 al 1797*, 6 voll., Milano.

Visconti 1797: Ennio Quirino Visconti, *Monumenti Gabini della Villa Pinciana*, Roma 1797. Reprint Milano 1835.

Vivian 1971: Frances Vivian, *Il console Smith mercante e collezionista*, Vicenza.

Vivian 1989: Frances Vivian, *The Consul Smith Collection. Masterpieces of Italian Drawings from the Royal Library, Windsor Castle. Raphael to Canaletto*, cat. mostra, Schirn Kunsthalle, Francoforte; Kimbell Art Museum, Fort Worth; Virginia Museum of Fine Arts, Richmond, Virginia; National Gallery of Scotland, Edimburgo.

von Einem 1978: Herbert von Einem, *Deutsche Malerei des Klassizismus und der Romantik 1760 bis 1840*, Monaco.

Wahlberg 1977: Anna-Greta Wahlberg, *Svenska konstnärers väg till antiken 1755-93*, Västervik.

Walker 1986: John Walker, *Maria Cosway: An Undervalued Artist*, "Apollo", vol. 123, maggio, pp. 318-324.

Walker 1995: Susan Walker, *Greek and Roman Portraits*, Londra.

Walpole 1937-83: cfr. Lewis 1937-83.

Waterhouse 1941: E.K. Waterhouse, *Reynolds*, Londra.

Waterhouse 1953: E.K. Waterhouse, *Painting in Britain 1530-1790*, Londra.

Waterhouse 1973: E.K. Waterhouse, *Reynolds*, Londra.

Watson 1940: F.J.B. Watson, *Thomas Patch (1725-1782): notes on his life together with a catalogue of his known works*, "Walpole Society", vol. 28.

Watson 1949: Francis Watson, *The Nazari - A Forgotten Family of Painters*, "Burlington Magazine", vol. 91, marzo.

Watson 1959-60: Francis Watson, *Venetian Art and Britain: a partial survey of the Royal Academy's Winter Exhibition 1959-1960*, "Arte Veneta", vol. 13-14.

Watson 1960: F.J.B. Watson, *Carlo Labruzzi (1748-1817). An Exhibition of Fine Watercolour Drawings of the Appian Way*, cat. mostra, John Manning Gallery, Londra.

Watson 1967: F.J.B. Watson, *Thomas Patch: some new light on his work*, "Apollo", vol. 85, maggio.

Waywell 1986: Geoffrey B. Waywell, *The Lever and Hope Sculptures. Ancient Sculptures in the Lady Lever Art Gallery, Port Sunlight, and a Catologue of the*

Ancient Sculptures Formerly in the Hope Collection, London and Deepdene, Berlino.

WBM 1973: cfr. Broeder 1973.

Webster 1964: Mary Webster, *Zoffany's painting of Charles Townley's Library in Park Street*, "Burlington Magazine", vol. 106, luglio, pp. 316-323.

Webster 1976: M. Webster, *Johann Zoffany 1733-1810*, National Portrait Gallery, Londra.

Wegner 1939: Martin Wegner, *Die Herrscherbildnisse in antoninischer Zeit (Das römische Herrscherbild, II, 4)*, Berlino.

Wegner 1992: Reinhard Wegner, *Pompeji in Ansichten Jacob Philipp Hackerts*, "Zeitschrift für Kunstgeschichte", vol. 55, n. 1, pp. 66-96.

White 1960: E.W. White, *The Rehearsal of an Opera*, "Theatre Notebook", vol. 14, n. 3, pp. 79-90.

Whitehead 1983: Jane S. Whitehead, *"The Noblest Collection of Curiositys": British Visitors to the Uffizi 1650-1790*, in Paola Barocchi e Giovanna Ragionieri (a cura di), *Gli Uffizi. Quattro secoli di una Galleria*, 2 voll., Firenze, 1, pp. 287-307.

Whitley 1928: William T. Whitley, *Artists and their Friends in England 1700-1799*, 2 voll., Londra.

Wildenstein 1961: Georges Wildenstein, *Un amateur de Boucher et de Fragonard. Jacques-Onésyme Bergeret (1715-1785)*, "Gazette des Beaux-Arts", pp. 39-84.

Williams 1982: C.I.M. Williams, *Lusieri's surviving Works*, "Burlington Magazine", vol. 124, pp. 492-496.

Wilton-Ely 1976: John Wilton-Ely, *A Bust of Piranesi by Nollekens*, "Burlington Magazine", vol. 118, agosto, pp. 593-595.

Wilton-Ely 1978 (1): John Wilton-Ely (a cura di), *Piranesi*, cat. mostra, Hayward Gallery, Londra.

Wilton-Ely 1978 (2): John Wilton-Ely, *The Mind and Art of Piranesi*, Londra.

Wilton-Ely 1993: John Wilton-Ely, *Piranesi as Architect and Designer*, New Haven e Londra.

Wilton-Ely 1994: John Wilton-Ely, *Giovanni Battista Piranesi. The Complete Etchings*, 2 voll., San Francisco.

Winckelmann 1784: Johann Joachim Winckelmann, *Lettres familières de M. Winckelmann*, a cura di H. Janson, II, Yverdon.

Winckelmann 1952-57: Johann Joachim Winckelmann, *Briefe*, 4 voll., Berlino.

Wind 1949: Edgar Wind, *A source for Reynolds' "Parody of the School of Athens"*, "Harvard Library Bulletin", vol. 3, primavera, pp. 294-297.

Wittkower 1975: Rudolf Wittkower, *Studies in the Italian Baroque*, a cura di M. Wittkower, Londra.

Wollin 1935: Nils Wollin, *Desprez en Italie. Dessins topographiques et d'architecture, décors de théâtre et compositions romantiques exécutés 1777-1784*, Malmo.

Wollin 1939: Nils Wollin, *Desprez en Suède*, Stoccolma.

Woodbridge 1970: Kenneth Woodbridge, *Landscape and Antiquity: Aspects of English Culture at Stourhead 1718 to 1838*, Oxford.

Wrede 1971: Henning Wrede, *Das Mausoleum der Claudia Semne und die bürgerliche Plastik der Kaiserzeit*, "Mitteilungen des deutschen Archäologischen Instituts. Römische Abteilung", vol. 78, pp. 125-166.

Wright 1730: E. Wright, *Some Observations made in Travelling through France and Italy in the Years 1720, 1721 and 1722...*, 2 voll., Londra.

Wynne 1974: Michael Wynne, *The Milltowns as Patrons*, "Apollo", vol. 99, febbraio, pp. 104-110.

Wynne 1984: Michael Wynne, *Elegant Travellers from Fermanagh*, "Irish Arts Review", vol. 1, n. 3, autunno.

Zamboni 1964: Silla Zamboni, *Il percorso di G.B. Piranesi*, "Arte Antica e Moderna", vol. 5.

Zanni 1993: Nicoletta Zanni, *Lettere di Camillo Paderni ad Allan Ramsay: 1739-1740*, "Eutopia", vol. 2, n. 2, pp. 65-77.

Zazoff 1983: P.H. Zazoff, *Gemmensammler und Gemmenforscher*, Monaco.

Zevi 1979: Fausto Zevi, *Gli scavi di Ercolano*, in *Civiltà del '700 a Napoli 1734-1799*, cat. mostra, Museo e Gallerie Nazionali di Capodimonte e altrove, 2 voll., Napoli 1979-80, pp. 58-68.

Zwierlein-Diehl 1969: Erika Zwierlein-Diehl, *Antiken Gemmen in Deutschen Sammlungen*, II, Monaco.

Prestatori

Indice dei nomi

Referenze fotografiche

Graphische Sammlung Albertina, Vienna; Rijksmuseum, Amsterdam; Ashmolean Museum, Oxford; Banca Nazionale del Lavoro, spa, Roma; Duke of Beaufort; Beit Collection, Russborough; Jean Bernard; Musée des Beaux-Arts et d'Archéologie, Besançon; John Bethell; Birmingham Museums and Art Gallery; G. Blot; Museum Boymans-van Beuningen, Rotterdam; Musée des Beaux Arts, Brest; British School at Rome Library; British Library, Londra; British Museum, Londra; Duke of Buccleuch; Geremy Butler; Canterbury Dean and Chapter; Musei Capitolini, Rome; National Museum and Gallery, Cardiff; The Trustees, The Cecil Higgins Art Gallery, Bedford, England; David Clarke; Rheinisches Bildarchiv, Colonia; A.C. Cooper Ltd; Museo Correr, Venezia; Corsham Court Collection; Prudence Cuming Associates Limited; Musée des Beaux-Arts, Digione; Society of Dilettanti; The National Gallery of Ireland, Dublino; Ursula Edelmann, Francoforte; The Provost and Fellows of Eton College; The Fan Museum, Greenwich; Francis Farmar; Fitzwilliam Museum, University of Cambridge; Musée National du Château de Fontainebleau; Fotoflash; Städelsches Kunstinstitut, Francoforte; Peter Gauditz; Sigrid Geske; Goethe Museum, Düsseldorf; Goethe Museum, Francoforte; Hamilton Collection, Haddington; John Hammond;

S.K.H Ernst August Prinz von Hannover; Mark Heathcote; Ermitage, San Pietroburgo; A. Idini; Ingram Family Collection; Ministero per i Beni Culturali e Ambientali, Roma; Jean Bodil Karlsson; Staatliche Museen Kassel, Neue Galerie; David Lambert; Leeds Museums and Galleries; The Earl of Leicester and the Trustees of the Holkham Estate; Marcella Leith; Marcus Leith; The Lewis Walpole Library; National Gallery, Londra; National Portrait Gallery, Londra; Château de Maisons; National Maritime Museum Picture Library, Londra; Musée des Beaux-Arts, Marsiglia; The National Museums and Galleries on Merseyside; Bayerische Staatsbibliothek, Monaco; The National Trust Photographic Library; Norfolk Museums Service; Duke of Northumberland; Palazzo-Museo Pavlovsk, San Pietroburgo; Pineider; Stiftung Preußische Schlösser und Gärten, Potsdam; Trustees of the Powis Castle Estate; National Gallery, Praga; Fondazione Scientifica Querini Stampalia, Venezia; Antonia Reeve; Stefan Renno; Service Photographique de la Réunion des Musées Nationaux, Parigi; Accademia Nazionale di San Luca, Roma; Lord Romsey; Royal Academy of Arts, Londra; Royal Collection; British Architectural Library, RIBA, Londra; M. Sarri; National Gallery of Scotland, Edimburgo; Scottish National Portrait Gallery, Edimburgo; Gill Selby; Sir John Soane's Museum,

Londra; Nationalmuseum, SKM, Stoccolma; Staatsgalerie, Stoccarda; Tapabor; Tate Gallery, Londra; The Marquess of Tavistock and Trustees of the Bedford Estate; Towneley Hall Art Gallery & Museums, Burnley; Galleria degli Uffizi, Firenze; The Victoria and Albert Museum, Londra; Le Musée de Valence; Musei Vaticani; Kunsthistorisches Museum, Vienna; Walpole Gallery, Londra; Wallraf-Richartz-Museum, Colonia; John Webb; Kunstsammlung zu Weimar; Stiftung Weimarer Klassik-Museen, Weimar; Yale Center for British Art, Paul Mellon Collection, New Haven; P. Zigrossi.